竹山道雄セレクション

平川祐弘◎編

Ⅱ 西洋一神教の世界

藤原書店

竹山道雄（1903-84）

1976年、鎌倉・材木座の自宅の縁側にて

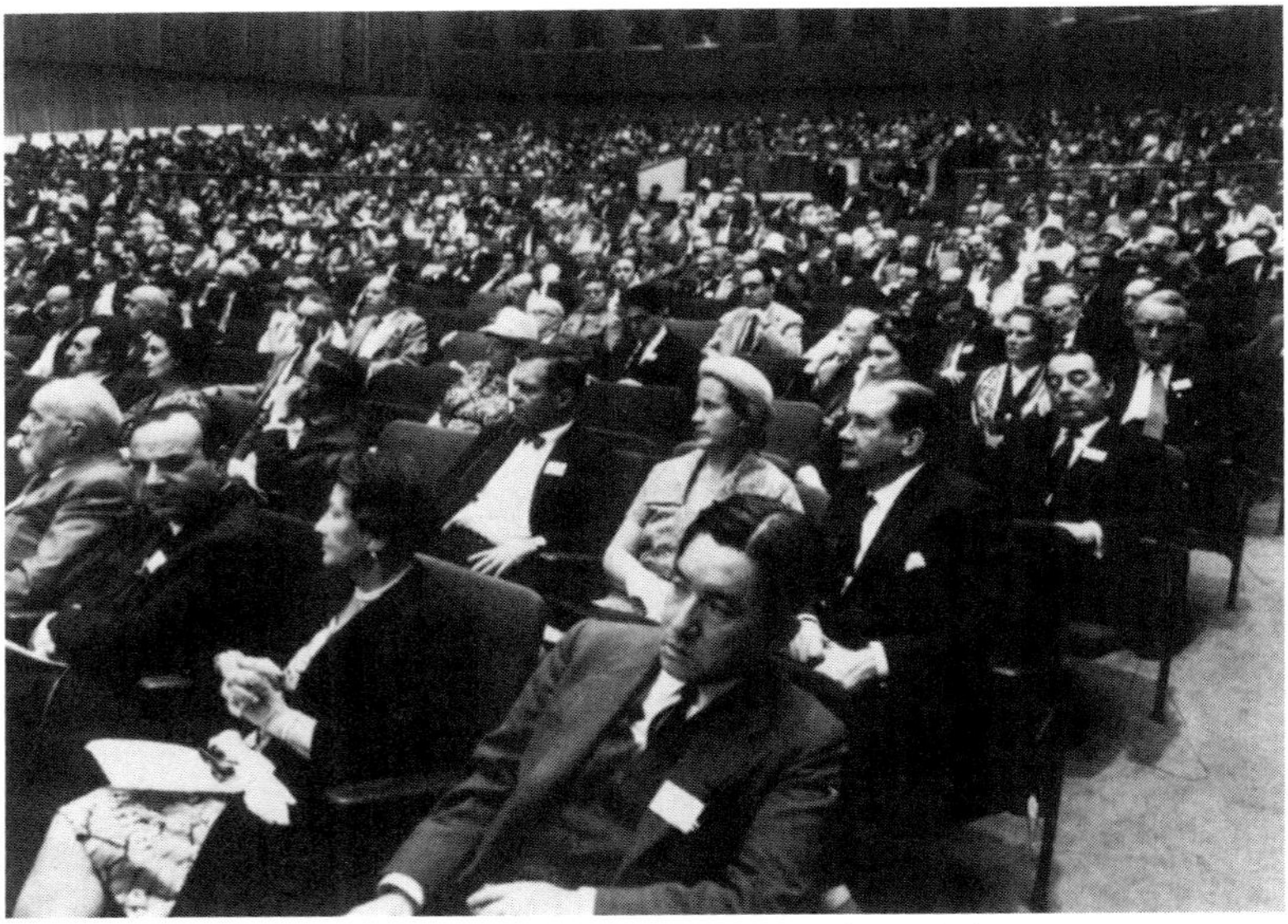

ベルリンでの文化自由会議にて（1960 年）

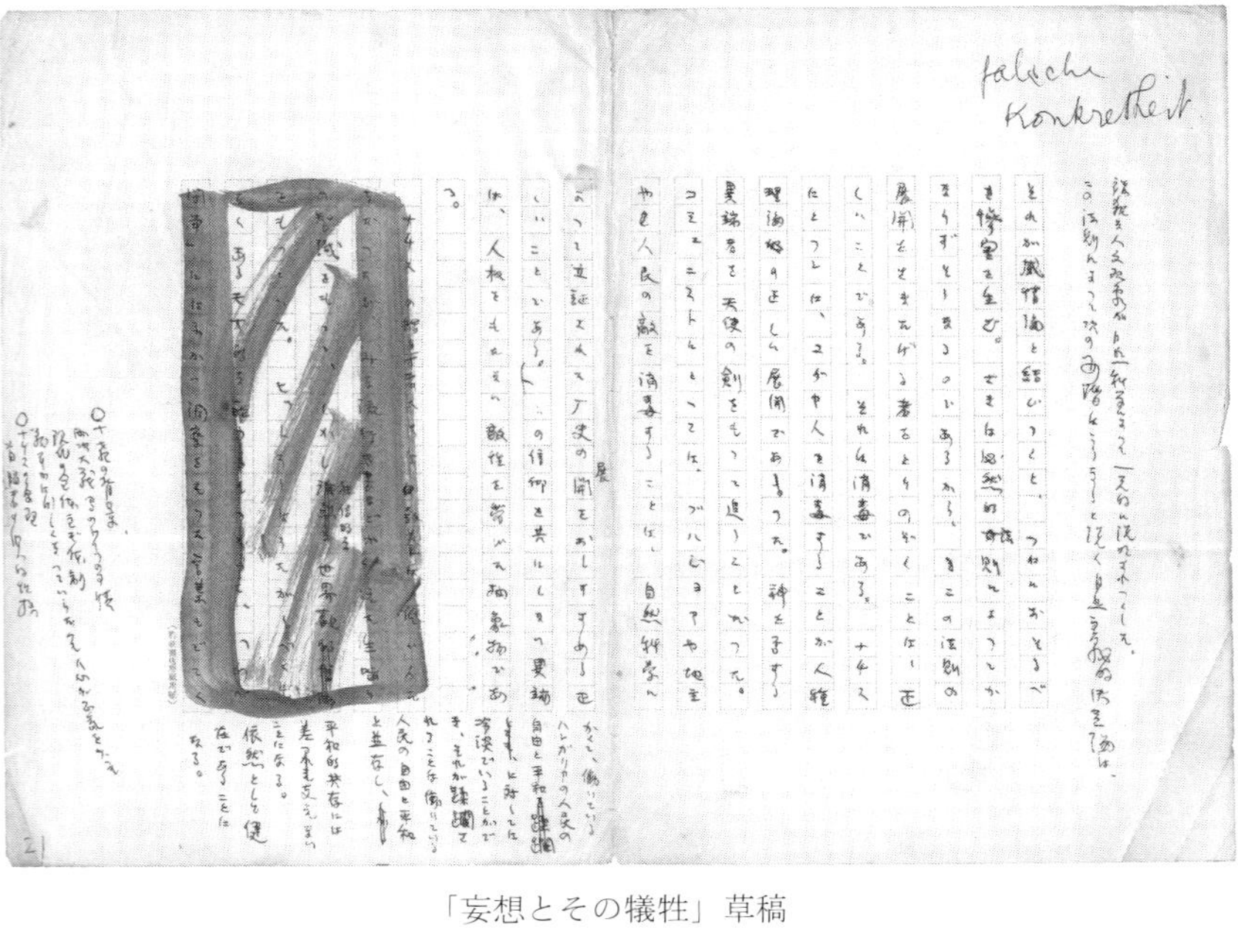

「妄想とその犠牲」草稿

竹山道雄セレクションⅡ——目次

竹山道雄セレクションⅡ　西洋一神教の世界

凡例

一　原則として漢字の字体は常用漢字、仮名遣いは現代仮名遣いに統一した（引用文中の歴史的仮名遣いを除く）。

一　底本における明らかな誤字脱字は訂正した。

一　振り仮名は、底本における有無に関わらず、読者の便宜を考慮して加除した。

一　引用部分等を明確にするため、底本に無かった一行空きや字下げを施した。

一　今日では適切ではない表現が見られるが、著者が故人であることと時代の制約を考慮してそのままとした。

一　本セレクション編集部による補足は〔　〕で示した。

第Ⅱ巻序

編者 平川祐弘

■見て・感じて・考えて・書く人■

『竹山道雄セレクション』第Ⅱ巻は『西洋一神教の世界』という文明史的なタイトルでくくられる。竹山は、第Ⅰ巻所収論文でわかるように、二・二六事件のあとには皇道派の将軍たちを、一九四〇（昭和十五）年、日本が三国同盟を結ぼうとした時には、ナチス・ドイツを真正面から批判する『独逸・新しき中世？』を発表した人である。竹山は戦前は日本軍部を、戦中はヒットラーを批判したのみか、戦後は東ドイツ、ソ連、中共をふくむ全体主義の実状を生き生きと報じた、勇気ある筆の人だった。

しかし竹山のルポルタージュは国際関係論的な「全体主義事情」という視角内のみでは収まりきれない部分がある。自分の眼で見て、感じて、考える現地観察を行ない、さらに突っ込んだ、宗教文明論的な掘り下げを行なう。竹山は独仏英の書物を広く深く読んだ人である。その感想の端々は第Ⅳ巻に拾われたコラムでも話題とされている。ナチスのユダヤ人焚殺《ふんさつ》の背景をさぐるうちに、その議論は『聖書とガス室』の学問的考察に及ぶ。歴史を鳥瞰《ちょうかん》してキリスト教とアンチセミティズムの関係にまで踏みこんだところに竹山の思想家としての面目《めんもく》が認められよう。第Ⅱ巻を『西洋一神教の世界』と名付けた所以である。

■竹山道雄とユダヤ人問題■

ではどのようにして時代に反して例外的に鋭い観察眼をもつ竹山のような教養人が世に出たのか。一例としてユダヤ人問題に即して考えたい。一九二六(大正十五)年、東大独文学科を卒業するや直ちに第一高等学校教授の職を得たが、翌昭和二年にはヨーロッパへ留学し、一九三〇(昭和五)年に帰国する。若き竹山教授はそれから十年ほどは気軽な独身で、日本にいたドイツ人たちと交際することがすこぶる多かった。当時の第一高等学校にはドイツ人教師が多い時は四、五人もいた。その相手をしたのが岩元禎、菅虎雄、三谷隆正など書籍派の名物教授であったはずはない。他方、ドイツ人にしても若くて知的な竹山とつきあう方が気楽でもあり話も通じたのであろう。竹山は晩年まで外国人男女と親しく交わっていた人である。そんな竹山はナチス・ドイツの動向にも敏感に注意を払っていた。一九三三年のヒトラーの登場以後の在日ドイツ人教師の混迷ぶりを目のあたりにしていたからで、その右往左往について『剣《つるぎ》と十字架』の「神もいる、悪魔もいる」の章の「ペッオルト先生の思い出」にこう書いている。

……はじめは不平をいっていた人たちもある時期からはぴたりと黙って、反抗どころではなかった。……ずいぶんオポチュニストもいた。大学に勤めているリベラリストから、幾度かのナチ理論の講演もきかされた。ある人はじつに親切で博学な常識のある人だったけれども、しだいにユダヤ人の悪口をいいはじめた。そして、『ドイツ人は答える』という日本人の学生むきの教科書をつくり、ナチ理論を問答体で書いて、それを教場でつかった。この人が戦後まもなく、「自分は反ナチとして有名だった」というのを聞いて、おやおやと思った。あるとき私がこの人に「それではユダヤ人をどうしようというのか」と尋ねたら、「aussterben lassen——死に絶えさせるのさ」と答えたが、いまから考えると、その時期はまだガス室がはじまる前だった。

そんな竹山は外国の新聞雑誌にもよく目を通していた。この習慣は一九八四（昭和五十九）年に満八十歳で亡くなる時まで続いた。その竹山は昭和十年代ニーチェの『ツァラトストラかく語りき』を翻訳した。それはドイツがなぜこのようになってしまったか、その精神的背景を探ろうとした試みで、竹山の「あとがき」は訳者の鋭い問題意識と方法的反省が示されて思想史的にも極めて貴重である。

一九三八年十一月九日夜、全ドイツで発生した反ユダヤ人暴動には衝撃を受けた。シナゴーグやユダヤ人商店は襲撃され、窓ガラスが飛び散って月光に水晶のように輝いたから「クリスタルナハト」、水晶の夜と呼ばれたのだという。暴力行為に美の発現を認めるナチス美学のあらわれのような気がする。米国の前大統領ハーバート・フーヴァーは、ドイツ官憲黙認の下に行なわれたユダヤ人襲撃事件について、全米向けラジオ放送で「中世におけるスペインからのユダヤ人追放以来のもっとも忌まわしいユダヤ人迫害」と非難した。その言葉は十一月二十三日の『ニューヨーク・タイムズ』に The most hideous persecution of the Jews since the expulsion from Spain in the Middle Ages. と報じられている。おそらくこうした西洋語表現が竹山に深く印象されたに違いない。一九四〇（昭和十五）年四月、竹山は雑誌『思想』にナチス・ドイツ批判の大論文を発表したが、竹山がそれにつけた標題が「独逸・新しき中世？」とあるのは中世スペインにおけるユダヤ人迫害の再来としてナチス・ドイツの蛮行を把握していたことを示唆している。そしてそのような巨視的な歴史把握を強いられた竹山だからこそ、ナチス・ドイツによるユダヤ人の焚殺はヒトラー一派の特殊な犯行ではなく、キリスト教によるユダヤ人迫害の長い歴史の一齣として捉えるべきことを自覚したのであろう。それが戦後のヨーロッパ再訪の際の『妄想とその犠牲』『剣と十字架』『聖書とガス室』（いずれも本巻に収録）などの見聞と思索に発展する。

■日本人にとってのドイツとはいかなる国か■

竹山は戦前、シベリア鉄道で送られてくるドイツの新聞に注意していたが、日本の英字新聞にも目を通していたらしい。引用の続きを引くと（なお『ニッポン・タイムズ』への改名は戦争勃発後の一九四三年のことで、当時はまだ『ジャパン・タイムズ』と呼ばれていた）、

ニッポン・タイムズに投書が出たことがあった。それは、ドイツと提携した日本を見限ってアメリカに去った、ドイツ人が書いたものだった。それには、「いまドイツが勝利の栄光の絶頂にあるこのときに、自分は予言する。ナチスはかならず滅亡するであろう」というのだった。このようにして、四人いた反ナチのドイツ人はつぎつぎに日本を去った。

ただ一人最後まで日本にとどまって、露骨なナチ批判を遠慮なく公言して、まったく孤独で屈しなかったのは、ペツオルト先生だった。この人はいかなる妥協もしなかった。「本国にいれば命はないのだが、外国にいるからまだしも楽だ」といっていたが、私はそばにいて先生の苦悩をつぶさに見た。

ペツオルトの苦悩は竹山に理解力があったからわかったことで、一高生は当時もなにもわからなかったし、戦後数十年経ってペツオルトや竹山にドイツ語を習った人たちに訊いても、ナチスに対して批判的であったペツオルトがドイツ大使館から睨まれていたなどということはまったくといっていいほどわかっていなかった。（もっともペツオルトの子息も、戦後カナダのヴァンクーヴァーで建築家となり日本人コミュニティーと親しくしていたので私も話を交わす機会があったが、父親が一九四二年、勲四等の勲章が与えられたのは、日本の天皇が功を嘉《よみ》した者にはドイツ大使館も手を出すまい、という竹山らの考えで文部省に運動した結果だ、などということは全く知らなかった。）当時の教養主義的日本人にとってはドイツとはあくまで文学者ゲーテや哲学者カントや音楽家ベートーヴェンの文化国家であり、社会科学に関心を示す者にとってはマルクスやウェーバーの、理学化学工学医学の学徒にとっては輝かしい先進文化国家ドイツだったからである。実は私の父はドイツ語をよくし、一九三九年ドイツに長期滞在、洋行技術者の常として先進化学技術を熱心に学んでいたが、ユダヤ人問題などの専門外の事にはほとんど関心がなかった。それは今日、中国へ派遣される日本人技師がチベット人問題に注意しないのと同じだろう。実はそんな無関心は、理工系のエンジニアに限らず、語学のエンジニアである日本人外国語教師とても似たりよったりなのである。ドイツ社会に関心のあった日本のドイツ語教授たちの多くも戦争中は同盟国ドイツが勝てばよいと思う程度の外国理解であった。

それに対して竹山はユダヤ人迫害問題の深刻さがよくわかっていた。ナチス・ドイツの仮借ない追及を免れるために日本国籍を取りたいから竹山家の養子にして欲しいという申し出をユダヤ青年から受けたこともあり（『国籍』、本セレクション第I巻）、亡命の可能性を求めてノルウェー、スウェーデン、モスコー経由で日本へ逃げてきたユダヤ人美術史家のアルベルト・タイレを駿河台のYMCAに泊めて世話をしたりした。戦後、日本人がまだ自由に外貨を持ち出せなかったころ、いちはやく渡欧した竹山がヨーロッパに長逗留できたのは、スイスでそんなタイレの家に転がり込んで旧交を温めたからである。私は竹山の没後タイレを訪ねて話を聞いたが「ナチスが支配していた時代に親密な交流をもった日本の知識人とユダヤ系ドイツの知識人は自分たち三人だけだったでしょう。貴重なことでした」と語った。三人とあるのは、竹山とともに東京でタイレの世話をした人に片山敏彦もいたからである。タイレはロマン・ロランが旧知の片山宛てに書いてくれた紹介状を持って日本まで逃れて来たのであった。

I　妄想とその犠牲

妄想とその犠牲

一

■今世紀の謎■

「文明とか人間性とかいうものは、これまで通念となっていたものとは、よほど違ったものではないのだろうか。それであのような不可解なことが起ったのではないだろうか？」――私はしばしばこういう疑念をもつ。

あのような不可解なことというのは、ナチスによるユダヤ人殺戮である。これは言語に絶する残虐行為だった。現代には、このほかにもソ連の裁判や中共の洗脳のようなことがあり、いずれも非人間的な非合理的な、むかしからの文明の観念を覆すような現象である。後世になったら、おそらくこれが二十世紀中葉の人間のあり方の一つの特色だったとされるだろう。

いつの世にも残虐な事件はあった。戦争が長びいて生活が苦しくなれば、人心は荒廃してモラルは低下する。軍隊が戦闘の後に殺気をおびたまま都会を占領したり、ことに敗けて逃げるような際には、むざんなことがおこる。人々は正気を失っているのだから、その心理を正常の標準から律することはできない。こうしたことは、人間のすべてが確実な向上をつづけているという楽天的な信仰を裏切って幻滅をあたえるものではあっても、とくに異常不可解とはいえない。非人道は原則としては否定されているのだけれども、一時の錯乱に対して規制の力が及ばなかったのである。

ところが、ナチスの焚殺やソ連の裁判や中国の洗脳などは、国家がその目標を遂行するためにやったことである。それを行った人々は、かれらとしてはよき良心をもって行った。ある歴史の必然的実現のごときものが確信されて、そのための努力であった。犠牲者たちは歴史の進行を阻む悪であるとて、抹殺された。一種の消毒だった。かれらはもはや人間として認められなかった。抽象的理念の前に人間が消えうせた。

国家がその世界観にしたがって、最高の首脳が国策として決定して、公的の機関が行ったことだった。

このような異様な現象の中の、ナチスによるユダヤ人の大量焚殺事件について記そうと思う。これは日本にもちかごろになって紹介されたが、その受け取られ方はかなり猟奇的なものだったように思う。あのような謎のようなことが起るにいたった過程や、その原因については考えられてはいない。といっても、これはヨーロッパでもまだよくは研究されていないことである。いままで発表されたのは、おおむね現象の報告やそれを体験した人の記録の類である。

一昨年になってドイツで証拠書類や証言類を集めた『第三帝国とユダヤ人』という本そのほかがで

たが、こういうものをもとにし私の見聞や感想もまぜて、この問題の輪郭をのべてみる。いかにしてあのような事がおこりえたのか？

■全体的問罪はあやまり■

ナチスがヨーロッパのユダヤ人を根絶する計画をたてて、六百万人をその占領地帯で殺したという事件は、もとより秘密裡に行われたことだから、戦後になっても多くのドイツ人が信じようとはしなかった。しかし、動かすことのできない証拠がたくさん上がって、いまでは否定することができない明白な事実である。

私はこの話を比較的にはやく知ったが、数年前にはそれを人に話しても、日本人はみな「そんなことがありうるものか。それはデマだ」と信用する人はいなかった。それももっともだった。

いまのドイツ人は、この事実にふれることを避けている。なるべく考えないようにしている。戦後になって、ナチスの罪過について道徳的に反省したのは、ヤスパースの『罪の問題』だけである。一昨年になってたんねんに調べた大きな本が三つでたが、いずれも具体的な事実の調査にとどまっている。これらの本は主としてユダヤ人の手になるもので、怨恨の作品でないことを示すために、つとめて即物的にとりあつかっている。最近に西ドイツでナチスによる被害者への賠償の法案が成立して、莫大な金額が計上されているが、これまでにもエルサレムへの補助金とかユダヤ人学生の無償勉学とかいう形では、補償も行われていた。しかし心の問題としてはとりあげない。それも理解できないではない。

すでにナチスという現象自体が謎なのである。これが解けてはじめてユダヤ人事件も解けるのであろう。とはいえ、焚殺問題はいかにもショッキングだし、私は前からその真因を知りたく思っていた。しかし、ヨーロッパに行っても、誰一人としてはっきりした解釈をあたえてくれる人はなかった。「あれはわれわれにも分らない。どの角度から考えても最後まで説明しつくすことはできない」というのが、いつも結論だった。

あるとき、一人の思慮ぶかいドイツ人にこれを質問した。

この人も答に窮していた。そして、彼は常套的な公式で片づける人ではないにもかかわらず、「一八四八年の学者革命は不完全な革命で、ドイツ人はまだ十分に人権を重んずることを知らないから……」というようなことをいった。

こういう説明は、私には物足らなく思われた。不完全などころか、いかなる革命をも知らない国でも、あんな事はおこったことがなかった。完全な革命があった国でも、人権が重んぜられているとはかぎらない。これは革命とは直接関係はないことだろう。「ドイツの社会のゆがみが凝集してナチスとなり……」というような安直な方程式では、何事をも解くことはできない。ドイツでも、中世にはちょっと似たようなこともあったが、近世になってからはまったく考えられないことだった。帝政ドイツにはおこりえないことだった。

それで、それまでに私が考えていたことをいった。

「中世では、異教徒は悪魔の手先であって、人間ではなかったのです。それを殺すことは、神の栄光をたたえることではあっても、ヒューマニズムに反することではありませんでした。むしろヒューマニズムに奉仕することでした。『夜と霧』はもとよりいろいろな複雑な原因によっておこったことにはちがいないが、もっとも根本においては、社会学や政治学の問題というよりも、むしろ神学の問題だったのではないでしょうか」

その次にその家に行ったときに、私はおどろかされた。お茶をはこんできた夫人が席について、きっと私を見すえて、いった。

「われわれはあなたをお客として迎えています。それだのに、そのわれわれを傷つけるようなことを……」

目はきつくかがやき、頬は憤怒に赤らんで、夫人は頭をふるわせてくるしそうな表情で身を前にかがめた。

私は自分が分別が足らなかったことに気がついた。まだこの話題がそれほどのタブーになっているとは知らなかったし、それにこの家は何でもいえる家だった。自分がこのことについて知りたくて意気込んでいたから、誰でも客観的に検討しようとしているのだと思いこんでいたし、また戦時中の自国民の痴愚背徳《ちぐはいとく》に対しては、ドイツ人も日本人のように他人事として嘲っているものと思っていた。しかし、ドイツ人は一方ではそれにある連帯的責任を感じていながら、しかも他方ではただ嘲ってすますべく事があまりに重大深刻なので、これを意識から排除しているのだった。それで、私はタクトのなかったことをあやまり、一晩よく考えて、つぎの機会にこういった。

「普通のドイツ人は、あのようなことが行われていたことは知らなかったのでしょう。たまに噂できいても、まさかと思っていたにちがいありません。かりに知っていたにしても、反抗することは不可能でした。それはわれわれ日本人の体験から推しても分ります。むしろ外国人の方が報道されていたし、反抗することもできた。知りもせず反抗もできなかったドイツ人に罪があるとは思いません。もし罪があるとすれば、われわれすべてが人間としてあの事件に対して責任があります。私が願っているのは、人間共通の事実として謎を解きたいので、けっしてドイツ人を傷つけるつもりではありません」

こういうと夫人も納得してくれた。そしてそれからは、あの当時の国内生活などを話してくれ、一緒に論議し検討してくれた。

このような罪とはじつにふしぎなものである。ドイツ人だから——と、すべての個人にむかって全体的問罪をすることは、あきらかにまちがっている。それは、かつてナチスがユダヤ人をユダヤ人なるが故に悪であるとしたのと、おなじことである。後に記す焚殺映画をパリで見たとき、フランス人たちは舌打ちをして「ああ、ドイツ人は！」といっていたが、人間の因果欲望はしばしばじつに見当のちがった解釈を下して満足する。「ドイツ人」はそんな犯罪者ではない。

しかも、人間はある国民である以上、同胞のしたことについては知らぬ顔でいることはできない。法的には無罪だが、そこにはやはり連帯がある。それは合理的には説明がつかない、われわれ人間存在の根本にねざした根ぶかいものである。そして、人間としてはわれわれもまたナチスの犯罪に関して連帯である。

ドイツ人も大抵は、単純でナイーヴな、善良で親切な人々である。しかもなお、これはまことに言いたくはないことであるが、ドイツ人の中のある型の人には、無反省な自信過剰や力の盲信のようなものがあることも、否定できない。少数の人はじつに荒っぽい。これが素因となった部分もたしかにあったのだろう。

私はドイツに行って、一ころはこの問題で頭が一杯だった。それで、往来を歩きながらも、骨太で赤ら顔で鷹のような目つきをしてあたりを睥睨《へいげい》している人に行きあうと、その額にカインの印がついているような妄想がした。

そして思った――「ヨーロッパには、神もいるが悪魔もいる。日本には、ああいう神はいないが、その代り悪魔もいない」

■映画「夜と霧」■

まず犯罪の現場を見ることにしよう。といっても映画なのであるが。

「夜と霧」という映画は、日本では公開されなかったそうであるが、私はこれをパリで見た。これはフランス人が作ったものである。大量殺戮の現場をその当時にうつした短い実写映画や、そのほかドイツ兵たちがひそかにとっておいたスナップなどをモンタージュして、それに前後の説明をつけたものである。これが実物であることは、疑う余地はない。

ふしぎに思われたのは、もしあれが日本で上映されたら、無数の観客が殺到するにちがいないのに、パリでは小さな実験映画劇場でやっていて、見る人もすくなく、新聞にも普通の映画評がでているだけで、すこしもセンセーションではなかった。おそらくもう知っていることだし、フランス人の趣味には合わないのだろう。

これに反して、この映画がベルリンで限られた観客を相手に上映されたときには、異常なショックだったそうである。ドイツ人たちはいままでなるべく考えずにいたことをまざまざと眼前に見せられ、涙をながして叫んだ。卒倒した婦人もいた。

この映画は具体的な記録がつぎつぎと出てきて、しずかに事実をして語らせていて、感情を煽ろうというふうには作ってなかった。しかし、残虐とも何とも、真に身の毛のよだつようなものだった。その前に、古い宗教画の色彩映画が上映されて、マリアや天使と共にブリューゲルなどの地獄絵図もあったが、いかなるむかしの宗教画家もこの実写ほどに壮大な凄惨な非人間的な幻像をえがきえなかった。印刷で読む文字は感銘が弱いから、そのあらましを書くが、おそらく読者は厭悪《えんお》を感ぜられるであろう。

猟奇的に見たらスリル一〇〇パーセントだが、まじめに見たら人間の感覚が堪えうる限度をこえたものである。しかもこれは、ただ後味がいいとかわるいとかいってすませられるようなものではなかった。

■アウシュヴィッツ■

麦がゆたかに実った田園の中に、頑丈な鉄柱がならんでいる。みな頭が太く曲っていて、それに疣《いぼ》のようなものがたくさんついている。これに鉄条網がはってあって電流が通じていた。かつては東ヨーロッパにこういうところが方々にあって、この囲いの中で惨劇が行われた。

時間は二十年ちかく前にさかのぼって、当時の光景があらわれる。西欧のどこかの都会の戦時中の殺風景な停車場で、ユダヤ人が普通の市民生活からかりだされて、貨車に積まれてゆくところである。みな胸に、径五寸ほどあるらしいユダヤ人種であることを示す徽章をつけていて、それには星の形に似たものがえがいてある。老若男女のユダヤ人が右往左往して、扉がしまらないくらいに押しこまれてゆく。それを追いたてる役は、ユダヤ人がやっているらしい。監督のＳＳやドイツ軍の将校や兵が、それを立って眺めたり、お互い同士で話したりしている。

ドイツ兵たちは正確で謹直ではあるが、どこかあふれる実力の威圧を誇示するようなところがある。その姿があらわれると、いつも胸の底に冷たい恐怖を感じた。それにはこちらの気のせいもあっただろうけれども。

かれらの様子はまったく事務的である。かれらはすでに一種の機械なのだし、それに毎度の勤めで感情も鈍磨しているのだろう。

私は一人の南方に行っていた若い日本人から、こういうことをきいたことがある。――

「大勢の捕虜が地面にうずくまっているのを見ていても、無感動でした。ちょうど檻に入れられている猿を見ているようなものでした」

はや冒頭のこの場面でドイツ人もユダヤ人も、人間味はまるで失っている。両者共にヒューマニスティックな人間ではなくなってしまっている。話にきくシカゴの屠殺所の人間と獣との関係がこうもあろうか。ドイツ人たちは巨大な機械の部分品にすぎないし、ユダヤ人たちは腑抜けたようになって黙々と生気のない長い列をつくっている。これはこの映画の終りまでそうだった。

この人々の行先は――。正面に、塔がついた煉瓦づくりの建物があらわれて、黒い口をひらいている。あたりには壊れたコンクリートの塊が散乱しているし、幾条ものレールが地上にまがりくねって、雑草がぼうぼうと生えている。これはポーランドの奥地のアウシュヴィッツの収容所の、いまものこっている残骸である。

その内部が示される。ひろい寝室には、上下三、四段の粗末な棚がはてしなくつらなっている。大便所もあった。仕切はなく、長いセメントの台に幾十という穴が二列にあいている。説明によると、赤痢がはやって、この便所でそれに罹っていることが分ると、その者はすぐに殺された。しかしまた、ここは囚人同士の意見交換の場所でもあって、人々はここにくるのを楽しみにしていた。木製の寝台の棚のほかは、すべて煉瓦と鉄でつくってあって、殺風景をきわめていた。ある建物の一角が外からうつされ、説明が「ここは女郎屋だった」といったが、それが、管理者側の者のためかまたは囚人用のものかはいわなかった。ことてもガス室のほかは、四六時中やすみなく阿鼻叫喚が絶えなかったわけではなかったろうから、おそらく後者かと思われた。

一隅に、青酸ガスという劇毒なのだそうであるが、チクロンBというレッテルをはった缶が積んであった。これはもともと船で鼠を退治するのに使った薬なのだが、それから思いついて、これをガス室に投入して、中に充満している人を殺したのである。廊下の壁にハンドルがあって、そのわきに室内を覗く小窓があった。ここから薬の効果を観察していたのである。

そのガス室は、スクリーンでは案外に狭く見えた。低い天井に傷あとがついている。殺された人々がひしめきながら、断末魔の苦しみにつけたものだそうである。

一糸まとわぬ人間の大群が映しだされた。そういう光景がたくさんあった。男と女とは別なグループに分けてあった。ある場面では数百人―数千人（後に記すように、一つのガス室には二千人が入った）が、列をつくって遠くの建物の入口に入る順を待っていた。

別の場面では、写真をとられるためだったらしく皆こちらをむいて立っていた。男はみな痩せおとろえていたが、女は肉づきがよかった。うす暗い画面が大写しになって、目の前に、赤裸の女たちが恐怖に惑乱して右往左往した。そのときの説明は「これは殺される数分前のありさまです」といった。息のつまるような凄絶な瞬間だった。

こうしてガス室で殺された死骸を焼くカマドが並んでいた。その口をひらいて、中の人骨が見えているところもあった。アウシュヴィッツでは、もっとも能率が上がったときには一日に一万人を処理した。（後に引用する証言には二万二千人とあるが、これは焼かれない者の数を加えたのであろう。）ここに働いていた者の証言によると、「殺すことはむつかしくなかったが、屍体の始末が困難だった」とうてい焼ききれない無数の死骸が、いく個所にも積んであった。うずたかい裸体の山が大きな濠のへりをかこんでいた。ガスで死んだのだから、われわれが焼跡で見たのとはちがって、体も顔も白くて原形のままである。みなさまざまに四肢をひろげて、おり重なっている。仰むいたまま、口と目をひらいてじっと太陽を凝視している屍もいる。いたるところに人骨がちらかっている。

この死骸の山を片づけるために、ブルドーザーが押してゆく光景が、遠くからとってあった。死骸がバラバラと濠の中に落ちてゆく。絡みあった塊がしなやかに柔らかくくねって、あとからあとからと転がってゆく。白い屍の滝なのであるが、四肢や頭がありとあらゆるうごきをするので、シュールリアリズムの舞踊でも見るようなある美しさがあった。

ある部屋には、大きな台に押し切りの刃をつけた道具がおいてあった。ここで三人ずつ並べて首を切りおとした、という説明だった。何のために首を切ったのかはいわなかったが、あるいは屍体から肥料をとるための操作というようなことだったのだろう。

斬首の現状の写真はなかったが、切った首を運んでゆくところがあった。制服を着た男が、両の小脇に首を一つずつかかえて、ゆっくりと歩いて所定の場所に棄てていた。

死んだ人たちの着物やメガネや靴や義手義足の山もあった。服は三十四万八千何百、婦人用品一揃い八十三万六千何百……といったような単位である。女の髪がつんであったが、それは家の高さほどあるように見えた。これから織物をつくったので、幅のひろい巻いた反物がたくさんあった。

人間の皮膚をなめしてそれに絵をかいたのが、十ほど並べてあった。入墨をした皮膚もあった。ブーヘンヴァルトの収容所司令官夫人は、これでランプシェードを作って自分の寝室につかっていた。この女は変態的な残忍行為でしられたが、また人間の皮でブックカバーや手袋をつくっていた。

生体解剖もあった。スクリーンに、手術されて傷口をひらいた足などがあらわれた。そのうちに「去勢」という説明があって、三人の男が素裸でベンチに腰かけていた。そう思って見る気のせいではないと思うが、かれらはみな栄養よく柔らかくふとって、だらしのない薄笑いをうかべていた。

収容所は生産工場でもあって、健康な者はそちらで働かされ、弱ってくると始末された。（二ヵ月か三ヵ月で弱った。）ある場面では、数人のユダヤ人が柵によりかかって、ぼんやりと眺めていた。みな気が抜けてぼけているような様子だった。かれらはかなたの煙突からたちのぼる煙を無感覚に見ているのだった。それはかれらの同胞が空にのぼる煙だった。

ここに官吏として働いている人たちのスナップショットもあった。

一人の医者があらわれたが、この男はいかにも典型的だった。白い上っぱりを着て、尊大にかまえて、ひどく肥満して、丸い顔に小さい目をしていた。いかにもdumm（愚鈍）というドイツ語があてはまった。悪名たかい女看守もあらわれた。張った厚い胸をして、みじかいスカートに革の長靴をはいて、手に鞭をもっていた。全身の姿勢にあふれた決意、高い骨ばった額、挑みかかるような目、戦闘的な口元など、いかにもナチスだった。こういう人たちもみながみな非人間ではなかったろうけれども、ただかれらの頭の中のちっぽけな部屋が吹きこまれた崇高な観念のためにふくれあがり、それによって放肆《ほうし》な獣性が解放されていたのだったろう。

収容所を監督する若いＳＳの家庭生活もでてきた。美しい着物をきて嶮しい表情をした女たちと、普通の家庭生活をしていた。

最後に、戦後になって行われた戦犯裁判の場面があった。殺人工場ではたらいていた人々が調べられていた。六十歳くらいの実直そうな人や、翼賛青年団員といったような人々が、西洋人らしく身ぶりも大げさに胸をうち腕をひろげて、「自分には責任はない！」と叫ぶ。映画のアナウンスが「では、誰に責任があるのか？」とくりかえしていた。

■鈍磨・抽象化■

すべての収容所がそうだったが、なかんずく殺人工場つきの収容所では、人間性のおそるべき荒廃があった。

これについてはラッセルの『人工地獄』その他の邦訳書にくわしく記してあることだし、この不愉快な題目については簡単にふれるだけですましたい。右の本は感情的な書き方がしてあり、判断にはどうかと思うところがあるけれども、記載されている事実については、他の証拠にてらして嘘はないと思う。

ボヘミアにテレジエンシュタットというユダヤ人町があり、ここには比較的に優遇されたユダヤ人が集められた。外国から招待された視察者むきの、模範収容所である。美学者のウティッツ教授などもここに入れられていた。もともと人口三万の町がその十倍にふくれ上がり、しかも人々はいつ遠くの殺人工場に送られるか分らないのだから、この町には異常な雰囲気がみちていた。それを社会学的に心理学的に詳細に記録した研究書もでている。「異常な環境に対しては異常な反応をする、それがノーマルな人間の徴候である」ということをフランクルは書いているが、まして殺人工場つきの収容所はまさに地獄であり、ここにいたユダヤ人もドイツ人ももはや人間ではなかった。あるはずもなかった。ごく少数の例外的に強い性格の人々をのぞいては、普通の人々は、ユダヤ人はもとよりドイツ人の気持すらも、それをノーマルな日常生活のモラルによって判断したら、まちがいだと思う。

ユダヤ人の囚人たちは、ただボロをまとった骨と皮になって生きていて、精神的にはすっかり崩壊していた。かれらは意気沮喪してやけをおこし、つねにはかない希望の幻影をえがき、なるべく目だたないように集団の中に隠れようとし、互いに嫉妬し猜疑し、権力者にはおもねり、つねに食物の話をしていて最悪のときには死人の肉を食った。これらのことは、その何千分の一かの影が、戦争中にはわれわれ自身の心の底にも通りすぎたことだった。フランクルが記した囚人の心理を読むと、ちらちらとかつての日々のことを思い出さされる。現在ここから生きのびているユダヤ人も、精神病の廃人になっている人が多いということである。

ドイツ人の側のことも、ある程度までは分らないではない。ここで働いていた下級労務者はみな単純な人々で、「異常な環境には異常な反応をして」慣れてしまい、やはり感情も感覚も鈍磨していたのだろう。それで、ほかの人もやっているのだからこれが当り前と思って、切った首をはこんでいたのだったろう。毎日悪臭が鼻をつく死屍累々たる中につとめて、自分の義務をつくしていたのだったろう。

ナチスの役人はその官舎で文化生活をたのしんで、ベートーフェンの音楽をきいていたそうである。自分の生活の中では、やさしく思いやりのある人もいた。ルドウィッヒ・ラムドールという役人は、残忍な虐待をしたために後に絞首刑になったが、その裁判のときに、彼の親戚や友人は、あの貧しく虐げられた者の友だった親切な男が——とおどろいて、嘆願の手紙を書いた。「ルドウィッヒは、田舎の道を歩いているときなどには、足もとの蝸牛やとかげを踏みつぶすまいとして、奇妙なステップで歩きました」

思うに、人間のヒューマニスティックな感情は、ある連帯的な関連の中ではじめて保証された姿をあらわすものではないのだろうか。良心は場所をえらぶのではないだろうか？

「旅の恥はかきすて」とて、いったん自分の生活の関連の外にでてしまうと、市民的名誉感はあぶなっかしくなる。安定した関連の中では、誰でも他人を人間として認めるが、いったんその関連が破壊されると、そういう認識は、たちまちばらばらに雲散霧消してしまうものらしい。他人はただの抽象物となってしまう。戦場の敵、異教徒、民族の敵、階級の敵——つまりおよそ警戒すべき集団は、たとえ外形は目と鼻のある人間ではあっても、じつは抽象物として作用する。ただ憎悪恐怖などの記号に化してしまう。それで、休日に散歩する田園の道ばたの蝸牛ほどには心をうごかさないのだろう。人間を人間として尊重することは、紀元前数世紀のころに、東洋にも西洋にもふしぎに時を同じくしてあらわれた大宗教家や大哲学者が教えた。それが醇化されてかたまって確立したのが、文明なのだろう。「人情」とは高い文明の所産なのだろう。この関連の外にある真空の中では、他の人間は人間の影にすぎない。そして、その関連が恢復されると、人はあの真空の中でどうしてあのようなことを行ったのかと、自分でも怪しむようになる。

収容所では、ユダヤ人の中から選びだされた者が、ユダヤ人を叱ったり追ったりする役をつとめた。これをカポーといった。これには、ドイツ人の犯罪人も使役された。しかし、普通のドイツ人でここで働いていた人々は、とくに悪人でも変態心理者でもなく、右のような慣性による鈍磨と人間抽象化の習性が固定していたのだったろう。

■犠牲者の数■

ナチスによって殺されたユダヤ人の数は、現地の統計やまた戦前戦後の人口の比較など、その他さまざまの角度から研究されているが、おおよそ六百万というのが定説である。どちらから算定していっても、この数字がでてくる。すなわち、ヨーロッパの全ユダヤ人口の半分余、世界のそれの三分の一である。

アウシュヴィッツとトレブリンカの二カ所だけで、三百万人が焚殺された。

つぎに、「世界ユダヤ人会議」から一九四六年に発表された『絶滅の清算』の一部を引用する。この数字はニューヨークのユダヤ人問題研究所の調査によったものである。

ナチスは一九三三年に政権を掌握し、その後しばらくはユダヤ人を経済的な方法によって破滅させようとしていた。それで、この期間に多数のドイツのユダヤ人が国外に脱出したから、ドイツ・ユダヤ人の犠牲は比較的にすくない。戦争がはじまった一九三九年九月におけるヨーロッパ各国のユダヤ人口と、その各国が占領されているあいだに失われたユダヤ人口との対比は、つぎのようである。

国	一九三九年九月のユダヤ人口	失われた数	失われたパーセント
一、ポーランド	三三〇、〇〇〇〇	二八〇、〇〇〇〇	八五・〇
二、ソ連被占領地区	二一〇、〇〇〇〇	一五〇、〇〇〇〇	七一・四
三、ルーマニア	八五、〇〇〇〇	四二、五〇〇〇	五〇・〇
四、ハンガリア	四〇、四〇〇〇	二〇、〇〇〇〇	四九・五
五、チェコスロヴァキア	三一、五〇〇〇	二六、〇〇〇〇	八二・五
六、フランス	三〇、〇〇〇〇	九、〇〇〇〇	三〇・〇
七、ドイツ	二一、〇〇〇〇	一七、〇〇〇〇	八一・〇
八、リトアニア	一五、〇〇〇〇	一三、五〇〇〇	九〇・〇

以下略

(右のうち、フランスの失われた数には移住した者もふくまれている)

ユダヤ人は普通の意味で罪があるから殺されたのではなかった。奇怪な全体的問罪が行われて、ユダヤ人であること自体が悪とされた。ナチスはそれを人種として絶滅しようとはかったのだから、子供も見のがされなかった。一九四六年の解放当時には、被占領国にはユダヤ人の十歳以下の子供はいなかった。一九七五年ごろまでは、若いユダヤ人の結婚はほとんど行われまい。生き残った者の多くも、肉体的に精神的にまた経済的に家庭を築くことがむずかしい状態である。

ユダヤ人の財産や、また各種の機構施設も、ことごとく破壊された。

■三つの証言■

この文章の目的は、「いかにしてあのような事が起ったのか、起りえたのか」ということを考えてみよう、というのである。そのためには、「あのような事」とはどのようであったかを一通り記さなくてはならない。しかし、それは書いていて嘔吐を催すようなことである。

それを詳細に記す勇気はないが、真相のだいたいの輪郭を示すために、三つの信憑力のある記録を訳する。

一は、最大の殺戮が行われたアウシュヴィッツの司令官だったルドルフ・ヘス（ナチスの領袖のヘスとは別人）の、ニュルンベルク法廷での陳述である。

二は、生き残ったユダヤ人の科学者の手記である。

三は、クルト・ゲルシュタインという人の証言である。

■ヘスの陳述■

私、ルドルフ・フランツ・フェルジナンド・ヘスは、ただいまの法的宣誓にしたがって、申しのべます。

一、私は四十六歳で、一九二二年以来ナチス党員であります。一九三四年以来SS隊に、一九三九年以来は武装SS隊に属していました。一九三四年十二月一日以後は、SS警備隊、いわゆる髑髏隊の一員であります。

二、私は一九三四年以来ずっと集合拘禁所管理の仕事をし、一九三八年までダハウに勤めました。その後一九三八年から一九四〇年五月一日まで副官としてザクセンハウゼンに勤め、この日にアウシュヴィッツ収容所の司令官に任命されました。一九四三年十二月一日までここを指揮しましたが、その間にすくなくとも二百五十万人の犠牲者がガスと焚殺によって処刑され絶滅されたと見積っています。五十万をはるかにこえる人々が飢餓と病気で死にました。総計で約三百万人であります。この数は、囚人としてアウシュヴィッツに送られてきた者全体の中の、約七〇―八〇パーセントです。これ以外の者は選びだされて、収容所の工場での奴隷労働に使われました。処刑され焼かれた者の中には、約二万人のロシア人の捕虜がいました。(これはかねて戦争捕虜の収容所からゲシュタポが分けておいた者です)。これ以外は、約十万のドイツ・ユダヤ人、およびオランダ、フランス、ベルギー、ポーランド、ハンガリア、チェコスロヴァキア、ギリシアその他の国々の住民で、その大部分がユダヤ人です。一九四四年の夏には、アウシュヴィッツのみで約四十万のハンガリア・ユダヤ人がわれわれによって殺されました。

三、ＷＶＨＡ（経済管理本部）が、各集合拘禁所の住居、食事および医療など、一切の管理についての責任をもっていました。その指揮者は上級軍団長オスヴァルト・ポールでした。はじめは、国家秘密警察（ゲシュタポ）と警察庁が、逮捕・集合拘禁所送り、そこでの処罰・処刑に対して責任をもっていました。ＲＳＨＡ（国家保安本部）がもうけられてからは、それらの仕事をひきついで行っていましたが、すべてＲＳＨＡ長としてのハイドリヒの署名による命令によりました。

カルテンブルンナーがＲＳＨＡ長であるあいだは、保護拘禁・収容所送り・処罰・特別処刑の命令は、カルテンブルンナーが署名し、ときにはカルテンブルンナーの代理として、ゲシュタポ長のミラーが署名しました。

四、ガスによる集団処刑は、一九四一年の夏にはじまり、一九四四年の秋までつづきました。私はアウシュヴィッツの処刑を一九四三年十二月一日まで自分で指揮し、またずっとこの収容所のＷＶＨＡの監督の任にあったところから、集団処刑が前述のように行われたことを知っています。ガスによる大量処刑はすべて、ＲＳＨＡの直接の命により、その監督と責任によって行われたものであります。私はこれらの集団処刑を遂行する一切の命令を、ＲＳＨＡから直接にうけとりました。

五、私は一九四三年十二月一日にＷＶＨＡのＤ局第一課長となり、ＷＶＨＡの管理下にある集合拘禁所とＲＳＨＡのあいだの連絡に責任をもつこととなりました。ＷＶＨＡ長のポールと

ＲＳＨＡ長のカルテンブルンナーとは、集合拘禁所の件についてしばしば相談し、直接または文書によって連絡していました。一九四四年の十月五日に、私はベルリンのＲＳＨＡの長官室で、マウトハウゼンの集合収容所に関する詳しい報告を提出しました。カルテンブルンナーは私にこの報告の要約を口述することを求め、この報告をくわしく調べるまで決定を保留すると申しました。この報告は、死を宣告されたいわゆる「無名捕虜」の数百人を、労働にむけようとするものでした。

六、ユダヤ問題の「最後的解決」とは、ヨーロッパの総ユダヤ人を完全に絶滅するという意味であります。私は、アウシュヴィッツの絶滅方法の改良を一九四二年六月に実現せよと、命令されました。すでにこのころには、全ドイツ占領地域内にさらに三カ所の絶滅所ができていました。それはベルツェックとトレブリンカとヴォルツェックです。これらの収容所は、保安警察の駐屯部隊の下にありました。私は絶滅がどのように行われているかを視察するために、トレブリンカに行きました。ここの収容所長は、半年間に八万人を消したと語りました。彼の任務は主として、ワルシャワのユダヤ人町の全ユダヤ人を消すことでした。彼は一酸化炭素ガスを用いていましたが、この方法はあまり有効でないという意見でした。それでアウシュヴィッツに絶滅所を建てたときには、私はチクロンＢを使いました。これは青酸の結晶で、これを死刑室の中に小さな穴から投げこみました。死刑室の人間が死ぬまでには、天候によってちがいますが、三分ないし十五分かかりました。人間が死んだことは、叫び声がやむので分りました。普通半時間ほど待ちました。死骸が搬出されると、特別隊が戸をひらいて死骸を出すまでに、指輪をぬき、歯から金を外しました。

七、トレブリンカに比してのもう一つの改良は、一度に二千人を入れるガス室を作ったことでした。トレブリンカでは、二百人ずつ入れるガス室が十あったのです。これに入れる者はつぎのようにして選びました。アウシュヴィッツには、到着してくる囚人を検査するために二人のSS医官が勤務していました。その一人が前を行進してゆく囚人を見て、決定を下し合図をします。労働の役にたつ者は収容所におくられます。そのほかは直ちに絶滅施設へとおくられます。幼児は働くことができないから、みな殺されました。さらにトレブリンカに比べてのもう一つの改良は、トレブリンカでは犠牲者が自分たちはこれから殺されるということを知っていたのに、アウシュヴィッツでは犠牲者を騙して、虱《しらみ》をとる作業がはじまるのだと思わせるようにつとめました。

かれらがこちらの真意を悟ったこともときどきあって、暴動に手をやいたこともありました。女が自分の子供を着物の下に隠していたことがよくありましたが、それを見つけると、子供は絶滅所に送りました。絶滅は秘密裡に遂行しなくてはなりませんでした。しかし、たえず屍体を焼くために腐ったような胸のわるくなるような臭いがその地方にひろがったので、まわりの村の住民は皆アウシュヴィッツで絶滅が行われていることを知っていました。

八、ときどき、地方ゲシュタポから、特別囚人が送られてきました。そういう者は、SSの医者がベンジンを注射して殺しました。医者は普通の死亡記録を提出するように命ぜられ、任意な死亡原因を書きだしました。

九、ときどき女の囚人に医学的実験をしました。それには、断種と癌に関する実験もふくまれています。この実験中に死んだ者はたいてい、ゲシュタポによってすでに死刑を宣告されていたのです。

十、ルドルフ・ミルドナーは、一九四一年三月から一九四三年九月まで、カトヴィッツのゲシュタポ長であり、したがってアウシュヴィッツの政治部長であり、第三級の訊問を担当していました。この役目から、彼はしばしば囚人を監禁または処刑のためにアウシュヴィッツにおくってよこし、自分でも来ました。たとえば脱走した捕虜というようないくつかの訴因をもった者を訊問する、ゲシュタポ裁判所、それからSS略式軍法会議は、しばしばアウシュヴィッツで会合をし、ミルドナーは訊問を傍聴しましたが、そうした犯人は普通は判決にしたがってアウシュヴィッツで処刑されました。私はミルドナーにアウシュヴィッツの絶滅施設をすっかり見せましたが、彼は自分の地域からユダヤ人を処刑のためにここに送らなくてはならないので、つよい関心をもっていました。

私は以上に書いてある英語が分ります。

この申し立ては真実であります。私はこれを強制されることなく自由意志をもって陳述しました。これを読んだ後に、ドイツ・ニュルンベルクで、一九四六年四月五日に署名しました。

署　名

■科学者の手記■

アウシュヴィッツに収容されていたがついに生き残ることができたユダヤ人の中で、学者だった人の手記を集めた本がある。被害者でありながら、できるだけ冷静に客観的に報告できる人の文章を集めたのである。その中の文章を抄する。いずれもシュトラスブルク大学医学部の人で、国籍からいえばフランス人である。以下にでてくるセレクチオン（ふるい分け）というのは、前のヘスの陳述にあるように、労働に堪える健康者であるか否かを医者が見わけることで、否と判定されればガス室に送られた。この判定は一目できまった。むこうから歩いてくるユダヤ人の列の前に、

「……医者は無関心な様子で立ち、右の肘を左の手で支えながら右手をあげ、人差指をほんの少し――左、右、とうごかして指示をあたえた……」

クライン生物学教授　……近くにガス室があって、それが操業しているということが、アウシュヴィッツ収容所におけるわれわれの全生活に烙印をおした。それについて喋ることは厳禁されていたにもかかわらず、われわれは絶えずこれについて――こっそりと隠語で――語った。それはいわば憑かれたような状態だった。ビルケナウに残してきた家族の運命を心配していた人々は（この一隊はビルケナウから移送されてきたので、そこにもガス室があった）、愛する者たちがまだ生きているということを信じさせるどんな藁にもしがみついた。われわれ自身は、アウシュヴィッツに到着したときの「ふるい分け」から一まず助かったとはいえ、ダモクレスの剣はつねに頭上に吊下がっていた。

ここの収容所の中でもしばしば再「ふるい分け」が行われ、労働無能者・病人・衰弱者は出された。……囚人の大部分にとっては、ビルケナウで行われていることは亡霊であり、その恐怖のために病気となって、そのために「ふるい分け」られて、ついにガス室の地獄の機械の歯の中で果てるのであった。

この考えは無意識の中でわれわれのあらゆる態度に影響をあたえ、アウシュヴィッツでの生活はひたすらわれわれフランス人が「シチュウ鍋・桶・煙突」と呼んだものをめぐっていた。

レヴィ外科助手 ……夜も昼も六つの火葬場が燃えていた。しかし、これとても一九四四年夏に到着した大量囚人を処理するのに間にあわず、死骸は白樺の森の中の大きな穴で焼かれた。

ジプシーの一団——四千人の男と女と子供——がある八月に一夜のうちに全部ガス室に送られた。方法が改善された。狭いレールがガス室の五十メートル前までしかれ、ドランシーやブダペストで積みこまれた全輸送人員が、処刑場の直前で下ろされることができるようになった。連れてこられた者たちは、一人のＳＳ役人のそばを縦隊をつくって行く。ＳＳ隊員が死へと呪われた者たちを数歩横にゆかせると、もうそこにガスが待っているのだった。こういう仕組のおかげで、人々は時間の無駄をせずに炉に入っていった。一九四四年六月には、一日に二万二千人というレコードに達した。

■ゲルシュタインの証言■

ナチスは光栄にかがやいた。多くの人々がそれに眩惑されて陶酔したが、その背後には、おそるべき悪魔が跳梁していた。それを見ぬいて英雄的な抵抗をした人もすくなくはなかった。ゲルシュタインもその一人である。

（私はあの当時に、東京在住のドイツ人たちが、いかに右往左往したかを見た。ある者は勢いよく便乗したし――その中にはユダヤ人もいた。保身のためである――、ある者は保護色の中に戦々兢々としていた。しかし、やがてみな呑みこまれてしまった。本国にいるドイツ人よりははるかに楽だったのだけれども、日本の軍国主義とちがって熱烈に同調しなければ生活を根本から破壊されたのだから、あれも無理はなかったのであろう。その中で、故ペツォルト先生だけが、まったく一人で毅然として最後まで頑張っていた。そして私は、先生がいかに苦しみ悩んだかを、近くから見た。――いまこのような主題の文章を書くのにも、あの先生の苦しみの意味をあきらかにして、その霊に応えたい気持がある。）

ゲルシュタインは機械技師だったが、若いときから新教徒としての宗教信念から、反ナチ運動をして職を追われた。ナチスの中頃に不治の病人や精神病患者がガスで殺されるという噂をきき、また精神病院の死亡率が異常に高いことに不審をいだいた。彼が可愛がっていた義妹がそういう病院に入っていて、疑問の死をとげた。その骨を埋めた牧師がこのときのゲルシュタインの決心を立証しているが、彼は牧師の忠告をしりぞけて、事の真相をつきとめるために、カムフラージュしてナチ党員となって忠勤をはげんだ。消毒用ガスについて研究して、そのすぐれた専門家になった。やがて才能を認められて、ついに所期のとおりユダヤ人絶滅機関の中に入るようになった。このあたりの事情についての彼自身の叙述は、さながら探偵小説のようである。

彼は事実を確認して、これを止めさせるためには外国の力を借りるより他はないと考え、危険をおかしてひそかにスエーデンやローマ法皇庁などの中立国の大公使に訴えた。戦後になってその事実が、これらの外国筋からも立証された。かくてゲルシュタインの証言はもっとも信憑力のある重要なものとなった。

そのうちの彼がはじめてベルツェックで焚殺の現場を目撃した部分を、左に訳す。

——レンベルク発の汽車がこの日の最初の汽車だった。四十五台の車に六千七百人がのせられていたが、到着したときにはすでにその中の千四百五十人が死んでいた。格子が嵌《はま》った通風窓から、青ざめた子供たちが心配気に眺めていた。死の怖れに涙をためていた。それから男たち女たちも眺めていた。汽車は入りこんできた。二百人のウクライナ人が戸をひらいて、人々を皮鞭でうって車からひきだした。大きなラウドスピーカーが指示をあたえた——すっかり脱衣せよ、義手義足も眼鏡も外せ。貴重品は窓口に出せ、受け取りはない。靴は左右きちんと結んでおけ。そうしなくては二十五メートルも高い靴の山の中から左右あった自分の靴を探しだせない、というのだったろう。それから女は床屋にやられた。髪は二鋏みか三鋏みですっかり切り落されて、馬鈴薯の袋の中に消えた。「あれは潜水艦用ですぜ。詰め物か何かにするのでしょう」とここに働いていたＳＳの下級の隊長がいった。

人の列がうごきだした。美しい少女が先頭に立って、男、女、子供たちが、みな義手や義足まで外した赤裸の姿で並木路を歩いていった。

私はヴィルト大尉と、ガス室のあいだの張出しの上に立っていた。胸に乳呑児をだいた母親たちが、おずおずと死の部屋に入ってゆく！——わきに頑丈なSS隊員が立って、荒い声でいっている。「何も心配なことはない。この部屋の中で深く息をするのだ。胸がひろがる。疫病があるからこの吸入をしなくちゃならん」。これから自分たちはどうなるのですと、問われると、「男はもちろん働かなくてはならん。家や道路をつくるのだ。女は働かなくてもいい。好きなときに、家事か台所の手助けをすればいいよ」。——これを聞いて、憐れな人々の中の幾人かはかすかな希望の光を感じて、いわれるままに足をふみだす。しかし、多くの者は何があるかを知っている。匂いが運命を告げている！　かれらは小さな階段を登って、一切を見る。

胸に子供を抱いた母親たち、小さな裸の子供たち、大人、男、女。みな裸で。——かれらは躊躇する。しかし、後の者に押され、SSの皮鞭に追われて、死の部屋に入ってゆく。大抵の者は一語も発しない。四十歳くらいのユダヤ女が、燃えるような眼で、ここに流される血の故に殺人者に呪いあれ、と叫ぶ。彼女はヴィルト大尉から顔を鞭で五つか六つなぐられ、やはり部屋の中に消えてゆく。

多くの者が、祈りをあげる。私も一緒に祈る。私は片隅に身をおしつけて、私の神、かれらの神にむかって叫ぶ。私もかれらと共にガス室に入りたい、かれらと共に死にたい。そうすれば、人々は一人のSSの制服を着た将校の死骸を、発見することになる。事は不幸な過失として片づけられて、それですんでしまう。まだそれをすることはできない。私はここで見たことを知らせなくてはならない。

部屋は一杯になる。うんとつめろ、とヴィルト大尉は命令する。人々はお互いに足を踏みあっている。二十五平方メートル(?)に、四十五立方メートル(?)に、七百ないし八百人である！　SSはこれより以上は、つまらないまでに押しこんだ。

戸がしまる。そのあいだ、他の者たちは戸外に裸で待っている。冬でもこの通りだ、という。それでは死んでしまうだろう、と私はたずねる。「奴らはそのために来ているのでさあね」と、一人のSSが方言で答える。……二十五分たった。もうたくさん死んだ。それが小さな覗き穴から見えるようになっていて、電灯が内を照らしている。二十八分たつと生きている者はすくない。ついに三十二分たつとみな死んでいる！

別の側で、特別隊の男たちが木の扉をひらく。云々。

このあとに、押しあって立って死んでいる屍を処理する話がでてきて、地獄絵図はまだ長くつづくのであるが、もはや、それは省く。

このような言語道断なことも事実この世界に起ったのである以上、それに対してただ感情的な嫌悪を示すだけで、すませるわけにはいかない。いかにしてこのようなことが起りえたかの原因を、考えてみなくてはならない。凄惨な事実の報告はこれで終り、つぎにはそういう考察の部分に入ることができて、筆者もまたほっとしている。

このようなことは、結局は、あの第一次大戦後のドイツで人心がバランスを失い、その集団ヒステリーに乗じて情勢の激動のままに異常な人間の一群が絶対権力を握り、その妄想が戦争の困難の中で旋回上昇をした結果だと思うが、まことにただ想像に絶することだったというほかはない。

二

■初めからの方針ではなかった■

ユダヤ人を人種として生物的に絶滅するということは、ナチスがはじめから考えていたことではなかった。ナチスははげしい反ユダヤ思想を煽動して天下をとったが、しかしこのような極端なプログラムはもってはいなかった。ヒットラーは政権掌握のずっと前に『わが闘争』を書き、その計画をつぎつぎと実行したが、殺すという方針をたてていたのではなかった。(これについての一つの疑点を後に記すが。)まず経済ボイコットその他によってユダヤ人の活動を止めることをはかり、それからちょうど第二次大戦後にソ連がドイツ人をオーデル・ナイセ線の東から追い出したように邪魔な異民族をヨーロッパの占領地域から追い出そうとし、ついに最後になって全体的絶滅という政策をとることとなった。ここにいたったのも、さまざまの紆余曲折をへた後だった。

はっきりと記しておきたいのは、ナチスが政権を掌握したときには、絶滅という方針はまだどこにもなかった、ということである。どこにもなかったのだから、ドイツ国民はそれを知らなかった。もし知っていたらナチスは成立しなかったにちがいない。そしてまた、ドイツ人はナチスが未来に何をするであろうかを予感することはできなかった。ドイツ人ばかりではなく、世界の何人も予感しなかった。あのようなことを誰が予感できたろう！

百戦錬磨の政治家で歴史家で人間通であるチャーチルでさえヒットラーを賞讃した時期があった。大部分のドイツ人はナチスに救いを信じて、それがいまの国歩艱難《こくほかんなん》をきりぬける唯一の道だと考えて、ナチスに票を投じた。多くの活力のある行動的な人々がヒットラーに熱狂的に感激した。まったくの理想主義の気持から献身した人もたくさんあった。ことに若い層がそうだった。

つまり、あのような大犯罪は、誰にもあらかじめ予見のできない歴史の過程の中でおこったのだった。後になっては誰でも悪口をいうけれども、ナチスといえどもはじめからすべて否定的な悪の塊ではなかった。あの運動には積極的な建設的な部分もたくさんあった。あの当時ナチス贔屓《びいき》の人々はしきりに「ああするよりほかに仕方がないのだ」と弁護して、そのすることを論理づけていたが、あのころのドイツの国情を考えてみれば、それにもまったく根拠がないのではなかった。すくなからぬ人人が、ナチスの成立の当初からその狂的性格を見ぬいて、これは大きな災厄を生むものだと憂えてはいたが、トマス・マンといえども、それがついには大量焚殺を実行するようになるとは夢想もしなかったにちがいない。

そして、いったんヒットラーがあの権力を握ってからは、それに対して有効な反抗はなかった、焚殺の噂がきこえるようになってからも、なかった。ナチスをはばむ他の力は国内にはありえなかった。唯一の力でありえた国防軍も押えつけられていた。もともとドイツの軍部は、第一次大戦で国務に容《よう》喙《かい》して失敗したから、それにこりて統帥の独立を自戒して、ひたすら主権者たる国民を代表する政府の命令に従順だった。国民の間にもナチスに対する反感はあり、ことに知的な青年は党に入るのをいやがってプロシア以来の伝統と気品をつたえた陸軍に入り、ここに救いを期待した。しかし、その陸軍もヒットラーに頤使《いし》されつづけ、いよいよ最後にいたって参謀将校たちが反抗したが失敗して、その企ては一掃されてしまった。

■複雑な歴史的背景■

ドイツ国民は、ナチスの相つぐ業績に熱烈に感激していた。かれらはナチスの呪縛から抜けでることはできず、その巧みな宣伝と心理操作によって、ある神話的な集団妄想の中を引きずられていた。

フルシチョフは亡きスターリンの兇悪の罪を数えあげたが、それに対して「なぜ反抗しなかったのだ?」とたずねられて、答えたそうである。――「反抗すれば命があぶなかった。何より国民が騙されて信用していたのだから、どうにもならなかった」。これはほんとうだったろう。そして、この言葉によって、フルシチョフ氏は多くの戦犯の弁護をしたのであろう。これに対して道徳的勇気の欠如を責めても、この権力者はそれを自認しないだろうし、おそらくこの観点からのみで片づくことではなさそうである。

数年前にスイスの神学者のブルンナー教授が来朝されたとき、私たちの仲間で小さな会合があった。ちょうど進歩主義が全盛でスターリンにあやまりなしというころで、教授はこの風潮に驚駭《きょうがい》して心痛していられ、その話がでた。私が

「あれは神話ではありませんか?」

と質問すると、先生はそれを肯定されたが、まことにわれわれは神話とか、幻影とか、未来に対する架空の確信とかいうものが、いかに世を動かすものであるかを、いやというほど経験した。現在は未来によって大きく規定される。

私はこのブルンナー教授をチューリヒに訪ねた。ユダヤ人大量焚殺の謎もこの人にきいたら分ることと思って、質問をした。すると教授は

「あれはドイツ国民が知らなかったから起った」

と答えられた。

ブルンナー先生の説明だけれども、これは私には納得ができなかった。「知っていたら起らなかった」ということは、疑わない。しかしそれは、「知らなかったから起った」ということにはならない。知らなくても起らなかったかもしれない。誰も知らずしかも起っていないことが、たくさんある。ドイツ国民が知らなかったということは、起ったことの一つの条件ではありえても、原因ではない。起ったのには、やはりそれを起した積極的な原因がなくてはならない。

その積極的な原因は何だろう——?

それは、結局は、あのときのナチス首脳者の意思にあった、というほかはないと思う。無際限の影響力をもったこの人々の、妄想にかられた決断がしたことだった。

しかし、その背後には、複雑な前提条件があった。二十世紀におよぶ根ぶかい歴史的背景。それから生れた収拾すべからざるこじれ。庶民の感情。ことに両次大戦間におけるドイツの事情。現代の全

体主義体制。戦争がはげしくなっていらだった人心が正気を失ったこと。ナチスの原理。首脳者の個人的性格。なりゆき。そのほかあまたの歴史的、政治的、社会的、心理的……契機がからみあった結果だった。

以下に、そのうちの歴史的背景について、いまの問題に関連のある部分だけ、できるだけ簡略に記してみよう。

■中世のユダヤ人■

ヨーロッパで一般の人々のあいだに反ユダヤ感情がいかに根ぶかいものであるかは、真に一驚に価する。それはわれわれにはは理解がむつかしい。それは現在でもある。例の医師事件に見られるようにロシアにもあるそうであるが、ドイツでもフランスでも、その他どの国でも、ないところはない。

ドイツでは「われわれは戦争で息子を失ったのに、ユダヤ人はそのあいだは外国に逃げていて、近頃になって帰ってきて、もとの財産を恢復し莫大な賠償金をとって、楽に暮している」などという。

フランスではこの感情はドレーフュス事件いらい解決されたはずなのに、最近は国情不安で動揺がつづいているせいか、「これというのもあれのせいだ」と悪役を探して、そこに浮んでくるのは、曲った鼻に立った耳、濃い頰髯にかこまれた慧《さか》しい目である。前首相マンデス・フランス氏は何ということなく虫が好かない。「彼がとった政策は祖国への裏切りである」。いまのフランス人のこういう話をきいていると、一ころのドイツ人を思いだすほどである。

ユダヤ人迫害史については大著がいくつもあり、それを紹介することはできないが、解剖学者のデリンガーが一八八一年にミュンヘンのアカデミーで行った「ヨーロッパのユダヤ人」という有名な講演がある。これはこの進歩的な時代になお存した偏見を論難して大胆な抗議をしたものであるが、その中で中世のユダヤ人に対する迫害をのべたところは、そのさまざまのことがそのまま文字どおりナチス時代に再現しているのにおどろかされる。

日本でも戦時中にミソギや便所掃除や礼拝などの異様な原始形態が誰がしはじめるともなく蘇ってきたが、危機にあたると民族の歴史的記憶が再生してくるものらしい。すくなくとも、ナチス現象の底にあの中世の経験があったことは疑えない。

デリンガーからその部分を抄訳する。

――十一世紀の末から事情は悪化した。ヨーロッパ世界の最高権威（法皇のこと）は、宗教戦争の原理を布告し、それをかきたてた。非キリスト教民族を攻め、異教徒や非信者を信仰へと強要し、反抗する者を略奪し殲滅《せんめつ》することは、すなわち罪をほろぼして祝福をもたらす行為であるとされるにいたった。……当時のキリスト教徒にとっては、ユダヤ人は非信者より悪いものであり、公の教会の用語でペルフィデュスとよばれたが、これは信頼に価しない人間という意味である。人はユダヤ人をペスト患者のように、その言葉が疑いと不信仰の毒をもつ危険な誘惑者のように、避けなければならなかった。

――全ユダヤ人はその罪の故に永遠に奴隷たるべく神から定められているという、インノケント三世の布告は、ユダヤ人の財産をねらう者がつねに引用する憲章となった。王侯も庶民もこれによって行動した。

――ユダヤ人たることを示す徽章や帽子や黄色い布をつけていることを、僧正たちはあらゆる手段をもって強要した。この徽章の規則は残酷なものだった。都市にはしばしば暴動がおこったが、その度にユダヤ人はすぐに見分けられて暴徒の手におちたし、旅行をしていると強盗に襲われた。かれらは法の保護の外にあると考えられていた。

――法皇が定めなかったことを、各国の宗教会議が補った。たとえば、キリスト教徒はユダヤ人に家を貸すことも売ることも禁じられた。ユダヤ人から酒を買うことは禁じられた。タルムード（ユダヤ宗教書）やその註釈書、すなわちユダヤ文献の大部分を焼くべしという命令が、くりかえして発せられた。

――（ユダヤ人は帝室私有の僕《しもべ》と考えられた。）ユダヤ人自身がレーゲンスブルクの市会への陳情書の中でいっている、「自分たちは皇帝に所属している。これによって皇帝は、キリスト教徒がユダヤ人を絶滅（ナチスによって使われた「絶滅」――ausrotten という言葉がここにでてくる）するのをふせぎ、キリスト受難の記念としてわれわれを残しておこうとされるのである」。十四世紀以来、この帝室所属は完全な奴隷として解された。皇帝カルル四世はユダヤ人に宣告した、「なんじらは体も財産も朕と国に属する。朕は欲し好むがままに処置することができる」

――人々は、ユダヤ人は生れながらにしてキリスト教徒の敵であり負い目ある者である、という観念に慣れていた。人々が好んで陰惨な不自然なものを信じたがっていた時代だったから、ユダヤ人はどんな罪でも犯しうると考えられた。もっともありえないことまでありうると考えられた。十二世紀以後になると伝説が行われて、ユダヤ人はキリスト教徒の血を欲している、毎年一人の男の子を殺す、といわれた。それを復活祭の犠牲にしたり、遺伝性悪疾の治療に使ったりする、というのであった。——（一二四八年にペストが大流行したときには、ユダヤ人が陰謀をくわだてて井戸や泉や川に毒を投じている、という妄想が生じた。）あらしのような狂信がまきおこり、獣的な復讐欲と下劣な食欲が解放された。それはヨーロッパに前にも後にも（！）ないほどのものだった。いくつかの町では、犠牲者は数千をもって数えられた。多くの者は自殺して、たけりくるう暴徒から逃れた。法皇クレメンス六世が、二つの教書を発してユダヤ人の無罪を宣言したが、効がなかった。ただはやく脱出した者のみが、遠いリトアニアに隠れることができた。

——意味ふかいことであるが、この時代の残虐行為を報告している記録の中には、いかなる同情のあとも憤慨の言葉もない。その筆者の僧侶たちは、むしろよろこびをのべている。たとえば、リチャード一世の戴冠式の際に、ユダヤ人の側からの何の挑発もなくして、虐殺が行われたが、それについてウェーヴァリの僧は勝ちほこった調子で書いている。

「神を否みする者を棄てたまいし、主は讃えらるべきかな」

以上はデリンガーの講演からの抜萃であるが、このような記述は枚挙にいとまがない。そして、各国で各時代に集団殺戮が行われた。ナチスはこういう原本を、ほとんど複写した。外見が現代風になっていないことすら多く、数世紀の歳月はなかったかのように思われる。ニュルンベルク判決書の中のユダヤ人迫害の章は、中世そのままである。人間性はそれほど変っていなかった！

■土俗的な感情■

このような事態にはさまざまの他の契機が絡んでいた。そのなかで経済ももちろん有力なものだった。前述のリチャード一世の戴冠式の際の事件については、僧自身がそれを書いている。中世には金に利息をつけて貸すことは神の恵みのない賤しいユダヤ人にのみゆるされたことだったから、金貸はユダヤ人だけだった。それで、右の迫害は、借金をしていた者がそれを踏み倒したのでもあった。金にからんだユダヤ人蔑視の気持は、『ヴェニスの商人』の中に活写されている。金を借りた側はむしろ被害者としてえがかれ、シャイロックは敵役であり、むかしの観客はユダヤ人が復讐されるのを見て快哉を叫んだ。現代でもユダヤ人問題に経済の問題が深刻にからんでいることは、いうまでもない。

しかし、最後の分析においては、反ユダヤ人問題の主な原因は経済ではない、と思われる。ユダヤ人はおおむね非常に富んでいるか非常に貧しいかであるが、反感は貧しい無力な者にもむけられる。ユダヤ経済は「ユダヤ的性格」を大きく特徴づけ、これが憎悪をあおりはした。しかし、ユダヤ人全体が一つの経済的単位をなしているということはなく、そのうちの富者への反感が拡張されて貧者にまで及んでいるというのでもない。富者は富者なりに、貧者は貧者なりに、嫌われている。ナチスは、ユダヤ人の大富豪も乞食も、一様に裸にしてガス室におしこんだ。ただその血液が気に入らなかったのである。ヨーロッパではむかしから人種が入りくんで争いつづけたから、普通の人々のあいだに「彼は何々人である。故に自分は彼を好かない」という気持があって、われわれには理解しにくいが、ユダヤ人に対してはこの非合理な感情が抜きがたい。この人種への嫌悪のために立派な科学者をも追い出して、そのために国力戦力の大きなマイナスになることもいとわなかった。

じつに土俗的（エトノグラーフィッシュ）な感情というものは、執拗なものである。これは制度によっても道徳によっても教育によっても、容易にあらためることができない。ことに、異質の少数民族が他の多数民族にかこまれて特殊の集団を構成しているときには、そこにある相互反撥の悪循環が生れて、これが断ち切りがたいものとなる。

この人種的対立はヨーロッパでは現実生活の中でしきりに接することだけれども、われわれはそれを経験することがない。日本人は同血液・同言語・同歴史・同風習・同宗教……の世界にめずらしい国民だから、異人種との相剋を知らず、それだけにかえって異人種に対して寛容であり、「彼は××人である。故に、自分は彼を好まない」という感情はすくない。「ふるアメリカに袖は濡らさじ」という気持はめずらしく、あれはナショナリズム高潮の時期の特別な現象だった。ヨーロッパでは、占領中に敵国の兵と仲がよかった娘は市民たちから髪を切られたが、こちらではそういうことはなかった。

しかもなお、こういう日本人であればこそ、いったん土俗的な背離がはじまった後の融和のむつかしさを、かえって純粋な形で知ることができる、と思うのである。

それは、いわゆる部落の問題があるからである。この日本にすら、こういうことがあるからである。この場合には、血液も言語も歴史も風習も宗教もみなおなじである。政府は幾十年も「同胞は融和しましょう」とて、そちらの方向へと導くべくつとめている。こういう問題はないこととして、しらずしらずのうちに消え去るのを待っている。法的な差別はもちろん、経済的な対立もない。しかも土俗的な感情が頑固に残っていて、ただこのしこりのみが困難な疎隔の因となっている。

すでに感情のこじれがあるのだから、少数の集団は事あるごとに過敏に反撥し団結して、独自の行動をする。それをするから多数の集団の方ではさらに疎隔する。それをするから少数の集団の方ではさらに反撥し団結する……、この悪循環がたちきれない。もし団結しないでばらばらになって大集団の中に混じれば、このようなしこりは忘れられて解消してしまう。日本の場合には少数集団と多数集団との関係が端的にあらわれて、他にはもはやこれという原因はないのに、ただこの悪循環が主になって、さまざまな派生的な困難を生んでいる。

部落の問題をユダヤ人問題と同視することはできないし、またそれをしているのでもないが、共にその中核となっているのはこのような土俗的な原因だと思うのである。（私は部落の問題が近頃ジャーナリズムの事を好むようなトピックになったのは、まちがったことだと思っている。しかもなおこの問題をここに引用したのは、これが問題の解明に役にたつからである。弁解は必要がないことだろうと思うけれども、この文章が雑誌に出たときに抗議の投書があったそうだから、私が部落の問題についてはいかなる偏見をももっていないことを明らかにしておきたい。）

ヨーロッパのユダヤ人問題は、宗教時代の宗教的差別からはじまったが、この少数集団は人種・歴史・風習・宗教……を異にしている。凄惨な迫害の記憶はぬぐいがたく、国境を超えての同民族の結束はかたく、しかも大実力をもっている。危機の際には、かれらは独自の行動をして、相互扶助をして自分たちを救う。かくて、ここに生じた疎隔は深刻であり、苛烈濃厚で我執のつよいヨーロッパ人の社会ではほとんど解決の見込のないほどのものとなった。

近代になってさまざまの融合の努力がされ、一ころは知識階級はその差別をほとんど感じないほどになったが、一般人の層の中にはこれが抜きがたい。そして、社会的危機がおこると、その度ごとに「これというのもあれが悪いからだ」という因果説明を生むこととなった。

サルトルは『ユダヤ人』の中で、責任をただ一方的に、ユダヤ人を容れない「われわれ」ヨーロッパ人の道徳的罪に帰している。しかし、なぜ「われわれ」がそれをするようになったかは考えていない。これだけでは説明としては足らないと思う。社会のうごきには、右の循環のように、それ自体でうごく力学法則のようなものがあるのではなかろうか。

■寛容から人種理論へ■

中世には、異端を迫害することは正しいことだった。異教徒であることは悪であることであり、それを亡ぼすことは来たるべき神の国のためにつくす戦いだった。敵は人の皮をきた獣であり、悪魔の手先であり、それを天使が剣をふるって追った。

近世になって、宗教は寛容になった。教会はユダヤ人憎悪から離れて、むしろこの感情をなくすことにつとめた。合理的な啓蒙思想は古い不合理をただした。レッシングの『賢者ナータン』は、その記念碑となり、すべての宗教がそれぞれの真理をもっていることを認め、人種差別観の克服を宣言した。このような新時代の指導者たちの努力は実を結んでいった。

ユダヤ人はゲットー（ユダヤ人町）から解放され、法的にも権利が認められ、社会的地位を獲得した。ことに経済的にはおそるべき実力をもつようになった。ロスチャイルド一家の興隆史は、近代ヨーロッパ史のもっとも興味の多い一章である。土俗的には依然として融合できずに冷たい空気につつまれながら、その勤勉、機敏、忍耐、狡智によって根づよく食いこんでゆき、各領域に強靭な少数集団をつくっていった。ひさしい屈辱と迫害に堪えてきりぬけてきたことから、独特の能力と気質をもつようになった。自分の集団の利益のためには手段をえらばず、結束し排他し、複雑な陰翳のある解体的な趣味を好んで、犀利《さいり》な機智をもって精妙な分析に長じた。一〇〇パーセント都会人で、ヨーロッパ人とはいちじるしく質を異にする感覚をもっていた。

これに対して、多数集団の方から逆作用がおこった。それは一部の知識人のあいだの人種説だった。ドイツでは、人種観念とか人種理論とかいうものは、ひさしい歴史をもったじつに根のふかい執拗なものである。それは「八紘一宇」のころに日本で行われたような、一時の付焼刃ではとうていない。またあのような言葉だけの無内容のものではなく、一抹の人道主義を加味したものでもない。血で血を洗ったような露骨なものである。人種理論の比重はわれわれの場合とはまるでちがっている。そして、これがついに後のナチスの愚衆運動の指導理想となり、人類にはかるべからざる災厄をあたえた原動力となった。

人種説が十九世紀のロマンティック運動あたりからはじまり、歴史家たちによって展開され、フランス人ゴビノーによって感興をうけ、……国が四囲からかこまれ、しかも多くのドイツ人が他国に分散定住している事情によって促進され、……分裂した後進国が強くなるための無理な努力によって歪められ……等の事情については、ここでのべていることはできない。

十九世紀には多くの文化人がはげしい反ユダヤ主義者となった。大音楽家のワグナーなどはその尤《ゆう》たるものだった。

われわれがしずかな哲学者・文学者だと思っている人々にも、はげしい民族主義の主張をした人がたくさんいた。第一次大戦中に、フランスのドイツ思想研究家シャルル・アンドレールが『哲学におけるパンゲルマニズム』『パンゲルマニズムの起源』という二冊を書いた。これは当時の反独感情から書かれたものであろうが、ドイツの大知識人二十人ほどについて、その極端なゲルマン至上主義の文章の原文を集めて註釈したものである。一例として、哲学者フィヒテの章の項目をあげる。

一、ユダヤ人に市民権をあたえるべからず。
二、キリスト教の真理はドイツ人のみが理解できる。
三、ドイツの宗教改革の影響。
四、ドイツ人のみが一つの国民である。
五、ドイツ国民のみが征服的なエゴイズムをもたなかった。
六、ドイツ人の使命は統一国家を形成するにある。
七、マキャヴェリズムは政治における唯一のモラルである。

■人種理論の堕落■

しかし、それがまだ弱い国の思想家の言説であるあいだは、人種説も力の尊崇も、ドイツらしいロマンティックな理想主義の色彩を多分に帯びていた。ところが、やがて普仏戦争に勝利をしめた後は、ドイツ人の自信が沸騰して、過剰となった。例の「ドイツはすべての上に」式の、狭く思い上がった倨傲《きょごう》と眩耀《げんよう》がひろくひろまった。

人種説は一進一退しながら、しだいしだいに政治的性格をもつようになった。帝政ドイツには、反ユダヤ主義を表にうたった政党もでて、はげしい論難をつづけた。

三つのものが、人種理論を決定的に堕落させた。一は白人優越感であり、二はダーウィン＝ラマルクの進化論という自然科学の裏づけであり、三は通俗化である。

ひところのヨーロッパ人が人種としての優越感をいだいたことは、むしろ自然だったろう。それは日本人の劣等感を裏返しにしてみれば、分ることである。人々は、白色人種が、ことにその中のもっとも活動的な北方民族が、全人類の支配者たるべく神から定められている、と思いこんで疑わなかった。かの黄禍論もそのあらわれであり、白人は黄人に何をしてもいいが、黄人は白人に何をしてもいけないのだった。そして、ドイツ人は人種説を作ったが、イギリス人はそんなものは作らなかったけれども、することだけはちゃんとした。

進化論の種の観念、系統と発生、メンデルの遺伝の法則は、この人種観念に自然科学の裏づけをあたえたと思われた。すべてに関して自然科学が圧倒的な印象をあたえていた時代だったから、歴史や文化における人種至上主義はこの自然科学の法則によってゆるぎない根柢をえて、これが一切を説明しつくす根本要素だと思われた。

北方民族は金髪獣であり、これがあらゆる生物の中で最高の種であるというニーチェの説も、この背景の上に成立しているのであろう。純潔な金髪をなびかせ、鋼のような知性と峻酷《しゅんこく》な心情をもった、ジークフリード魂の持主――これが理想の像だった。むかし霧の中からあらわれたヴィーキング海賊のように、いまその子孫たるドイツ人も、腐敗し虚弱になった民族を雄々しく足下に蹂躙すべきであった。彼はヘレンフォルク（支配者民族）であり、力をもって征服すべきであった。されば、その征服過程は、八紘一宇の「神直び大直びに見直し聞直しまして、平らけく安らけく仕へまつらしめたまふ」といったような生やさしいものではなかった。

挑みかかるような咎めるような豹のような眼光。はねあげた八字髭。上に小さな槍がついた冑をかぶり、サーベルを抜いて、傲然と胸をはって立っている。――これがこのころのスタイルで、そういう姿勢で写真をとることがはやった。ニーチェにもそういう写真がある。

いまのドイツの方々の都会で、破壊された廃墟の中のところどころに、このようなポツダム風の銅像がまだ残っているさまは、見て感慨がふかい。ドイツの国家主義は、日本のそれよりはるかに激しいものだった。

この人種的使命観が通俗化した。ドイツには、哲学とも宗教とも政治論とも精神論ともつかない、一種のもやもやしたディレッタントの世界観論議のようなものがあって、これが大きく人心をうごかす。（ドイツの正統の学問の方はしきりに紹介されたが、こちらの方はさっぱり紹介されなかったし、知られていないが、ただ昭和十年頃には日本にもそんな風潮がはやったことがあった。日本人の外国理解はつねにその上部構造の方ばかりで、一般人の実体の方は知られることがないように思われる。）いまや次第にその焦点が人種という一点にあつまることとなった。ビヤホールなどでの卓をたたいて慷慨《こうがい》悲憤《ひふん》の放談でも、これが手軽な一切解決の鍵として主張されるようになった。（これは今でも残っていて、アリアン的―アジア的という対立ですべてを割り切っている人々がいる。ユンガー等。）

ナチスの指導者たちは生齧《なまかじ》りの半教養の人たちだった。流行の解説書などからえた知識で組みたてた、狂信的な世界観をもっていた。しかし、たとえその言葉は幼稚でその論理は粗雑でも、たしかにはっきりとした全体的主張をもっていた。ヒットラーはうたがうべくもなくおそるべき能力をもった人物だったし、『わが闘争』にはふかい洞察をもった言葉もでてくる（ことに大衆心理の操作技術について）が、その人種説は噴飯ものである。――「自然の中にはうごかしがたい法則がある。いかなる動物も、同じ種の仲間とでなければ交わらない。ヤマガラはヤマガラと、ウソはウソと、雄のコウノトリは雌のコウノトリと、野鼠は野鼠と、二十日鼠は二十日鼠と、雄の狼は雌の狼と交わる」

チェーンバレンの『十九世紀の基礎』は通俗人種説の典拠となった。その光彩ある筆致ははかりがたいほどの呪縛的な影響を及ぼした。その説は、それに学んだローゼンベルク等のナチス人種説のほぼ全貌をつくしている。――ゲルマン民族は文化を創造する民族であり、南欧のラテン民族はもう老いている。アメリカは非創造的な文明の国であり、文化の墓地である。中世のカトリック教会は民族性を度外視した普遍主義であった。これによって、ヨーロッパに人種の頽廃的混血がはじまったし、またユダヤ教から天国と地獄の教え、霊魂不滅と平和の教えをとり入れて、それをヨーロッパに植えつけた。もともとキリスト自身は一滴のユダヤの血をもたない建設的な人間であったが、パウロがアリアンの救済思想とユダヤの教条主義とを混合して、ここにキリスト教の堕落がはじまったのである。すなわち、ローマ教会は、ちょうど仏教がインド人のアリアン的宗教からの頽廃であるのに似ている。ゲルマンのキリスト教のみがドイツ人の性格に合うものであり、ユダヤは悪質の民族である。むかしのローマの世界は、異質の血が滝のように流れこんできたために諸民族の混沌状態が生れて、ついに亡んだ。この腐敗は、セム人――ことに私生児民族の標本たるシリア人の侵入によって、極に達した。これに対抗したのは、自由と忠誠に献身する新鮮なゲルマン民族であり、その活動は十三世紀以後はことにさかんとなった。これがナショナリズムのもとであり、向上であり、没落の精神的原因たる普遍主義とたたかった。ゲルマンの血は、発見、経済、政治、世界観、哲学、芸術などのあらゆる領域で、業績をあげ革新をした。

■インフレ・失業・占領■

第一次大戦で敗北した後のドイツは困難にあえいだ。混乱がつづき、生活はくるしく、人心はバランスを失った。そしてこの短い時期に、ユダヤ人の少数集団がドイツ人の多数集団ときわだって別な行動をして、ふかい怨恨を買った。

せっかくできあがっていた表面の融和もやぶれて、その底の醜い姿があらわになった。第一次大戦ではたくさんのユダヤ青年がドイツのために血を流したのだったが、その犠牲も空しくなった。

ユダヤ人には、祖先いらい国の庇護をうけないで生きぬいてきた者のもつ、強靭な生活力と抜け目のなさと組織があり、国境がなかった。世渡りのうまさ、宣伝、心理洞察、派手でえぐるような感覚などでは、ドイツ人は競争できなかった。こちらはむしろ武骨で勘がわるくて鈍重である。大インフレ時代に、堅気なドイツ人が貧困にあえいでいるときに、スチンネスは全通貨の半ばを手に入れ、闇取引とキャバレーがはびこって、いたるところの都会は「ユダヤ化」した。けばけばしい風俗営業店はそれが多かった。ずっと後になっても、ベルリンの百貨店はすべてユダヤ人の経営だった。そして、事実ベルリンは道徳的泥沼となっていた。

私は昭和二十二、三年頃に毎日、渋谷あたりを往復して、はじめて「ドイツにあったのもこういうことだったのか」と、実感できたように思った。日本でも国中の貨幣の三分の一だかが第三国人の手にあるといわれたころで、町に並ぶ店はみな外国名になっていた。

ユダヤ人は各界にめざましく進出した。ドイツ人はお互いに喧嘩したり嫉妬したりしているが、ユダヤ人はお互いに助けあい引きあうから、たとえば大学教授の椅子も、いったんユダヤ人が占めるとその後は代々ユダヤ人のものとなって、ドイツ人はしめだされた。学者、法律家、医者、音楽家、文学者、映画、劇壇、ジャーナリズム、出版などの、つまり文化面では、ほとんどユダヤ人独占といっていい領域すらいくつもあった。いわゆる根のない「アスファルト文化」の時期だった。ポーランドからユダヤ人が大量に流れこんできたが、もともと土地をもたず土地に親しまない民族だから、すべて都会に住んで、流動する中間的存在となった。ユダヤ人は国の活動の神経をにぎった。

ワイマール憲法は自由で、あの世相の混乱を規制することはできなかった。さまざまの事情のちがいはあるけれども、今度の日本の戦後のもっとも混沌としたときにもしGHQがいなかったら——と考えれば、ある程度までの類推はできるかもしれない。

多事をきわめたあの時期を簡単に描写することはできない。階級の争いははげしく、イデオロギーは入り乱れた。これの知的指導者にはユダヤ人が多かった。階級の対立によって救いがたくなった国の分裂をふたたび結びつけるものは——民族感情だった。インフレほどモラルを破壊するものはないが、それも一兆分の一に切り下げてようやくおさまり、堅実な市民階級は壊滅した。帝政も、プロシア精神の軍や官僚も、没落した。社会を安定させるものはなかった。そして、世界不況の大失業は絶望を生み、ただ「現在と変りさえすればいかなる状態でもよい」という気持がひろがった。

あの両次大戦間の時期には、ドイツにはじつに異様な雰囲気がみなぎっていた。私などもそれに接して、その見聞を一般化して、これがドイツだと思いこんだところから、一ころはドイツに対していい感じをもたなかった。それがナチスのようなものになろうとは、もちろん思い及ばなかったが、何か不吉なものを感じた。

大インフレの年と世界不況のころとに、ナチスは飛躍的に力を増した。

フランスが一九二三年にルール地方を占領したことは、国民的憤怒を生んだが、その際にフランス軍は黒人部隊を使った。これが白色人種に対する侮辱であり、「頽廃して梅毒化した」フランスのヨーロッパへの裏切りであるとて、その屈辱から、ヒットラーの人種演説は割れるような喝采をうけた。あのころは、堅実で真面目なインテリも、みな反ユダヤ思想をもっていた。ニーチェが「すべてのドイツ人は反ユダヤ主義者である」といっているし、ユダヤ人は子供のときから苛められるのであるが、第一次大戦後になるとそれはもはや単なる感情問題ではなくて、政治その他の実際問題と密着していた。

シュヴァイツァーの自叙伝に、第一次大戦の原因を考えているところに、「ヨーロッパの運命は半アジア人の手中に握られていることに眼を閉ざしてはいなかった」という言葉がある。この人にしてこの言葉があるのだから、よってきたる因はまことに深いのである。そのほかにも、これはと思うような人が、はげしい反ユダヤ思想をのべている。

東大独文科で講義をききながら、当時講師だったO神父が文学史の中でいちいち「この詩人はユダヤ人である、ない」と詮議をしたので、われわれはそれをふしぎに思ったものだった。

私は東大でギリシア語・ラテン語を教えていたドイツ人の家に寄寓していたことがあったが、そこに毎晩あつまるお客は、いつもユダヤ問題を論じていた。――「もしアインシュタインがユダヤ人でなかったら、あんなに有名にはならなかったろう。マックス・プランクなどは同じように偉大な業績をあげていても、一般にはほとんど知られていない」。このことはおそらく真実なのだろう。人々は、ユダヤ人が宣伝機関を独占しているといって痛憤していた。あのころ日本にいたドイツ人は、よく「いま日本人がドイツについて読んだり聞いたりすることは、みなユダヤ人のものだ」といった。

ドイツ人の集まるところでは、話はいつもユダヤ人、ユダヤ人だった。私はナチス前にドイツに行ったが、はじめて国境をこえたときに、人々は夜汽車の中でやはりこの問題をほとんど恐怖の表情をうかべて語り明かしていた。あのころは、ユダヤ人嫌悪というよりも、ユダヤ人恐怖ともいうべきものがたしかにあった。

ドイツ人の中で「ユダヤ嗅ぎだし人」(ユーデンリーヒャー)とよばれるような型の人もいた。あらゆる現象の背後にユダヤ人の手がはたらいているのを嗅ぎつける、偏執的な性癖の人のことである。「あそこの果物屋の飾り付けは、黄色い蜜柑で星形がつくってある。さては――」という類である。そういう人は、これによって彼の世界解釈の要求を満足させ、一切の不満と悪の源をここに見いだした。

ふしぎなことには、反ユダヤ説がつたわってくると、これによって啓示をうけて、ユダヤ人などは一人も住んでいない日本の田舎町の日本人の学者で、いたるところにユダヤ禍を発見して、難解な術語と論理でもって警告の論文を書いた人もいた。ある被害的センセーションが彼によろこびをあたえたのだった。四王天《しおうてん》中将という人も厚い本を書いた。私が徴兵検査をうけたとき、連隊区司令官が訓示をして、「ユダヤ人の世界転覆の陰謀が着々と行われている。自分はそれを知っている！」と、精悍な顔を紅潮させて叱呼した。ああいう人は、自分が激昂し緊張するための仮想敵がほしかったのだろう。

『わが闘争』には、ユダヤ人が日本をうかがっていると警告してあるが、もうすでにその影響がつたわっていたのだろうか。

■ナチスのころのいくつかの挿話■

ナチスの指導者たちは、みな庶民の中からの出身者で、むかしから民衆の中に沈澱していたユダヤ人ぎらいを一〇〇パーセント身につけていた。この点では、かれらはまさに民衆の感情の代表者だった。かれらが権力を握った後は、その政策によって、ドイツ国民の反ユダヤ感情は露骨となり極端になった。ことに戦争がすすんで情勢が逼迫し、暗い予感にあせりだすと共に、残忍になった。そういう感にたえないが、戦争によって窮するにしたがって、日本人はついに痴呆となり、ドイツ人は悪魔となった。

つぎに、人種説の世界観がいかにドイツに滲透していたかを示す見本をいくつか紹介するが、ずいぶんグロテスクな笑い話もたくさんあった。こうした話はかぎりがなかった。しかし、こうしたものも、みなどこか業のふかい魔的な影をおびている。

ある少女　十三歳の少女が妊娠をして病院に入った。医者が気の毒に思って、その娘の頬をなでて、いたわっていった。

「可哀そうに、いい子だね」

すると、少女はきっとなっていった。

「わたしは子供ではありません。ドイツの母親です！」

ボルマン夫妻　ナチスの末期に非常な権勢をもった謎の人物マルチン・ボルマンは、卓越した才幹の持主だった。夫妻共に熱心な人種主義者で、仲もよく、美しい子供を八人生んで育てた。ボルマン氏は職務上しばしば旅行をしたが、行く先々から毎日のように夫人あてに愛情をこめた手紙を書き、夫人もこれに返事をおくった。その往復書翰がいま残っている。

あるときボルマン氏は書いた。――「ついに昨夜、私は××嬢を自分のものとしました。おまえと彼女と、この二人の愛する者をもって、私はいま一夫両妻の幸福に酔っています」

夫人はこれに答えた。――「××嬢の愛をえられて、わたくしも心からうれしく思います。あのような立派な娘さんが独身をつづけて子供を生まないでいることは、正しいことではありません」

戦時中に、ナチスは一夫多妻制を定めようとしている、またその幹部たちは人工授精によって優秀なゲルマン族たる自分の子孫をふやそうとしている、という噂をきいたが、このようなこともありえたことだったろう。

ライヘナウ元帥の布告　東ヨーロッパ方面軍のライヘナウ元帥は、一九四一年十月十日に、麾下の軍につぎのような布告を発した。これには、軍もついにナチス世界観を口にするようになったこと、その倨傲な武断主義、被征服民にむかっては血も涙もないのが正しいことであるとするプロシア気質などがあらわれている。こういう軍人は名誉を重んじ、礼儀正しく、廉潔で、正確勤勉だった。皺一つない銀色燦然たる制服をつけ、白皙長身で、見るからに貴族的な風姿をしていた。

……ゆだや・ぼるしぇびずむニ対スル用兵ノ根本目的ハ、敵ノ力ヲ完全ニ撃砕シ、よーろっぱ文化圏ニ及ボスあじあ的影響ヲ根絶スルニアリ。

コレニヨッテ生ズル軍隊ノ任務ハ、従来ノ一面的ナル兵務ヲ超ユルモノアリ。東方圏ニオケル我ガ兵ハ、単ナル作戦法則ニシタガウ戦士タルニトドマラズ、仮借ナキ民族理想ノ体現者ナリ。且どいつ及ビありあ類縁民族ニ加エラレタル獣的行為ニ対スル復讐者ナリ。

コノ故ニ、ゆだや劣等人間ニ対シテ、苛酷ナレドモ正当ナル報復ガ行ワルルハ当然ナルニツキ、各兵ハ十分ノ理解ヲ持ツベキモノトス。

元帥がこういう布告を下したのでは、たまったものではなかった。この種の布告はほかの元帥も出している。右の「苛酷ナレドモ正当ナル」という言葉は、ナチスがよく使った。このようなところは、ドイツ人の決意は鋼鉄のように冷たく堅い。これは「理想主義」からおこったのであって、日本軍の占領地における破廉恥行為のように、だらしのなさからおこったものではなかった。

ケーニヒスドルフ町の公示　当市内における牛の売買につき、疫病蔓延を防止するために、次のように定める。

一、直接にも間接にもユダヤ人から買った牝牛牡牛は、市場に出してはならない。

二、ユダヤ人が売った家畜がいたことがある家畜小屋にいたことがある牝牛牡牛は、一年間監視される。この期間中は、それを市場に出してはならない。

右の規則は、一九三五年十月一日から発効する。

一九三五年九月二十八日

ケーニヒスドルフ町長　エルンスト・シュライヤー

この規則がでたのは、ナチス政権獲得の二年後であり、まだ戦争などは考えられなかった頃である。田舎町の気分がうかがわれる。

■正気な人ももちろんいた■

世の中の調子がくるって、全体が妄想にうかれていた中に、正気でいた人ももちろんいた。そういう人は少数で、それをうっかり外にあらわすわけにはいかなかった。

日本では市民のあいだでの密告ということは考えられなかったが、ナチス治下ではこれが奨励され、義務とされ、人々はおびえた。知れれば、容赦なく処分された。

ある生き残ったユダヤ人の手記から。

……ベルリン市民のうちで、二つのグループが、ナチスのユダヤ人迫害に対する抵抗を示した。一はむかしからの貴族階級と官吏層に属する人々であり、他は社会主義を奉ずる労働者たちだった。こういう人々の道徳的な助けがなかったら、われわれの生活はずっと苦しかっただろう。ドイツ人にとっては、ユダヤ人を助けるということが、しばしば反ナチを表明する唯一の方法でもあった。最後の数年のあいだに、ある伯爵夫人が毎金曜日に私の家をたずねてくれ、ユダヤ人むけ配給券にはなかった野菜をもってきてくれた。家の扉の前に籠に果物を入れた無名のおくりものが置いてあったこともときどきあった。ある日曜日に、満員の地下鉄の中で知らない人がそばに来て、「つぎはチアガルテン駅ですか？」とたずね、それからささやいた。「わたしは田舎から来たので、あなたのポケットに卵をいくつか入れておきました」。あるときは往来で一人の男が封書を落とし、それをとりあげ、「あなたはこれを落しましたよ」といって私に渡した。その封筒の中には食料配給券が入っていた。

ユダヤ人たることを示す星の徽章をつけていなくてはならなくなると、往来を歩いていて苦しめられることがあった。しかし、ベルリン人やハンブルク人などは、小都会の人々よりもずっとよかった。小都会の人々はより多くナチズムに染まっていた。

ベルンハルト・リヒテンベルク司教の事件　老司教は伽藍の中でいつものようにいった。――「ユダヤ人と、集合拘禁所の中の気の毒な囚人たち、ことに私の同僚たちのために、祈りを上げましょう」。そのときにたまたま二人のライン地方の女子学生が居合せたが、これを当局に密告した。老司教は捕えられ、しらべられ、病んだ。外の病院に入ることを願って、拒否されたが、その際に検事はながながと理由をのべて最後にいった。「被告は拘留中に後悔の情も改悛の兆も示さなかった。これを外の病院に入れれば、拘引前と同じことをするおそれがある」

「何かいうことがあるか」とたずねられて、司教はしずかに答えた。「あなたが読まれたかずかずの箇条は、私にはまったく興味がありません。ただ、あなたが最後にのべられたことはその通りです」

このすこし前の一九四一年十月に、司教は一つのパンフレットをうけとった。これは宣伝省によってつくられて、全ドイツの家に配られたものだった。乱暴な反ユダヤ煽動で、その中に「アメリカのユダヤ人テオドル・ナータン・カウフマンが、世界ユダヤ主義の代弁者として、八千万のドイツ人を絶滅せよと公然と要求した」ということがあった。これを読んで司教は、次の日曜のミサの際に読むべく、つぎのような教会の告諭の草案をつくった。

ベルリンの各家に、無名の反ユダヤ煽動文書が配られた。それには、「あやまったセンチメンタリズムからユダヤ人を助ける者は民族への裏切りを行う者である」とある。かくのごとき非キリスト教的思想に迷わされてはならぬ。イエス・キリストのきびしい教えにしたがって行動せよ。「なんじ自身を愛するごとくに、なんじの隣人を愛せよ」

司教が捕縛されたためにこの告諭は公示されずにおわったが、これも彼の罪に数えられた。判決文の一節。――「彼の見解によれば、国家の処置はキリスト教の教えるところに逆らうものであり、政府はただ『神の下婢』であるべきである。かくて、彼は国家に反抗することを是認する見解を持している。彼はナチス国家がユダヤ人の問題に対してとる立場を否定し、これをキリスト教の隣人愛に反するとし、（カウフマンのごとき）ただ一人のユダヤ人の言動をもって、全ユダヤ民族がドイツ人の敵であるとすることはできない、と主張する。彼の老年とその主張の狂信の故に、彼は改善される見込がない」

刑は「ドイツ国民の名において」、説教壇濫用と公安攪乱のために、監禁一年であった。

老司教は獄中で重い病気になったが、節をまげなかった。当局と何とか妥協するようにすすめられると、いかって答えた。

「妥協をする？　キリストはそれをしたもうたか？　ニーメラーにできることはカトリックの司祭にもできる」

かねて司教は、刑期を終えた後はリッツマンシュタットのユダヤ人街に行くことを願って、ゆるされていた。そこの極端な悲惨の中で働こうと決心したのだった。

ついに司教は刑期をおえた。しかし、ただちにダハウの予防拘禁所に送られて、ここで死んだ。いまはただユダヤ人問題に関しての反抗の一端を記したが、ナチスそのものに対する反抗もあった。しかしそれはことごとく圧伏された。

三

■ヒットラーの一句■

「第一次大戦の初めかその最中になら、千二百万か千五百万人のユダヤ犯罪民族を、毒ガスの下におくことができたかもしれなかった」――こういう言葉が一九二四年に書かれた。

前に記したとおり、ナチスが政権を掌握したときには、絶滅という方針はまだどこにもなかった。誰もそんなことを言った者はなかった。たとえ当時そういう言葉が言われたとしても、人々はそれをただ誇張した激語として気にとめなかったにちがいなかった。右の言葉は政権掌握の九年前に書かれた『わが闘争』の中にあるが、これはもとよりいかなる政策を示したものでもなく、何人も後になってここから何が生れてくるかを感づいた者はなかった。およそ、野にある政治的党派が標語として何をかかげようと、それを正直にまにうける者はなかった。

しかもなお、今にして思えば、この一行の言葉ははなはだ不吉なものだった。伍長ヒットラーは第一次大戦に毒ガスの下におかれて傷ついたが、その体験から何かが生れていたのであろう。これがずっと無意識の中に保たれていて、ついに芽をふいたのかもしれない。ヒットラーの頭脳の中でおこったことを実証することはできないが、事実はそういう結果となった。

一九三九年一月三十日に、権勢の絶頂にあった総統は、議会で二時間半に及ぶ演説をしたが、その中につぎのような一句があった。

——今日予はふたたび予言者となる。もしヨーロッパ内外の国際的金権ユダヤ主義が、諸国民をふたたび世界戦争につきおとすことに成功したとしても、その結果は断じて世界のボルシェビキ化、かくてユダヤ主義の勝利ということにはならぬ。むしろその結果は、ヨーロッパにおけるユダヤ人種の殲滅《せんめつ》である。

この一句は、ながい激越な言葉の渦の中にちらと挿《はさ》まっていた。こういうことを彼はその後公開の席ですくなくとも五度いった。

この一句をきいても、聴衆はなお「まさか、本当にやるわけではあるまい」と思っていたことだったろう。

しかし、ヒットラーの頭脳の底には、はやくから後の思想が漠然とながら潜んでいたことは、これらの言葉からうかがわれる。彼が「戦争になれば邪魔な反対はなくなるから、ユダヤ人問題は顧慮なく解決できるようになる」というようなことを洩らしたと証言されている。とにかくこの人は終始一貫していた。その技術は極端な機会主義だったが正体ははじめからまるだしで最後まで変らなかった。『わが闘争』は、ナチスを理解するためには第一の本だと思うが、これにはユダヤ人憎悪の絶叫がみちみちている。その毒々しさは、われわれにはとうてい追感できないほどである。（しかもこの本はすでにヒットラーの政権獲得の以前にひろく読まれて、多くの人々に熱烈な感激をよびおこした。「ドイツの大学生が、これを読め、これこそは現代の聖書である、といった」というような話は、あのころしきりに聞いた。ついでながら、ドイツにはむかしから結婚式の祝いには聖書を贈物にする風習があり、ナチスのころには、新婚夫婦の友人は聖書と共にこの憎悪の書を十マルクで買って贈物とした。いま人々は、あんなものは貰っても誰も読まなかった、というが。）

曰く――ユダヤ人は今日ドイツの完全な破壊をめざす大使嗾者《だいしそうしゃ》である。世界においてドイツに対する攻撃の書かれたものを見れば、その製造元はかならずユダヤ人である。

曰く――黒髪のユダヤの若者は、悪魔のごとき喜びを顔にうかべながら、何も知らぬ娘を何時間も待伏せしている。そして、その血液で娘を汚辱し、かくて娘の属する民族から盗みをはたらく。あらゆる手段をつくして彼らは……云々。

曰く――あらゆる災害の真の張本人たる人類悪の元兇ユダヤ人を、一般的憤怒の対象としなければならない。

全巻が、このような血に飢えたような憎悪の言葉で燃えあがっている。これでもかこれでもかと、腥《なまぐさ》く、ヒステリックで、強烈で、迫力がある。左翼の本を読んでもそうであるが、西洋人のこういう気性は、われわれが先祖からうけついだものとは別である。

しかし、ヒットラーの頭の中でユダヤ人問題の解決と毒ガスとが結びついていたということを示すものは、はじめに記した一句だけである。これを実証する材料はなく、具体的な形でのこっている証拠はない。

ナチス運動はしらべればしらべるほどヒットラー個人の力によることが大きいことが分るし、彼が大量焚殺について知らなかったはずはもちろんなく、決裁を下したにちがいないが、彼はこれに関する命令指示をすべて口頭であたえた。そして、それを直接に受けた者は、みな現存していない。

■証拠は乏しい■

ヒットラーの場合ばかりではない、収容所や殺人工場の現場ではたらいていたうちの或者については明白な証拠があるが、上層で政策に関与した者については、ほとんど直接の証拠はのこってはいない。

当事者たちはおおむね死ぬか行方不明になった。文書は湮滅《いんめつ》された。わずかに残っている書類にも、殺戮とか絶滅とかいうはっきりした文字は避けてあり、その代りに「特別処置」とか「転出」とか「強制退去させられた」とかいう言葉で表現してある。秘密は厳守され、ヒムラーはしきりに言葉に気をつけるようにと注意している。

はじめにはそういう方針はなかった、しかし犯罪の事実はあった。それならば、いつ、いかようにして、ああいうことがおこるにいたったか――。これはそれへの過程をそのまま記録したものはなく、たくさんの第二次第三次のこまかい証拠や証言をつきあわせて、組みたててみるほかはない。

その過程は、いろいろの本を読みあわせてみると、結局は二つの側から追跡することができると思う。

その一は、焚殺を実際に行った現場の技術者やＳＳ隊の作業過程である。

ナチスは、その民族の若さと健康を重んずる立場から、精神病患者と不治の病人に安楽死を行った。これを施行した技術者の一群がいた。この人々の仕事がついに殺人工場にまで発展した。また、ＳＳ隊も、戦争の苛烈化と共に占領地工作がしだいに過激になって、おなじ方向へとむくことになった。

その二は、上層の政治家の政策決定への過程である。ナチスのユダヤ人問題解決策は、はじめは全ユダヤ人をヨーロッパ外の地域に移住させようとしたのであり、その受け入れ候補地としてマダガスカル島がえらばれていた。しかし、やがてこれが実現できなくなって、絶滅ということになった。

これに関して、ワンゼー・プロトコールとよばれる文書が残っているが、これが画期的な意味をもったものであった。

■安楽死の技術者■

ナチス政府は一九三九年の末に、精神病者・不治患者に対して安楽死を行うことをさだめた。独裁者のまわりにあやしげな人物がむらがって、こういうことを進言したり計画したりした。そういう医者や理論家の話を読むと、むかし見た表現主義映画の「カリガリ博士」や「ドクトル・マブセ」を思いだす。ナチスの知的能力は、あのような怪奇異様な時代の雰囲気の産物だったのだろう。そのうちの一人は、ヒムラー夫人つきの産科医の息子で、二十四歳の経済の学生だった。彼はヒムラーの運転手であり側近だった。このヒムラーという生殺与奪の大権力をもっていたSS司令官は不可解きわまる精神の持主だったが、それについては後に記すつもりである。ヒムラー夫人がまた変った人物で、看護婦だった経験からすべての医者は悪人だと考え、夫君が催眠術その他の迷信にこるのを奨励した。

安楽死のための施設は、ドイツ中に一ダース以上はなかった。証言によると、一九三九年十二月から四一年の八月までのあいだに、こういうところで五万人以上が処置された。その方法はガスか注射だった。

やがてこの安楽死施設に対して、ドイツ国内の裁判所および教会から抗議がおこった。抗議文の中の描写は、もうすでに後のアウシュヴィッツやトレブリンカのありさまを髣髴《ほうふつ》させている。それによると、――その土地の子供たちは、窓をとざしたバスが走ってゆくのを見ると、「やあ、またあいつらはガスで殺されに行くんだ」と叫んだ。患者は紙のシャツをきてガス室に入れられ、死骸はコンベイヤーで焼却室に送られ、その煙突からのぼる黒煙は遠くから見えた。ここではたらいていた人々は、晩には町へ出て正気を失うまで酔いつぶれ、他の客たちはそっと逃げた。

非難がはげしくなったために、この安楽死はほとんど中止となり、ヒムラーは、まず民衆を映画によって教育して安楽死ということを教えなくてはならぬ、と考えた。これによって、映画会社トービスは、一九四一年に「私は告訴する」という映画をつくった。その筋は、一人の教授がいて、その不治の病の若い妻の死をはやめる。これがセンチメンタリズムによって告訴される、というのである。

しかし、安楽死はなおすこしずつは続けられていた。アメリカ軍が占領した後にも、やめないでいた病院（?）があった。

■ファラオの墓■

右のような、病人に対する安楽死が中止となったときに、たまたま時を同じくして対ソ戦争がはじまった。この出来事によって、安楽死施設は別の形になって延長されることになった。

こういう施設ではたらいた技術者たちが、ポーランドの占領地におくられ、ここでガス室を設営して、送りこまれてくる素質劣悪者を処置することになった。かれらにとっては作業そのものには新しいことは何もなく、もはや二年ほど慣れていたことだった。

前出のゲルシュタイン証言の中にでてくるヴィルト大尉は、その主だった一人である。見込のない病廃人に対する安楽死という、まだしも一脈の合理性のある方法が、その最後の合理性をも失って、組織的な大量殺人に変った。もともと安楽死ということは、病的で劣等な生命に対する恩恵的処置だったのであるが、その「病的・劣等」という属性はユダヤ人にあてはまるものだった。これは、健全で優秀な北方ゲルマン民族の社会からは、消毒さるべきものだった。すなわち、すでに対象および方法という二つの前提があり、この両者が共に異様な拡大をしたのだった。

一九四一年十月二十五日にヴェンツェルという役人が書いた手紙が、こうした常設施設が東の占領地域に作られたことを告げる、これまでに発見された最初の記録である。

「総統官房のブラック氏に、必要な収容所とガス室を作ることを命ぜられました。目下のところ、ガス室の数は不足で、これから作らなくてはなりません。ブラック氏の意見によると、ドイツ国内にガス室を作ることはさまざまの困難を生むこととなるから、むしろ彼の部下、ことに化学者ドクトル・カルマイヤーをリガに派遣して、ここで一切を促進させた方がいい、とのことです」

こういう人たちの作ったガス室その他の設計図が残っている。

同じ手紙から……「労働能力のないユダヤ人はブラック方法によって除去すれば、さまざまの面倒はおこりません。ヴィルナでユダヤ人を公開で射殺したときのようなことはなくてすみます」(抄訳)

ポーランド領内のベルツェック、ソビボール、トレブリンカ、ケルムノの四カ所の絶滅所は、このような安楽死施設の後身で「ファラオの墓」とよばれた。

これらは働けないユダヤ人が他所から送られてきたのを殺すための専門施設で、ここでは労働は行われなかった。これはＳＳ隊に所属せず、ベルリン・チーアガルテン街四番地の総統官房に直属して、いわゆる「Ｔ４」命令をうけていた。

だから、この四カ所はＳＳが管理したものではなく、ここにはＳＳ隊員はいなかった。しかし、後になると、ガス作業や屍体焼却や金歯・髪の毛その他の処理のためにたくさんのユダヤ人を使役したので、監督のためにＳＳ隊員が入りこむことになり、他の一般のＳＳ管理の収容所と外見からは区別がつかなくなってしまっていた。

この事情が、ニュルンベルク裁判ではなかなか分らなかった。裁判官たちは、すべての犯罪はＳＳ隊によって行われたものと思いこんでいた。こういう命令系統はじつに錯雑していて、秘密非公式の施設については、ドイツ人の役人すら、当時はよくは知らなかったのである。

しかし、モルゲンというＳＳ隊長がこういう申し立てをした。——「ある収容所の中でユダヤ人の婚礼が行われ、千百人のお客が呼ばれ、その中にはＳＳ隊員もたくさんいた。この噂をきいて自分が調べたところ、ある『えたいのしれない奇妙な』収容所があることが分った。それを指揮していたのはヴィルトという男だった。ヴィルトは自分に語った、——このアラビアンナイトにでもあるような物語はほんとうである。『ユダヤの婚礼』は彼が企画したので、このようにして、四つの幻収容所でユダヤ人がその同胞を絶滅する作業に協力するように奨励策を講じているのだ」

このモルゲンの申し立ては、はじめは裁判所によって相手にされなかったが、しだいに事態の正体が分ってきて、焚殺には二つの系統があり、その一つは安楽死の技術者によるものであり、他はＳＳ

によるものであることが、あきらかになった。

終戦の際に、焚殺の事実をなかったことにするべく、全力があげられた。戦後になって、こうした幻機関のヴィルトをはじめとし、その部下の主だった者はほとんど行方不明となり、発見されたのはただ五人だけだったが、これはおそらく消されたのであろう。アウシュヴィッツの幹部の一人だったムスフェルトも行方不明となったが、彼は収容所でユダヤ人にむかっていった。——「今晩は、諸君。君たちはみなじきに殺されるが、その次はこちらの番だよ」

■「特別機関員令」■

右の安楽死技術者の作業は、これが殺人工場の発端となり、他のSSの収容所はその経験を範とした。(前出のヘスの陳述にあるように、彼はアウシュヴィッツにガス室を建設するために、「ファラオの墓」トレブリンカを見学した。)しかし、焚殺の全体からいうと、これが占めた部分は小さかった。大部分の殺戮はSS隊によって行われた。

SSはもともとヒットラー個人の警備隊だったが、やがて軍とならんで大規模な武装団体となり、独裁強行のためのもっとも有力な支柱であった。

このSSが焚殺作業をはじめるにいたった動機には、よってきたるところが二つあった。Aは、占領地の治安維持から発展したのであった。(これにももちろん極端な人種偏見がまじっていた。)Bは後に記すワンゼー・プロトコールによってユダヤ人種根絶が国家の方針となって、それをSSが担当したからである。

Bについては、後にワンゼー・プロトコールのくだりで記すことにする。ここでは占領地の治安維持からの発展について書く。

軍隊の占領がひさしくつづき、それに対して住民の執拗な抵抗があれば、日がたつと共に気が荒くなり非人間的になってゆくことは、避けがたいことであろう。日本軍にも大陸でそれがあったし、いまアルジェリアでもフランス軍がゲリラに対して残虐行為を行うとて、フランスで問題になっている。ドイツでは、戦争が深刻化するにつれて、ことに対ソ開戦後は、占領地の治安行政は野獣化してほとんど発狂のありさまとなった。もともと対ソ開戦ということが、ある程度まで真珠湾攻撃に似たようなものではなかったかと思われる。つまり、これをすればあるいは血路が開けるかもしれないという、包囲された窮鼠《きゅうそ》の絶望から発したものではなかったろうか？　一九四一年夏から以後は、ドイツの保安当局はもはやいかなる手段をもえらばなかった。占領地の反抗弾圧のためには、もっとも極端な悪魔的所業をもいとわなくなった。組織的で、冷酷で、徹底的で――、ドイツ人の天賦がもっとも好ましからぬ形で発揮された。一九四三年の四月から五月にかけてのシュトロープSS兵団によるワルソーのユダヤ人街殲滅は残酷をきわめた。

ヒットラーは、すべてのソ連の特別機関員（反抗のための地下工作員）と党役員を殺せと命令した。この命令がしだいに拡張解釈され、それによってやがて後にきたる行為に合法的（？）根拠があたえられることになった。

ヒムラーとハイドリヒは、すべてのロシア・ユダヤ人はこの「特別機関員と党役員」の範疇に属するとした。かれらはみな共産主義世界観をいだいているからである。そして、SSの一部隊の保安隊がこれを仮借なく銃殺した。

アイヒマンという人物がいた。彼はSSの中佐であり、秘密警察のユダヤ部門長であり、ヒムラーやハイドリヒの命をうけて絶滅の実行を采配した。この問題のもっとも重要な人間の一人である。彼はこの範疇をさらに拡張し、ただロシア・ユダヤ人ばかりではなく、ドイツやオーストリアのユダヤ人をもこの「特別機関員令」が通用する地方へと送った。リガとミンスクがその中心だった。

情勢に追われ思考も乱調子になって、歩一歩とこうなったのであったから、処置にはたくさんの矛盾もあった。たとえば、同じころにアイヒマンはボヘミアにテレジエンシュタット収容所をつくって、ここに老人や優遇されたユダヤ人を集めている。これには、外国からの視察者に見せるための模範収容所という意味もあった。

一九四一年以来、彼はポーランド・ユダヤ人の始末に没頭し、ヒムラーの命令によって大量殺戮を行った。その方法は、はじめは銃殺だったが、しだいにガスになった。グロボツニック（これも焚殺事件の大立物であり、むしろ前記の安楽死技術者の方を采配していた。ほとんどつねに蔭にいたカリガリ博士風の人物である）と連携して、ユダヤ人をガス室に入れた。

ガス室の方が大量銃殺よりも目だたなくてよかった。ことに部下が女や子供を撃つことを拒絶したことがときどきあったから。

人目を避けることは大切だった。それで、銃殺をやめて、一ころは囚人を大型自動車に入れ密閉してガスを注入した。しかし、この方法は故障が多かった。車が揺れればガスが洩れやすくなり、作業員がそれを吸いこむことがあり、ポーランドの悪路では雨に滑るし、処置可能の人数もすくなく、やはり人目にはつきやすく……等だった。

かくて、SSの管理の下に、奥地の沼にかこまれた小都会で、しかも交通の便は比較的にいいといったようなところをえらんで、ここかしこの収容所にガス室が設けられることとなった。

アメリカとの戦争がはじまって、狂乱はさらに一段とはなはだしくなった。内政においても、すべてのユダヤ人は「黄いろい星」をつけていなくてはならなくなった。ゲッベルスが「ユダヤ人に罪がある」という論文を書いた。ヒットラーが、ヨーロッパの全ユダヤ人を生物的に絶滅せよというはっきりした決定を下したのも、おそらくこの一九四一年であったろう。

ドイツ人の病廃者に対する安楽死が行われているときには、その噂がひろがって反対する世論がおこり、ついにこれが中止された。しかるに、ユダヤ人に対する場合には、そういうことはなかった。この事実の故にドイツ国民を責める意見もある。

しかし、この両方の場合では条件がはなはだちがっている。一方は対ソ戦以前に国内で行われ、他方は戦争がいよいよ重大な様相を呈してから国外で行われたことである。前出のヴェンツェルの手紙にも、この間の当事者の顧慮が記してある。一般のドイツ人としても、安楽死の段階ではまだそういう事実を信じても、ユダヤ人全体に対する処刑ということは「よもや」と思っていたろうし、その噂がいよいよ疑えなくなったときにはもはや何とも仕方はなかった。結局、「戦争になれば邪魔な反対はなくなるから云々」という、ヒットラーに先見の明があったのである。

■アイヒマン■

実に異様な人物ばかりがでてくるのであるが、右のアイヒマンもその一人である。彼はユダヤ人絶滅作業を有能に遂行して、未曽有《みぞう》の残虐をあえてした。古今に類のない大審問官だった。

そして、ロマンティックな噂につつまれている。――アイヒマンはサロナ、すなわちパレスチナに生れた。つまりユダヤ人である。戦後にアメリカの拘禁所から脱走して、パレスチナに帰った。一九四八年には、対イスラエル戦争のために募兵をして、脱走した捕虜をあつめた。云々。

しかし、実物は神話よりもはるかに小さかったらしい。残念ながらアイヒマンはユダヤ人ではなく、ドイツの小市民出だった。この現代の大トルケマーダについて、その友人はこうのべている。

「アイヒマンは、どこから見ても、ただ勤勉な孜々《しし》たる官僚だった。上役の話はそのすぐ後にいちいち書きとめた。口癖のように、上役の蔭にいて守られていることが大切だ、といっていた。自分の責任になることはつとめて避けて、つねに長官――この場合はRSHA長カルテンブルンナーとゲシュタポ長のミラーだが――の背後にかくれて、すべての責任をとってもらうようにしていた」

前出のラムドールもそうだが、アウシュヴィッツの指揮官のヘスも、やはりこういう型の人だったらしい。ナチスの上層の指導者たちはみな憑かれたような狂的な人々だったが、その下に使われて命令を忠実に実行したこういう人々はかえってきわめて正常だったので、もし平時だったらおとなしく義務をつくしてゆく愛すべき存在だったのだろう。

■上層の政策決定■

これはもっとも大切でありながら、もっとも分らない部分である。

千年以上に及ぶ民族の記憶、両次大戦間の混乱、『わが闘争』の中の憎悪に燃え上がった決意、大衆が煽動に感激した、――これらの前提があったことは分っている。ヒットラーがかつてユダヤ人と毒ガスとを結びつけて考えたことがあったこと、五度ほど公開演説で「絶滅」という言葉をつかったこと――これも分っている。

しかし、それはどれだけ具体性をもっていたのだったろう？　おそらく、一九四一年まではまだ何ももっていなかったのだろう。

この天才（いやな天才だが、それには相違なかった。もし凡人だったら、あれほど世界中が苦しまずにすんだ）の脳髄の皺の中にひそんでいた観念が、いつ、はっきりした形をとり、それが政策となって命令が下されたのか？

それを確実にあとづけるよすがはなく、ただ外にあらわれた事件の経過をたどって、推測してみるだけである。

この間の消息に比較的に通じていた人々の中で、生き残った唯一の者にヴィスリチェニという人があり、その証言がある。これとても間接なものであるが。

ヴィスリチェニは、前身はジャーナリストで、アイヒマンの側近のＳＳ隊長で、後に連合軍に捕えられて死刑になった。彼が拘禁中に、アイヒマンから聞いたことを基として長い報告を書いている。

焚殺事件をもっともくわしく研究したものに、ライトリンジャーの『最後的解決』という本がある。

これに書いてあることとヴィスリチェニの報告とを読みあわせながら、ナチス上層の決定をあとづけてみよう。

■マダガスカル・プラン■

ナチス政権初期のころの対ユダヤ人政策については、記している余白もない。まだ国外に移住ができるあいだに、多くの困難をしのんで約四十万人のドイツ・ユダヤ人がドイツを出た。

このことは疑いないと思うが、ナチスはかなり後まで、何とかしてユダヤ人を外に出そう、出してこの厄介を追い払おう、と考えていた。これは費用や輸送や受け入れ地の問題などから、あまり進捗しなかったけれども、国内では苛酷な圧迫を加えて、ドイツ人の土地からユダヤ人の影をなくすることによって、この難問題を解決しようとした。ところが、相つぐ戦勝の結果、そのドイツ人の土地がヨーロッパ中にひろがってしまった。ここからユダヤ人の影をなくするためには、ユダヤ人をヨーロッパ以外に移さなくてはならなくなった。これを試みたが、できなかった、かくて、ドイツ人の世界からユダヤ人の影をなくするために、絶滅をすることとなった。——過程の大筋はこういうことであったろうと思われる。いかにナチスでも、はじめから生物的根絶をくわだてていたとは考えられず、考えたくもないのである。しかし、これとてあるいは、ナチスを解釈するには甘すぎ合理的にすぎるかもしれないが。

ドイツ軍がポーランドを占領した直後には、まだここが他日独立国になると考えられていた。それでドイツやオーストリアやチェコその他のすでに合併した地方のユダヤ人をポーランドに移住させはじめた。しかるに、ポーランド併合が宣せられ、この地域が大ドイツ帝国の一部であるということになったので、この移住の企ては一九三九年十二月にいったん中止された。

ここに、ユダヤ人問題はさらに三百三十万人のポーランド・ユダヤ人をもかかえこむこととなった。さらに破竹の勢いで他の国々をも征服すると共に、対象となるユダヤ人の数はみるみる殖えていって、ついに総数千百万人に達した。これをユダヤ人の故国のパレスチナに送ることはできなかった。狭いパレスチナにそれだけの収容力はなく、対アラブ諸国との顧慮もあった。しかもなお、かなりな人数がパレスチナに移住した。

ここに、前から問題になっていたマダガスカル島が、ふたたび浮んできた。この大きな仏領の島は未開発であり、かねてからここに多くのヨーロッパ人を移住させることが考えられていて、フランス政府もその調査をしていた。

一九四〇年五月にドイツはフランスを仆した。人々はこれで戦争もやがて終ると期待していた。この期待があったことを前提とすると、つぎの説明は好意的に考えられる。——アイヒマンは全ヨーロッパ・ユダヤ人をマダガスカル島に移住させる詳しい案をつくって、ヒムラーに提出した。ハイドリヒはこれをつよく支持し、ヒムラーもヒットラーも賛成した。そしてこの案によると、講和条約ができたら、フランスはマダガスカルを「ユダヤ人定住地」として提供し、ヨーロッパ各国がこの事業に協力する、というのであった。

しかし、これを懐疑する解釈もある。——戦争中のあの時期に莫大な費用を調達し大輸送をすることは、あきらかに不可能だった。しかもヒットラーは人質を手放すような人間ではなかった。だから、ヒットラーがこの案に賛成したのは偽装にすぎなかった、彼はこのころすでに絶滅を決意していた、というのである。この解釈には手放したがらぬ人質を殺すという点で矛盾があるが、このように主張する人はヒットラーが洩らしたと伝えられる片言隻句を裏づけとしている。つまり、このころはユダヤ人が外国に自由に移住するのを禁じていたが、これは外務省にとっては国際的に具合の悪いことだった。それで、ヒットラーはこの外務省の対外的立場を救うために、一時このプランに賛成してみせたのではなかったか——。このへんのヒットラーの頭の中のことは分らない。

■最後的解決■

このアイヒマンのマダガスカル・プランも、ナチスのそれらしく、スケールの大きな徹底したものだった。全ヨーロッパの海運を動員して輸送にあてる、といったようなことはしばらく別として、このプラン遂行のために三つの準備が考えられた。

一、ユダヤ人は知的職業を好むが、これを再教育して、手工業または農業へと転化させる。

二、ユダヤ人の財産は、できるかぎり移住がはじまるまで保たせ、その費用にあてる。(ユダヤ人の金持に多数の貧民の移住費を賄わせることは、ずっと前から行われていた。)

三、各種の正確な統計を整備する。

そして、この事業の長官にはゲーリングが、技術的実行には保安警察長官、すなわちアイヒマン自身が任ずる、という予定だった。

この移住計画は、一九四一年の夏までは検討されていた。この初夏に、ゲーリングは準備に関する一切の権能をアイヒマンにあたえた。これによって、アイヒマンは他からの容喙を拒否することができるようになり、彼が焚殺作業を専行できるもとをひらいた。もともと作業は秘密であり、他のナチスの有力者は、事実を知っていたにはちがいがないものの、ついに最後までこの犯罪政策に干渉しなかった。このことは、指導者たちの責任を追求する上に、いくぶんの酌量さるべき情状となりうるだろう。

このときにゲーリングがアイヒマンにあたえた訓令の中に「最後的解決」という言葉がでてくる。まだこの段階では、ユダヤ人問題の「最後的解決」とは、全ユダヤ人をヨーロッパ外に移住させることであった。

以上は、主としてアイヒマンから聞いた知識に基づく、ヴィスリチェニの証言の内容である。これにはその最後の部分にでてくる日付からしてある疑問がうかんでくる。ここには次に記すワンゼー・プロトコールとの重複があるのではないかと思われるが、いまはそこまでは立ち入るまい。

しかるに、一九四一年夏の対ソ戦争の勃発が、計画をも人心をも激変させた。移住は見込がなくなり、人心はやぶれかぶれとなった。この四一年という年はじつに事件が多い年であり、すべての事態があたらしい段階に入った。

「最後的解決」という言葉はこれまでずっとマダガスカル・プランのことであったが、ここにこの言葉の内容が変った。移住が絶滅となった。これから後ヒムラーやアイヒマンはこの言葉を二重に使い分け、移住であるかの如くに語って絶滅を命令した。ワンゼー・プロトコールがこの変化の標識となった。

■ワンゼー・プロトコール■

ひさしいあいだユダヤ人問題をとりあつかうのは各系統・各地方・各官庁に分れていたから、その組織を統合して統一した方針をあたえる必要があった。

ゲーリングはハイドリヒにつぎのような訓令を下した。

ベルリンにて、一九四一年七月三十一日

大ドイツ帝国元帥
四箇年計画責任者
国防会議議長

ゲーリングより

保安警察および保安隊長
SS隊中将

ハイドリヒ宛

ユダヤ人問題について移住ないし移動の形により目下の事情にもっとも適当なる解決をなすべき、一九三九年一月二十四日付にて貴下に発せられた訓令による任務を補足して、ここに余は、ヨーロッパのドイツ支配領域における全解決のために必要な、一切の組織的・具体的・物的の準備をすることを委嘱する。

他の機関も、その権限が本問題に関係のあるものは参加せねばならない。
ユダヤ人問題の最後的解決を遂行するための、組織的・具体的・物的の当面の処置につき、全計画をいそぎ提出せられたい。

右の訓令によって、一九四二年一月二十日に、ベルリンのワンゼーに、ハイドリヒの司会の下に会議がひらかれた。会する者は十五人で、各省の次官級の人々と五人のSS隊長が出席した。アイヒマンもその一人だった。

この今後の方針を定めた会議の決定文書がのこっていて、ワンゼー・プロトコールとよばれている。この文書の中では、対ソ戦争の結果マダガスカル・プランはもはや問題にならないことが確認され、かくてユダヤ人の東ヨーロッパ地方への移動を促進すべきこと、その数は千百万人であること、その費用は富んだユダヤ人の負担によるべきこと、その他が決定されている。ひきつづいて、この日の席上で行われた発言のノートがあり、そこでは強制断種や強制離婚も議せられた。

「ホフマンは主張した。断種はひろく行われなくてはならない。ユダヤ人の混血児は移住か断種のどちらかをえらべといわれると、後者をえらぶのである。混血児の問題を簡単にするために、裁判官が『この夫婦は離婚すべし』というようにしたらどうか」

このプロトコールの中でもっとも注意すべき部分は、つぎの箇所である。これが眼目である。この会議は一見すると強制移住について検討したようにみえるが、その真の結論はこの部分である。

「最後的解決をすすめるために、ユダヤ人はそれぞれの事情に応じた指揮の下に適当な方法によって、東欧地方の労働配置の場所におくられる。労働能力のあるユダヤ人は、男女を分ち、長い隊列をなして、道路を構築しながら、これらの地域に導かれる。これによって、多くの者が自然減少によって脱落するであろう。

これによってなお最後まで残る者は、うたがいもなくもっとも強靭な者であるから、これについては即応した処置がとられなければならない。これらの者は自然の淘汰によって残ったのであり、これを放置すればユダヤ民族のあたらしい復興の中核となるものである。(これは歴史の経験である。)最後的解決をすすめるために、実際的には、西ヨーロッパから東ヨーロッパへと掃きよせてゆくのを方針とする」

右の箇所が意味するところはあきらかである。——

ヨーロッパ中のユダヤ人は西から東へと送られる。目標は主としてポーランドの各地に散在する収容所である。そのあいだに、労働・飢餓・寒気・病気によって、多くの者が死ぬ。なお残った者はそれに「即応した処置」をする。すなわち焚殺する。

この箇所を読めば、ここに全占領地域のユダヤ人の死滅をめざした方針が決定されたことは、疑いない。

ワンゼー会議は、行政高官たちの秘密の会合であり、ヒットラー・ゲーリング・ヒムラー級の政治の最高首脳の公式会合ではなかった。この問題に関してそういうものがあったかどうか、そこで絶滅の方針が決定されたかどうか、は分らない。しかし、そういうものはかならずしもなくてもよかった。首脳者の意志は、いつのまにか実現して、このころにはもはや「ファラオの墓」となり「特別機関員

令」となって、かなりな規模で運転していた。東の辺境地方では黒い煙がもうもうとたちのぼってい
た。ワンゼー・プロトコールはこの事実を追認し、さらにそれを全般化したのである。

■死の行進■

大量のユダヤ人が、西から東へと送られた。徒歩もあり汽車によるものもあった。

この強制移住と転送は、それ自体が一つの大きな問題なのであるが、それについてははぶいて、簡単に記す。

移動は悲惨をきわめたものだった。

外交官勤務をしていた私の友人が、戦争の末期に転送される囚人の列に会って、そのもの凄さに驚愕したことを話してくれた。子供をだいた丸裸の女の群が谷間のようなところに立っている写真は、いくつか残っている。雪の降る曠野の中に汽車がわざと一昼夜とまっていて、ために全員が凍死したという話は、戦時中の日本にいてもドイツ人のあいだの噂にきいたことがあった。こういうこともしきりにおこったし、今それが立証されてもいる。

ヨーロッパのどこかの地方のしずかな町で、幾代も前から平和な市民生活を送っていたユダヤ人の家に、ある日突然ドイツのSS隊か、あるいはそれぞれの国での保安警察隊（フランスならミリス）が来て、「三十分以内に出発の用意をせよ。携帯品はカバン一つだけゆるされる」という。このユダヤ人の家族はトラックにのせられ、それから貨車で遠くはこばれる。

パリでも、街頭に人だかりがして、その中を泣き叫び罵り喚く声がして、やがてユダヤ人の一家が

駆りだされて、トラックにのせられて去る光景が、ときどき見られたそうである。

パリの富豪で有名な東洋美術蒐集家のカモンド一家も拉し去られた。いまその家はシェルヌシー美術館になっているが、入口に四角な盤が嵌めこんであって、それに「一九四二年×月に、カモンド男爵とその娘二人が、アウシュヴィッツに送られた」と彫ってあった。このようなものは方々にあり、イタリアでも見たことがあった。

旅の途中の寒さと餓えと病気によって死んだ者の数は莫大だった。プロトコールにあるように、それが方針でもあった。それで、じつはこれが全犠牲者の大半を占めたのであり、ヘスの陳述にあるようにアウシュヴィッツのガス死が二百五十万というのはヘスの記憶ちがいであって、ここで殺された者は百万未満であったろう、という研究もある。

とにかく、ガス室で殺された者は、名もしらべず数も正確には数えなかったのである。それはただ到着した貨車の何台分という単位ではかられた。もともとドイツは、手続がやかましく書類の記入が面倒なので知られた、有能な官僚の国なのであるが。

■要　約■

錯雑をきわめた過程は、いくつもの異なった系統によって秘密のうちにすすめられ、命令はおおむね口頭で下され、証拠は湮滅され、わずかに残った文書も表現がぼかしてある。隠現出没するのはみな異様な人物であり、その片言隻句が又聞きでつたわっている。そういうたくさんの細かいものが、時日の前後もはっきりしないままに断片的に証言され記録されていて、その連絡をあとづけることはむつかしい。

このようなものを総合すると（といっても、私が総合したわけではなく、すでにそれをした本があるのだが、それすら混沌としているので、私はさらに再総合をしてみたのである）、歴史過程の輪郭はおおよそ以下のようなことだったろう。つまり——

一、もともと安楽死施設があり、これが対ポーランド戦になって東にうつされた。ここで病廃者の範疇が拡張解釈され、一般に素質劣悪者がこれに入ることとなり、ユダヤ人が追加された。

二、占領地の治安維持のために、苛酷な弾圧処置がとられて、大量銃殺が行われたが、これを目だたなくするためにガス刑が採用された。その規模がしだいに大きくなった。「特別機関員令」が拡張解釈されて、ユダヤ人に及んだ。

右の二つが前段階だった。内外の激動の中で情勢に追われて、歩一歩とこうなった。そこに、

三、移住による解決が実行不可能となった。ついにワンゼー・プロトコールが生れ、これによって右のような既成事実が追認され、全ヨーロッパ・ユダヤ人を東欧にあつめて生物的に絶滅するという方針が実行されることになった。

四、ユダヤ人の大強制移動がはじまり、一九四二年には一般人にも非常な変化が感得されるようになった。これはユダヤ人をどこか他国に移住させるのだと粉飾され、反ユダヤ宣伝がいっそうはげしくなった。

五、ヒムラーが主宰し、ＳＳが主体となって、ＲＳＨＡという中央機関がつくられ、アウシュヴィッツその他の大規模の収容所付の絶滅機関が設けられた。前述の一と二を引きついで、それを拡大

して本格的に操業しはじめた。これは一九四一年夏にはじまり一九四四年秋までつづいた。ロシア軍の反攻によってドイツが占領地域を撤退するに及んで、やんだ。
六、ヒムラーは働けるユダヤ人はのけておいて、これを収容所の奴隷として働かせた。しかし、そういう奴隷も大部分はまもなく働けなくなった。
七、強制移動と絶滅は、もともと移住を意味する「最後的解決」という名の下に行われた。この言葉がこういう意味をもつようになったのも、複雑な曲折をへた後だった。その渦の中にあったとき、人々はあるいはその変化をそれほどはっきりとは感じなかったのかもしれない。多くの犯罪とおなじく、気がついてみたら自分はとんでもないことをしていた――そういう気持がした人もいたのだろう。

四

■SS司令官ヒムラー■

これまではユダヤ人大量殺戮が実行されるにいたった経過をあとづけてみたのであるが、次にその実際にあたった人物についてざっとした素描をする。

その数はもとより多く、さまざまの言動が記録され証言されている。人によって個人差はさまざまであるけれども、そこにはおのずからある程度までの類型がある。いまその中から、上層・中層・下層の典型的と思われる者をえらんで、その輪郭を記す。

ナチスの指導者たちは、例外なくみな強烈な確信の所有者だった。はっきりとした目標をもっていた。両次大戦間のドイツは、混沌として中心がなく、国民は帰趨に迷っていたから、人々はその呼びかけによって呪縛された。このことをギュスターフ・ル・ボンの『大衆の心理』（一八九五年）の一節をひいて説明してあるのを読んだことがあるが、それがはなはだ適切なので孫引する。——「かれら（指導者）は神経質な錯乱にすれすれの半狂人である。かれらが奉ずる観念や追求する目標がいかに不条理なものであろうとも、その確信の前にはすべての論理はむなしい。かれらは軽蔑されても迫害されてもひるむことなく、むしろますます激昂するばかりである。個人的な利害も家族も犠牲にし、自己保存欲すらなく、しばしばそのねがう唯一の報酬は殉教ですらあり、かれらの信仰のつよさがその言葉に大きな暗示力をあたえる。大衆はつねに、強烈な圧倒的な意志をもつ者のいうことに耳を傾けたがる。大衆化された人間は意志を失って、本能的にこのような確信の所有者にひかれる」

宗教と伝統という規制し安定させるものを失った大衆が、はげしい不満をもちながら、目標をあたえてくれる者の出現を待っていた。かくて、あたらしい予言者に魅惑された。そして感激し盲従し、教団をつくり戒律を守り、幻影をえがいて叫び踊った。ドイツ国民は一九三〇年前後には、まったく絶望していて、冷静に考える余裕がなかった、そのわきかえる集団ヒステリーの中に、「今より別な状態であれば何でもよい」という気分におちいっていた。数年前の日本をもっとひどくしたようなものだった。

ＳＳ司令官のヒムラーは、ユダヤ人殺戮問題についての最大の責任者である。この人は冷血な政治家だと思われているが、むしろ神秘家だった。彼はその「世界観」に耽溺して、いったん権力を握ると、こういう狂信者によくあるように、冷静緻密な実行力をもってその幻影を実現しようとした。SS隊を「北方民族団」につくりあげ、これをもって「ユダヤ人・教会・ボルシェヴィズムに対する防塞」をきずこうとした。

隊長が占星学者の知恵をかり、さまざまの迷信科学にふけったから、SS隊はしだいに一種の疑似宗教団体のごときものとなった。隊内には独特の形式や風習が生れ、粗雑な唯物論と有神論が入りまじったもやもやした雰囲気が支配した。隊員が評定されるのは、個人的能力よりも、子供の数や教会から脱退していることなどであった。人道主義とか人情とかいうものは、ヒムラーの意見によるとキリスト教的「脊椎軟化症」であり、その命令によって、SS勤務所の壁に「峻酷たらしむるものは褒むべきかな」というニーチェの言葉がかけてあった。

ヒムラーはSS隊員から熱烈に崇拝されていたが、彼は一九四三年十月三日に、東欧勤務の部隊にむかって三時間にわたる演説をした。この演説のレコードがアメリカの手に入り、いまはその国立資料室にあるそうである。

「……SS隊員が絶対に守るべき原則がある。すなわち、われわれは血を同じくする者に対しては廉直に公正に忠誠に友愛であらねばならぬが、血を異にする者に対してはその要はない。ロシア人・チェコ人がどうあろうと、それはまったくどうでもいいことである。もしこれらの国民の中にわれらと同種のよき血をもてる者がいるならば、われらはそれをわがものにし、必要ならば子供を奪って手元で育てよう。他の民族が幸福に生きるかそれとも飢餓に死ぬかということについて、自分が関心をもつのは、ただかれらがわれらの文化のために奴隷として使役されるその限りにおいてである。対戦車壕構築のために一万人のロシア女が疲労困憊して仆れるかどうかということについて、自分が関心をもつのは、ただその対戦車壕がドイツのためにでき上がるかどうかというその限りにおいてである。世界中でわれわれドイツ人だけが獣に対して正しい態度を知っているが、われわれはこうした人間獣に対しても正しい態度をとるであろう。かれらのために憂えて理想をもちだし、これによってわれらの子孫にさらに重い負担をのこすのは、われら自身の血に対する犯罪である。人あって来ていうとする、『女子供を使って対戦車壕を掘ることはできません。それは非人間的です。そんなことをすれば死んでしまいます』。この人に対して自分は答える。『君は自分の血に対する殺人者だ。もし対戦車壕ができなければ、ドイツ兵が死ぬ。これはドイツの母親の息子である。これはわれらの血である』。このことこそは、自分がSS隊員の頭脳に注入せんとし、また注入しえたと考える、未来のもっとも神聖な法則の一つである。すなわち、われらの配慮、われらの義務は、われらの民族と血である。われらはこのために考え働き闘わねばならぬ。他の一切は興味がない……」

いかに戦時の激動惑乱のさなかとはいえ、まことに不可解な訓示であるが、これはかれらの「理想主義」の帰結だった。かれらは正真正銘こころからそう思っていた。それはわれわれには想像がむつかしいメンタリティーであり、所詮はナチス全体が根本においてはこういう別のメンタリティーの上に立っていたのだった。

人種とか血とかいうことが唯一の規準であり、絶対の価値であった。ああ、絶対……! これが考えの狭い頭の中に閃めくとき、何事をしでかすか分らない。「これはすべてに優先する。このためにはいかなる方法によって何をしてもいい」ということになる。(もしこの「血」を「階級」と入れかえたら、どういうことになるであろうか……?)

ヒムラーはまた次のようにユダヤ人殺戮の心構えを説いている。「――自分は諸君の前に包まずに語ろう。それはまことに難しい一章である、われわれの間だけではうちあけていうことができるが、けっして公には口にしてはならぬことである。……これには何人も戦慄をするが、しかし命ぜられ必要とあらばふたたび次回にも行うことをはっきりと心得ている。すなわち、ユダヤ民族の絶滅である。誰でもこれを簡単に口にする。『ユダヤ民族は絶滅される』とどの党員もいう、『ユダヤ人排除はわれわれのプログラムにある。分りきったことである。われわれは絶滅を行う』。ところが、愛すべき八千万のドイツ人がやってきて、誰も彼もが『自分が知っているユダヤ人は別に悪くはない』という。つまり、他のユダヤ人は豚だが、この一人だけはいいという、こういうことをいう者は、困難に堪えることが出来ないのである。諸君の多くが知っているとおり、すでに百人の屍が横たわっているとき、五百人横たわろうと千人横たわろうと、同じことである。これに堪えて、しかも――例外的な人間的弱点をべつとして――毅然としてあること、これがわれわれを鍛えた。これこそは、いまだ書かれずこれからも書かれることなかるべき、われらの歴史の光栄の一章である」

右に、「例外的な人間的弱点をべつにして――」とあるが、ヒムラー自身が大量銃殺に立ちあったときのことについて、つぎのような証言がある。――最初の銃声をきいたときに、彼は失神したように仆れかけた。二人のユダヤ女が下手に射たれて即死しなかったときには、とり乱して叫びはじめた。

ナチスの首脳者は、大量殺戮を秘密にしてはいたけれども、それを悪事とか犯罪とかとは思ってはいなかった。むしろ反対に、それをかれらの世界観から発した使命だと考え、この義務を遂行する誇りのようなものをもっていた。ユダヤ人根絶は、勇気をふるいおこし自分の弱さを克服してはたすべき事業だった。そういう言葉はところどころに出会うが、たとえば前出のゲルシュタインがやはり前出のグロボツネックについて次のような挿話を記している。

「たくさんの死骸を埋めたままでおいて、いつか発見されたら、後代の人間が怪しむだろう」という意味のことをいわれて、グロボツネックは答えた。「諸君、もし後になって、われわれの大任務を理解できないほどだらしがなく骨が軟らかい世代が来ることがあれば、ナチズム全体がむだだったことになるよ。自分は反対にこう思っている。後世の人間は黄銅の碑をたてて、それにわれわれがこの必要な大事業を遂行する勇気をもっていたことを銘記するだろう」

私はよくふしぎに思うが、駐独大島大使などはナチスの首脳と親交があり、その内情にもくわしかったのに、こういうことについては何の感得するところもなかったのであろうか？

ヒムラーは降服後に無名の軍曹になって地下に潜ったが、イギリス側に発見されて、青酸カリをのんだ。その写真があるが、仰向いて髭をおとした口をむすんで眼鏡をかけたまま死んでいる。

■「劣等人間」■

ゲルマン人種は支配者たるべき使命をさずかって生れているのであり、その政治的軍事的征服は、ただ植民地を奪い富を集めるというのではなかった。それによって人類が人種的に変えられ、血が浄化されるべきであった。一切がただこの一つの観点から一元化さるべきであった。だから、同じ新秩序といってもむかしながらの帝国主義的領有とは別なものであり、八紘一宇的な粉飾もなかった。すべて露骨な人種優越主義で塗りつぶそうとしたから、ドイツの東方の占領地政策は失敗した。ナチスはしきりにウンターメンシェンという字を使った。これは超人の反対で、訳しにくいが、かりに「劣等人間」としておく。ヒムラーはこの言葉がすきで、ことごとに使った。SS本部から発行された雑誌に「劣等人間」という記事があるが、その一節――

劣等人間――この手、足、一種の脳髄、目、口などをもった、一見生物学的に同種と見える自然の被創造物は、じつはまったく異質のおそるべき生物であり、ただ人間のデッサンにすぎない。これは精神的に霊魂的にいかなる獣よりも下等である。その内部には、あらあらしく抑制なき情欲の混沌がある。とらえがたき破壊欲、もっとも原始的な貪欲、むきだしの下劣。

劣等人間――そのほかの何物でもない！

人間の顔をもった者がかならずしも同じくはない。

――これを忘れる者は災いなるかな！

(さらにつづいて、このようなツァラトストラ調で人類の高貴な文化の生成が叙してあり、それを劣等人間が嫉み毒する。)

しかるに、劣等人間もまた生きた。彼はこの美しい事業を憎み、それに対して反逆した。ひそやかに盗人として、あからさまに背徳者——殺人者として。かれらは類をもって類を呼んだ。獣は獣を呼んだ。——

劣等人間はかつて平和を保ったことなく、平安を生んだことがない。彼は薄明と混沌を必要とするからである。

彼は文化的進歩の光を嫌悪した。

みずからを保たんがために、沼を、地獄を求めた。太陽を避けた。

この劣等人間の下界がその指導者を見いだした、——永遠のユダヤ人これである！

（以下略）

ユダヤ人は人間の皮をきた獣であって、人間ではない——これが、あの事件の鍵だった。そしてナチスの指導者たちと、そのイデオロギーを吹きこまれた人々は、それを信じていた！

こういう教範が、あの凜とした金髪白皙のドイツの若者の頭をみたしていたということは嘘のようであるが、しかも事実この程度だったのである。こういう説はしきりにくりかえされている。ＳＳは特別の団体だったのだから、これをもって全体を律することはまちがっているが、ドイツ人が誇るのも当然なゲーテ、カント、ベートーフェン、キリスト教の倫理、ギリシア以来の自由と理性……、こういうものはあれほどにも根が浅いものだったのだろうか。キリスト教が人間の獣性を醇化しえた成果は、われわれの歴史の中で仏教がはたしたものよりも、はるかに小さかった。大文化国民といえども人間性陶冶のレベルはなお低いものであり、社会の秩序が崩れる大変動の際には、じつに思いもかけない人間の半面が露呈し跳梁する。今度の戦争は、人間にはサジズムがふかく根ざしているということを、どこでもあまねく示した。そういうことは被占領中から解放時期のフランスもまぬかれなかった。

こういう思想をもった人々に対して、「あのような乱暴をしたアリアン人種がどうして高貴なのだ」と反問しても、それは通用しない。高貴だからこそ、下等な存在を消毒したのである。むかしの黄禍論もそれで、黄禍論者に対して「白色人は黄色人を侵略し掠奪したが、黄色人は白色人に対して何もしなかった。それだのにどうしてそれが禍であるのか」と反問しても、役に立たない。黄禍論者にとっては、白色人が黄色人を支配するのが自明なのであり、それに対して黄色人が対抗することが禍なのである。

こういう考え方はいまのヨーロッパにはほとんどなくなったが、しかしまったく消えたわけではない。ヨーロッパ人は人類の光栄たる自由と理性の保持者であるという誇りはふかく浸みこんでいて、ナチスも自分たちがそれを実現するのだ、と号していた。それでわれわれは、ナチズムこそは純アリア運動であると承わっていたのだったが、いまユンガーなどは「ナチスの狼藉は人間性の中のアジア的要素がなせる業である」といっている。言葉だけの理屈はどうにでもつくものである。

■あるインテリ■

ナチス治下の司法官や医者などについては興味ふかい話がたくさんあるが、いまはそれまで言及することはできない。無数にいた中層の人からインテリの一つの類型として、まったく任意にオットー・

オーレンドルフという人物をあげてみよう。

ニュルンベルクの法廷に三十八歳のオーレンドルフがあらわれたときには、小さなセンセーションだった。彼は美貌で、身なりも端正で、挙止も男らしくしかも優雅だった。傍聴席にいた婦人たちは彼を見つめ、息をころしてその答弁に耳をかたむけ、獄房に花をおくった。

彼は頭脳明晰な能吏だった。法律と経済を専攻し、はじめは研究所にいたが、後には経済省に入り、ここで貿易委員会長と「中央計画」への省委員までつとめた。一見して、大学の若い秀才教授がよばれて役所ではたらいている、といった風だった。外地にいたときはタタール人などと人間的に交際もしたし、戦争末期にはリベラルになって、批判的言辞を口にしていた。

この人がついに絞首刑を宣された。それは彼がこの間に五年ほど学者官吏以外の仕事をしたからだった。彼はしばらく保安部第三課の課長をし、またここから東方に派遣されて絶滅部隊を指揮したことがあった。

右の第三課ははじめは罪のないギャラップ式の世論調査機関だったが、途中からそれが変質して、全ドイツ人の言動を監視するハイドリヒの秘密警察の調査所となった。そして、クリミアの絶滅部隊はユダヤ人やジプシーを九万人絶滅した。オーレンドルフはそれぞれの職場であたえられた任務を果した。

彼は自分のしたことを弁護して陳述した。

「いつか未来には、私が殺戮の命令を下したことと、ボタンを押して最初の原爆を落したこととのあいだに、何の区別も考えられなくなるでしょう。十戒を下したと同じ神が、イスラエル人に敵を絶滅せよと命じたではありませんか」。それから彼は十ページほどの手記を読みあげたが、それは三十年戦役中のジプシー大量殺戮をくわしく描写したシラーとリカルダ・フーフの文章をはじめ、さまざまの歴史的先例をならべたものだった。

オーレンドルフは、入ってはは有能な事務官僚であり、高い知性をもった専門家であり、個人的にはヒューマニスティックなリベラルな気持ももっていた。しかし、出ては鬼のような絶滅部隊長になり、自分のしたことについては何の懐疑の動揺もなかった。ただ命令だからやむをえなかったというのではなくて、自分がなしつつあることに対して無感覚だった。

法廷は彼をジーキル博士とハイド氏にたとえた。おそらく彼は時代の子だったのだろう。両次大戦間のドイツでは「いまや人間はロボットに化している。知性だけが独立した、中心のない部分的な人間になりつつある」ということがしきりにいわれた。人間は責任をもつ人格ではなくなって、ただ刺戟に反応する高性能の装置となった、というのだった。あのころの機械化合理化時代の人間性の萎縮荒廃ははなはだしく、これがナチスを育てた一つの母胎となった。

オーレンドルフは、集中した核心をもたない人で、しっかりした人間的自立がなく、つねに外的影響によってうごかされていたのだったろう。

下層の人についてはもはや省く。絶滅所に働いていたSSの特別隊の者は、高給や酒の特別配給にさそわれたり、普通の兵隊が処罰をうける代りにここに廻されたり、あるいは物好きから志願したりした人々だった。

■ユダヤ人の気持■

現在世界中のユダヤ人はドイツ人に対して非常な怨恨をいだいている。それは抜きがたいものとなった。

戦後まもなく、アメリカのモーゲンソーが「ドイツ人のすべての成年男子を断種せよ」と主張したという、簡単な報道を読んだことがあった。その当時はまだ絶滅問題のことをよく知らなかったので、何のことだか理解しかねた。

しかし、断種ということは、戦時中にも風の便りのように聞いたことがあった。事実ユダヤ混血児に対する断種が考えられていたので、前述のように、ワンゼー・プロトコールにはこの問題が出ている。そして、この問題について数回の首脳者会談がひらかれ、検討されたが、七万人の混血児を断種するには七十万日分の病院ベッドを必要とするというようなことから、実行できなかった。レントゲン照射その他の方法もそれぞれ難点があった。しかし、オランダ占領中は強制断種が行われて、手術をうけた者は証明書をもらった。そうすれば、ユダヤ人の星の徽章をつけていなくてもよかったし、いくつかの普通の職業につくこともできた。この証明書は高く売買された。

ユダヤ人の感情について、私が直接に経験した場合を一つだけ書いておく。

ロンドンである老夫婦の家に下宿した。人のいい年金生活者で、よく話をしたが、はじめはこれがユダヤ人であることに気がつかなかった。

この家で、人手が足りないからとて、女中を欲しがっていた。生活程度の高いイギリスでは女中が払底だった。そのうちに新聞広告を見て一人来たが、どこのお嬢様かと見えるばかりの化粧をしていた。彼女は、この家は新しいか、子供はいないか、主人は感じがいいか、をまず見にきたのである。いまは雇傭を女中の方できめる。それも時間づとめで契約した仕事しかしないから、主婦が女中のために食事をつくってやらなくてはならず、うっかり傭うとかえって主婦が忙しくなる、ということだった。

そのお嬢さんも二、三度来ただけで、あとは来なかった。老夫人は「いまのイギリスの若い女は働かない」といって歎いていた。完全雇傭から生れたこういう話はよくきかされた。そういう話の中で、ふと老夫人がいった。

「ドイツ娘ならよく働くけれども、ドイツ人は傭いたくない」(ロンドンで奉公をするのは外国人が多い)。私は何故かときくと、夫人は頑固に「ただ傭わない」といっていたが、やがてドイツ嫌いを告白した。

「わたしはドイツ人は顔を見るのもいやです。声をきいても気持がわるい。臆病なくせに思い上がって……」

その悪口がナチス政治に及んだので、私はいった。

「でも、二十歳のドイツの少女は、ヒットラーの政策については何の責任もないでしょう」

夫人は顔をしかめ、目を見すえて黙った。

そばに、老主人が安楽椅子に腰かけて、煖炉にあたりながら新聞を読んでいた。この人はふだんは快活なのだが、新聞をおいて、ひどくまじめな調子でいった。

「それはあなたのいう通りだ。しかし、もしドイツ娘を家に入れると、われわれはそういう合理的な考え方と自然にわきおこる反感との相剋にくるしまなくてはならない。罪のない少女にむかって憎悪を抱いてはならぬという、内心の葛藤を味わわなくてはならない。それを避けるために、ドイツ人は入れないのです」

これをきいているうちに、私はようやく気がついた。この家の苗字も、老夫婦の顔つきも、まごうことなきユダヤ人だった。

いったんはじまったら、呪詛の言葉はかぎりがなかった。

われわれが人の表情や会話の調子からうけとる感銘は、微妙で書きあらわすことがむつかしいけれども、しかし心にはふかく刻まれるものである。私はこのとき、この人たちの感情がいかに深刻なものであるかを知った。そして、かれらがユダヤ人であることを私が悟ったことを、むこうも悟ったので、それからは迫害事件についていろいろと話してくれた。

老主人がこれを読めといって、一冊のパンフレットをくれた。それはニュルンベルクの法廷で行われた証言のいくつかを集めたものだった。その中の一章が、ライトリンジャーの『最後的解決』の中にも載っている。

■グレーベの証言■

ニュルンベルクの法廷で、イギリスの検事ハートリ・ショークロス卿がドイツの土木業者グレーベの証言を読みあげた。これは一九四二年十月五日にウクライナのドゥブノ飛行場跡で見たことで、ユダヤ人がガス室ではなくて壕の中で大量銃殺される場面である。このようなことも各所で行われた。ヒムラーの命令が実行された光景である。

……トラックから降りた人々は老若男女さまざまでしたが、手に鞭をもったＳＳ隊員に命ぜられて、脱衣して、靴や上衣や下着をそれぞれ所定の場所にべつべつにおきました。八百足か千足くらいの靴の山があり、シャツや着物の山ができていました。人々は泣きも叫びもしないで脱衣し、家族ごとにかたまって、キスをし別れを告げました。そして、やはり鞭を手にして壕のそばに立っている、ほかのＳＳ隊員の合図を待っていました。十五分も立っているあいだに、歎きも哀願もききませんでした。八人ほどの一家族がいました。五十歳くらいの夫と妻、その子供たちは一歳と八歳と十歳くらい、それに二人の大きくなった娘がいました。白髪の老婆が赤子を抱いて、何かうたってあやしていました。赤子はうれしそうに笑っていました。夫と妻が目に涙をためて見あっていました。この父親が十歳くらいの男の子の手をひいて、低い声でいいきかせました。男の子は涙をおさえようとして顔をゆがめていました。父親は男の子の髪を撫でながら、天を指して何か説明しているようでした。

彼方の壕のほとりに立っていたＳＳ隊員が、仲間に何か叫びました。呼ばれた男は囚人を約二十人ほどひき離して、丘の向うにつれて行きました。いまいった家族もその中に入っていました。おぼえていますが、すらりとした姿の黒髪の娘が、私のそばを通りすぎるときに、自分を指して、「二十三なのよ」といいました。

丘をまわってゆくと、大きな穴がありました。その中に、人間の屍がぎっしりと押しあって重なっていて、ただ頭が見えているだけでした。たいていの頭から血がでて肩にながれていました。まだ生きている者もいて、腕や頭をあげて、まだ生きていることを示そうとしていました。穴はすでに四分の三ほどつまっていましたが、目測では千人くらいいたと思います。

私は射手を見ました。射手はＳＳ隊員で、穴のせまい側の縁の地面に腰かけて、足をぶら下げて、膝の上に機関ピストルをおいて、煙草をふかしていました。

一糸まとわぬ裸の人々が、壕の内側の粘土の壁にほってある段を下りてゆき、重なっている死骸の頭の上を滑りながら、隊員がさし示す場所まで歩いてゆきました。かれらは、死んだり射たれたりした人の手前に横になりました。ある者はまだ生きている者を撫ぜて、何事か囁いていました。それから銃声がつづきました。壕の中を見ると、肉体がぴくぴくしていたり、頭が前の屍の上にしずかに伏したりしていました。裸体から血が流れました。

私がそこを立退かされなかったのはふしぎでしたが、ほかにも近くに二、三人の制服を着た郵便局員が立っていました。まもなく、次のグループが来て、穴に降りて、前の犠牲者たちの次の場所に行って、射殺されました。

丘をまわって元の場所にもどると、あたらしく輸送されてきた一群の人間がいま到着したばかりでした。今度は病人や不具者が交っていました。もう裸になった幾人かの人が、一人の非常に痩せた老婆の着物を脱がせていましたが、その脛はおそろしく細くなっていました。そのあいだ二人の者が老婆を支えていました。おそらく体が不随だったのでしょう。裸の人々が老婆をかついで、丘をまわってゆきました。私は工事の職人頭のメニッケスとそこを離れて、自動車で町に帰りました。

翌朝私がふたたび建築の現場に行くと、穴から三十ないし五十メートルくらいのところに、三十人くらいの裸の人間が横たわっていました。幾人かはまだ生きていました。じっと目をすえて、朝の寒気も感じないし、まわりに立っている私の会社の労働者たちにも気がつかないようなふうでした。二十歳くらいの娘が私に話しかけて、着物をくれ、逃げるのを助けてくれ、といいました。ＳＳ隊員の自動車が近づいてきたので、私は工事場に行きました。十分後に、穴の方からいくつかの銃声が聞えました。まだ生きているユダヤ人たちが命ぜられて死骸を穴に投げこみましたが、かれらもまた、やがて自分がその上に横になって頸をうたれなくてはならないことを知っていたのです。……


これとじつに似た場面をカフカが描いている。これよりは二十幾年も前に書かれたもので、詩人の予言的な幻視力というものはやはりあるものらしい。あの異常なワイマール時代の雰囲気は、もはやこういうことを予感させていたのだったろう。

このような刑場はおおむね町の郊外につくられ、人目から遮断されていたが、しかも普通の兵士の宿舎などが近くに建てられた場合などもあって、見た者もあり、それを大声で話す者もあり、完全に秘密を守ることはできなかった。ルンドステット将軍の布告にも、兵たちがこういう場合にライカを使うことに言及しているのがある。ヒムラーは一九四一年十一月十二日に撮影禁止の命令をだしたが、それでもかなりの数の写真が戦後まで残った。

このような刑場の事件もさることながら、まだ生きているユダヤ人の生活は戦々兢々というもおろかだった。かれらは時がくれば殺された。ボヘミアのテレジエンシュタットというユダヤ人町を研究した本には、そういう心理が分析してある。

『アンネの日記』はオランダだから、西欧人の抵抗力もつよく、外国の助けもあり、ユダヤ人にはまだしもあの程度にはゆとりがあった。しかも十一分の十は死んだ。まして東欧諸国のユダヤ人の生活は何のすくいもないものだった。それはジャングル映画で見る猛獣に追われる弱い獣よりも、もっと恐怖にみちたものだったろう。かれらは隅々から駆りだされて、輸送されるか殺されるかした。そういう生活を子供の目で見て記録した手記もいくつかあり、天井裏の隠家から煙突の中の部屋(西洋の煙突は、厚い壁の中につくってある大きなものである)へと転々して、下水道をぬけて脱出して……といったような体験談はかぎりがないのであるが、それもはぶく。

戦争中にナルヴィックから逃げてきたノルウェー人に会ったことを思いだす。彼は身をふるわせてナチスのおそろしさを語って、「ボルシェビーキの方がまだしもいい」といった。ロシア人の方は感情的でだらしがなくて、手抜かりがたくさんあるから、何とかごまかすこともできる。ところが、ドイツ人は組織的で、正確緻密な機械のごとく、一分ののがれるすきもない、というのだった。

■ドイツ人の側■

ユダヤ人が深刻な感情をもっていることは多言を要せずして分るが、今のドイツ人の側にとっては、この問題はどういう意味をもっているのであろうか？

あれが正しいことだったと考えているドイツ人は、一人もいないであろう。ナチスの首領たちも、最後の言葉では恐るべき犯罪だったことを自認している。ヒットラー・ユーゲントの指導者シーラッハも次のようにいっているが、これにいつわりはないであろう。

「私はこの世代を、ヒットラーに対する信仰と忠誠へと教育した。私がつくりあげた青年運動は彼の名を冠していた。私は、われらの民族と青年を自由と幸福にみちびく指導者に仕えている、と思っていた。数百万の若い人々が私と共にこれを信じて、ナチズムを理想とした。多くの者がこれのために命をささげた。私が長い長い年月のあいだ、指導者として国の主権者として絶対と仰いでいたこの人物のために、わが民族の青年を教育し、彼のために一世代をつくりあげたのは、私の罪であり、私はこの罪を自分に対し、またドイツ民族・国民に対して負う。数百万回の殺人者であった人物のために青年を教育したのは、私の罪であった」。多くの人が「醒めてみたら、自分はとんでもない犯罪を犯していた」というふうの感慨をのべている。

もともとユダヤ人を憎み排斥していた人はじつに多かった。まじめな立場からもその害は考えられていた。ドイツ人の側からも言分は多々あることである。(じつはそれを書かなくては、この問題全体についての公平な判断にはならないのであるが。) 前にもふれたように、こういう感情は、ドイツばかりではなくヨーロッパ各国にあまねくゆきわたっている。アメリカでもつよいそうである。

しかし、この故にあのような手段による絶滅を可とする気持が一般国民のあいだにあった、とは考えられない。それはあきらかになかった。あったのは、ＳＳなどの特殊なグループの中のことである。

あれは「ドイツ国民が知らなかったから起った」ことである。

それならば、絶滅が進行している時期に、はたしてドイツ国民はそれをまったく知らなかったのであろうか？「知らなかったから」ということは、留保なくいえるのであろうか？　それとも、うすうすは知っていたのであろうか？

今これをドイツ人にたずねると、みな顔をしかめて「知らなかった」という。（ただし、こういうことはめったには聞けないから、私が質問した人も少数である。）「一九四二年ごろに国内ににわかにユダヤ人がへったし、その家から追い立てられているところも見た。しかし、あれはどこか遠いところへ移されて、一ところに集めて保護されるのだと思っていた」。このように思わせることは当局者の方針でもあった。

しかし、ラッセルの本その他には、ドイツ国民は知っていた、と切言してある。――作業に従事した者が一人も喋らなかったはずはない。殺人工場の近くの住民は、毎日多数のユダヤ人が送りこまれて、しかも収容所の人数はふえないのを見ていた。夜となく昼となく立ちのぼる黒煙の悪臭をかいでいた、その当時にはこれこれの証言があった。日常の会話でも、もし何か政治批判めいたことを口にするものがあると、「そんなことを言うと煙突行きだぞ」という言葉がはやった。……

ゲースの『炎の犠牲』という小説は、このほとんどあつかわれない問題を主題にしてあるが、これには普通の市民生活の中でも知られていたことが書いてある。――主人公の食料店の主婦は、捕えられてゆくユダヤ人たちに親切をつくして、ついにある形で国の罪を贖《あがな》って死ぬ。

西ドイツのホイス大統領が、ベルゲン＝ベルゼンの収容所あとに犠牲者のための碑がたてられたときに演説をしているが、その中にこの問題がふれてある。それによると、ホイス氏はダハウ、ブーヘンヴァルト、オラーニエンブルクのことは聞いていた。またテレジエンシュタットやラーヴェンブルック、それからマウトハウゼンのことも聞いていた。（いずれも集合拘禁所ないし絶滅所のあった地名。）マウトハウゼンでは親友が殺された。しかしベルゲン＝ベルゼンとアウシュヴィッツのことは耳にしなかった。「このようにいうのは、われわれは何も知らなかったのだ、といいたがる人々にとってはうれしいことではないであろう。しかし、われわれは知っていた」

　こうしたことから推定するのだが、多くのドイツ人は知っていた。うすうすとは知っていた。しかし、当時には半信半疑だったし、今は知らなかったと思いこみたがっている。

　これをわれわれの経験から類推してみよう。事件そのものの性質はちがうが、こういう種類のニュースの受けとられ方についてである。

　日華事変の最中に、大陸から帰ってきた知人の応召将校と話をしたことがあったが、彼はずいぶん酷いことが行われているということを、ちらと暗示的にいった。私がもっときこうとすると、相手は困惑した表情をうす笑いにかくして、黙ってしまった。私もそれ以上たずねなかった。

　あの誰も語りたがらぬ数年のあいだに、この程度のことが三、四回あったと思う。ある時は別の将校が兵営で机の抽斗《ひきだし》をそっとあけて、写真を見せてくれた。（今とちがって、まだそのころは死骸の写真などはめったに目にすることはなかった。）それは野原での斬首刑の場面で、とりまいて見ている現地人たちは、長い棒に饅頭をつけて斬首の瞬間につきだして、それに血をひたして食べる、ということだった。

　しかし、こんなことは例外的な場合だと思われた。日本軍は軍紀厳正でむやみなことはしないものと信じていた。そしてはじめはそうであったのだろう。長いあてのない戦争に倦んで、モラルはしだいに崩れて（内地でもそうだった）、ついには時と所によっては手がつけられないこともあったらしいが、そのようなことは戦後に知った。

こういうことがあった。昭和十二、三年ごろだったと記憶するが、内閣情報部に勤めていた友人が話してくれた。――情報部員に対して参謀本部の中佐の講演があった。中佐は演壇に上ると、いきなり黒板にチョークで「放火、強姦、掠奪」と大書した。そして、この字をさしながら大声叱呼して、「いまの日本軍隊ほどこれをやるものはありません」といって軍紀の頽廃を嘆いた。そして説明した。日清日露にはこのようなことはなかった。かくなったのも英米の自由主義が浸潤して、日本人の魂を毒した結果である。

この話をしながらわれわれは笑って、あのころ癖になっていたように、軍人は馬鹿なことを考えると罵った。（いま思うと、この言葉には、おそらくこの中佐が考えていたよりは深いところで一面の真理があるのだろう。）具体的事実をまったく知らなかったのだし、まさかと思っていた。

こういう噂はちょいちょい聞いても、それについてあまり深くは考えなかった。追いたてられる日常生活にかまけて、そのようなことはすぐ忘れた。たとえこれは真実だと感銘したことでも、一度や二度ではまもなく念頭から消えてしまうし、たとえ嘘と分っていても、確信あり気にくりかえして説かれると、あのようにいうのだから何かあるのだろうとしだいにそういう気になるものである。宣伝は「またか」と思われるようになってはじめて効果が生れる。ヒットラーが宣伝技術について断定した通りである。

戦後になってから、日本兵の外地における非行をいやというほどきかされた。中には、商業主義から煽情的に書きたてた、唾棄すべきものもすくなくなかった。しかし、同胞がそれほど悪事をしたとは考えたくないから、たとえばパル判事がその少数意見書の中で、いわゆる南京事件の目撃者の申し立てはみなあやふやであって、十分の信憑性を認めがたいと論証しているのを読むと、救われた気持になる。われわれはあの時期に、知っていたようでもあり、知らなかったようでもあった。今でも、日本人はすべてつねに悪いと自卑自嘲する趣味はもっていないから、できることならそれほど大した事ではなかったと思いこみたい。

ドイツ人の場合も同じ気持なのだろう。「そんなことはなかったことだ」「あったとしても、自分は知らなかった」「今は知っているが、しかしあれは犯罪人がやったことだし、犯罪人はどこの国にもいる」「自分には関係がない。全体的問罪はことわる。おれはごめんだ」

いまドイツ人にとってユダヤ人殺戮問題はタブーであり、たいていの人はこれを思考の中から排除している。およそヒットラーおよびナチスについて語ることはずっとはばかられていたが、戦後八年たった一九五三年になって、新教牧師のリリエの主催によって学界言論界の百人ほどの代表者がボッフムに集まって討議をした。これが、ナチス問題が公開の場でとりあげられた最初であった。

ナチスの現象は、将来のドイツ文化なかんずくモラルの問題についての大障害であり、これに対する決着をつけた上でなくては、ドイツ人は先にすすむことができない。しかしいまのところは、そのあまりの困難の故に手が出ず、当惑の中によけている状態といっていいと思われる。人々は戦争直後にはこういう気持だった――「いまはそんなめんどうな事は考えるのをやめよう。まず再建が先だ。

いやな事はそれがすんでから考えよう」。いまや西ドイツは輝かしい復興を成就して、ヨーロッパでもっとも豊かに安定した。しかし、人々はまだめんどうな事は考えようとはしない。むしろ、高い生活程度と享楽文化に明けくれている感がある。この問題は、いま繁栄をたのしんでいるドイツ人の精神の底に横たわる気味のわるい暗礁である。もちろん少数の責任をもって考える知識人は別であり、マイネッケやリットやヘールはあれがドイツの歴史や伝統とどう関係するかを論じたが、一般の人々の心の中にはこの問題から生れた翳はないように思われる。

日本人の場合には、あれにくらべればずっと罪が軽かったから、それで自己糾弾や商業主義のセンセーショナリズムの種になりうるのだろう。

といっても、事実は避けがたく迫ってくる。ベルゲン゠ベルゼンの収容所あとの大墓地を、中学生の群が見物に行こうとしたことがあった。それをハンブルクの教師たちがやめさせようとして、世上に論議をよんだ。先生たちが「もちろん大人になってからは、このような事実をも知らなくてはならないが、まだ子供にドイツの歴史のあまりに暗い汚辱の面にふれさせたくない」と考えたのもよく分ることであるが、生徒たちはその制止をきかなかった。このような問題はこれからいよいよ難しくなるのであろう。

■罪責感と自信■

最近にフランクフルトの社会調査研究所で世論調査をしたところが、その結果は、反ユダヤ感情をもっている者が三〇パーセント余りであり、大部分はこの問題に無関心であった。すなわち、いまなお反ユダヤ感情をもっている人の比率がナチス直前と変らず、あの事件があった後にまだ多くの人々が無関心なのである。

この無関心ということはしばらくおき（これにはこの問題にふれるのを避けたい気持も大きくはたらいているのであろう）、現在に三〇パーセントの反ユダヤ感情があるという事実は、さまざまのことを暗示する。ドイツにはもともと五十六万のユダヤ人がいたが、いまは三万人に減じた。（それも老人が多いから十年後には二万人に減る見込である。）つまりいま一般のドイツ人はユダヤ人に接する機会はほとんどないのである。しかも反感は、前にユダヤ人がたくさんいた都会よりも、あまりいなかった田舎の方がずっと多い。つまり、人々は存在しない相手に対して反感をいだいているのであり、無智と偏見が結びついている。

これは、社会的な意見というものは、かならずしも自分の経験から生れるのではないということの例証であろう。人々の頭にはまだ千年来のいいつたえがこびりついている。人間は自分の直接の経験よりも、与えられた説の方を信用する。たとえば、映画についての評価も、自分がそれを見ての感想よりも、新聞の映画評の方がたしかに思われる。専門の歴史家が自国の最近の歴史を研究するときにすら、自分が体験した年月の事実の検討よりも、むしろその歴史がはじまる前に他国から発せられた「××年テーゼ」の方が頼りになる。人間は事実によって判断することはあまりなく、むしろ既成の観念によって判断する。事にきかず、人にきく。このように意見はむしろ与えられるものであるから、それで「権威ある態度をもってくりかえして説く」ことが大きな効果をもつのであろう。

戦後の日本人の気持とおなじ敗けたドイツ人のそれとを対照すると、そこにいちじるしい相違がある。戦後日本人は両手をついておわびをして、心から悔悟した。自分は悪い人間である、いやしい人間である、と胸をかきむしった。罪責感の塊となって自虐自嘲した。しかし、そういうことをいう人には、どこかに本当の絶望とは思えない、何かひそやかな感情流出の快感がひそんでいるようでもあった。自分の卑小を露出し絶叫するよろこびというものも、あるのかもしれない。また、そういう人々は、自分だけはこういう卑しい連中とは別だという、自己昂揚感を確認したがっているようでもある。「われわれ九千万の日本人は愛するに価する祖国をもたない」「情ない」「やりきれない」「羨ましい」というのが口癖となった。

ところが、ドイツ人はそうではない。彼はむかしと同じことであり、相変らず自信満々である。昂然としている。ドイツ人のしたことは、日本人のしたこととは比較にならなかった。それは歴史に例がないことだった。また戦争も、抵抗のない相手にむかっての一方的な計画的な進駐という横紙破りからはじまったので、日本の満洲事変を幾度もくりかえしたようなものだった。

しかも、普通のドイツ人には罪責感はあまり――ほとんどない。あれは「あやまち」であったとは思っていても、自分や自国を否定するような気持は、普通の人にはない。一時のトマス・マンのようなことは例外であり、マンは故国にいれられない。

これには、罪があまりに重大だからほんとうにそれを自覚したらたいへんだということもあり、またヨーロッパでは「権力政治はあたりまえだ」という気持が日本より大きいからとも思われるけれども、さらにもう一つの大きな原因が考えられる。それは歴史的過程である。

もともと、ドイツにはむかしから誇り高きプロシア精神があって、世界一に強い軍隊と世界一に有能な官僚を擁していた。市民文化があり、キリスト教があって、ドイツは光栄ある国だった。文明へのかがやかしい寄与をして、世界をリードしていた。これらのものをナチスが否定して、この愚衆精神が主体となって非行をはたらいた。そのナチスは仆れ、むかしのドイツが恢復された。つまり、ナチスは一時の急性肺炎のようなものだったので、十二年間の病気が直ればもともとの体は健全である。すべての悪はナチスという肺炎菌（ユンガーによればアジア的要素という異質なもの）がしたのであった。いまやドイツは本来の姿にもどって、大手をふってわが道を行く。

これに反して日本では、満洲事変いらい国外での危機がますますひろがって際限がなくなった。それに対処すべく、内では揉みに揉んで総力結集がはかられた。すべてについて天皇がもちだされ、歴史の全体が正面にでることとなった。ついに存亡を賭しての大戦争に、あらゆる伝統的な徳性が動員された。それがむりにむりを重ねて、極度の困難の中に頽廃し、しまいには狂人の寝言のようなことをいうようになった。しかも敗けて、さまざまの醜がさらけだされた。

これによって、日本的性格そのものが悪の烙印を押され、民族の道徳的エネルギーの一切が意味を失い、歴史的日本の全体が否定されることとなった。

いまのドイツ人に罪責感がすくなくて自己信頼がつよいということは、まだほかにもさまざまの原因が考えられるけれども、このような最近の歴史のいきさつから生れた結果がはたらいていると思われる。こうしたことはどこの国にもある。いまのフランスがふるわないのも、じつは敗けたのであったのを、歴史の成行きから自力で勝ったと思いこむようになった、この幻想によることが大きいのであろう。

五

■ヒットラーの遺書■

ヒットラーはベルリン陥落の際に総統官邸の地下室で自殺した。このときに書いた遺書を読むと、彼は最後まで、一切の悪はユダヤ人から生れたと信じていた。

「数百年たっても、われわれの都市や芸術の廃墟の中から、これらすべてに責任のある民族、すなわち国際ユダヤ人とその援助者に対する憎悪は、つねにくりかえされるであろう」——このような言葉をつらねて、最後はつぎのように結んである。「自分は特に、ドイツ国家の指導者と国民に、人種法を厳守して、世界を汚毒する国際ユダヤ主義者に仮借なく対抗することを、義務づけるものである」

じつに偏執的なものであるが、これはヒットラーの本心だったにちがいない。この主張は、彼の経歴のはじめから一貫していた。ヒットラーは手段こそは隠顕出没をきわめていたが、その真意ははじめからむきだしで押しとおした。いかなる顧慮も払わぬ一本槍で、この意志の強さが成功のもっとも大きな因だったろう。しかも、それを政権掌握のずっと前に、『わが闘争』の中でプログラムをたて体系をたてて公表していた。普通われわれは「政治家のいうことと考えることと実行することとは別だ」と思いこんで、ある油断をしているが、後になって多くのドイツ人はそのまさに裏をかかれた思いをしたことだったろう。

一九三〇年前後の世界危機にあたって、絶望し混乱していたドイツ人にとっては、ヒットラーが救済だと思われた。前大戦の敗北によって、古い信仰は失われ、伝統的な権威による結合が破壊された。ばらばらになった国民は苦境をのりきるために、あたらしい信仰と結合を求めていた。大衆は幻影をえがきやすく暗示にかかりやすかった。ヒットラーはその庶民出の体験とするどい感受性によって、現代をうごかすものは集合的な潜在心理であることをさとっていて、これを手中におさめることを、はっきりと計画をたてて、たくみな技術をもって実行した。

この洞察はおどろくべき成功を収めた。ちかごろ「第二次大戦の悲劇」という実写映画を見たが、その中でもっとも大きな意味をもっているのは、はじめの方のニュルンベルク大会の場面だった。はてしのない広い会場が旗で埋って、無数の制服をきた精力あふれた人々が歓声をあげていた。人間を集団として組織し、忘我の集団陶酔境に導いて、その意識を統制することにかけては、ナチスはソ連やファッショ・イタリアなどの師をしのぐ弟子となった。

ヒットラーはドイツ国民の信頼をえた。彼をめぐって集団妄想がわきおこって、狂信は偶像を生み、偶像は狂信を生んだ。ナチス時代にもドイツ人が私的にあつまると党に対する不平をいっていたが、話が一たびヒットラーのことになると、態度があらたまって、まじめに「ああ、あれは別だ」といった。（ただし、これは日本で見たこと。）人間には破壊欲とかアナーキズム的衝動とかとならんで、崇拝欲というものも一つの根本的な願望としてあるらしい。これにはドイツ人のロマンティックな気質もあずかっているだろうけれども。

人種理論を中心とするヒットラーの説教は、当時のドイツの困難を一切解決すると思われた。世界を改新し、あたらしい共同社会をつくり、階級対立を克服し、ナショナリズムとソシアリズムの和解を約束し……これがあたらしい確信をあたえる代用宗教となった。大衆の判断は低かった。ナチス第三帝国は、機械技術化された大衆時代の産物であったとて、いまのドイツのインテリのあいだでは大衆の信用はうすい。

ヒットラー自身も、大衆を軽蔑していた。「大衆は女性的であり感情的であるから、どうにでも操ることができる」といったような意味の言葉は、『わが闘争』にくりかえしてでてくる。そして「大衆というものは、つねに一方に何者かを崇拝し、他方に何者かを迫害しなければ気がすまないものだ」といっているが、あのころのドイツ人はこの辛辣な評語を免れることはできないものだったのだろう。しかも、あのころのドイツ人は、科学・哲学・文学・美術さらに機械工業そのほかの各領域において、世界を導くほどの高く深いものをつくりだしていたのだから、まことに人間の世というものは複雑なものである。

それにしても、一たび全体主義の体制が成立してしまうと、国民に特定のイデオロギーを注ぎこむことは、何とやさしいことなのだろう！　人々を心から信じさせることができる。それを自発的に欲しさせることができる。

■ヒットラーの個性■

全体主義体制の下では、その権力者の個人的性格がすべてに大きな影響を及ぼし、末端まで翳をなげることは、うたがえない。彼が夜中に仕事をする性癖をもっていると、国中の執行機関に夜行動物が多くなる。ヒットラー・ユーゲントが日本に来たとき、その隊長の演説の内容はもとより、顔付きから態度までフューラーにそっくりだったが、あのころはヒットラーの身振りが多くのドイツの若者に伝染していた。ナチス・ドイツが苛烈であり、スターリン・ソ連が陰惨であり、ファッショ・イタリアがどことなく濶達でオペラの舞台のようであったのも、それぞれの独裁者の性格の反映だったのだろう。

そして、このヒットラーの個性が！　これはたしかに、あの歴史の大波乱を生むだけのものがあった。

彼は風采が上がらず、ひさしいあいだ過小評価されていた。その世界舞台への登場のはじめのころには、ルンペン風の男がチャップリン髭を生やして気ちがいのような演説をするのを、ニュース映画で見て、人々はその道化役者ぶりに手をうって笑った。しかし、芝居の幕がすすむにしたがって、世界中が恐怖に胸をふるわせて息をのんだ。

ベルヒテスガーデンの山荘で、彼が昼ごろにおきて、不眠症に悩んだ白けた顔をして、まずそうにコーヒーをすすっているところは、どこにあの魔的な精力がひそんでいるかと思われた。まず場末の床屋の主人といったような押出しだった。

ところが、この人の威令の前には何者も逆らうことはできなかった。この肩のこけた品のない小男の前に、山のような体格をした堂々たる貴族出身の将軍たちが、兢々として頭を下げた。それだけの個人的な力をもっていた。彼は神経質に興奮した。「我儘な子供とヒステリー女を一緒にしたようなふうだった。高いするどい声で罵り、足を踏み、拳でテーブルや壁を打った。口に泡をふき、抑えがたい憤怒に息を荒くしてどもった。『いかん！　そんな者は追いだしてしまえ！　裏切者！』それは見ておそろしい様子だった。髪は逆立ち、目を据え、顔は乱れて赤かった。いまにも仆れて、卒中の発作をおこすのではないかと思われた。突然それは、しずまった。……彼は誰か笑ってはいないかと見ているようだったが、じつは私は笑いだしたかった。あまりの緊張への神経の反動がおこったのだった」（ラウシュニングの手記）

ヒットラーはおそるべき能力をもった天才だった。不屈の意志、勇気、自信、決断、狐疑《こぎ》しない押し、支配力、組織力、実行力、暗示力、呪縛力、これを放射する目、雄弁、想像力と思索力と感受性、緻密な計算、独創的な直感、そして何よりも鋭利な心理洞察……。

こういうものをもっていたこの人物は、しかしいかなるヒューマニズムをももってはいなかった！むしろそれを徹底的に否定した。

■おそるべき哲学■

ヨーロッパ人がむかしから誇っていたギリシア・ローマ以来の理性、それからキリスト教の愛の倫理――。ヨーロッパの人間性はこれによって醇化され形成されたが、ヒットラーはこういうものをまっこうから軽蔑して蹂躙した。もし文化史的にいうなら、今のヨーロッパ文明は、ギリシア・ローマの理性、キリスト教の霊の深さ、それからゲルマン人のヒーロイックな生命力、この三つの要素の融合によってなるといわれているが、ヒットラーはただ最後の一つのものの塊となって、前の二つを顧みなかった。

ヒューマニズムを正面から否定するヒットラーの言葉は、じつに異様なものであるが、しかもこれが現実に大規模に実現されたのだった。

ラウシュニングという人は、かつてヒットラーの側近だったが、その悪魔的性格に反撥して亡命した。ヒットラーは自分の側近のエリートたちにむかって『わが闘争』は大衆むきのものである。自分の真意は君たちだけに告げる」とて、日常のあいだに自分の世界観を語った。ラウシュニングはこれをそのときにノートしておいたが、それを一九三八年に外国で出版した。

この『ヒットラーとの会話』を読むと、ヒットラーという人物がけっして単なる政治ゴロとか演技上手の策士とかいったようなものではなかったことを、認めないわけにはいかない。彼はあるおそるべき哲学をもっていた。それは前代未聞の徹底したものだった。普通の常識からはとうてい考えることのできないものだったから、常識が彼によって裏をかかれつづけたのも当然だった。彼はある原理の体現者で、その原理とはラウシュニングの言葉によれば「ニヒリズムのディナミズム」だった。

いまそれについて記すことはしない。ただ、いかにヒットラーがはじめから戦争とか殺戮とか恐怖支配とかいうものを、自分のエレメントとしていたか、ということを示す一節を引用する。この本全体がこういう調子なのである。これは前に引用した憤怒がおさまってから、つづいてヒットラーが語った言葉であり、一九三三年、すなわち政権掌握の年のことである。

「テロはもっとも有効な政治的手段だ。これがただ愚かな女みたいなブルジョアの気に入らないからとて、この手段を手放すことは私はしない。あらゆる方法をもってドイツ民族をきびしさへと鍛錬し、戦争へと準備することは、私の義務であり、戦時における私のやり方も、これと変らない。もっとも恐ろしい戦法こそもっとも親切なのである。あらゆる方法によって驚愕をひきおこして、恐怖をひろめる。大切なのは、圧倒的な死の恐怖を感じさせて、突如たるショックをあたえることだ。（ロッテルダム空襲をはじめ、ナチスの戦法はみなこれだった。）国内の政治的敵対者に対しても同じ方法を用いて、なぜいけないか？　いわゆる残虐行為によってこそ、不服従や不満に対して何万度もやらなくてはならないことを、やらないですませることができる。収容所の中で何がおこっているかということを聞けば、国民は反抗する前に反省するものだ」

■倫理的素質の欠落■

ヒットラーはこのような行き方に積極的な価値をおいた。普通われわれがそういうものを犯罪的と考えるような標準を、すべてあざけった。ニーチェの「一切価値の転換」の要請が、グロテスクな形で行われた。

この本で読むと、ヒットラーは全ヨーロッパを、上はエリートの新しい階級から下は奴隷にいたる、かつてのインドのような厳重な階層社会に作りかえようとしていた。日本の徳川時代は彼にとっては垂涎の的だったろう。しかし徳川時代の支配者はただ抑圧しただけではなく、すくなくとも教養としては被支配者への愛を知っていたし、それを実行した人もすくなくはなかった。

上杉治憲が世子にあたえた人君の心得——。

一、国家は先祖より子孫へ伝候国家にして、我私すべき物には無之候。

一、人民は国家に属したる人民にして、我私すべき物には無之候。

一、国家人民の為に立たる君にして、君の為に立たる国家人民には無之候。

右三条御遺念有間敷候事。

この教えが、その時代の観念体系の枠にしたがって形成されたものであって、近代的な発想でないからとて、これのもつ高いヒューマニズムを否定することはできない。鷹山は特別な名君だったが、徳川時代の殿様といえども規範としてはヒューマニズムを奉じていた。

正常な成熟をした人間の精神にはかならずひそんでいるはずのこの要素が、ヒットラーを頭目とするナチスの権力者たちには、まったく欠けていた。(意識して反ヒューマニズムを行った権力者は、ヨーロッパの歴史にはちょいちょいいたが、これほど徹底してはいなかった。)その言ったことを読むと、ただ瞠目する。かれらによって動かされる国家は、「犯罪国家」となった。すくなくとも、そういわれても仕方がない一面をもっていた。

その中に生きる国民は、国法にしたがって行動すれば人道への犯罪者になったし、人道にしたがえば国法への犯罪者になった。しかも、この国家は国際法的には認められていたのだし、また国家全体としては正常な機能もたくさん果していた。そして、現代の全体主義体制を内から仆すことは不可能である。こういうときに、その下に支配されている国民の道徳的責任はいったいどういうことになるのだろう?

どういうわけで、あの大きな能力をもった人々に倫理的素質が全然欠落していたのだろう? じつにふしぎである。

ヒューマニズム否定は、二十世紀のヨーロッパの大きな風潮となったが、それには次のようなことがあったと考えることができようか。——キリスト教道徳やギリシア以来の教養は、近代になって市民生活に結晶したが、これが沈滞して行きづまった。その市民生活を否定したのだから、それが一般化されて、ついでに根本の人間の倫理精神そのものをも否定する結果となった。

つまり、右と左とを問わず、全体主義の指導者たちには、いわゆる小市民道徳という意味でのヒューマニズムはない。むしろ、いかなる犠牲をはらってもかれらの世界観を実現することこそ、より大きな倫理なのである。

こういう人々のパーソナリティや行動を、深層心理学から説明することがはやっている。――少年アドルフの母が乳癌をわずらったときに、ユダヤ人の医者がそれを親切に治療した。それで、「母とこの医者とが親密であったことが、アドルフの精神病理の中で、医者と彼の父とを混同させた。母が乳房を切除されたことは、野蛮な暴行と手足を切除する行為の象徴となった。……彼は、無意識にこの医者を、『近親を犯し、毒殺を常習とする』母の『殺人犯』に仕立て、そして又、近親を犯し猥褻行為を行う、攻撃的な父に仕立てたのである。しかもその父は、ヒットラーが自分自身と同一視できなかった人であり――そして今現実には、一人のユダヤ人であったのである。両親の間の性的関係、それからユダヤ人の医者と母との関係は、ついにはユダヤ人とドイツ人との間の性的関係そのものを意味するようになったのである」

たとえばこのような説明が科学者によって大真面目に語られているのを読むと、われわれしろうとはただ唖然とする。これもまた、言葉だけの操作で公式の中におしこんだものではないのだろうか？大学の講堂では、しばしばじつにばかげたことが講義されるのではなかろうか？

ナチス科学は、人種・血を世界事象のもっとも根本的な要素として、すべてをここから演繹していた。これに関してはグロテスクな挿話がかぎりがない。

あのころは非合理な生命至上主義の風潮が世界を風靡して、あたらしい宗教のようなものだった。それにはもとより高いものも低いものもあった。シュヴァイツァーの「生への畏敬」も、ロレンスの「性への畏敬」も、そのあらわれだった。ナチスの人種説もその頽廃した派生物だった。それで、シュヴァイツァーもヒットラーも結局は同じヴィタリズムに帰するから、シュヴァイツァーの哲学は否定さるべきだという、奇妙な説も読んだことがある。

■あやまれる具体性■

一切の悪をユダヤ人に帰して、その絶滅をはかるということは、いかにも理解のしがたいことであるが、もしわれわれの経験の中からしいて類推の手がかりになるものを探しだすなら、それは大正十二年の関東震災のときの不幸な事件だった、と思う。

あのころは人々はひさしい平和になれ、この安定した秩序がいつまでもつづくものと信じていた。それが突如としておどろくべき天災に見舞われて、気も顚倒した。はじめて大規模な破壊や、それに対する人間の無力や、存在のはかなさを感じ、太陽にさらされている死骸などを見た。そして、凄いほど紫色に澄んだ空に立った気味のわるい茸雲の下で（ああいうものを見たのもあのときがはじめての経験だった）、幾日幾夜をすごしたが、まだラジオはなく新聞も出なかったので、流言蜚語がひろがった。人々はこの不可解な現象に対して因果説明を求めた。そして、そこに自然発生的に生れた答は、「××人が害をなすのだ」というのだった。

人々は真にそう思った。思いだすが、たくさんの人の群が、ぞろぞろと往来を歩いていた。武器をもっていた人もいた。灰が降っていた。私が家の前に立っていたら、一人の男がつかつかと前にやってきたので、思わず胸がひやりとした。ところがその人は、私がちょうど夏のこととて首に巻いていた手拭に手をかけて、いった。

「そんなふうに手拭を首にまいていると、××人にしめられます」

その人はそういって注意をしてくれ、また殺気だった様子で行ってしまった。そしてわれわれは自警団になって連夜見張をしたが、町内の溝の中や木立の蔭に、ほんとうに兇悪な放火犯人がひそんでいるような気がした。害をなす者がいたるところの隅にかくれていて、こちらをねらっていた。「そら、あちらにいるぞ!」と叫んで、人々が駆けだしたこともあった。

あの前に××人のそういう種類の陰謀といったようなものが考えられていたわけではなし、あの不意の際にそんな組織的な活動ができるものでもないことは、明らかだのに、そこまでは考え及ばなかった。「井戸に毒を入れる」というような被害妄想がおこり、「この天災に乗じて害をなすものは殺してしまえ。さもなければわれわれが救われない」とて、警察の制止も及ばず、かなりの数の犠牲者がでた。

あの不幸な事件とナチスのユダヤ人殺戮とは、もとよりちがったものである。こちらは不意の天変地異によって錯乱した数日間の巷の出来事だったが、あちらは世界観を実現するための政府の政策だった。こちらはまったくの例外だったが、あちらはむしろ原則だった。われわれにとって諒解のための唯一の手がかりと思われる経験も、これをもとにしてすべての類推はできないものである。

しかもなお、そこには一つの共通点がある。それは、あのころの一般の日本人は××人に対して何の深刻な感情をももっていなかったのにもかかわらず、しかもなお非常の災厄を前にして、「これというのもあれのせいだ」と考えるにいたった。そういう因果を求める人間の性癖である。

人間はこの複雑な現実の中に生きて、つねに充たされない気持をもち、さまざまの苦しい経験をする。そして、それに対して、ついしらずしらずのうちに「これというのもあれのせいだ」と、敵役をさがす。

このようなことは、われわれが日常生活でもときどき経験することである。欲求不満があってそれが内攻しているとき、しらずしらずのうちに誰か身近の者に憎悪の気持がおこらないように抑えることは、むつかしいことである。青年が自分の欲求不満の原因をすべて父親にあるとすることはよくあることであり、青年は一切の因果説明をここにみいだす。ことにそれが部分的には真であるときには、あわれな父親は自分のいくつかの欠点のために、人生のすべての悪をひきうけさせられてしまう。くるしい登山をしていると、つい同行者が憎たらしくなる。

歴史事象は複雑であり、ただ一つの原因からおこることはまれであり、おおむねあまたの原因が絡みあい、因が果となり果が因となって、ついに現実となる。しかし、欲求不満の人々は、そのようなこみ入ったことを考えようとはしない。むしろ、できるだけ安直に手近の具体的なものをとらえて、「あれが悪いからだ！」という。このような狭い一元的な説明によって因果欲望を満足させるということは、しきりに行われることであるが、これがしばしばとんでもないあやまちを生む。

社会的に流行する理論はつねに感情的である。そういう見当のくるった意見をわれわれはずいぶん聞いたものである。世の中に沸騰した主張は、「あやまれる具体性」の連続だった。激越な議論で正しいものはなかった。後になると、みなまちがっていた。そして後になると、かつてのあやまった認識の反省ということはほとんどされず、それは忘れられ、問題は移って、べつのあたらしい流行が人人をとらえる……。社会思想の変化とは、ただこのくるった見当の方向がどう移ってゆくか、ということのような気さえする。

震災のときに関東の人々は因果解釈を求めて、そこにあやまった具体的原因を設定した。これが急速にひろがって幻影が一般化した。この共同幻影が多くの善良な人々を左右した。そしてその人々はそれから醒めると、「自分はなぜあのようなことをしたのだろう?」と怪しんだ。

第一次大戦後のドイツ人も、十五年ほどの混乱動揺をつづけて、このあいだにユダヤ人という集団に対する「あやまれる具体性」が設定された。これが強力な共同幻影となった。これをふまえて、ナチスが成立した。そのしばらくの偽りの光栄のあいだに、人々の価値判断はまったくバランスを失ったものとなった。じつに不幸なことだったが、犯罪的な人間の一団が神にちかい叡智をもったものとして仰がれ、またそれが異常なまでの成果をあげた。さらに第二次大戦が深刻化して、ついにこの共同幻影はほんとうの錯乱におちいった。いまドイツ人で「あの期間に自分はまるで夢の中で行動しているようなものだった」といっている人が、よくある。——われわれが体験した震災のときの経験を大いに拡張して追体験をしてみると、こういうことになるのではなかろうか。

第一次大戦後のくるしみの中で、ドイツ人は「これというのもあれのせいだ」とて、その責をユダヤ人に集中した。今度の戦後の日本でこれと同じ役をしているものをしいて探せば、それはもっとずっと小さな規模ではあるけれども、「天皇制」だと思われる。インテリの中のある人々は、これをもって歴史過程の一切の悪を説明する鍵としている。「あれがすべての悪の因だった。あれがなくなればすべてよくなる」としている。「自分たちは天皇制に対して心からの憎悪と恐怖を感じる」。もし数年前の左翼のテロ時代にあれが成功していたら、勢いのおもむくところ、日本でもずいぶん血腥いことになっていただろう。

■勢いということもあった――共同幻影の旋回上昇■

ドイツ人という大文化国民が、あのような異常な振舞をしたということは、やはり複雑な原因が重なって生れた、一つの個性的な歴史的事件だったというほかはないであろう。これをただ一つの原因によって、その図式的展開として説明することは、できないことである。

それを、これまでにはなはだ不完全ながら略述してみた。そのもっとも近因と思われるのは、――第一次大戦後の苦悩と混乱のさ中に、ヒットラーがその克服の約束をして登場したこと。その方法が、イデオロギーの煽動によって大衆を手に入れるという、現代社会の性格を射あてたものであったこと。かくて宣伝に支配に、現代の機械技術を駆使する絶対の権力が確立したこと。ヒットラーの能力によってかがやかしい勝利が重ねられ、ゲーリングすら「自分の思考と良心はヒットラーである」というほどになり、「今とちがった状態でありさえすればどのようなものでもいい」と考えるほど絶望していた国民が、その権威の下に希望をもって自分の判断を拋棄したこと。（あのころには「国民がフューラーを通じて考える」といった。）そしてヒットラーがいままでの人間の常識の中にはなかった幻想を実行したこと。さらに、現代の全体主義にあっては、権力者は自分の意思を国民をして自発的に欲せしめることができること……。などであろう。

そしてまたここには、情勢がうごいてゆく勢いということもあった。内の激動が外の激動を生み、またそれが内の激動をよんで、この循環によって事はしだいに人間の力をはなれて、それ自体の勢いでますます極端化していった。

イデオロギーをもって立つ国では、ことにこのことがひどいのであろう。「このイデオロギーを信ずるか、否か」ということによって、忠誠を立証し、異端を吟味する。情勢が緊迫してくるしくなるにつれて、支配の具としてのイデオロギーがますます過激になり、支配されている者のあいだに追従の競争がおこり、偏執的な人間が勝を占めるようになる。憑かれたような狂的な者が勝ち、つり合いのとれた考え方をする者は脱落する。観念の支配をゆるめれば、下からのはげしい反撃がおこるから、たとえゆるめたくともゆるめることができない。百花を斉しく咲かせようとしても、結局はその百花はことごとく赤くなくてはならぬということになってしまう。

いまわれわれの周囲でも、人々がぞろぞろと新興宗教の教祖についてゆくように、あのころのドイツ国民も救済を約束する予言者たちに吸引された。そして、国民のあいだに神話的な共同幻影への惑溺がぬきがたいものとなり、ナチスはこれを把手として全体をうごかした。この国民の気持がさらに支配者をうごかし、とめどはなかった。この共同幻影が情勢の逼迫によって非現実的な旋回上昇をはじめ、もはやそれを止める力はなくなった。ついに幻影は茸雲のごとくに天に沖した。（イデオロギーの神がかりの旋回上昇ということは、われわれも日華事変中に体験した。）

■二十世紀の専政■

アウシュヴィッツや、モスコーの裁判や、奴隷や、中国の洗脳や、数百万（あるいは、すくなくとも千五百万？）の地主富農の処刑や、労働改造などは、現代に特有の地獄絵図である。じつにおそろしいことが行われることになったものである。

これは一党独裁が行うものである。その支配は、人間生活の隅々まで浸透して、権力の行使はいかなる法によっても道徳によってもチェックされることがない。いかなる市民にもその個人的かくれ家をゆるさない。この故に、いま書かれる未来小説は、楽園のようなユートピアではなく、悪夢の世界である。

……これは昔からあった専政とはちがったものである。現代の全体主義は、むかしの奴隷国家・神政主義・革命の専政にはなかった特徴をもっている。こういう三つの要素を含んではいるが、それにあたらしい結合をあたえている。全体主義的独裁は大衆デモクラシーの時代に生れたものであり、むかしのようにその臣下を政治的に眠らせるのではなくて、あべこべにその絶えることなきキャンペーンに積極的に参加するようにと強要する。さらに全体主義的独裁は、社会秩序のあらゆる領域を支配し、いかなる独立した力の残りをも、イデオロギーの偏向の萌芽をも、おしつぶしてしまう。

トロツキーの未完のスターリン伝はつぎのような言葉で終っている。

——「朕は国家なり」は、スターリンの全体主義支配の現実にくらべれば、ほとんど自由主義の命題である。ルイ十四世は、自分をただ国家と同一化した。……スターリンは太陽王とちがって、こういうことができる。「自分は社会である」……

右はレーヴェンタールの『二十世紀の専政』という論文からの抜抄であるが、こういうものがどうして二十世紀に出現するようになったのだろうか？　こういう極端な人間疎外がどうして行われるようになったのだろうか？

私が接するところでは、これに対する答は、およそ三つのグループに分けることができると思われる。

その一は、これは代用宗教がつくりだしたものである。

その二は、これは一般意志（ヴォロンテ・ジェネラール）によって成立したものである。

その三は、これは現代の機械技術が生んだ結果である。

つぎに、このことのごく大体の輪郭を記しておく。

■三つの説明■

一、全体主義は代用宗教がつくりだしたものである。その代用宗教とは現代の科学主義的イデオロギーである。

近代になって「神は死に」、ここに人間は世界人生に対するよりどころを失って、ニヒリズムに落ちこんだ。

しかし、人間は依然としてぬきがたい宗教的要求をもっている。この世界人生を全体として解釈し、未来の救済を約束するものを求めている。

一世紀前のころには、宗教をはなれて現世化した人間はまだ幸福だった。右のことを容易にできることと考えていた。すなわち、自然科学の結果を拡張して世界観とし、機械技術による進歩が右のねがいに答えてくれるものだ、と信じた。

その科学的世界観とは、所詮はつぎのことに立脚するものだった。——あらゆる現象をそのもっとも本質と考えられる一つの「根本現象」に還元して、そこから演繹する。これをするのが真理の立証ということになっていた。科学的世界観とは「上からの演繹」だった。そしてこの「根本現象」は、ときには適者生存だったり、ときには力への意志だったり、あるいは遺伝と環境だったり、経済的階級だったり、人種・血だったり、リビドーだったりした。

ある一つの要素がすべての原因なのであるから、歴史の展開のごときも、その要素のあり方いかんにかかわっている。この原因を正しさえすれば、歴史は正しく実現するはずである。もし人種が根本要素であるなら人種を正し、もし階級が根本要素であるなら階級を正すべきである。この根本要素において正しくないものが、歴史の実現をさまたげているのである。

かがやかしい未来を！　これの実現をさまたげるものを亡ぼせ！　そういうカテゴリーに属する人間は、もはや個々の人間としてではなく、集団として、生れながらに悪の烙印をおされる。かくて、ユダヤ人や地主富農を全体的に亡ぼせば、かがやかしい未来が生れるはずである。

かくて、ある一つの原因を正せば必然的に歴史が実現するというこの信仰は、じつにおそるべき結果を生む。「高貴なゲルマン文化のために」または「はたらいている人民の幸福のために」、無数の人間が権利を剝奪され、殺され、奴隷にされる。

このようなイデオロギーの信仰にとっては、これらの人間は抽象的な反歴史的要素であり、悪魔の手先であって、人間ではない。神学的人間観が再生した。かくて、大量殺戮という宗教時代にあったことが、現代でスケール大きく行われることになった、旧約聖書の中のヘロデスの幼児殺戮を、ヒットラーがやるようになった。

しかし、ほんとうはこの世界はただ一つの要素によって動いているのではないから、それで右のような一元的解釈が強行されたときには、そこに見逃された他の無数の原因がうごきだして、はじめの所期とはまったくちがった結果が生れることになる。

こういう科学的世界観が信仰となって、ここに未来が確信されたとき、人々はもはや生きた具体的な人間へのセンスをもたなくなる。熱烈な人間愛を説く人が、次の瞬間には「あれだけの変革のためには、あのくらいの犠牲は当然だ」とはなはだ冷淡である。また、事実をありのままに見ることができなくなる。ハンガリア事件の後に、三人の左翼の老碩学が鼎談をした。「あれはおくれたハンガリア人にソ連が民主主義を教えたのだ」といったようなことだった。この記事を読みながら、体系というものはときとしてはじつにはなはだしい知的不正直を行うものだ、という感に堪えなかった。

二、全体主義は一般意志によって成立したものである。

フランス革命のときのジャコベン党は、ルソー流の抽象的な一般意志による、民衆の支配を実現しようとした。この革命的デモクラシーが、独裁の因となり、ついに全体主義を生んだ。

むかしの絶対主義の君主の専制は、権力をふるうにはふるったけれども、しかしそういう君主にはさまざまの制約するものがあった。宗教もあり、伝統もあり、王としての品位も外聞もあり、何よりも人民の反抗があった。それほどほしいままに無際限にふるまうことはできなかった。ところが、人民の一般意志をふまえた少数者の独裁には、そういう制約は何もない。人民の反抗すらない。それは国民の総意を形とし、それを名として事を行うが、それに対して市民は何の発言権をもたず、疑ったり従わなかったりする者は「人民の敵」である。こういう全体主義にあっては、公称「人民」とは少数の狂信的な権力者の委員会のことである。

これはイデオロギーを独占する。市民にいかなる私的な思想をもゆるさない。沈黙していることすらゆるさない。かえって、熱烈に同調し合唱することを強要する。それは社会的知覚・共同幻影をおのれのものとして専有し、左右する。そして、ついには市民をして心からそう考えさせることもできる。すくなくとも、心からそう考えているかのように振舞わせることができる。現代の組織や、マスコミの宣伝力や、心理操作の技術などが、それを可能にする。

「人民の国」で、そこでの公共の言論はすべて讃唱でみたされている国で、人民がほとんど政府を支持していない場合すらある。いまの東欧のある国々では、支持者は五パーセントとか一〇パーセントとかいわれる。そこでは人民が叛乱すると圧服され、多数の人民が国境をこえて脱出する。中国でも、鳴放がゆるされるとおどろくほど大きな不満が伏在していることが分ったが、やがてそれも讃唱にもどった。

そこにあるのは擬制である。ジラスのいう「新しい階級」が……云々。

三、機械技術が生んだ結果である。

現代は人類歴史上の未曽有の変革期である。産業革命までは、人間の生活機能は幾千年前からとそれほどちがいはなかった。一日に歩いてあるいは馬にのって行く距離は、同じだった。報道の速度も、生産も、人口も、戦争も……そのほか大して差はなかった。ところが、この百年ほど以来すべての単位が別になった。またたく間に地球を一周し、われわれはアフリカでおこった事件をテレビで眺め……、生産も、人口も、戦争も……みな別のものとなった。これによって何千年つづいた社会の秩序は根柢から変化しなくてはならなくなった。

機械技術の目まぐるしい進歩によって、社会はおそるべく急速に移ってゆく。たとえば武器も、ジェット、原爆、ミサイル、人工衛星……となってゆくのだから、これに追いついて社会を調節するのは容易ではない。この変化は遅れた国ほどテンポをはやくしなくてはならず、大勢の人々はそれを理解してのみこむことができない。これには複数的社会体制は無力で、計画をたてて引きずってゆく強力な中心がなくてはならない。

このように下部構造が変ってゆくのだから、その上のこれまでの伝統的生活様式や古い文化の価値は犠牲にされ破壊されてしまう。数千年のあいだ自明であったところの人間と人間の関係も別の基礎の上にきずかれざるをえず、宗教も倫理も変貌する。

さらに、一つの権力国家ができて能率をあげてゆくと、それは対立する他の国にとっての脅威である。自由な人権尊重の体制が能率が悪いことは、すでに証明ずみである。余裕のない国にとっては、もはやむかしなつかしい贅沢はゆるされない。古典的自由の時期に活躍して大蓄積をなしおえたフランスは、まだむかしの贅沢に執着しているが、それはもう、そろそろ通用しなくなりかけている。いまフランスは病気である。

■やはり本当には分らない■

これらの説明はみなそれぞれに根拠があるのであろう。ナチス・ドイツにはこれがみなあてはまる。あそこでは科学をもって任ずる代用宗教が信ぜられていたし、ヒットラーは一般意志の上に立った専政者だったし、現代では機械技術の問題がはなはだ大きな意味をもっている。むかしながらの説明があてはまるさまざまの部分的現象はあったものの、あの大現象を生んだもっとも根本的な動因は、やはりこれらの現代的契機であったろう。

「夜と霧」という映画の中で見たいくつかの場面をふたたび思いだす。あの印象はじつに強烈だった。そして、ドイツという国については、私は専攻の関係からもずっと関心をもっていた。また、ナチス時代には、日本にいても今だに忘れられないいろいろな経験をした。戦艦シャルンホルストと重巡プリンツ・オイゲンがドーヴァー海峡を通りクリエタ島が空挺部隊によって占領されたころには、ナチス礼讃が耳を聾していたが、あのころのある夜に、「ことによったら自分もやがてあれに支配されるのではないか」と思って、ひとりで床に坐ったこともあった。

それで、不可解なナチスのことをもう一度考えてみた。

しかし、あのユダヤ人大量焚殺事件については、今なお「やはり本当には分らない」という気持が残っていることを、白状せざるをえないのである。

『ツァラトストラかく語りき』（全三巻）訳者あとがき

〈上巻〉後語

読者の理解を助けるために註を附けてみたが、之は困難かつ危険な仕事であった。本文に表現されている内容をできるだけ短い文章でパラフレーズし、或は解釈のための何らかの暗示を与えようとすることは、ときには不可能また無意味な企てとも思われた。何となれば、かりに複雑深刻な思想内容を別とするも、「ツァラトストラ」の表現材料たる比喩的形象と音楽的言葉とは、まさにかかる試みを否定するものだから。

もともと比喩とは甲を表現するに乙を以てすることである。しかるに、乙は独立した形象として、丙、丁、……またときには反甲の属性をも持ちうる。故に、乙を甲の比喩として用いる場合には、乙はただ部分的存在としてかたく限定されなくてはならない。この限定を逸脱して、乙がさながら一箇の独立した存在であるかの如くに使用されると、甲と乙との間の関係に救うべからざる混乱不明瞭が生ずる。ニーチェはこの書に於てこの比喩の方法をたしかに濫用している。同じ乙を以てただ甲を現わすのみならず、丙をも丁をも現わしていることがある。しかもそれが同じ繫がりの文章の中に行われている、――そう判断せざるをえない箇所すらある。彼の精神錯乱の初期の徴候とされる異常な発想法、反語、それから自己を神秘化せんとするある衒気はこの比喩的方法を奔放に使馳して、しばしばほとんど理解に絶する部分が少くない。この「ツァラトストラかく語りき」の一巻は、ニーチェ自身が揚言したようにたしかに偉大な言語的創造であるには相違ないが、また大きな欠点も持っている。その難読の点は、読者よりも作者の表現の責任に帰せらるべきところが多い。かく言う方が率直であろう。

かくニーチェの比喩的手法は明晳的確ではなく充分芸術的に醇化されたもののみとは言い難いが、その代り多義である。暗示に富み、含蓄が多く、外延的に複雑である。中心にはある一つの観念を持ちながら、その周辺に種々の他の観念を聯想として持っている。

この故に、簡単な脚註を附して本文を常識的な単一な内容に書きかえることは、単なる浅薄化というに過ぎないこととともなる。さらに「ツァラトストラ」の魅力はその言葉の音楽にある。この点ニーチェが多大の自負をもっていたのも当然であった。言葉から直接に発する芸術的な感動力、――之は飜訳の場合に於ては、その国語をもって新らしく創作される他はなく、註釈による散文化が詩の美しさの魅力を破壊することとすら考えられる。

このために註を附することを放棄しようと考えたことも一再ではなかったが、やはり存することとした。この書の難解不明確が少くもその一部は原作者の表現手段の欠点にあると考えるからには、それを補うものがあってよい、と思ったからである。事実、何の補助的手がかりなくしてはいかなる読者も「ツァラトストラ」の或部分には取つくことができない。――もとよりこの註はいろいろな条件に制限された不完全簡単きわまるものであるし、複雑多義な表現の単に一斑の意義のみを示したものであって全貌を尽したものではないことは言うまでもない。解釈のための訳者一個の提案ともいうべく、いまだ学問的な研究ではない。

註釈書としてはナウマンを見たが、充分満足はできなかった。私見によって解したところも多い。「ツァラトストラ」を訳して、いまさら、つくづく恐しい書物だと感じた。「万人類読むべく、一人読むべからず。」という傍題も空語ではない。悪しく読まれれば、之ほど悪を惹起しうる書物もないかもしれぬ。今日のヨーロッパの混乱暗黒は果して之と関係はないであろうか？ ――アルベルト・シュヴァイツァーの書いたものの中には、屢々ニーチェの言葉のそのままの痕跡が見られる。彼はニーチェの正統の嫡子である。本書第一部の最終の章に、ツァラトストラが弟子に向って要求した如く、師を克服している。彼が「熱帯の原始林と水との間に悲惨な人間を治療する医者となったのは、ニーチェが氷の山の孤独の中に隠退したのとは、正に相反する。……シュヴァイツァーはニーチェを理論に於てのみならず、実践に於て克服した。」――しかし、今日のヨーロッパに力を得ているものは、ニーチェの私生児といいたい気がする。ニーチェは十九世紀を糾弾して、新らしい文化を要求したが、あの高貴な自由な人間がいま世界が進みつつある方向を見たら、何と言ったであろうか。

〈中巻〉 あとがき

第三部は「ツァラトストラ」の中での芸術的にもっとも優れた部分ということができよう。——第二部の終りに、ツァラトストラは永劫回帰の思想をおのれの精神の内奥に於て肯定してこれを宣布せよと命ぜられながら、そのおそろしさに逡巡した。彼は敗北者としてふたたび洞窟に還り、その孤独の中におのれの魂を養って恢癒する。そうして、ついに歓喜のうちに「後の舞の歌——三」なる永劫回帰の歌をうたうにいたる。——第三部はこういう一貫した筋の上になりたっている。

すべてはこの「後の舞の歌」をめざして漸層してゆく。——世界は白昼よりも深夜に於て深い（認識の非合理主義）、人間は苦悩より歓喜に於て偉大である（強烈なる肯定的意欲）——、この思想が全篇の随処に仄めかされて片鱗を示しながら、さまざまな変奏を経てついに最後の頂点に達する。これが全篇を貫く伏せられたライトモチーフであり、最後にいたってはっきりその全容をあらわす。

言語的にいっても、第三部はこれまでより円熟している。これまでに用いられたややもすると生硬異様な比喩や、わざとらしい鬼面人を嚇かす底の詭弁は、ほとんどなくなっている。ニーチェはこの第三部で言語使駆の完成を示している。そして、部分的には第二部の「夜の歌」その他のごとき独立した抒情詩的傑作はないが、全体が抒事詩としてのよき均衡を保っている。

上巻の註を読みかえして、意に満たないところが多い。いつか訂正の機をえたく願っている。この巻の註とても後になってみればそうであろう。この程度のものも一つの段階であり、頁の余地そのほかの制約は大きいことと、恕されたく思っている。何よりもこの註は読者の理解を助けるための手がかりであって、解釈の唯一あるいは全貌を期すものではないこと――しかも、こうした発想法による作品にはもともとそうしたものはありえないこと――、之をいま一度記しておきたい。

ニーチェの現代的意義については、ますますその感を深くする。現代を目して「ニーチェの勝利」という言葉には、ある意味に於て同じなくてはならない。現代のヨーロッパの風潮は――グレコ・ラテン文明の基礎の上に立ち・キリスト教によって醇化された・従来のヨーロッパ文化の全面否定である――ということはもはや疑うことができない。そうして、ニーチェはこの意味における価値の変革の最大の予言者であった。

われわれはニーチェをヒューマニストとして解釈したい好みをもっている。しかし、これは根本においては不可能なのではなかろうか。彼の個人的性格や詩人的風格には脈々たるヒューマニズムがみなぎってはいるが、その唱えるところは、所詮「善悪の彼岸」にあるものである。キリスト教に対する彼の憎悪はいわずもがな、そのグレコ・ラテン的なるものに対する愛着も、実は希望の幻影をそこに投じたものであった。ギリシヤ精神もそのディオニゾス的一面のみが強調されているが、これは本来反キリスト教的なゲルマン精神の自己発見にすぎない。

もしニーチェが古代ギリシヤのアカイエル族やチェザーレ・ボルジアの代りに、――イプセンのように――いにしえのヴィーキング族を理想の人間像としたら、その系譜はもっと理解しやすかったであろう。――昏い霧の中から現れて冒険的な征服に身をゆだね、勝利の後には一夜の宴に生命の陶酔に耽ったという、むかしの北海の住民――。夜と歓喜を愛して異教の神々を崇めた金髪碧眼のヴィーキング族――。この祖先の呼声をニーチェはしきりに懐かしんでいる。そして、現代は、このヴィーキングの子孫が瞠目すべき活躍をしている時代である。

〈下巻〉 あとがき

「……一つの独創的にして深刻なる思考方法がドイツに生れた。之はその意義に於て方法に於て、希臘哲学乃至カトリック哲学と隔絶し、また印度の諸体系とも異る。

ドイツ的思考の大きな性格は、それが徹底的に主観的であることであり、そのはたらく領域を自己意識の表現作用に限るということである。全世界はそこに現われるが、しかしある距離を置いてである。世界は、義務とか意欲とか思考の方法とかいう・精神のもっともパーソナルなまた主観的な要素から抽き出された原理に従うところの・意識の中に或る額縁を施されたる存在、としてのみ吟味され許容される。ドイツ哲学がもっとも深刻なのは、その内面性の方向に於てである。他の点についてはわれらがその価値をいかに考えうるにもせよ、ドイツ哲学は――ただ内省のみがそを為しうるがごとくに――異常なる誠実と熱意を以て、自我を探究する。それは超絶的方法すなわち主観の投影法を発見することによって、人類の思弁に新次元を加えた。」

このサンタヤナの言葉は、ドイツ精神をよくその根幹に於て捉えている。ドイツ的な考え方と感じ方、その意欲と体験は、近代に大きな影響をあたえふかく滲透したが、一面ははなはだ特殊なものであり、ときにはわれらにとって複雑にして怪奇なる様相をも呈するものである。その実体を明らかにすることはわれらに課せられた避けがたき課題であり、そのためには、その偉大な内容を探ると同時に、またその限界をも検討する要がある。

ニーチェはこの特異なドイツ的思考と感覚を、もっとも端的に大胆にかつ徹底的に体現した一人である。この思弁の新次元をその窮極まで押しすすめ、之に燦然たる表現をあたえた人である。彼の生命のディナミズム、戦闘的な意欲、認識の不可知論、世界を――世界に関する真理を――ただヴィジョンの中にのみ見んとすること、精神と自然とを同一化してその限界を撤して・そこに象徴的あるいは野獣的な生命を見んとする好み、人間の行為の規準を誇りある高貴な魂の自負にのみ認め・したがって外界に存在する他の生命に対しては責任を負わず・すべては「生成の無垢」の故に許されてあるとなすこと、――これらのものは、ニーチェの一見非ドイツ的な趣味にも拘らず、彼がなおドイツの神秘的浪漫主義のもっとも純粋にして露骨な選手たる所以である。

グレコ・ラテン文化とキリスト教と――これら要するに非ドイツ的なりしものを根幹とする近世ヨーロッパ文化を、根柢に於て撼がさんとしたニーチェに対決することなくしては、現代ないし将来を考えることができない。現代の運命たるゲルマン精神が生んだ予言者の掲げる新らしき立法にいかに対するか――、が今日の文化の問題である。

訳者は波瀾万丈たるこの数年のあいだ余暇をみてこの飜訳の仕事に従いながら、ニーチェについての多くの観点のうちの右の一つを特に痛切に感ぜざるをえなかった。この対決のための一つの寄与

——之がこの仕事による訳者の願いであった。

Ⅱ 聖書とガス室

聖書とガス室

一

■善の独占■

第二次ヴァチカン宗教会議の第一読会がアメリカで催され、「カトリック教会の内部に、あたらしい自由化の気運が渦巻いていることがはっきり分った」(『タイム』一九六三年四月五日)

この記事によると、チュービンゲン大学のハンス・キュングという若い神父は、ヴァチカン宗教会議の少数の公的に選ばれた神学者の一人だが、この人の講演はつねに三千とか五千とかいう多くの聴衆を呼び、熱烈な喝采をうけた。その説くところによると、カトリックの権威主義とコミュニズムの独断主義のあいだに表面的な類似があり、現在でも教会内で「宗教審問と反自由の精神が絶えてはいない」。本来カトリシズムは自由な社会であるのだが、それがしばしば十分に実現されていないから、絶えざる努力によってこれを獲得しなくてはならない。そのために、とキュング神父は論じた——。

教会は、すべての人におのおのその望むところを崇拝する権利を認めるべきであり、この原理をスペインのような国で実現せしめなくてはならぬ（スペインはカトリックが国教で他教を許さないから）。さらに、禁書の制をなくし、神学書の出版前の検閲をやめるべきである。こういうことは、アレキサンダー六世やレオ十世のような下劣なルネサンスの法王たちが始めたことである。

従来行われていた法王庁の異端決定の方法を改めるべきである。

従来の上司への服従の義務についても、さらに検討すべきである。——

これらの言葉から推すと、これはただキリスト教内での自由化を唱えただけではなく、他の宗教についても「すべての人におのおのその望むところを崇拝する権利を認めるべき」だとしたのにちがいない。

各人はおのおの自分の信念をもつことができる——このわれわれにとっては自明なことが、キリスト教徒にとってはなかなか自明のことではなく、キュング神父の唱えたことは、ずいぶん大胆なことであるらしい。これが非常な共鳴を呼んだというのは、おそらくこういう気持がすでに人々の中に十分にあるのだが、それを思いきって言う人がなかったということかと思われる。

ゴッドは万物の創造者である。故に、それを奉ずるキリスト教のみが唯一の真正の宗教であり、諸宗教の一つではない。他はことごとく贋物であり、他の宗教の超越者に対する関係の仕方はあやまりである——こういう考え方が多くのキリスト教徒の骨肉にしみこんでいるように思われる。

そういう考え方を示すものはいくらもあるが、いま手近のものから三つを拾ってみよう。

『芸術新潮』昭和三十八年二月号に、カルペンティールというカトリックの神父が感想を書いている。この人は、日本で方々の教会の壁画をえがいている芸術家の伝道者である。

……宗教芸術の根源をなすものは宗教感情である。故に、「たとえ間違いにせよ、ある人が真の神と思っているものとの関係にしても、真の神（キリスト）との関係と同じように深まるものだ。だから、仏教徒や物神崇拝者《フェティシスト》も、カトリック信者と同様に深い宗教感情をもてるし、エジプト彫刻にせよ、インカの絵画にせよ、菩薩像にせよ、カトリック寺院にあるロマネスク期のキリスト像と同じく深い宗教感情を示すことができる。しかし、大きな芸術的飛躍をひき起した宗教は、それゆえに真の宗教であるとはまだいえないだろう」

つまり、カトリック以外の宗教はみなまちがっているのだが、その芸術はやはり宗教感情の表現ではあるのだから、それで真理による芸術と似たようなものができる、というのである。

もし日本人の僧侶がカトリック国に行って、「仏教以外の宗教はみなまちがっているのだが、カトリック信者や物神崇拝者《フェティシスト》も、仏教徒と同様に深い宗教感情をもてるし……やはり真理による芸術と似たようなものができる」とやったら、それがひき起す憤激は想像にあまりがある。カルペンティール神父も隣人の愛を説くにちがいないが、その人間の愛もやはり真の宗教たるキリスト教によるものでなくてはならず、仏教の慈悲や儒教の仁は物神崇拝者と同じ段階の贋物である、というわけなのだろう。そして、私の接したところでは、ヨーロッパ人は（ことにその教養の低い人々は）、おおむねまだこういう考え方をしている。カルペンティール神父はそれをただ素直無遠慮にのべただけなのだろう。

ドーソンの歴史書は教えられるところが多いが、その近頃訳された『革命の世界史』は、ルネサンス以来の西欧とアジア・アフリカの関係を説いている。そして、現代の混乱を救うものはキリスト教以外にはないとしている。「もしもキリスト教が数ある他の世界宗教のなかの一種というだけのものならば、これもまたそれらの宗教の御多分に洩れず、失脚し消滅するであろう。しかしわれわれはそれがそういうものでないことを知っている。キリスト教が世界の精神的要求にたいする唯一の解答であること、『教会』はキリストの福音をすべての国民にもたらす普遍的使命を担っていることを知っている」

この「知っている」ということの根拠はあげてないが、歴史家が未来を知っているというはずはない。おそらくドーソンはここでは学者の立場ではなくて、いまだ証明されていない独断を奉ずる信者の立場に立っているのだろう。ここでもキリスト教は諸宗教の一つという立場を拒否している。すべての人におのおのその望むところを信じる権利を認めるという、宗教の共存ということはない。

この四月に教皇ヨハネス二十三世が回勅を発した。それは「地上の平和」と題して、ただカトリック教徒にだけではなく、「すべての善意の人々」にむかって呼びかけたもので、自然法と理性に訴えて、世界に平和を築こうとするのである。その説くところは、人権を重んじ、すべての個人は良心にしたがって神を崇める権利がある。真理を自由に探求する権利と共に、それを深く求めて身につけている義務がある。また、政府は少数者の権利を護らねばならず、一切の民族主義や植民地主義をすてて、軍備撤廃につとむべきである。さらに、現代では科学や技術が世界を一家族にし経済は相互依存になったのであるから、世界的な力をもった共通の権威が普遍的な福祉を具体的に追求すべきであり、それには国連が母胎となるべきである、云々とのべている。すべて一々普遍的な人間の良心に呼びかけた言葉で、われわれにもよく分るし、そのとおりだと思う。

ただし、この回勅の終りにつぎのような意味の断言がしてある。「さらにもう一つの必要なものがある。すなわち、人間各人の内に平和がなければ、すなわち各人がゴッドが望む秩序を内心に築くのでなければ、人類に平和はありえない」

つまり、キリスト教のゴッドの命に従うときにのみ平和は来りうるというのである。それならば、キリスト教徒でない者は、自然法と理性を欠き、平和建設には参加する資格がない……？　もし他宗教の人間も「善意の人」でありうることを認めるなら、回勅はこの点で矛盾しているのではないだろうか？

（ゴッドを神と訳したことから、たいへんな誤解や混同がおこったので、キリスト教の神をゴッドと書くことにする。ゴッドと古事記にでてくる神とは、まったく別物である。また、教皇とか回勅とかいうのはいい訳語ではなく、これは天皇を擬似絶対者としたところの政治的風潮のまちがった絶対者観をあてはめたのだろう。さらに、神父というのも奇妙な言葉で、自分は神なる父であると名のる人があるのはおかしい。牧師というのはいい言葉だと思うが。）

■悪魔の征服■

私はしらずしらずのうちにキリスト教は愛の教えであるとばかり思っていた。ラッセルは『自分は何故キリスト教徒でないか』の中で、「人もし汝の右頰をうたば、左をも向けよ」という聖句をひいて、こういう思想は「本当のところ、キリスト教徒が肯定する理論ではありません。たとえば、現在の総理大臣（ボールドウィン）はきわめて誠実なキリスト教徒ではありますが、わたしは皆さんのうち誰にも彼の頬をなぐることは、おすすめしません。彼はこの聖書のテキストを言葉のあやだという意味にとっていることがお分りになるだろうからです」と茶化している。しかし、たとえ実行はできなくても、山上の垂訓は人間を精神的に内面化し、あたらしい価値基準を示して、高貴な深刻な教えをたれた。

多くの人がそうだろうと思うが、私も聖書を読みはじめては、やめた。よく分らなかったのである。どうも縁が遠い気がした。たとえば、割礼《かつれい》ということが大問題になっていて、その有無が信仰を決定するとかしないとかで、熱くなって議論をしている。パウロはユダヤ地方に布教に行く前に、つれてゆく弟子のテモテに割礼をうけさせたとあるが、そういうことを人前でいちいち証拠だてて見せたのだろうか。これがユダヤ教の律法にしたがっていることの象徴であったのだろうが、どうもグロな話で、食欲を減じた。「世の中の建て直しがくるぞよ」という終末説、キリストが雲にのってふたたびあらわれる再臨、そのほかたくさんの奇蹟や神話は、それを言葉通りにうけとることはできないから、敬遠した。しかし、イエスがこういうその当時の通念だった信仰を共にしていたことはふしぎではなく、彼はこの枠の中で、ただ神の国を時間的に未来にくるものと期待しただけではなく、それに入りそれを得る条件として、心の内的状態を問題にした。切迫した破滅感を前にして、義《ただ》しいゴッドの意を行うことを、人間に要求した。心を改めて、柔和であれ、小児のごとくあれ、持てるものを棄てよ、と説いた。かくて、神の国は内的精神的に理解さるべきものとなった。——このように聞いていたし、またそれにちがいはないのだろうから、聖書の中の分りやすい美しい言葉を断片的におぼえて、山上の垂訓がキリスト教の真髄だと思っていた。

また、キリスト教徒でじつに立派な人に幾人か接して、心から尊敬していた。

ところが、どうもそれだけではないのではなかろうか、キリスト教には、それについてあまり言われず、自分がはっきり知らないでいる別な面があるのではなかろうか、と疑いをもつようになった。それは、南ドイツのダハウでガス室を見てからである。あそこで、身の毛もよだち、血も凍るような思いをしてからである。ああいうことは筆紙にはつくせず、想像もできない。

そして、さらにおどろくべきことは、ガス室を見、ナチの歴史を読むと、ああいうことは少数の権力者だけではとうていできることではない、ほとんど全国民が協力したとしか思われないことだった。疑いをもってみると、ふしぎなことがたくさんある。何分にも知識が乏しいのだから、はっきりした判断はできないが。

初期のキリスト教では、ゴッドが支配する国が来て、信者が光栄の中に復活するのを待った。しかし年がたって、アウグスチヌスはこれを教会に適用して、教会と異教の対立をもって神の国と悪魔の国の争闘と考えたのだそうである。

「西洋の中世では、異教徒は悪魔の手先であり、人間ではなかった。それを亡ぼすことは正しいことだった。それはヒューマニズムに反することではなく、むしろゴッドの国を実現することだった」

——私はわずかの西洋史の知識からこんなふうに考えてみたが、こういう十字軍精神については別に記したことがある。

同じ精神が西に向って、インカ帝国を侵略した。ヨーロッパ人が他人種と他文化を絶滅し、しようとしたのは、インカ征服とナチスのユダヤ人殺しである。ピサロははじめてインカ帝国に接して、つぎのようにいった。

「自分は、世界中で最も偉大な最も力強い王の家臣である。自分はこの主君がこの国の合法的な最高権を持つことを主張するために、やって来た。さらに、ここの住民を現在の不信仰の闇から救いだすために、やって来た。彼らはその魂を永劫地獄に陥れる悪魔を礼拝している。自分はかれらに真実の唯一の神、イエス・キリストの知識を与えたい。キリストを信ずるのが永久の救いであるが故に」（和辻哲郎氏『鎖国』より——これはプレスコットの『ペルー征服史』によっている）。

これはあきらかに一方的な征服の宣言である。この征服は、唯一の正しいゴッドにしたがって、異教徒の魂を救うのであるから、安らかな良心をもって行われた。

さらに接触がすすんで両者の談判となったとき、ドミニコ会修道僧のバルバルデが、聖書を片手に十字架を他の手にして、インカに近づいた。そして、スペイン人渡来の目的たる真実の信仰の宣伝をはじめる旨をのべた。その説明は、三位一体の教義、人間の創造、堕罪、イエス・キリストによる救い、使徒ペテロの法統、教皇の権威などにわたり、最後に現前の遠征の意義にふれた。曰く、教皇は世界最強の君主スペイン皇帝に、この西方世界の土人を征服し改宗せしめよとの任務を託した。フランシスコ・ピサロ将軍はこの重大な任務を実行するために来たのである。願わくば将軍を親切に迎え容れ、在来の信仰の誤りを棄てて、キリストに帰依せよ。さらにまた、皇帝カルル五世の朝貢者となることを承認せよ。皇帝は彼を臣下として援助し保護するであろう。

これを聞いて、インカは眉をひそめて答えた。「汝の皇帝は偉大な君主であるかもしれぬ。……余はよろこんで彼を兄弟とみなすであろう。……が汝のいう教皇は、おのれのものでない国土を他に与えるなどというところからみると、気違いに相違ない」

これからインカの虐殺がはじまったが、ピサロはその夜インカと晩餐を共にし、いろいろとインカを慰めていった。——白人はイエス・キリストの福音を伝えに来たのであって、キリストの楯がかれらを護るかぎり、勝つのが当然である（同上）。

つまり、キリスト教を奉ずる者は、神意にしたがって一切に対して権利があり、どこでも自分の領土になるべきであり、戦えばかならず勝つのだった。こういう者に攻めこまれた方こそ災難である。そして、征服者たちとカトリック教会は土着の高い文化を完全に絶滅してしまった。

これと同じころに、サビエルが日本で活動していた。メキシコやペルーを征服したスペイン人たちは、黄金とキリスト教宣伝が目的だったが、日本にきた宣教師たちは純粋にゴッドの福音をつたえるために、艱難辛苦をへて万里の波濤をのりこえてきたのだった。

たしかに宣教師たちはただ布教のために献身した。しかし、もっと全体としては——？

長崎はキリシタンの領地になっていて、神社仏閣は壊された。マカオやフィリッピンは、ポルトガルやスペインに占領されていた。第三者のオランダやイギリスは、しきりにスペインの野心について日本に警告した。

十五世紀の末（一四九三年）、ポルトガル・イスパニアの両国は、大西洋上に子午線を引いて世界の海洋を東西に分ち、ローマ法王の免許を得て、おのおのその一つの独占権を主張し、一切他国を排除した。

日本人荒木某というイエズス会の信者がいた。彼はローマに行ってひさしく滞在し、僧職に補せられ、カージナルのベルラミアンの知遇をえた。その後マドリッドに行き、政治家や僧侶がいかにして日本をスペイン王とローマ法王の支配に帰せしむべきかと、たがいに密議をこらしているのを嗅ぎつけ、日本に帰ると、そのことを幕府に訴えた（マードック『日本史』）。

神父ナヴァロは日本で捕えられ、大名の松倉豊後守自身から調べられた。ナヴァロの語るところによると、審問の内容は主としてスペイン人やポルトガル人のインドやアメリカにおける侵略についてだった。これは当時の日本における一般的題目だった。このような大名にむかって、宣教師が征服者の第五列でないことを承認させることは、ほとんど不可能だった（同上）。

支倉六右衛門がローマ法王に謁見して、宣教師の派遣を乞い、スペインとの通交の斡旋をたのんだが、法王ははっきりした返事をあたえず、支倉は不満だった。これについて、当時ローマ法王庁のヴェニス大使が報告書を書いている。——これは、スペイン国王が日本を領土としようとする希望があることが、すでに明らかだったので、法王はスペイン国王に遠慮して要領をえない返事をしたのである（徳富蘇峰『近世日本国民史』）。

さらに当時の日本国内の不安定もあり、徳川幕府が鎖国をしたことにも十分の理由があったのだったろう。

剣と十字架はつねに協力していた。その十字架は、つねに人間性の一切の善の独占を主張していた。ダンテの『神曲』では、ソクラテス・プラトン・アリストテレス以下のキリスト教以前の哲人たちが地獄に入れられている。また、サビエルはあたらしくキリシタンになった日本人たちに「お前たちの両親や先祖はキリスト教のゴッドを知らなかったから、永遠に地獄で焼かれる」といった。そしてその理由を説明して、「それも当然である。ゴッドの道は天然自然の法であって、人間は正しく考えればかならずそこに達すべきものである。それをしなかった思考怠慢のために、罰をうけるのである」と説き、日本人が泣くのを見て、サビエルも心をいためた。ピサロやコルテスならともかく、ダンテやサビエルがどうしてこのような無理無法なことを考えたのかと、われわれは怪しむ。

しかしこれも、ダンテやサビエルの側からいえば、十分の理由があることである。

ロマ書の一ノ一八以下につぎのようにある。

それ神の怒は、不義をもて真理《まこと》を阻む人のもろもろの不虔と不義に対《むか》ひて、天より顕る。その故は、神につきて知り得べきことは彼らに顕著《あらは》なればなり。神これを顕し給へり。それ神の見るべからざる永遠《とこしへ》の能力《ちから》と神性とは、造られたる物により世の創《はじめ》より悟りえて明かに見るべければ、彼ら言ひ遁る術なし。

かくて、キリスト以前に生きていた者も、かつてその教えを聞いたことがなかった者も、ゴッドの怒りにふれて地獄で焼かれる。

われわれは神意にしたがって異教徒を改宗させる。キリスト教に改宗させることがすなわち救済することである。救済するためには力をもってしても改宗させるべきだ。――こういう信念が他人にとって迷惑であるということは知らなかった。

近代の第一次大戦までの露骨きわまる帝国主義時代に、その異教国侵略がつねにキリスト教文明宣伝の確信ないしは粉飾をもって行われたのも、以上のような歴史的背景からおおよそ理解ができると思う。

このような布教インペリアリズムは、両次大戦後やんだ。

■ユダヤ人■

なんじらユダヤ人たちよ！

なんじらは悪魔の子であり、悪魔の欲望を遂行しようとしている。

なんじらの父ははじめから人殺しである。いかなる真実をももっていない。つねに自発的に嘘をいう。

彼は虚偽者であり、虚偽者の父である！


これはヒットラーの『わが闘争』からの引用ではない。新約聖書ヨハネ伝八に記された、イエスの説教である。日本語訳には次のようにある。

三一 ここにイエス己《おのれ》を信じたるユダヤ人に言ひたまふ。……四四 汝らは己が父悪魔より出でて、己が父の欲を行はんことを望む。彼は最初《はじめ》より人殺なり。また真《まこと》その中になき故に真に立たず、彼は虚偽《いつはり》をかたる毎に己《おのれ》より語る。それは虚偽者《いつはりもの》にして虚偽の父なればなり。

ヨハネ伝は福音書の中でもっともおそく、紀元一世紀の末頃に書かれた。このころにはユダヤ人とキリスト教徒とははげしく対立していた。ユダヤ人はキリスト教の敵として迫害者として、蛇蝎のごとくに考えられた。ヨハネ伝はその相手を永遠に棄てられた不信仰者とするために、キリスト教会成立後の思想をイエスの口を通じていわしめたものだそうである。

より古いマルコ伝以下の福音書に書いてあることによっては、イエスが救い主であるということを立証することができなかった。ユダヤ人側の攻撃——、たとえば、イエスがヨハネの弟子であったなら、弟子がどうして救い主でありえようとか、また救い主が汚辱の十字架にかけられるということはありえないとか、いうことを反駁できなかった。それで、イエスは犯罪人として死んだのではなく、ピラトもその無罪を認めてはいたが、ただユダヤ人の暴動をおそれて救いえなかった。イエスは自分の死をあきらかに予期していて、人類を救うために自由に死んだ、ということになった。かくてヨハネ伝は宗敵に対する一種の論難の戦術書として書かれたものだった。聖餐の晩にキリストの胸によりかかる特に愛された弟子の姿はフィクションであり、いかにもそのヨハネが書いたような体裁にしてあるが、じつは別人の作である（波多野精一氏『基督教の起源』）。そういわれてみると、このヨハネ伝の内容はよく了解ができるように思う。

しかしまた、戦後に『死海の書』の発見があり、その研究からヨハネ文書こそはもっとも古形を存したものであって、ヨハネ福音書の冒頭の思想はギリシア思想の影響ではなくて、むしろ東方の光と闇の宗教の系列によるものだということが、近頃はいわれているのだそうである。しかし、こういうことについては私には何も分らないし、それは今の場合は別の問題である。ただ右のような反ユダヤ思想が、ひさしくキリスト教徒の気持をかきたてていたことはたしかである。

その他の福音書でも、イエスを殺したユダヤ人の罪を強調しているが、中でもマタイ伝の描写はじつに劇的である。ピラトはその前夜の妻の夢見もあり、何とかしてイエスを救おうとするが、

ピラトは何の効なく反って乱にならんとするを見て、水をとり群集のまへに手を洗ひて言ふ。「この人の血につきて我は罪なし、汝等みづから当れ」民みな答へて言ふ「その血は、我らと我らの子孫とに帰すべし」。ここにピラト、バラバを彼らに赦し、イエスを鞭うちて、十字架につくる為に付せり。


ここでゴッドの子の血は、ユダヤ人の子々孫々にまで帰することになった。

使徒たちが四方に宣伝をはじめた際には、多くの困難があったにちがいない。そのためであろう、使徒行伝の中ではユダヤ人は陰険な陰謀をたくらんで煽動し加害するものとして、くりかえして記されている。

その例をただ一つあげる。

パウロが、キリストが必ず苦難をうけ、死人の中から蘇るべきことを述べ、「いま自分が伝えるイエスこそキリストである」と論証すると、多くの人々がそれを信じた。

ここにユダヤ人ら嫉《ねたみ》を起して市の無頼者をかたらひ、群集を集めて町を騒がし……。
（一七ノ五）

中世はもとより近世にいたるまで、ユダヤ人があれほどにも憎まれ迫害され差別されたのはこのためかと、聖書を読んで案外に簡単に分った気がした。

これが一語一句すべてゴッドや聖者の言葉であり、批判をゆるさぬ権威として、千幾百年も教育してきたのだから、それが人々の心の底に集合的無意識的な沈澱をのこしたのは、あたりまえである。敬虔に信ずる人ほどそう思っただろう。この宗教的対立からはじまった相剋が、因が果となり果が因となってついに土俗的感情としてますます根が深く定着した。

ユダヤ人は、悪魔の子であって、つねに陰謀を企て加害しようとねらっている。罪の塊である。人間の皮を着た獣であって、人間ではなかった。

中世の法王たちがユダヤ人をいかに扱ったかを別に記したことがある。十一世紀の末から事情はことに悪化し、法王は、宗教戦争の原理を布告し、それをかきたてた。非キリスト教民族を攻め、異教徒や非信者を信仰へと強要し、反抗する者を略奪し殲滅することは、すなわち罪をほろぼして祝福をもたらす行為であるとされた。それが十字軍やピサロとなった。

ゲットーのあとを見ても、グリムの童話を読んでも、こういうことの痕跡がいかにキリスト教の国国の隅々まで行きわたり、また人情の底まで浸みこんでいたかが察せられる。

キリスト教国で反ユダヤ感情のないところはないし、歴史上に悽惨な迫害の記憶のないところはない。この潜在した感情が危機にあたって爆発的に表に出ることとなった。

ナチス時代のまだ初期に次のような話を読んだことがあった。

――ベルリン大学総長が、ナチの学生団体に、ある掲示を大学の壁に貼りつけることを許さなかったために、その地位から退けられた。その掲示の一つは「ユダヤ人の血をうけた人間はドイツ語で考えることができない。だから、ユダヤ人がドイツ語を書くときには嘘をついているのである。故に、今後ユダヤ人の教授や学生が著書あるいは研究の一片を発表するときにはかならず、見出しのページに『自分はユダヤ人である。これはヘブライ語からドイツ語に訳したものである』と書かねばならぬ」というものだった。

このようなわれわれには見当がつかない怪訝にたえない不可解なことが無数におこったが、それにもやはりよって来る歴史的な因があったのである。

ヒットラーの演説や遺言、またヒムラーその他無数の反ユダヤ主義は、かれらにとっては自明のことだった。聞いていた聴衆も、子供のころから教えられたことまた中世近世の祖先の感情の復帰から、これがあたりまえとして疑わず、熱狂して喝采したのだったろう。

ナチスにとって、ユダヤ人は戦争の敵ではなかった。このことはあの事件について判断する際に銘記さるべきである。フランス・イタリア・ハンガリア・ウクライナ……その他の国に住んでいるユダヤ人は、ドイツに対して何の害をもしたことはなかった。数代前から平穏な市民生活をしていた人々を、ただそういう類概念に属するからとて駆りだして、裸にしてガス室につめこんだのである。それをしても、戦力増強に何の役にも立たず、むしろマイナスだった。それは政治的カテゴリーによる分類ではなかった。そのいちばん元をたずねれば、それは宗教に起因する土俗的感情からだったという他はない、と思う。

ガス室はまだ平和のときに精神病者や老廃人を殺すべくつくられた。それが戦時の異常心理に煽られてああいうことになったが、本質的には戦争とは関係のないことである。ユダヤ人には人間としての存在価値を認めないということは、聖書からはじまっていた。ヒットラーはキリスト教の愛の教えには背いたが、その呪詛には忠実だった。

『タイム』(一九六三年三月二十九日)に、アメリカのオルソンというプロテスタントの牧師が、キリスト教の偏見をなくしたいとて『信仰と偏見』という本を書き、これがいい影響を生んだことが報じてある。プロテスタントとカトリックのあいだにある敵意や誤解、ことにユダヤ人に対する偏見をなくさねばならぬとて、これまでの宗教教育の本は「歴史上のある時期に少数のパリサイ人がイエスに対して示した態度を、一般化してすべてのパリサイ人の責とし、さらにそれを一般化してイエス在世時のすべてのユダヤ人の責とし、さらにそれを一般化してすべての時代すべての国のユダヤ人の責にしている」

聖書を神聖視して、その言葉を信ぜよというかぎり、その中の「ユダヤ人たちよ、なんじらは悪魔の子である」といったようなイエスの言葉は、聖書から削除さるべきだと思う。悪魔の子は絶滅さるべきであるが、イエスはあきらかにガス室のようなものを許しはしなかっただろう。こういうことはどうなっているのであろうか?

■代理者■

最近西ベルリンでホホフート作の戯曲「代理者」が上演されてセンセーションをおこした。一九四二年夏になっては、ナチスが何をしているかは分っていた。もし法王が一身や教会の安危をいとわずに、ヒットラーを破門し、世界にむかって事実を発表して糾弾の宣言をしていたら、多数の人命が救われたにちがいない。それだのに、法王はナチス・ドイツとのコンコルダートを結んだまま、はっきりした抗議をせずに終った。イエスの教えに従うよりも、政治家としての顧慮に従っていた。——これが作者のいわんとしていることのあらましである。

キリスト教というと、われわれはただイエスの教えを思いうかべるが、実際にはそれに教会の歴史的伝統や社会的地位や影響力などが加わって、教会は一種の政治機構であるという面も大きい。それはヴァチカン宮殿の写真を見ただけでもうなずけよう。

これについては甲論乙駁のありさまで、議論が沸騰した。ずいぶんふしぎな議論も読んだ。こんな弁護論もあった。——ペテロは三度イエスを否定したし、イエスが捕えられたときには弟子たちはみなイエスを見捨て逃げ去った。いまたとえピウス十二世に不作為の責があろうとも、それに対して何人がまず石を投げうるものぞ？

しかし私には、キリスト教がそんな腰抜けな教えだとは思われない。

「百匹の羊を有《も》てる人あらんに、若しその一匹まよはば、九十九匹を山に遺しおき、往きて迷へるものを尋ねぬか。……かくのごとく此の小さき者の一人の亡ぶるは、天にいます汝らの父の御意《みこころ》にあらず」とも書いてある。

また、あの不可解な大量焚殺事件は、政治学や社会学の問題であるより前に、まず神学の問題ではなかったろうか、ということを私は書いた。それに対して、日本のカトリック新聞に反駁が出た。

古い時代の北ヨーロッパの住民はきびしい自然の中で、近隣の部族との争闘に殺伐な日々を送っていた。ニーベルンゲンの伝説を見ても、親族間にも陰謀と殺戮が繰り返されていたことが想像できる。この相互に信頼のできない惨めな救いのない世界へキリスト教が入ってきて、その教化で、……その後のヨーロッパを文化国家へと進展させたことになる。元来闘争本能は人間生来のもので、特にきびしい環境のヨーロッパでは侵略、征服が繰り返されていて、キリスト教の抑制が外されると残虐行為にも及ぶことがあり易いのではないか、というのが私の見解である。

このようなこともたしかに大きな因子だったろう。ナチス時代におこった諸事件を読むと、その中にしばしばニーベルンゲン的なものが露骨に再現しているのにおどろくのである（たとえば、血で血をあらう復讐最後の日々の神々の黄昏。破滅のロマンティシズム）。また、むかしのゲルマン人の宗教はキリスト教に征服され、その怨恨がずっと社会の底流に残っているから、それで純ゲルマン運動はかならず反キリスト教的色彩を帯びるのだ、ということも読んだことがあった。こういうことも何程かは事実なのだろう。

しかし、今のドイツ人は、もはや部族闘争を事とした古代ゲルマンの野蛮人ではない。高い教育と豊かな人間性を具えた国民である。キリスト教の手綱がゆるむとかならず無意味な人殺しをする悪鬼羅刹ではない。しかも、秩序整然たるナチス時代に公然たる憎しみがユダヤ人にむけられ、人々は集団陶酔の中でそれを怪しまなかった。この加害の焦点がユダヤ人という類概念にあてられたということは、前記のような千数百年に及ぶキリスト教の前提がなくて考えられることだろうか?

キリスト教徒はしきりにナチスを自分に背いたものにしたがる。その一面もたしかだが、しかしユダヤ人憎悪はキリスト教の遺産であることは疑いない。そして、キリスト教は異端を亡ぼすために剣を投ずる征服の宗教でもあったのであり、ヨーロッパ人が外の世界を侵略することをやめたのは、最近のことでしかないのである。

戦争の敵でもない者が、ただユダヤ人という類概念に属する故に六百万人殺された。支配地域における絶滅作業の途中に戦争がやんだから、これだけですんだ。さらにジプシーやハンガリア人、ポーランド人、それからロシア兵の捕虜などを加えれば、全部で八百万とか九百万とかいう数になるであろう。自分のみがつねに正しいという気質が、人類学の範囲にまで拡張された。もしナチスがその野望を遂げていたら、すなわち世界を征服していたら、われわれ日本人もおそらく奴隷にして働かされ、三月後に体力がつきると丸裸にしてガス室に押しこめられ、血を排泄したまま立って死んで、金歯は抜かれ屍体からはシャボンや肥料がつくられていただろう。そして、法王はやはり黙っていただろう。

キリスト教徒ももちろん中世のままではなかったから、ナチスの暴挙に対して反抗した義人もたくさんいた。収容所には神父や牧師が多く、その或る人々は死んでイエスの愛の教えに殉じた。

ホホフートの告発は、ただユダヤ人焚殺問題というよりも、むしろ主題は、法王が無辜の数百万人が殺されつつあるのを知りながら、それに対してなすべき責務を果さなかったといっているのである。

ピウス十二世は何が行われつつあるかを、正確に報告されていた。しかも抽象的な言葉で回勅をだし、あたりさわりのない範囲で抗言しただけで、みずから行動はしなかった。たとえ法王が行動したところで、ヒットラーは全人口の約半数に近いカトリック教徒を敵に廻すことはできなかったし、いわんや法王を殉教者にすることは好まなかった。しかも、一九四四年にはヴァチカンはすでに連合国軍の保護の下にあって、もはや危険はなかった。この年にアウシュヴィッツでは日に一万人ずつ焚殺されていた。何よりも無思慮に追従していた人々の良心を呼びさまし、正しい道を示すべきだった。ヒットラーは形の上ではカトリック教徒だったが、それに対して法王の大きな責道具たる破門をもしなかった。――法王の不作為に対しては、このようなさまざまな非難が発せられているけれども、私は法王にはこのような理由以上の責任があったと思う。

もし普通の人間ならば、まったくの犬死をして殉教しなくてはならぬ義務はないと思うが、法王の場合には神聖不可謬の権威を要求して、みずから人類の良心をもって任じているのである。もし法王が殉教すれば、政治的にも道徳的にも影響は大きなものだった。ピウス十二世は写真で見ると、瘠せて鉄縁らしい眼鏡をかけて、苦行者のような哲人らしい風貌をしている。むざむざと命を惜しみそうには見えないが、どうして進退をあやまったのだろう。法王とて公人である以上、公人としての進退に批判をまぬがれることはできない。

法王はその権威によって具体的事実を全世界に訴え（たとえ日本のほかには世界中がすでに事実を知っていたとしても、法王が言えば道徳的な重みがちがったはずである）、もしそれでも効果がなかったら、劇中の若いリカルド神父のように、みずからも胸に黄色いユダヤ人の印をつけて、アウシュヴィッツに行って死ぬべきだった。

船が沈むときには、艦長は他の兵員を退去させても、自分はとどまって船と運命を共にする。これは日本だけではなく、ドイツでもイギリスでも同じであり、他の国々でもそうだろうと思う。ペテロは「クオヴァディス、ドミネ?」と尋ねたあと、迫害のローマにひき返した。ミンゼンティはたとえ釈放されても、信者を見棄てぬためにハンガリアにふみ留まるだろう、と報ぜられている。法王がそれをしなかったのは、ふしぎなことである。そして、キリスト教ではただ一人のアダムの罪によって全人類が苦しみ、それをただ一人の受肉したイエスが十字架につけられて贖ったというのだそうである(ロマ書、五)が、それほどまでにも連帯責任を重んずるキリスト教の説教者たちが、あの事件をそのままにしておいて、他教徒にむかってヒューマニティについて何を教えようというのだろう? 諸宗教の一つであるのには甘んぜず、自分こそ唯一の宗教であるといいながら、どうしてその教主はキリストにならって罪の贖いをしなかったのだろう?

おのが生命《いのち》を救はんと思ふ者は、これを失ひ、我が為また福音の為に己が生命をうしなふ者は、之を救はん。

説教をすることはやさしく、行うことはむつかしい。

二

■責任の所在は？■

ピウス十二世の責任如何という論議の中で、法王を弁護する人々は、しばしば「法王には責任はなかった。悪かったのはドイツ人である」といっている。ドイツ人自身でこのようにいう人がいるのであり、「責任を法王におしつけたりすれば、われわれはますます世界の嫌われ者になるだろう」という論文もあった。しかし、戯曲「代理者」は、法王が直接の下手人だったといっているのではなく、教会をまじめに考え、その要求するところによってその現実をはかるなら、法王は責務を果さなかったというのであるから、右のような議論は見当ちがいだと思う。下手人の問題はまた別である。

まことに、法王が要求する権威は大きなものである。ゴッドの代理者であり、神聖であり、不可謬であり、その戴冠式の際には“Know that you are the Father of Princes and Kings, Rector of the world, and Vicar on earth of our Lord Jesus Christ.”と呼ばれるのだそうである。われわれも世界の一部分だが、法王を自分の上にいただくことについて、同意を求められたことはなく同意をあたえたこともない。しかし、むこうではわれわれの指導者であるということに決めている。そしてまた、法王は「神人イエスの建設し給える教会なりとの明らかな証拠を有するカトリック教会の不可謬の教権」(岩下神父による)を主宰しているのである。

この法王ですらナチスの犯罪に対して積極的な動きをしなかったのに、一般のドイツ人に何ができたろう? 法王にできなかったことを、ドイツ人全部に要求するわけにはいかない。

法王庁の側でもそうだったそうだが、心あるドイツ人もナチス時代の初めにはまさかあのようなことが後におころうとは思わず、やがては昔からの常識の線にかえると期待していた。百戦練磨の政治家であり歴史家であるチャーチルすら、ある時期にはヒットラーを褒めた。まして、厳重な支配をうけていた街のドイツ人に何を期待することができよう? 未来は分らなかったのである。分ってからは反抗できなかった。

「ドイツ人であるが故に罪がある」という全体的問罪は、あきらかに誤りである。個人はその果した役割に応じて罪のいかんを問わるべく、「ドイツ人が悪かったのだ」というのは、ナチスが「ユダヤ人だからみな悪い」と考えたのと、同じ誤謬をおかすことになる。ただし、キリスト教では、むかしのユダヤ人がゴッドの子を殺した報いでその子々孫々まで苦しむのだし、ことにただ一人のアダムの罪によって全人類が苦しむことになったのだから、この論理をもってすれば、ドイツ人全体に問罪が発せられるのかもしれないが、これはわれわれの理性の判断には反する(やがて——一九六二年の冬には、公会議で、反ユダヤ思想はキリスト教的でなく、イエスを殺したのは全人類の罪であるという結論が出るらしい、という報道を読んだ。どうしてそれほどまでに他人のせいにしなくては気がすまないのだろう)。

人間には不可解な連帯責任があって、われわれとて父や兄弟や子がした悪を、たとえそれがわれわれにまったく係わりなく行われたことであっても、知らぬ顔をするわけにはいかない。これはわれわれの生存の根本にある、非合理だが正当な制約である。同国人のしたことについては、われわれは責任がある。しかし、もしこれを徹底させれば、全人類に責任があったということになり、結局はどこにも罪を認めることはできなくなる。ガス室の犯罪というような具体的な事件の場合に、すべての人に責を問うことはできない。

ドイツ人一般に罪をきせることはまちがっている。ただその中で、事を承知しつつ、また反抗できる能力をもちながら、しかも何もしなかった者には責があった。ドイツ人でなくても、同じ条件の人には不作為の罪があった。これを具体的にいうと、結局はドイツ軍隊とローマ法王である。

ドイツ軍の場合は、事情は複雑である。

ヒットラーは、さまざまの波瀾はあったが、結局は国民の総意を手に入れて、元首となった。国民の大部分は熱狂的に支持していた。外国もナチ政府を国際法的に認めていた。軍隊がこの元首に盲従して自分の政治的意思をもたなかったのは、あたりまえなことだった。ただ乱暴な侵略をはじめ、ユダヤ人絶滅をはじめ……てからは、反抗した一部の参謀将校があきらかに正しかった。ニュルンベルク裁判の実写を見ると、カイテル元帥が「自分はあやまっていた。兵士としての義務以上のものがあることを考えなかった」と叫んでいる。日本では軍が政治に関与した故に責められたが、ドイツでは関与しなかった故に責められた。

法王の場合は事情はもっと簡単だと思う。彼が人々に教えている愛の福音を、自分でも行うべきだった。「一六　主は我らの為に生命《いのち》を捨てたまへり。之によりて愛といふことを知りたり。我等もまた兄弟のために生命を捨つべきなり。……一八　我子よ、われら言《ことば》と舌とをもて相愛することなく、行為《おこなひ》と真実《まこと》とを以てすべし」(ヨハネ第一書)

リヒテンベルク司教は投獄されて苦しんだ後、ユダヤ人町リッツマンシュタットに行こうとしたがダハウに送られて死んだ。コルベ神父は反抗してアウシュヴィッツに入れられた。時期がきて釈放されるときに、他の一人の妻子のある囚人が餓死刑に処せられることになった。コルベ神父はその身代りになって死に、その人を救った。この二人はキリスト教精神を体現した人として、高く尊敬されている。それなら、もっと責任の重い法王が無為でいたのはおかしい。

法王は無為ではなかった。イタリアのユダヤ人を救って、ヴァチカンの周囲の僧院にかくまった。ピウス十二世はユダヤ人からしかじかの感謝をうけた。――こういう弁護がしきりにされるけれども、これが何になるのだろう。これはあたりまえの事である。枢軸国の日本ですら、五相会議で「彼国の如く極端なる人種的差別を行うことなく」と決定して、日本海軍は上海に亡命してきた多数のユダヤ人を保護した。

ドイツの新聞によると、ホホフートの作品に関して、シュレーダー外相は議員二十人の質問に対して答えた。「連邦政府は、ナチス壊滅後にピウス十二世がドイツと他国との和解につとめてくれた最初の一人である事実に対して、変らぬ感謝をもつ」とて、西独政府は遺憾の意を表した。しかし、これは問題を政治領域に転化したのであって、政治家の答弁としてはこれでいいだろうが、本題の答にはなるまい。弁護論には、このような顧みて他を言うこと(vorbeireden)が多い。さらに、あるボンの弁護士はヴァチカン使節の大司教バフィレの依頼によって、亡き法王の名誉毀損に対する刑事訴訟が成立するか否かを研究中である。このような訴訟は、当事者の親戚、すなわち今の場合ではピウス十二世の妹から、ドイツの刑事裁判所にむかっておこされねばならない(『ヴェルト』一九六三年五月六日)。

右のようなことから察すると、ドイツでは教会の有形無形の圧力は、しばしば聞かされたとおり、ずいぶん強いものらしい。そして私には、故法王がイエスの命令に従っていたかどうかということは、裁判によって決定されるべき問題ではなく、むしろ人間の良心の判断にゆだねらるべきことのように思われる。もしホホフートが有罪を宣せられて法律的制裁をうけても、教会はそれによってうるところがあるのだろうか。法王の名誉が裁判所によって守られなくてはならないのだろうか?

法王が回勅を出しただけで有効な行為に出なかったのは、より悪い事態がおこるのをふせぐためだったといっても、一九四二年にはナチス・ドイツ支配下にいる全ユダヤ人に死刑が宣告されていた。これより悪い事態はなかった。法王庁にそれが分らなかったはずはない。もし法王が何らかの処置をとっていたら、たとえば全世界の神父たちに檄を発してはっきりした態度をとることを命令していたら、カトリック教徒で被害をうけた人もでたろう。しかし、全ユダヤ人が殺されるというときに、「かくのごとく此の小さき者の一人の亡ぶるは、天にいます汝らの父の御意《みこころ》にあらず」と説く法王が、数百万の羊を見殺しにしたのは、聖書の趣旨に反するだろう。

■神の言葉に罪ありき■

しかし、何よりも大きな災だったのは、ドイツ人のある者をして(その数は意外に多かったし、近頃の新聞にはそれを追求する裁判がつねに報ぜられているが)あのような事をさせるにいたったイデオロギーであり、またこの妄想を生む素地を作ったものだった。

イエスが刑場に引かれる際に、多くのユダヤ人の群と歎き悲しむ女たちがついて行った。そのときに、イエス振反《ふりかへ》りて女たちに言ひ給ふ「エルサレムの娘よ、わが為に泣くな、ただ己がため、己が子のために泣け。みよ『石婦《うまずめ》、児産まぬ腹、哺《の》ませぬ乳は幸福《さいはひ》なり』と言ふ日きたらん」

（ルカ伝、二三の二七以下）

また、

ああ、エルサレム、エルサレム。予言者たちを殺し、遣《つかは》されたる人々を石にて撃つ者よ。牝鶏の己が雛を翼のうちに集むるごとく、我なんぢの子どもを集めんとせしこと幾度ぞや。されど汝らは好まざりき。視よ、汝らの家は棄てられて汝らに遺《のこ》らん。我なんぢらに告ぐ、「讃むべきかな、主の名によりて来る者」と、汝らの言ふ時の至るまでは我を見ざるべし。（ルカ伝、一三の三四）

聖書の中には、このようにユダヤ民族を呪うイエスの言葉がたくさんある。ユダヤ人を「悪魔の子、人殺し、虚言者」と呼んだことは前にも記した。これらが権威もて語る言葉として、千数百年間も人の心に吹きこまれていた。その結果として、どこのキリスト教国にも反ユダヤ感情が生れるようになったのは、ふしぎではない。中世ではおそるべき扱いをうけ、現在にいたっては劣等人間（ウンターメンシュ）として絶滅されようとした。

多くの不祥事に対してこのような神聖な言葉に罪があったことは、疑えなく思われる。近代になって、こういう宗教の側からは表立ってはふれられなくなったが、一般民衆の中にはその残滓が根ぶかく潜在していた。

こういうことを何とかしようと考えるようになったのは、ごく最近になってであるらしい。次のような驚くべき報道をも読んだ。

——一九五九年の九月に、歴史的な決定が行われた。すなわち、キリスト磔刑の聖金曜日の典礼から「邪悪なるユダヤ人」の章句が除かれ、さらにその後まもなくユダヤ人を敵視する他の文句が削られた。

つまり、最近までは、教会の儀式の中でこういうことが朗唱されていたのである。

また、次のような報道もある。——一九六一年にニューヨークの聖パトリック伽藍で、エステルライヒャー大司教が説教をしたが、その言葉によってもユダヤ人に対する態度の変りつつある兆しを見ることができる。大司教はのべた、「聖書の中には自分の民族を攻撃するイエスの言葉がたくさんあるが、われわれはもはやそれを侮蔑の言葉としてではなく、むしろ憂慮の言葉として読む。はげしい呪詛としてではなく、むしろあたたかい刺戟として読む。イスラエルの子たちは昔も今も福音に背いてはいても、なお主が愛でたまうことを、いまわれわれはいまだなかったほど十分に認める」(『ツァイト』一九六三年五月三十一日)

この説教は窮余のこじつけである。あのような言葉を、あたたかい刺戟と解することはできない。聖書の言葉の意味を読みかえるゴマカシがしきりに行われた。もしこういう理屈がつくなら、ヒットラーの『わが闘争』もユダヤ人に対する好意ある鼓舞だったろう。

福音書全体に、ユダヤ人に対する嶮しい敵意が底流をなしている。前述のヨハネ伝の作者と同じような、教団成立後の反ユダヤ思想を反映している。たとえば、マタイ伝のイエスに有罪の宣告が下される場面で、ユダヤ人の群集が「その血は、我らと我らの子孫とに帰すべし」と叫んだというのは、おかしい。こういう場合に、自分の子孫にまで責任があるということをいうはずはあるまい。これもまたマタイ伝の作者が、そのころの時代思潮にしたがって相手を呪詛する底意で書いた、と考える方が自然だろう。マタイという聖者はじつに邪悪な創作をしたものである。使徒行伝五の二七には、ユダヤ人の方からペテロ及び他の使徒たちに、「汝らはかの人の血をわれらに負わせんとす」と抗議している。そして、これが後世に大きな災を生むことになった。

聖書にもあのように記されてあり、教会の儀式でも「邪悪なるユダヤ人」と唱えられたのなら、ユダヤ人の方で反感をもつのもあたりまえである。

半年ほど前に、こんな事件が報ぜられていた。——一人のポーランドのユダヤ人が、ナチスの占領当時に、カトリックの尼院に逃げこんで助けを求めた。もとよりポーランド人は反独だったから、尼院はこの人をかくまった。かく潜伏しているうちに、このユダヤ人は勉強をしてカトリックの神父となった。戦後になってイスラエルが独立したので、この人はその国籍をえようと願った。しかしそれは許されず、裁判となり、ついに「カトリック教徒はイスラエル国民になる資格なし」と最後的に判決された。

しかし、近年はキリスト教徒とユダヤ教徒の融和がはかられ、それが着々とすすんでいるそうである。ことに故ヨハネス二十三世はこのために大いに努力をはらった。

一九六一年十月に、ヨハネス法王はアメリカのユダヤ人の指導者たち百三十人に接見して、こういった。「私はジョセフ、あなた方の兄弟です」。ヨハネス法王という人は、真に温か味のあふれた人だったらしい。

いま催されている（法王の死によって中断されたが、再開された）宗教会議では、委員会が設けられ、イスラエルと世界シオニズムとの接触につとめることになるということである。この委員会は法王の意によって設けられ、ドイツの枢機卿ベゥを議長とする「キリスト教統一書記局」と協力するはずである。

これらのことがどうなるかは、まだ先を見なくては分らない。ただ確実なことは、かつて同じ言葉を語り同じ真理を告げていた旧約と新約の両聖書が、ついに歩みよって、最後的和解を用心ぶかくではあるが希望させるほどになった。最近十五年間の接近はじつに大きく、過去十五世紀に及ぶ神学的戦争と流血を忘れさせるに十分である。いまは最後的和解が望み見られうるようになった。

（前出の『ツァイト』より）

これはじつに結構なことである。ただ、接近すればするほど、あの災を生んできた神聖な言葉はどうなるのだろう？　これをエステルライヒャー大司教のように理屈で胡魔化してもうまくゆくはずはない。反ユダヤ思想を盛った本はたくさんあるが、聖書はそのうちのもっとも影響が大きい基本的なものだった。キリスト教について記した研究書には、私がそのいくつかを覗いたかぎり、このことにはふれてない。

■愛と呪い■

イエスはよくわれわれに善良な親切な人間として描かれ、この世での主な使命は餓えた者に食を与え、病める者を癒して廻ることだとされた。だが、これは当らぬこと甚だしい。イエスは、何よりもまず来るべき恐ろしい怒りの警告を与える、新しい神の国の布告者だったのである。……福音書をよく読むと、イエスが言ったり行ったりしたことで、この諸天(光と闇、ゴッドと悪魔)の戦や神の国の到来に直接関係しないことはまずないということが判ろう。(アレグロ『死海の書』)

私が聖書を読んでよく分らなかったのは、結局は右の点にあったようだ。恐ろしい怒るゴッド……。光と闇の戦……。世界の破滅と新しく来る神の国……。われわれはしらずしらずのうちに、救い主とは生きとし生けるものを慈悲の中にとりあげるものと思っていて、ゴッドの憤怒とか呪詛とかいうことはたとえ読んでも考えないでいた。至上の愛の主が憎むとか亡ぼすとかいうことは、われわれの念裏では結びつかない。そして、キリスト教徒にとっても、しだいにキリスト教のシンボルをもった人道的な教養宗教というふうになったので、ゴッドの意にかなう柔和な敬虔な市民的な心情という面のみが説かれるようになったのだろう。すくなくとも日本人はキリスト教をおおむねこちらの方から解している。

たしかに、聖書の中には愛が説いてある。熱烈に、かがやかしい言葉で、絶妙な表現で説いてある。

われわれはこちらの方だけを聞かされ、それに気をとられていた。
しかし、この愛の説教の背後には、つねに明日とも知れぬ緊迫した破滅感があり、さらにもの凄い怒り、呪い、妬み、威嚇、復讐の言葉にみちていて、しかもそれがゴッドの属性なのである！ 愛はこの枠の内で説かれる。人間は悔い改めてこのゴッドに従順に帰依し、小児のごとく小羊のごとくあらねばならぬ。父なるゴッドがなんじらに慈悲ぶかいように、なんじらも慈悲ぶかくあれ。「主よ、主よ」と言う者が、みな天国に入るのではない。ただ、天にいるわが父の御旨を行う者だけが入ることができる。
なんじらを迫害する者を祝福せよ。呪うなかれ。悪をもって悪に報いず、すべての者と平和に過せ。裁いてはならぬ。たとえ敵であっても愛さなくてはならない。ゴッドに従わない者は、かならずゴッドが裁く。なんじの敵に対して恩恵をほどこすことは、その敵がやがてうけるゴッドの苛責をよりきびしくする手伝いをしているのである。なんじの敵への愛は、すなわち復讐の一手段である。

自ら復讐すな、ただ神の怒に任しまつれ。録して「主いひ給ふ、復讐するは我にあり、我これを報いん」とあり。「もし汝の仇飢ゑなば之に食はせ、渇かば之に飲ませよ、なんぢ斯《かく》するは熱き火を彼の頭に積むなり」

（ロマ書、一二の一九）

これが、善をもって悪に勝つ方法なのである。
ゴッドに従う人間は怒ったり、呪ったり、妬んだり、威嚇したり、復讐したりしてはならない。しかしゴッド自身は怒り、呪い、妬み、威嚇し、復讐する。ゴッドを知らない者、奉じない者は、みなその怒りにふれる。

信じてバプテスマを受くる者は救はるべし。然れど信ぜぬ者は罪せらるべし。

（マルコ伝、一五の一六）

そして、「味方たらざる者は敵」なのである。つまり、他教徒は敵なのである。イエスは剣を投ぜんとして来た。異邦人は偶像崇拝者であって、ゴッドはかれらを見棄てて、その破滅の道をたどらせる。かれらは最後の審判の日に、ゲヘナの火に投ぜられ永遠に苦しむ。

審判の日がきて、ゴッドが憎む人間を罰するさまはもの凄い。ヨハネ黙示録には、それがいくつもの段階にわたってながながと書いてある。

天使があらかじめ神の僕《しもべ》らの額に印をおす。一つの星が落ちて、底知れぬ穴があくと、そこから、煙が巻き立ち、太陽も暗くなる。その煙の中から無数の蝗《いなご》がでてくるが、それはさそりのような力をもっている。蝗は、額に神の印がない人々には害を加えてもよいとゆるされ、人々はさそりに刺されたような苦痛をおぼえ、死にたいと願っても死は逃げてゆく……。

こういう調子で神秘的なゴッドの復讐がこれでもかこれでもかと語られ、やがて二十四人の長老がゴッドを拝していう。

今いまし、昔います主たる全能の神よ、
なんぢの大いなる能力《ちから》を執りて王と成り給ひし
ことを感謝す。諸国の民怒をいだけり。
なんぢの怒も亦いたれり、死にいたる者を裁き、
なんぢの僕《しもべ》なる予言者および聖徒、また小なるも
大なるも汝の名を畏るる者に報償《むくい》をあたへ、
地を亡す者を亡したまふ時いたれり。

かくて、ついに聖なる都、新しいエルサレムが、夫のために着飾った花嫁のように用意をととのえて、天から降る。ゴッドがいう「われはアルパなり、オメガなり、始なり、終なり。渇く者には価なくして生命《いのち》の水の泉より飲むことを許さん。勝を得る者は此等のものを嗣がん。我はその神となり、彼はわが子とならん」——

このようなことをいくつも引用したのは、聖書を読んで、その核心となっているものがわれわれの心情にとっていかにも異質のものであるのを、痛感するからである。われわれには創造者と被創造者という二元的な観念はない（古事記にはちょっと天地創造もでてくるが、それは無邪気なお伽噺にすぎない）。ある絶対者がある時にその意思によって一切を創造し審判するというようなことは、考えにくい。

われわれにとっては、絶対なる者はこのような具体的な形をとらないのである。もし具体的な形をとれば、それはかならず限定された相対的な性質をもって、絶対者ではなくなる。われわれ人間は、

絶対なるものを輪郭をもって思いうかべたり造形することはできない。対象として把握することはできない。ただ絶対感が、暗示や集中その他によって胸中に喚起されるだけである。

何事のおわしますかは知らねども
かたじけなさに涙こぼるる

こういうものでなくて、むこうから力をもって圧伏し迫ってくる絶対者とは、むしろ魔神のようなものではないか、カルペンティール神父の信念をあべこべにしたものではないか、という気がする。つまり、物神崇拝に近いのではないか、と感じる。

ユダヤ教は民族的政治的な宗教であり、ユダヤ民族の国土回復と光栄を約束した（今でもイスラエルに、少数の頑固な正統派がいて、ネトレイ・カルタと呼ばれ、依然としてカフタンを着て特別な地区に住み、メシア出現以前にイスラエル国を建設することは異端であると主張し、いまのイスラエル国を否定して兵役も拒みヘブライ語も語らず、ただ旧約による法のみを要求しているそうである）。

「神の国」の到来とは、ユダヤ民族が地上を支配することだった。しかるに、キリスト教はこの偏狭なユダヤ至上主義から出て、救いを全人類的にひろめた――このようにいわれている。しかし、これははたして当っているのだろうか？　神学によってはどういう説明がされているのか知らないけれども、聖書を読んだところでは、福祉を受けうるのは全人類ではありえても、ただその全人類の中でゴッドを奉ずる者にかぎられている。

……モーゼ云へらく「主なる神は汝らの兄弟の中より我がごとき予言者を起し給はん。その語る所のことは汝等ことごとく聴くべし。凡てこの予言者に聴かぬ者は民の中より滅し尽さるべし」

(使徒行伝、三の二二以下)


つまり、キリストは世界終末の時まで天にいて、「万物の革《あらた》まる」日にあらわれる。その教えを奉ぜよ、奉じない者はことごとく亡ぼされる、というのである。キリスト教の信仰をもたない者は、もの凄い呪いをうける。阿弥陀は「生きとし生けるもののうち、ただ一つでも救われないでいるものがあるあいだは、自分はみずから仏としての資格を認めまい」と誓願をたて、信者はこれを救済の手がかりとしたが、ゴッドの愛はこのような慈悲とはまるでちがったものである。

『中央公論』昭和三十八年五月号に、会田雄次氏が西欧ヒューマニズムの性質について書いていられる。会田氏はビルマで戦って三百余人いた中隊のうちわずか十数名の生存者の一人で、捕虜として「アーロン収容所」に入れられて、二年間苦役した。そして、そのあいだのイギリス人の捕虜に対する態度を、西洋史家の眼でつぶさに観察された。

その体験は考えさせられるところが多く、その立論も興味がふかい。ただ私は、イギリス人も戦争直後の殺伐な時期にビルマの捕虜収容所で働いていたような者ばかりではなく、立派な面もうたがいなく持っていると思うが、会田氏は収容所という限界状況にいて、そこであらわれたかれらの性格の底にある一面を痛感された。

要は――かれらにとっては人間のあいだにも差別があり、その差別は霊魂をもっているか否かということであり、その霊魂とはキリスト教の信仰である。この霊魂をもっている者は人間であり、他を犠牲にする資格があるが、この霊魂をもっていない者は獣にひとしく、他の犠牲にならねばならぬ――。こういう考え方がふかくしみこんでいる、というのである。そして、私はガス室を見たときのいうべからざる感銘から、このような説明をきくと、これが正しいのだろうと思うのである。いうまでもなく私は、ヨーロッパ文明とかキリスト教とかいうものがここに全貌をつくしていると考えているのではないけれども。

三

■歴史的背景のあらまし■

キリスト教は愛の宗教といわれるが、むしろ愛と呪詛の宗教である。あるいは、であった。それは柔和でありながら高慢に、隣人を愛しながら味方ならざる者を迫害し、罪をゆるしながらきびしく不寛容だった。一方で救いながら、他方で殺した。

キリスト教の宗教画には、天使が剣をふるっている図がよくあるが、あれを見ると感銘がふかい。マサッチョやミケランジェロの楽園追放の絵では、空にただよう天使がゴッドによって男女としてつくられたアダムとイヴを剣をもって追っている。伝ラファエルの大壁画、コンスタンチン帝が三一二年にミルヴィア橋で「汝この印もて征服すべし」と記された十字架の幻を見た戦闘の絵では、やはり天使が剣をもって、異教徒の殲滅を指令している。フィレンツェのシニョリア広場でサヴォナローラが焚殺された場面の絵があるが、あのうつくしい広場の中央に薪を積んで、まわりに僧侶や市民が逍遥している。その空の左右に、天使があらわれて、これは剣をもってはいないが、黒い煙の中の異端者を指さして罪を責めている。これらのうつくしい翼をもった天使は、ゴッドの怒りにふれた者や教会の信条に背いた者を、仮借なく永遠の呪いへと復讐する（仏教の憤怒像は邪鬼を払って仏を護るが、ある特定の個人や民族を迫害はしない）。

ユダヤ人は聖書の中で無数の呪詛を浴せられ、これによって其後すべてのキリスト教国で差別され虐げられることになった。

これははじめは宗教的な対立から生じた。しかし、キリスト教徒が数世紀のあいだもユダヤ人の活動を賤しい商業に制限し、迫害や略奪を行ったので、ユダヤ人の方でも身を守るために狡知に長《た》けるようになり、さながら戦時のように生きるために手段をいとわぬようになった。その巧妙な倹約な性質から財をなし、貪婪にもなった。それに対するキリスト教徒側のモッブの襲撃が絶えずあった。かくて、ユダヤ人に対する反感には、宗教的動機に経済的動機が加わって、抜きがたい土俗的感情となった。近世になってロマンティシズムの風潮がおこると、これは中世を讃美してキリスト教的で教会的だったから、ますます反ユダヤの気風が拡がった。そして前世紀の末ちかくになっては、アンチセミティズムというイデオロギーが確立することになった。これは、ただユダヤ人に対する伝統的な漠然たる感情の問題ではなく、ある党派なりある国民層なりがユダヤ人への反感をもって主義とし、それによって政治的プログラムを作り、それを社会的に実現しようとしたのをいう。

次に、ヨーロッパの諸キリスト教国での、反ユダヤ感情からアンチセミティズムまでのうごきを、できるだけ簡略に記す。あのわれわれにとって不可解をきわめるガス室は、こういう千数百年の歴史を背景にしておこりえたのだった。──

紀元七〇年に、エルサレムがローマ軍によって占領され、寺院は破壊され、ここにユダヤ人は国民的独立を失った。すでにこの前に、ユダヤ人は地中海周辺の各地に拡がって住んでいた。ローマ帝国では、紀元はじめの数世紀のあいだは、法的に保護され、市政に参加し、官職にもついた。また、ローマ軍に従って、はやくからガリアやスペインに定住し、原住民でユダヤ教に帰依する者もあった。国民的独立を恢復しようとしてしばしば叛乱を起したが、それはみな成功せず、ついにはローマ軍によって残酷に圧服された。全ローマ帝国の中で、ユダヤ人はときどきは繁栄を楽しんだが、まったく平穏であったことはなかった。

コンスタンチン大帝は、ミラノの勅令（三一三年）によって全臣民の平等を布告した。しかし、まもなくニケアの宗教会議（三二五年）によってキリスト教が国教に定められると、ユダヤ人に対するあたらしい敵意がはじまり、以後は法的保護と名誉を奪われた。

それにもかかわらず、ユダヤ人の内生活は、ことに故国のパレスチナでは衰えることなく、学問と文芸の中に伝わっていた。

ユダヤ人はローマ市民としてスペインに住んで、原住民と協和していたし、アリアン人種の西ゴート人はユダヤ人に平等の権利も公の地位もあたえた。しかし、イリベリス宗教会議（三〇六年）から、カトリックの僧侶が両者の仲を裂きはじめ、それまでの幸福な状態は、五九〇年以後のカトリックの王たちによる信仰強制や追放のために次第に変った。

しかし、七一一年にアラビア人が勝利を占めて、ユダヤ人にはふたたび信仰の自由と独自の裁判権があたえられた。この自由な時期に、ユダヤ人は学問にさかんな力をそそぐことができた。カスティリア王アルフォンス六世は、法王グレゴリー七世の要求にもかかわらずユダヤ人の法的平等を守った。

このグレゴリー七世は、ローマ宗教会議（一〇七八年）において、ユダヤ人の市民権の制限を強行した。一三九一年にセヴィラの大司教がユダヤ人攻撃の説教をし、各都市で暴民がユダヤ人を襲った。それからのがれた者は、多く北アフリカに行った。残った者は表面上は洗礼をうけたが、しかし猜疑されてふたたび元の信仰にかえり、焚殺された者も多かった。一四一二年には住居を特定地域に制限され、改宗せよと責められ、ユダヤ人法を課せられ、ユダヤ人たるの印をつけることを命ぜられ、一四八〇年に制定された宗教審問によって迫害された。大審問官のトルケマーダは、じつは洗礼をうけてキリスト教徒になったユダヤ人だったが、一四九二年に追放令を発し、これによって三十万以上のユダヤ人が無一物で国外に流浪しなければならなかった。ポルトガルでは一四九八年に追放が行われた。

イタリアでは、東ゴート王国建設の後も、ユダヤ人の生活に変りはなかった。次第に改宗の強要がはじまり、地方によっては（ボローニア、一一七一年）迫害もあったが、大体は平穏だった。しかし、十三世紀からユダヤ人の印をつけていなくてはならず、十五世紀からはゲットーに住まなくてはならなかった。法王の中で比較的におだやかに扱った人々もあったが、グレゴリー七世とインノセント三世は敵視した。教養のある君主に保護されたときには、ユダヤ人のすぐれた学者や詩人も出た。シシリアからは一四九三年に追放された。

北のフランク王国には、ユダヤ人はすでにシーザー以前の頃から移住しはじめ、その権利は犯されることなく、手工業者、農民、商人、医者などになっていた。カルル大帝も保護をした。しかるに、ヴェルダン条約（八四三年）以後は、ことに十字軍の時代には、フランスでは迫害がひどかった。一一八一年にはパリに住むことを禁ぜられ、一三〇六年には十万人のユダヤ人がフランスから追放された。

事情はイギリスでも似ていた。一一八九年九月三日のリチャード獅子王の戴冠式の日には、暴民がロンドンのユダヤ人を襲い、略奪し殺したが、他の諸地方でも同じようなことがあった。エドワード一世は勅令を発して、一二九〇年にユダヤ人をイギリスから追放した。

ドイツでは十字軍以前には、ユダヤ人の地位は我慢のできる状態だった。ハインリヒ四世が一一〇三年の騒擾禁止法によってユダヤ人迫害を禁止したが、このことから国内のすべてのユダヤ人は皇室私有の奴僕であるということとなり、その保護に対して租税を払わなければならず、皇帝はこの特権収入を他者（領主、司教、都市など）に譲渡することができた。この他にも、献金、通行税、人頭税などがあり、財政困難の際にははなはだしい賦課をうけた。ギルドから除け者にされて、いやしい小商人、質屋、金貸になるほかはなかった。宗教的にも社会的にも制限され、ユダヤ人地区に住んでユダヤ人の印をつけていなくてはならなかった。十一世紀から十六世紀にかけて残酷な迫害がはなはだしかったが、それにも堪えた。十字軍参加者たちは、数回にわたって各都市のユダヤ人地区を抹殺した。
十三、四世紀には、ドイツ・ボヘミア・オーストリアの各都市で、ユダヤ人は儀式のためにキリスト教徒を殺すとか、井戸に毒を入れるとかとて、迫害された。ユダヤ人への借金を、集団殺戮や法令によって片づけてしまったことも稀ではなかった。十四世紀の後半には必要上やむをえずとして居住がゆるされていたが、この世紀の末にはふたたび各所で追放がはじまり、特にフランシスカン派の僧ピストラヌスが遍歴しながら説教したので、迫害は十五世紀中つづいた。

この他、スイス・ポーランド・ロシア・ハンガリアなどの諸国などでも似たようなものだったが、それについては略す。このような状態が各国でひさしくつづいた。最初にユダヤ人に平等を認めたのはイギリスだったが、それも間もなくエリザベス女王が追放した（一七四三年）。各所で、ふたたび容れられたりまた追われたりして近代になったが、ひさしく賤民視されつづけてきたので、ユダヤ人側の精神的頽廃もまぬがれなかった。

■改　良■

ユダヤ人が精神的にも政治的にも解放されはじめたのは、十八世紀の最後の四分の一になってからだった。モーゼス・メンデルスゾーンが改善のために努力し、その影響がドイツ・フランス・イギリス・オランダ等に及んだ。フランスの国民議会は一七九一年にユダヤ人の権利平等を宣告した。一八一四年には、ベルギー・オランダ・デンマルクで解放された。

東欧諸国では改良は遅れ、外国に移住した者が多かった。社会不安のときには迫害がおこり、日露戦争の後では南と西ロシアで、第一次大戦中と革命後にはウクライナで、はげしい略奪殺戮が行われた。これをポグロムといい、これがユダヤ人略奪殺戮をさす普通語となった。

オーストリアでは一七八二年のヨゼフ二世の寛容令がようやく次第に行きわたった。ドイツでは、フランス革命の影響によって好転し、一八〇八年にフランス軍占領地域で解放が行われると、やがてつづいて他の地方にも及んだ。これに対して各州で反動がおこったが、ついに一八四八年の憲法によって市民権は宗教別によって制限されないことになり、これが一八六九年になって一般的に実行された（以上の史実はマイヤー百科事典による）。

右に記したのはごく大ざっぱな叙述にすぎないが、ヨーロッパの歴史の中で、いかにユダヤ人が根づよい不寛容の的であったかには、ただおどろくのである。

■アンチセミティズム■

右のような宗教的・土俗的な歴史感情からユダヤ人が解放されはじめたまさにその頃に、今度はユダヤ人排斥を綱条とする政治運動がはじまった。

ドイツでは一八七〇年代のリベラルな時期に、従来の制限は一つずつ消えていった。議会ではユダヤ人ラスカーの努力が実を結び、司法大臣レオンハルトや文部大臣ファルクはユダヤ人を官吏として用い、ビスマルクすら実際より以上に親ユダヤ人的と思われていた。

ところが普仏戦争に勝ち、莫大な償金を獲てにわかに工業が興ると共に、おそるべき腐敗が伴った。投機的気運の中にユダヤ財閥が活躍し、ジャーナリズムもこれに左右されたが、それにはユダヤ人のジャーナリストがあずかって力があった。キリスト教徒もこの風潮に巻きこまれた。こういう腐敗に対して、ほかならぬユダヤ人のラスカーが有名な糾弾の演説をした。しかし経済界の破綻が来ると、すべてはユダヤ人に罪ありということになった。グローガウという人物が、ユダヤ人の個人及び全体に対して、はげしい攻撃をした。

ベルリンがこういう運動の中心地だった。宮廷説教者のシュテッカーがその旗頭となって、進歩派および社会民主党に対抗して、あたらしくキリスト教社会労働党を設立した。この一八七八年が運命の年となった。これは積極的な創造的な社会改良よりも、アンチセミティズムの側から資金を得て、むしろ保守的な党綱条をかかげたものだった。シュテッカーもまだ大衆を獲得するにはいたらなかったが、その雄弁は大学生を魅了した。大学生の間にアンチセミティズムの団体が数多かった。ビスマルクもこの運動を利用した。

歴史家のトライチュケもアンチセミティストであり、彼は国民主義的感情から、ユダヤ人をドイツ民族の中の異質の血だと強調した。ことにそのドイツ史の中で、さかんに醜い反ユダヤ主義を力説した。ついには講義中に、ユダヤ人は鼻が曲っているとか声がかすれているとかいって、騒ぎを好む学生の喝采を博した。

実証主義者のデューリングも、その『民族・道徳・文化の問題としてのユダヤ問題』で、似たような見解を主張した。

かくて、八〇年代にはアンチセミティズムが盛んになり、いくつもの極端な反ユダヤ団体が生れ、民族主義を高唱し、ショーヴィニズムを大言壮語するようになった。新聞にもこれに同調するものが相次いだ。

「アンチセミティズムは初めのあいだは保守派と結びついていたが、まもなく保守派自体もこれを危険と感じるようになった。その煽動があまりにも粗暴で人心を惑乱させたからである。農民の要求をとり入れ、とくに中産階級と手工業者の保護を約束することによって、アンチセミティズムは当初のただ否定的なプログラムに積極性を補充し、これによって多くの人々の人気に投じた」――これは一九一一年に書かれたチーグラーの『十九世紀ドイツの精神的社会的潮流』の一節であるが、これがそのまま二十年後の世界危機にあたって、全ドイツを席巻するものとなった。この本にはさらにつづけて書いてある。「ユダヤ人がさまざまな罪過によって、しばしば憎悪と軽蔑に動機をあたえたことは、否定すべくもない。市場で地方で、ユダヤ人のジャーナリストの厚顔無恥、また学界でのクリックの横行などは、目にあまった。われわれはそれに対して防禦する権利をもっている。しかし、あのように演出され、粗野に一般化されたのでは、われわれドイツ人にとってアンチセミティズムはただ恥辱という他はない」

アルヴァルトとかシャックとかいう人物が出て、下劣な憎悪と嫉妬の宣伝をつづけたが、ひと頃ベルリンの大学生たちはこういう者を「全ドイツ人の師」と呼んで感激した。ハンガリア人がユダヤ人は小児を誘拐して儀式のために殺すというお伽噺を信じていると、ドイツ人はそれを「半アジア」だと笑う。しかし、同じようなことがドイツのクサンテンやコニッツでも起って、大騒ぎになったことがあった。

かくて、ドイツ人とユダヤ人の間は和解しはじめていたのに、ふたたび裂かれるようになった。この風潮はドイツ国外にもつたわり、ロシアの迫害（一八八一年、一九〇三年）、ハンガリアの迫害（一八八三年）、フランスのドレーフュス事件、アルジェリア、ルーマニア其他の地方の事件がおこった。

いくつものアンチセミティズムの団体が作られ、そのもっとも古いのは前述のキリスト教社会党だったが、これはその社会的要素を減ずると共に、憎悪と不寛容のもっとも不純な形でキリスト教的要素があらわれることになった。

ごく大要が右のようなものであったが、このイデオロギーの背景の上に、さらに第一次大戦の結果による精神的均衡の喪失、インフレ、世界不況、東から流れこんできた大量のユダヤ人、ナチスの指導者たちの個性、代罪羊を求める集団妄想の煽動……その他さまざまの要因が重なって、ついに第二次大戦中のガス室となった。

戦後ドイツの保守派が主張したように、あの事件を現代の大衆化と機械化による人間性疎外の結果とすることはできない。いまだ大衆化も機械化もない中世に、はげしいユダヤ人迫害がつづいていた。むしろ、近世になるにしたがってユダヤ人に対して寛容になっていた。近代的要素はガス室といったような方法のみである。ただ、近代の組織や武器の発達から支配力がつよくなったから、これによって殺戮の量が想像を絶するにいたったということは、疑えない。

■削除するか、批判的に読むか■

ユダヤ人迫害の系譜をたずねれば、どうしてももともとはキリスト教とその歴史に溯る他はない、と思う。あえて言えば、ガス室は聖書に起因した。聖書の中で、イエスや聖者たちがあれほどユダヤ人に対する呪詛の言葉を吐き、それが千数百年にわたって人々を教育してきた。また、歴史の事実としても、その非人間扱いがずっと実行されていた。これが二百年前あたりから緩和されてきたのだし、啓蒙主義者をはじめ教会もむしろユダヤ人との融和につとめてきたのだったが、神聖な罪ある言葉は取り消されたことはなく、ただそっと触れないでおかれた。反ユダヤ感情は根づよく潜在し、社会に危機がおこる毎にユダヤ人は代罪羊として襲撃されていたが、そのうちに世界の大危機がおこった。

一頃はドイツのインテリにこの感情が浸みわたっていた。一般人も超経験的にユダヤ人は罪を負った存在であると確信して、ほとんどユダヤ恐怖があった。歴史的に根のふかい集団妄想がかきたてられ、それに対する少数の人の抵抗も役にはたたなかった。そういう少数の人々は個々別々に自分の信念から抵抗した。法王は全キリスト教の勢力をあげて悪魔的な焚殺と戦うどころか、一九四四年の自分が安全でしかもアウシュヴィッツが全能率をあげて操業している時期にすら、はっきりした抗議さえもしなかった。ホホフート「代理者」の附録についている歴史的研究を読むと、これが事実であったことを納得せざるをえない。

今年の春にドイツのベーテルで、プロテスタント教会の宗教会議があり、ナチスの殺戮事件についてドイツ人の反省を促す決議がされた。これがこの問題について公に発せられた最初の言葉だそうである（ドイツ人はずっとあの事件については沈黙しつづけ、さながら無かったことのようになっていた。これが一般の意識の中に浸み入ったのは、『アンネ・フランクの日記』の翻訳がきっかけであり、アンネを聖女のようにあがめることが流行し、数千人の学生がその記念碑に行進したことがあったそうである。そして、アイヒマン裁判によって意識はようやくはっきりした。いまの新聞には、ロシア占領中の虐殺についての裁判が連日のように報ぜられている。アウシュヴィッツ等の収容所内での非行については、それに関する記録が連合軍によって持ち去られたので調べがおそくなり、その裁判はおそらく来年から始まるが、事件は約五百で被告は約千人になる見込だということである。それでもなお、はたして本当の後悔をしているのだろうか?——）。

このプロテスタント教会会議の決議の結句は、次のようである——「犯罪に加わらなかった市民、それを知らなかった人々すら、共に罪がある。何となれば、その人々もわが国民の道徳的また法律的規準の侵害に対して、怠慢だったからである。われわれ自身もわれわれの団体も、この罪から免れることはできない。キリスト教徒は、われらに伝えられた真理の言葉により、またわれわれの生命の全領域を覆うゴッドの動かすべからざる支配への公然たる帰依により、あのような犠牲者たち、なかんずくわれらの間に生きていたユダヤ人を守るべきであったのに、ただ少数の者しかそれを悟らず、また反抗の勇気をもたなかったからである」

私はこのようなドイツ人全体に対する問罪はまちがっていると思い、このような言葉は空疎なリップ・サービスのような気がする。ただ、この主張を法王にあてはめれば、この通りだと思う。それからまた、アンチセミティズムを生むことになった「伝えられた真理の言葉」がよくなかったと思う。あの事件について判断するにあたっては、アンチセミティズムこそ何よりも問題である。

(アラブ人のあいだにも反ユダヤ感情ははげしいが、これはイスラエル建国の後のことであり、それまでは確執はなかった、ということも読んだ。がまた、マホメットはユダヤ教から学び、その上にコーランを作りあげ、反ユダヤ主義を書き行った、ともある。アラブ人の反ユダヤ感情について私は知らないが、これは今の場合は別問題としていいだろう。)

あのようなことが起った以上、ただ典礼から「邪悪なるユダヤ人」という章句をのぞくというようなことだけではなく、聖書からすべての呪いの文句を削除すべきだと思う。聖書を今あるがままの形で、真理の根拠とすることはできまい。いまカトリック神学の自由化の選手は、前記のキュングとラーナーという神父だそうであるが、そういう人たちはこの点をどう考えているのだろう？

もし削除しないで今あるままに保存するなら、聖書を絶対の権威としてではなく、批判的に読むべきだ、と思う。そして、キリスト教徒もじつは批判的に読んでいる。多くの説教者が「自分は聖書に啓示されたゴッドの言葉を信ずる」といいながら、その奇蹟や神話を、なかんずく呪詛を、すべてその通りにうけとっているのではあるまい。前に記したエステルライヒャー大司教の説教も、聖書を言葉通りには解するなといっているのである。オルソン牧師もそうである。そして多くの論議が、はっきりと具体的に書かれた聖書の言葉を、しばしば抽象的な概念と論理の渦の中に埋没させて、別な姿に鋳直している。

最近に出た日本語の『キリスト教大事典』には、ナチスの迫害に関して、告白教会の言葉が紹介してある。それによると——「ユダヤ人の苦難の歴史は、たしかに救い主を十字架につけたことに対する神の審きとみなさるべきであるが、しかしその苦難の歴史は、ユダヤ人が究極的には神のもとに帰り、あらゆる異邦人と同じように神の救いにあずかるということを示す徴である。したがって、その苦難の歴史には、神ご自身が常にともにいましたもうが故に、いかなる人間も国家も、ユダヤ人を恣意的に支配し迫害することは許されないのである」——こういうふうな説明は、私にはいかにも空疎な言葉の空まわりのように感ぜられる。何より、「ユダヤ人の苦難の歴史が、たしかに救い主を十字架につけたことに対する神の審きとみなさるべき」であるなら、そういう審きをするゴッドとはわれわれにとっては怪物である。ヒットラーは、たしかに救い主を十字架につけたことに対する神の審きの執行者だったのだろうか。あべこべに、ゴッドがユダヤ娘のマリアを選んでイエスを生ませたのだから、ユダヤ人はゴッドの恩寵をうけた民族である、という説もきいた。これは戦後になってからだった。

聖書の呪詛の言葉も、いまだ取り消されないままにゴッドの真理でありつづけている。隣人の愛の教えも、危機にあたっては機能を発揮しなかった。そして、信ぜよというべくいかにも無理な奇蹟や神話を、事実であったとして前提している。しかも、自分のみを唯一絶対として、他宗教との共存に甘んぜず、とかく組織的活動による支配と影響への渇望を棄てがたいように見える。私が接したところでは、ヨーロッパでも多くの知識人が批判的で、しばしば一種の面従腹背が行われているように思われる。

四

■教会側の反省のニュース■

これまでに、あのガス室を頂点とするおそるべき迫害の、すくなくともその背景には、キリスト教によってやしなわれた歴史的感情があるのではなかろうか——という疑いを記した。煽動者たちは、自分もこれを確信し、大衆に潜むこの感情に訴えることによって、その総意をとらえた。

(ルッターに『ユダヤ人とその虚偽について』という文章があり、これは一五四三年に書かれたものであるが、この中でルッターは、ユダヤ人を殺し、ユダヤ教会を焼き、ユダヤ人を強制労働に送るべしと唱えて、そのための詳しいプログラムを考えているのだそうである。私はまだこれを読むことができない——後記。後になって読むことができたが、聖書に忠実な人がこのような考えに達するのは、当然だろう。）

私がこの疑問を友人に語っても、あまり同意はえられなかった。われわれがキリスト教についてもっている通念とは、あまりにも背馳した逆説的な言い分だから、まったく取り合ない人もあった。日本にはキリスト教がなかったからそれでわれわれは道徳的に弱いのだという主張すら、かなり行きわたっている。これまでに書いたことを読んで立腹した人もさだめしあっただろう。

しかし私は、智識の乏しいことを自覚し自認しながら、なお右のように考えられてならない。そしてキリスト教国でも、こういう線にそっての反省がはじまりつつあるように思われる。これまでにもそのいくつかを記した。それはまだごく僅かであるらしいが、私には、信仰によって義とせられるか、あるいは行いによって義とせられるかといったような、ヘルシンキの大論議よりも、この方がはるかに緊急かつ重大なことと思われる。

一九六三年八月十九日付のニューズ・ウィークの宗教欄には、次のような報道がある。——有毒なあるいは隠微な形で、アンチセミティズムはなお依然として世界の方々に伝染している。しかし、アメリカ・ユダヤ委員会は先週に、すくなくとも西欧諸国ではこの害毒はあきらかについに消滅しつつある、と結論した。ここではふかい変化がおこっている。委員会は諸外国での反ユダヤ風潮をくわしく調査した後に報告した。——「キリスト教徒のあいだには、静かな革命が進行している。ある教会（複数）は、自分の教えがあまりにもしばしば対ユダヤ人偏見の恒久化にあずかって力があったことを認め、自分の実践や立場を検討しはじめている」「イスラエルの建国によってある固定観念が破られ、また少数団体のあり方が世界中で変ってきたので、ユダヤ人についてのあたらしいイメージがおこっている」「西欧がこの恥ずべき偏見を棄てているときに、他のある地域ではユダヤ人の窮状はますますひどくなっている。それは鉄のカーテンの彼方である（中略）……また南アメリカ、ことにアルゼンチンでは、経済問題と政治的紊乱のために、ユダヤ人は不満な民衆にとってのおのずからの代罪羊となっている」

また、同じ欄に次のような記事もある。——

ヘルシンキでルッター派世界連盟の第四大会がひらかれた。ここではっきりと見られた傾向は、もはやむかしながらの難解な神学的説明をやめて、もっと簡潔と明瞭を求めることであり、すべてのキリスト教宗派の統合への希望であり、二十世紀の現代の問題に対する解答をのぞむことだった。むかしながらの古い考え方は排され、「ある代表は歎じた——キリスト教徒以外の者を神無き者（godless）と呼ぶ慣行は、はなはだ嫌悪すべきものであるばかりではなく、それ自体が非キリスト教的である」

以上は週刊報道誌の短い記事をさらに抄したものにすぎないが、形勢がこちらの方向にむかいつつあることが感じられる。これには——他教徒に対する態度については——ナチスが行った未曾有の大惨事が一つの動機となっているのではないだろうか。聖書を読むキリスト教徒が、言わず語らずのうちに、この点について反省しないはずはなかろうから。

こういう気運について読むと、私がこれまでに誌したことも、そう根拠のないことではないだろうと思うのである。われわれが普通にキリスト教について読んだり聞いたりすることは、キリスト教のシンボルをもった人道的な教養宗教といったようなものであり、一切の存在の原因としてのゴッドは愛であるというようなことだが、聖書を直接読むと話はだいぶ違っている。聖書の中であれほどしばしば出てくる、怒り、呪い、妬み、威嚇、復讐は、さっぱり語られず、さながら忘れられたようである。誰もこれにふれようとはあえてしないらしい。私はこれをふしぎに思っていた。ところが、近頃接する報道によって、それが少し分りかけてきたように思われる。つまり、結局は、聖書から発展した現代のキリスト教精神ともとの聖書とのギャップをいかにすべきか、ということになっているのではなかろうか。

普遍人間的な道徳の要求が、その国その時代の特殊性を通じて表現されるのはあたりまえである。ただ聖書の場合には、これまでその特殊性についてあまりに無批判だったのではなかろうか。

■諸宗教の一■

いまはキリスト教の内部で、非常な動きがおこっているらしい。それを「十六世紀以来の変革期」と書いてあるのもあった。

キリスト教諸派（カトリック、プロテスタント、アングリカン、ギリシア正教など）の統合と、現代の問題への直面——したがってこれまでに成立し固定した形をはなれる自由化。結局はこれがもっとも問題となっている。

キリスト教の自由化？　それが現代の科学的思考にも堪えるものとなり、奇蹟や神話を排し、「すべての人におのおのその望むところを崇拝する権利を認め」、かつて異端であった者と合体するだけではなく、他宗教とも共存する……？　もしそういうことになったら、それはキリスト教の自壊ではないか、キリスト教がキリスト教でなくなるのではないか、という気までする。聖書には他宗教との共存をはっきりと禁じてあるのだが、こういう点については私は十分の知識がないから、何ともいうことはできない。

ただこの自由化の動きがいかにもはげしいらしいので、そういうことについて私と同じように何も知らない人々のために、読んだことを紹介してみると、こんなことまで起った。——

今年（昭和三十八年）の三月十七日のイギリスのオブザーバー紙に、「われらのゴッドのイメージは去るべきである」という抜粋文が掲載され、まもなくその本文の『ゴッドに正直に』という本が出版された。この本は出版の当日に売り切れ、再版もただちに売り切れ、目下（四月五日）に五万部を印刷中であり、第四版も準備中である。

この本の著者は、アングリカン教会のロビンソン僧正で、ケンブリッジ学派の神学者である。その内容は（私はまだ読んでいないので、まったくの受け売りだが）、キリスト教が存続するためには、現代の人間、それも宗教心のない者にまで、魅力をもつものでなくてはならない。

現代の人間の大部分は宗教心がない。

人間は宗教的な好みを棄てて、はじめて一人前になる。「ゴッドは教える——われわれはゴッドなしに生きることができる人間として生きねばならぬ、と」

ゴッドは天の玉座に坐っているのではない。そこまで「昇天」ができるのではない。また、どこかの形而上学的に解されるべき彼岸にいるのでもない。われわれは「ゴッド」という言葉を今の世代中は使うべきではないのかもしれない。——

このロビンソン僧正の主張のようなことはすでに言い古されたことでもある。多くの人々の常識にもなっている。しかし、今はこれがキリスト教の立場からキリスト教の信仰のためにいわれた。——ゴッドは父ではない。天にもいない。もちろんイエス・キリストはその子ではない。不死不滅とはもっとも疑わしいことである。処女受胎は一つのたとえだが、このために、イエスは他人のためにゴッドをもたらしはしたが自分自身は人間だった、という真実が曇らされた。昇天とか彼岸とかゴッドとかいう言葉は、もういわない方がいい。キリスト教の信仰をいきいきと保つためには、それを現代人に訴える形にしなくてはならない。現代の意識と明白に矛盾することを擬制して強行すべきではない。嘘はやめよう。

ロビンソン僧正がドイツに来たときのインタヴューがあるが（『ツァイト』、一九六三年七月五日）、その中では「信者にはほんとうに復活が約束されるのですか。私は不滅の肉体と不滅の霊魂をもっているのですか？」という記者の問に対して、僧正は、

「そういう形では、イエスともノーとも答えられない」と返事をしている。

ロビンソン僧正が投げた波紋は、たんなる奇人の奇矯な言がよびおこした一時のセンセーションではなかった。それはなおざりにされていた大問題の傷口に触れたものだった。ヨーロッパ人の精神的心棒をゆさぶったのだった。これに対して、ツァイト紙では四月十二日以後、ドイツの第一級の神学者の意見を四回にわたってのせている。カトリック側からは、スピーカーとバルタザール、プロテスタント側からはティーリケとブルトマンという顔ぶれである。

これを翻訳して紹介することができるといいのだが、みなずいぶん長いし、またいま私が主題としようとすることから離れることになる。ゴッドの教えが現代化さるべきか、それとも現代人がゴッドの教えに帰るべきかということは別問題として、いま私がたしかめたいのは、キリスト教のみが唯一の宗教であって他は贋物であるのか、それとも諸宗教の一であって、他の宗教と共存すべきものなのか、ということである。

ロビンソン僧正の説からは、もちろん後者である。万象の創造者たるゴッドが姿を消すのだから、この唯一者の意思のみが一切に優先するということはなくなってしまう。すべての宗教は自分を絶対の真理と考え、その救いを他にももたらすべく伝道をする。これはあたりまえのことである。

しかし、それだからとて、自分以外の信仰をもつ者を異端として征伐する、「天に代りて不義を討つ」という。これがあやまりであることはもはや言うまでもなくなった。別な信仰をもつ者も自由な存在である。

「汝わが面《かほ》の前に我のほか何物をも神とすべからず」「我エホバ、汝の神は嫉む神なれば、我を悪《にく》む者にむかひては父の罪を子にむくいて三、四代におよぼし……」。こういうことは、戦時の半狂乱の風潮の中で、日本の天皇を擬似絶対者としようとした勢力が、他国の宗教を奉ずる人々にむかってとった態度だった。そのためにキリスト教徒は苦しんだ。といっても、それはまだおだやかなもので迫害といえるほどのものではなかったけれども。

それに対して、キリスト教徒は信仰の共存をねがった。そのねがいは正しかった。他人の信仰を尊重すべきである。ただもしその他人の信仰が独善高慢で他宗教との共存を拒否するなら、それを排するのはあたりまえである。上述のエホバの言葉のようなことは奉ずべきではない。伝道は右のことを前提とした上で、自分の信条を説くべきだと思う。伝道には、ただ自信や自己礼讃ばかりではなく反省もなくてはなるまい。そして、現代では、どの大宗教もこれを実行している。カトリック教会では反省の結果であろう、伝道よりも貧困の救済をなすべきであるとて、土民の呪術をさえ大目にみるようになった。これに対して、改宗のみが救済であるから伝道をおろそかにすべきでないという非難もおこっているそうである。今の南ヴェトナム事件では、ヴァチカン自身が現地人のカトリック教徒にむかって、仏教徒に対する寛容をすすめているそうである（ただし、結婚する少女にむかって、やがて生れる子供をかならずその宗徒とすることを誓わせるというようなことを聞くと、どうして大宗教がこのようにわれみずからの品位をおとすようなことをするのかと怪しむ）。

現代のアメリカの宗教心について記した本を読んだら、プロテスタントとカトリックとユダヤの三宗教はAmerican way of lifeという点で協調し共存している、とあった。この共存の原理が十分なものかどうかは別として、とにかく争いはないのだそうである。カトリックも自分では唯一の宗教と称えてはいるが、それを外にむかってしいて出すことはしないのだそうである（結婚する少女に前記の誓いを立てさせることについては、アメリカでも不平があるそうである）。

■創造ということ■

キリスト教のものを読みその伽藍に詣でるとき、私は自分の血の中にない異質のものに会って困惑するが、それは結局は、そこには世界を思うままに創造し支配する人格神がいて、自分がそれと対面しているかのごとくに感じなくてはならないことらしい。私は――われわれは、そういうものに対してセンスを欠いている。世界をつくって、それを「指先で転がす」無限大の巨人のようなもの……。知られざる超越せるものに対する観念は、われわれの祖先も十分にもっていたが、ただそれは謎のような創造や不可解な審判をするものではなかった。むしろ、創造世界の不条理や混沌を超えていて、ひたすら慈悲を垂れ、救済浄化をねがうものだった。客観的な存在としてむこうから迫ってくるものではなく、ただわれわれの精神の底にある絶対への郷愁をうけとめるものである。

ゴッドを万象の創造者とすれば、その意思がいたるところにあらわれるとするのは当然であろう。しかし、すべての不可解な悲惨や苦悩はその愛を知るためにあるものであり、ガス室で殺された小児の悲鳴の中にさえその愛が示されているはずのもの……。そういうものの実在を信じることは、われわれにはむつかしい。われわれはそういうものに直面すると感じることはできない。

「われわれは唯一のゴッドがあることを知っている。また、そのゴッドがどういうものでないかを知っている。しかし、ゴッドが何であり如何にあるかを、知ることはできない」――ヒエロニムス。「人間がいかに思いをめぐらそうとも、創られたものはそれを創った者と似てはいない。ゴッドとは言いがたきものである。彼がそのようなものではないということは易しく、このようなものであるということは難《かた》い」――アウグスチヌス（いずれも孫引き）。

正体は知りようがないが、唯一の窮極の根源だから、それに到達する道もただ一つでなければならない。世界は天国・現世・地獄の三階からなり、現世から天国への階段はただ一つであり、これは詳しくきびしく論理的に規定され、他の道はすべて地獄に堕ちる道である。他の道を行く者はみな悪魔の手先である。こういうわけから、同じキリストを崇めながら宗派が分れると仇敵のごとくになったのだろうと思う。

この世界や人生がゴッドの意図と目的によって創造されたと前提するなら、そのゴッドは被創造物に対して一切の権能をもつのはあたりまえであり、人間はそのゴッド以外のものを崇拝してはならないというのも当然である。しかし、われわれはそのように、ある者によってある時にある意図をもって創造されたとは教えられなかった。まして、いつかはすべての人間がこの肉体をもって蘇生して一カ所に集まって審判をうけるというようなことは、荒唐無稽に思われる。人間同様の性格をもった絶対者がいるとは、考えられない。――そしてこのことは、十六世紀にキリシタンが来たとき、すでに日本人にとっては不可解な謎だった。これについての宗論がしきりにあった。新井白石はシドッチを取り調べて、その人格や学識に敬服したが、シドッチが天地創造やアダムとイヴのことなどを説くと、「賢愚所を変えて、別人の言を聞くが如し」と感じた。われわれは造ったり呪ったりする人格神を、雲の上にも、宇宙の外にも、人間の心の中にも、そのほかいかなる言葉の論理によって規定された場所にも、考えられない。

われわれの祖先にとっては、超越者は創造には関係がない。それは人間が仏になったものであって、創造世界の外に出ることができて、そこから人間を救おうと念じているものである。

われわれは世界や人生を、複雑な要素の組み合せによって生成し流転するものと思っている。生ははかない。ただ、このはかない生に対して、われわれが意味づけを行う。われわれはこの点で他の生物とちがう。

われわれはこの短い生命の不思議におどろき、どうしたらそれが有意義でありうるかと探求する。他の生物とおなじくただ目先だけの日常性の中に生きているのを越えて、自分の生命を充実させたいという、精神の要求をもっている。この混沌として不条理な世界の中に、そういう要求をもっているということは、さながら泥の中からきよらかな蓮が生えて咲いているがごときものである。

聖書には復活を説いて、「死人もし甦へる事なくば『我等いざ飲み食ひせん。明日死ぬべければ』。なんぢら欺かるるな」とて、もしこの生がはかないものなら、われわれはただ快楽主義に堕するだけだ、というふうに説いてある。

しかし、われわれの祖先は、生のはかなさの自覚こそ人倫の基であると考えていた。

「受け難き人身を受けて、あひ難き本願にあひて、発し難き道心を発して、離れ難き輪廻の里を離れて、生れ難き浄土に往生せんこと、悦びの中の悦びなり」。つまり、めったに人間に生れることはできないのに、まれな因縁によって人間に生れてきた。これこそは千載一遇のチャンスであり、この生きているあいだにこそ、仏に参じ、仏にみたされてあれ。われわれは偶然によって生れた。この偶然を必然に転ぜよというので、これはただ消極的な受動的な態度ではない。

こういう浄土系の思想では罪の意識がいちじるしい。われわれは「一切の悪を起し、方便して一切の悪障、業障、報障、煩悩等の障、生、死、罪障、不見聞仏法僧障を起す」といったようなことが、しきりに説いてある。それの報いとして地獄で苦しむさまも巨細に記してあるし、懺悔して罪の消滅をねがい、阿弥陀仏を礼したてまつるといったようなことは、（ただ創造ということを別とすれば）まるでキリスト教について聞いていたことをそのまま読むようである。ことに親鸞はおそろしいような言葉で、罪の意識と自己の無力の自覚を表現した。「自余の行をはげみて仏になるべかりける身が、念仏をまうして地獄におちてさふらはばこそ、すかされたてまつりてといふ後悔もさふらはめ、いづれの行もおよびがたき身なれば、とても地獄は一定すみかぞかし」

ただ念仏を唱えることによって救われるという宗旨は、浅薄なイージーゴーイングなものだというふうに、外国の本によく書いてあるが、その本筋においては、けっして安易な動機からではない、むしろ血の出るような痛切な体験から発したものだと思う。

「日本人には罪の意識がない」ということが、近頃はよく書いてある。これも一時の現象を表面的にわりきった流行論理にすぎない。日本人とて不具ではないので、良心がないわけではない。そして、キリスト教国民とて日本人以上に罪の意識をもっているわけではないことは、事実を見れば分る。

他力とちがって自力によって救済をえようとする行き方も、目的はやはり同じく仏にみたされてありたいと願うので、ただ方法がちがうだけである。

「誠にそれ無常を観ずるの時、吾我の心生ぜず名利の念起らず、時光のはなはだ速かなるを恐怖す」「この一日の身命はたふとぶべき身命なり。たふとぶべき形骸なり。かかるがゆゑにいけらんこと一日ならんは、諸仏の機を会せば、この一日を曠劫多生にもすぐれたりとするなり」「いはゆるの道理は、日々の生命を等閑にせず、わたくしにつひやさざらんと行持するなり」(『正法眼蔵』より)

はかなさを自覚してこそ、われわれはこの生を充実し拡大しようと願うのであり、これが有意義な行為の根拠である。「いま、ここに、この」自分をもっともよく生かそう、と欲する。ここには人間性に対する信頼があり、キリスト教のように人間を絶望的な罪の器とはしていない。

人生が夢幻のごとくであるということを痛感することこそ、積極的な活動のもとであるという考え方は、さまざまのヴァリエーションをなしながら、日本人の精神の一つの基調になっているように思われる。

われわれにとっては、創造者と被創造者のあいだの絶対に越えられない溝があるのではなく、すべての存在が統一し融合している。生きとし生けるものには仏性がある。われわれはその存在のより高い状態に入って、ここに生命を意義づけようとする。

知りがたいより高い境地に入ったものは、みなカミである（カミはゴッドではない）。われわれはそれに畏敬をもつ。祖先も偉人も獣も樹木も、カミとなって高いものを象徴しうる。敵も罪人も死ねばほとけである。知りがたい高い境地に登る道は、それをただ一つとして論理的にはっきりと規定することはできない。どの道から行ってもいいのである。

きよらかな自然感に浸って、祖先以来の民族感情にふれたいときには、神道による。慈悲の救いを聞きたいときには、仏教にたずねる。現世の人倫を教わりたいときには、儒教の本を読む。隣人の愛とは何かと思えば、（日本的に解釈された）キリスト教の説教をきく。同じ知られざる高い境地に行くべく、それぞれ領域がちがうのであって、これを雑然たる折衷主義だとするのは、まるで前提のちがうキリスト教の立場からまちがった判断をしているのである。ここにはすべての存在の支配者たる唯一絶対者はない。人間はただ、知られざるカミに参与しようとねがうのである。

ふみ分くる麓の道は多けれど
　おなじ高嶺の月を見るかな

この故に、一つの家に神棚と仏壇が同居していても、矛盾ではない。日本で、信者の総数が人口よりもはるかに多くても、ふしぎではない。ここには「彼らのうち多くは神の御意《みこころ》に適はず、荒野にて亡ぼされたり」というふうに、ただ一つの創造者がすべての被創造物に対して生殺与奪の権をもっているのではない。

仏教の各派のあいだの争いはあったが、それも宗教戦争というほどのものではなく、むしろ八宗兼学が貴ばれ、ある一つの範疇に属する人間を悪魔視してジェノサイドを行うという傾向はなかった。ここでは超越者の性質もちがうし、それとの交じわりの仕方も、キリスト教とはちがうのである。

ドイツでは「過去の克服」ということが大問題になっている。これはわれわれにとっても重大であるので、はなはだ不十分な考えを記した。

「過去の克服」といっても、起った事件を起らなかったことにすることはできない。できることは、できるだけその原因を明らかにして、自覚し贖罪し浄化することである。

われわれにも克服さるべき過去がある。しかし、ドイツ人がこれこれのことをしたからとて、自分の弁明とすることはできない。同様に、日本人がこれこれのことをしたからとて、ドイツの過去を消すこともできない。しかも、両者は性質のちがったものなのであり、それぞれの場合に即して考えらるべきだと思う。

なお、右に記したのは私ひとりの考えなのであり、この様なことについてこの様に考えている人は他にはいない。もし外国人でこれを読まれて、「日本人は――」という人があれば、それは不当な一般化をしているのである。じつはドイツの新聞に、駐日通信員が書いたのであろうが、あるいは私の書いた『剣と十字架』という本の反応かと思われる記事がでていて、それに「日本人は――」というふうに書いてあったので、こういうことはただ私だけの責任であるということを、念のためにお断りしておきたい。

ユダヤ人焚殺《ふんさつ》とキリスト教

ユダヤ人は神に背く悪魔の子

どういうわけで、あのような民族絶滅という、想像に絶することが起こったのだろうか？この謎は、人間性を解明するために、歴史を知るために、納得できるまで検討されなくてはならない。

ドイツではあの事件について、久しく誰も語らず書かず、さながらなかったことのようになっていた。それが公共意識に上ったのは、一九六〇年代になって、もはや避けることの出来ない二つの事件が起こってからだった。その事件とは、アイヒマンの裁判とホホフートの戯曲「代理者」の上演である。これによって、絶滅事件とキリスト教会との関係が暗示されるようになった。もうその前から、イスラエル国ではこの関係をやかましく言っていたが、キリスト教側では、それを黙殺していた。それでも、去年（一九七八年）に放映されたテレビ「ホロコースト」の中では、ルッターの影響がちらと言及された。

もとより絶滅事件にはさまざまの遠因近因があった。以下にのべるのは、そのうちのキリスト教関係である。

われわれはキリスト教というと、つい仏教の慈悲や儒教の仁からの類推から、あまねく生きとし生ける者を救済する教だと、日本化して思っていた。もともとユダヤ教はユダヤ民族のみのための偏狭なものだったが、キリスト教はそれを全人類にまでひろげた普遍的なものであると説かれて、そのように思っていた。至上の主宰者が「われは嫉《ねた》む神なり」といったり、聖書の中に独善をきわめて他教を憎み呪う言葉があったりしても、よく分らないながらに、余りふしぎなことなので、読んでも考えずにいた。

しかし、新約聖書の中には、ユダヤ人を極悪非道ときめつけた言葉がたくさんある。マタイ伝には、ユダヤ人の群集がイエスを死刑にせよとて、「その人の血はわれらとわれらの子孫に帰せん」と叫ぶ。これによって、ユダヤ民族全体への糾問の根拠がつくられた。ルカ伝にも、イエスがユダヤ人を呪う言葉が散見し、ことにヨハネ伝（八―四四）では、イエスがユダヤ人たちに向って、「なんじらは悪魔の子である。なんじらの父は人殺しである。嘘つきである。うんぬん」と説教している。

こうしたことは、当初にはユダヤ人のあいだの内紛として見られていたのだそうだが、やがて中世には大思想家がこれを典拠として、ユダヤ人差別と迫害の神学をつくった。二―四世紀に、キリスト教の中にはげしい憎悪と呪詛が形成され、これが今日にいたるまで反ユダヤ思想の宝庫となった。そのイメージが、千五百年にわたって、歴史的危機や変革期にヒステリックな人間にとり憑き、民衆の中に深くあまねく浸透した。

ユダヤ人はゴッドに背く悪魔の子であり、創造の中での不具であるから、それを亡ぼすことは正しいことだった。

これを教えた神学のユダヤ人観は、われわれにとっては、異様な不可解ないやなものである。その代表者は聖クリゾストムスであり、聖ヒエロニムスであり、聖アウグスチヌスなどであった。近代ではルッターが大説教をした。ルッターにとっては悪魔の化身が四ついた。——ローマ法王、異端者、トルコ人、ユダヤ人。

憎しみ呪うのが宗団の聖なる務

これらの聖者が、大雄弁をもってユダヤ人非人間観を体系化した。これにはマニ教の影響が大きいのだそうである。マニ教とはもともとペルシアでおこった世界解釈の二元論である。あたらしい研究によると、聖書の中で、ヨハネ文書こそはもっとも古形を存したものであり、その光と闇の教は東からの影響をうけたものである。マニ教思想は一切を二つに分ける。光と闇、魂と肉体、キリスト教と異教、教会と俗世……というふうに簡明にわりきる。これによって人心につよくうったえ、この二元論的な考え方が後世に至るまでヨーロッパ人の考え方をきめた。

たとえば、共産社会は光であり、ブルジョア社会は闇である。金髪碧眼《きんぱつへきがん》の北方民族は超人であり、有色の劣等人種を蹂躙し奴隷化する権利をもつ。この光の教会に属する者は、世界史の意義を知り、その帰趨を知っているが故に、その教会の信者以外の者を、無限の優越をもって見下す。（いまの日本でも、こういう白か黒かという二元論的な偏執がとり入れられ、すぐ戦争か平和の二者択一にもってゆく。これを二分類識別というのだそうである。永遠に小児的な心理にとって、こういう二元論はもっとも安易である。）

キリスト教の聖者たちが、いかに肉体と情欲をもって闇と悪魔の誘惑としていたか、におどろく。（こういうことは、西洋ではずっと公けの規範だったが、現代の第二次大戦後ははなはだしい無拘束となって、性革命がおこった。あれにもおどろく。）

アウグスチヌスは若い頃に情欲にくるしみ、またマニ教徒でもあったので、肉体をもった人間を原罪の虜であって救うべからざる悪の器とした。ユダヤ人はイエスを殺し、ゴッドから見捨てられた淫乱な者だから、救いがない。およそ不信でゴッド無き者は、悪魔と共に永遠の劫火《ごうか》に焼かるべくさだめられているので、（悔悛《かいしゅん》のチャンスはないから）かれらのために祈ることはできない。——（英訳 *City of God* XXI. chap. 24）

大神学者のトマス・アクイヌスは、後世からは反ユダヤ・イデオロギーの典拠としてしきりに引用される。キリスト教を信じないことは最大の罪であるから異教徒は差別すべし、というのであるが、神学大全にははげしいことが書いてある。（Part II of Second Part, Q. 11. Art. 3）——異教徒については二つの側から考えねばならぬ。一つはかれらの側であり、他は教会の側である。かれらの側からいえば、その罪の故に、教会から破門によって隔てられるのが当然であるばかりではなく、俗世からも死刑によってひきはなされる。魂の生命たる信仰を汚すのは、贋金つくりの所業《しわざ》よりさらにわるい。（以下抄訳）贋金つくりが俗世の権力によって死刑になるなら、異教徒も死刑になるべきだ。しかし、教会の側からいえば、教会には恩寵があって、さまよえる者の改宗をまつ。すぐには有罪とはしない。しかし、どこまでも頑迷であるならば、教会から破門によって隔てて、世俗の法廷にひきわたして、死によって絶滅せしめる。

マルチン・ルッターは、初期にはユダヤ人に対して寛容だったが、後期には極端な攻撃をした。聖書に忠実だった人がそうなったのも、当然の帰結だったろう。説教にまた食卓の会話に、いよいよしきりにユダヤ人追放、じつに絶滅を説くようになり、その一五四三年に書かれたパンフレット「ユダヤ人とその虚偽」、「シェーム・アンフォラス」は、今日にいたるまで反ユダヤ主義のキリスト教徒によってもっとも重要な証言として引用される（後出）。

中世では差別がきびしく守られたので、ラテラン公会議（三五八年秋）では、ユダヤ人は特別な服装をし、黄色い星形の印をつけているべきことが規定された。第三ラテラン公会議（一一七九年）によって、ゲットーの隔離がきびしくなった。反ユダヤの狼藉はやすらけき良心をもって行われた。僧侶が先に立って暴民をひきいてユダヤ人を襲い、この迫害をよろこばしい筆致で記録した。

かくして、キリスト教の対ユダヤ感情は単に異邦人への違和感というのではなく、憎み呪うのが宗団にとっての聖なるつとめとなった。心から驚くほかはないことであるが、カトリック教会の中での典礼には、「邪悪なるユダヤ人」という章句が朗唱されていた。ようやく一九五九年九月になって、これはヨハネス二十三世によって他の憎悪の言葉と共に除かれた。キリスト教は人間を普遍的に愛したのではなかった。

法皇さえ知りながら黙っていた

このようにユダヤ人に対する嫌悪と差別とが一般的であったから、反ユダヤ主義はヨーロッパの歴史に絶えたことなく、キリスト教国で反ユダヤ感情がないところはない。

われわれが漫然と知っていたのは、「ヴェニスの商人」の中でシャイロックに対する不当なとりあつかいが快哉《かいさい》を叫ばれていたことであり（肉一ポンドを切りとるという契約の中には、切る際には血がながれるということが、当然理解されていたはずである）、スペインの宗教審問で何十万人が焚殺されたということであり、またフランスのドレーフュース事件などであった。焚殺はたえずあった。ナチスの大絶滅は、現代の機械技術のおかげで、それがいちじるしく大規模になったのである。

ヒットラーは、一方にはボルシェビズムを仆そうとし、他方には西の金権政治を憎んだが、彼の政治哲学は、敵をなるべく分りやすい一つの的にしぼるのであったから、その双方にユダヤ人を代表させて攻撃した。そして民衆はむかしから沈澱していた反ユダヤ感情からそれにおどらされた。

ヒットラーは演説やラジオによって直接に大衆の心をつかんだ。その毒々しい反ユダヤ感情は、「わが闘争」にあふれていて、最後の遺書までつづいているが、あのような庶民の気持がいかに深刻であるかは、われわれの想像に絶する。戦後になってもネオ・ナチというものがあり、これはアメリカにもあるそうだが、やはり反ユダヤを唱えている。現在では南米、ことにアルゼンチンではなはだしい。

ヒットラーに対して普通人は反抗できなかったが、ナチスの権力者の中からも絶滅に抗議した者は一人もなかった。むしろ全員が支持した。

法王ピウス十二世も、一九四四年になってはもはやローマは米英軍によって解放されて安全であり、しかもアウシュヴィッツでは毎日一万人が焚殺《ふんさつ》されているのを知りながら、黙っていた。これにはさまざまな事情があったことは分るが、それにしても法王が要求する過大な権能と尊敬に比して、まことにふさわしくなかった。

あの頃には、スターリンよりヒットラーの方がまだましであるという選択があり、これがフランスのヴィシー政府の成立をはじめヨーロッパの政治混乱の大きな因となったのだったが、このことについては別に考えたい。

ベア枢機卿の体面つくろい

ユダヤ人絶滅をもっとも正面から受けて痛恨したのは、ピウス十二世の次の法王ヨハネス二十三世であったらしい。

この人は善意にあふれ、他の宗教家のようにこの事件を何とかよけて頬被《ほほかぶ》りしようとはしなかった。この法王が死ぬ直前に、最後の懺悔の祈をあげた。

「……われわれは認めます。われわれの額にカインの印がしるされていることを。われわれがあなたの愛を忘れたために、数世紀にわたってアベルは血と涙の中に横たわっていました。われわれがユダヤ人の名に対して発していた、不正の呪をおゆるしください。……われらは自分が何をなしつつあるかを知らなかったのです……」

まことに厳粛なもので、ふかい敬意をはらうにやぶさかではない。ただ、これによってこの法王は、過去のキリスト教神学の大きな部分を否定したことになるのではなかろうか？

この法王の勇気ある告白とはべつに、何とかしてキリスト教の体面をつくろおうとするこころみも、もちろん行われた。そのもっとも大きなものは、ドイツの枢機卿《すうきけい》ベアの活動である。この人は法王ヨハネスの懺悔聴聞僧《ちょうもん》だった。しかし、法王とちがって、キリスト教徒が犯した罪を認めたのではなく、むしろ聖書のどこを読んでもユダヤ人迫害を教えたところはない。迫害は文化的、社会的、経済的その他の事情によるものであって、宗教的ではないとした。

ヴァチカン第二公会議（一九六二年秋）は、キリスト教史においてはなはだ意義の大きなものだった。この会議で、ベアはながい報告をし、ユダヤ人問題についてのキリスト教義をほとんど再建しようとした。

この会議の前に、出席の諸枢機卿たちにモーリス・ピネという署名のある文書が配られた。これは法王庁の中のもっとも保守派の手になったものだそうで、キリスト教会および教徒は、すべて文字通り聖書に従って行動したので、いささかもやましいところはない、聖書が絶対に正しいならばキリスト教の過去も正しかったという、はなはだ頑強なものである。

ベア枢機卿は、別の立場からキリスト教を救おうとして、イエスの磔刑《たっけい》はユダヤ人の罪ではなく全人類の罪である、という結論を生むべく努力した。こうすれば、ユダヤ人に罪ありとしたキリスト教徒の責任が軽くなるからであろう。われわれも全人類の一部分だが、われわれもまたわれわれの祖先もキリストの死に対してはまったく何の関係もない。どうしてこのようにまでしてなるべく他人のせいにしなくては、気がすまないのだろう。

ベアの報告を抄するとだいたい次のようなことである。すべては聖書の誤読によったものであり、聖書はユダヤ人迫害に責はないとて、その中から、さまざまな章句をあげて、下述の三つのことを裏書きしようとしている。（私はキリスト教の至上者を神と訳すのは誤訳であり、昔のキリシタンのようにデウスとした方が正しいと思うが、いま口語訳から写すにあたってわずらわしいから以下に神と書く。）

聖書にユダヤ迫害の責はないか

（一）教会はユダヤ人を受入れたということについて。

——ユダヤ人は「神に選ばれたイスラエルの民です。神は彼らにご自分の子としての身分、栄光、契約、律法、礼拝、そして約束をお与えになりました。彼らはまた、偉大な先祖をもち、メシアも人間としては彼らから出られたのです」（ロマ書九—四、五。その他）。

パウロはロマ書でユダヤ人をひきたてたが、これもユダヤ人がやがては改宗するという前提に立ってのことである。

（二）神はユダヤ人を排斥はしなかったということについて。

——（これについては簡単にいうとて、はなはだ簡単に説いてある。やはりこの点は言いくるめるのがむつかしいのだろう。）

キリストは、ユダヤ人にむかってきびしい言葉を吐いているが、これはかれらを改宗させるためである。そして十字架にかけられながらもユダヤ人をとりなして、「父よ、彼らをゆるしてやってください。彼らは自分が何をしているのか知らないのです」(ルカ伝、二三―三四)。また、かれらは「先祖たちのおかげで神に愛されています。神の賜物と召し出しとは取り消されないものなのです」(ロマ書一一―二九)。

イエスがユダヤ人に向って「なんじらは悪魔の子である」と説教したことはあげてはない。これは略してある。しかし、これを略しては、ナチの権力者のユリウス・シュトラッサーが一九四一年十二月二十五日に反ユダヤ宣伝誌「シュトルマー」に書いた言葉に対抗できないだろう。「ユダヤの血の中にある神の呪がいや増すことを終らしむるためには、ただ一つの方法しかない。すなわち、悪魔の子たるこの民族の絶滅である」

(三) キリストの死についての責任について。

――キリストを殺せと叫んだのは、ユダヤ人の中の少数だった。「祭司長たちや民の長老たちは……民衆の中に騒《さわぎ》がおこるといけないから、祭りの間はやめておこう、と言っていた」(マタイ伝二六―三)

このようにして、ベア枢機卿はキリスト教の潔白を主張している。聖書の中のあちらこちらから都合のいい部分をさがしだせば、こういうふうにもいえるのだろう。しかし歴史上の事実としては、教会や神学者はユダヤ人を憎み呪うのを神聖なつとめとしていた。もしベアがいうとおりなら、全中世と近代が聖書の誤解の上にたっていたということになる。ベアがいうようなユダヤ人に対する肯定的な態度は、じつはなかったので、こういう主張は凄惨たる大量殺戮の後になってはじめてあらわれた。

ドイツ人は、ナチに対するキリスト教側の不服従反抗があったとて、その例をあげて、ナチスは反キリストだったと主張する。たしかにコルベ神父やリヒテンシュタイン神父は立派な殉教をとげた。そして、ドイツの教会は、ナチの初期には自分の教権の独立のために抗議をしたが、やがていよいよ堪えがたくなるにおよんで、おそくなってからではあったが一九四三年のウルム監督や、一九四四年のケルン大司教の声明もあった。後者は「無実の者に対し、たとえばその者が異なる人種に属するなどという理由で、その財産や生命を奪うことをしないこと」とまで言った。随分勇敢なことだった。それにしても、全体としてみれば、その数はまことに少なかったし、その声も弱かった。教会の大勢は順応していた。しかし、右の程度のことはあった。これは後にしるすようなわけで、キリスト教精神の分裂のあらわれではなかったろうか。

法王ピウス十二世の立場は困難なもので、その去就は曖昧だった。無神論のボルシェビズムをおそれるあまりナチにひいきしたし、またドイツのカトリックの身の上を心配して、ヒットラーに正面から挑戦しなかった。より小さき悪をえらんだのであった。戦後に、収容所に入れられていたユダヤ人がアメリカの軍服を着てピウス十二世に質問したときの法王の答は、かなり歯切れがわるい。

さまざまな混乱

この法王はどうも終始一貫しなかったのではなかろうか。戦後になってはじめてナチをはげしく攻撃した。聖母マリアが肉身のまま昇天したことを、不可謬の教権をもって万人が信ずべき真理ときめた。また、一九五四年十一月二日には、「教会は、政治・社会・経済など、人間生活の一切に関心をもつ。これらは教会の権威に従属すべきである」と声明した。たいへんな要求である。思い上がりもいいところである。神の代理人であり、奇蹟を信じ、全人類の指導者をもってみずから任じる人は、あまり自己反省などはしなくてもいいものだとみえる。

宗教家は陰謀や暴力をことととする政治家とはちがう世界にいるのだから、あれに対抗しろといってもむりだった、法王はただ宗教にのみ専念すべきであると弁解されている。そしてまた、デンマーク王は「自分の臣下が殺されるなら、まず自分が死ぬ」とて、胸にユダヤの印をつけていた。それによってこの国からは犠牲はでなかったが、そのようなことは世俗の権力者からのみ期待さるべきである、と主張される。

しかし聖職者といえども、やはり人間の運命には関心をもって、そのためには献身すべきものではないだろうか。われわれ俗人と同じように。「悪とたたかうのは俗人のすべきことである。われわれは象牙の塔の中にいて説教をしている」というわけにはいかないのではなかろうか。それだのに、額に汗しておのれのパンを獲得しないですむ境涯《きょうがい》にいて、ともすると観念的な言葉でどうにでもつく抽象的な理屈を弄して、たえざるステレオタイプの自己礼讃をつづけているらしいので……。

いまドイツ人の書いたものを読むとよく、自分はキリスト教的西欧的ヒューマニズムの立場にたつ、と書いてある。しかし、伝統にしたがえば、キリスト教的西欧的ならばヒューマニズムではなく、ヒューマニズムならばキリスト教的西欧的ではなかった。キリスト教徒は、ユダヤ人をくるしめ、槍を抱いた騎馬姿で十字をかかげて、異教の地と民をゴッドの名において蹂躙しつづけた。布教はしばしばインペリアリズムの露払いだった。

ついに問題はつぎのようなところに煮つまったように思う。つまり、キリスト教精神には分裂があった。異端征伐と隣人の愛である。

一方には、天地の真理はあきらかである、それを悟りえずしてキリスト教徒にならなかった異教徒は思考怠慢のために罰せられる、真理は自分のみが知っているのだから他を亡ぼすべき使命をもっている、という考えがあった。

他方には、成熟した人間であるかぎりかならずもっている倫理的要求がある。マタイ伝のはじめに記してあるようなかがやかしい隣人への愛が、ヨーロッパの世界支配と共にキリスト教の独占のようになった。博愛と敵を愛することはキリスト教にかぎると思われるようになった。

これを自分は信じている——と信じていることが、非常な自信を生んで、自分は他を征服すべき優者であるという妄想を生むことになった。「汝の敵を愛せよ」という教えは、実行できるものではなく古来実行した者もいないが、自分はこういう高貴な教を説く文化圏に属しているという誇りが、もっと卑しい文化圏を蹂躙すべしという使命観をあたえることになった。キリスト教は心貧しくはなく倨傲である。

隣人の愛は、キリスト教だけのものではない。仏教も儒教も、じつにうつくしい深い言葉でそれを説いた。他教徒を憎んだり呪ったりはしないで、慈悲や仁を実行した。キリスト教のように戦闘的ではなく、「他宗を誹謗《ひぼう》すべし」とはいわずに、「他宗を誹謗すべからず」といましめた。わが家の門に托鉢《たくはつ》をする仏僧が「願わくばこの功徳をもってあまねく一切に及ぼし、われらと衆生《しゅじょう》ともろともに仏道を成ぜん」と唱えるのを聞くたびに、彼と我との聖なるものへの係り方がちがうのを感じる。

ルッター

キリスト教国では、すくなくとも千五百年にわたって、教会と国家があらゆる方法をもって、ユダヤ人をいやしめてその公共生活をむつかしくした。軽侮《けいぶ》、よくても憐憫が、すべての領域において伝統的であり、しばしば憎悪が支配した。（註　私がこう言ったのでは議論が尾をひくだろうから、それを避けるために、公けに認められた判断を引用した。以上は、エンサイクロペジア・ブリタニカのJewsの項に書いてある。）

これが大衆の集合的無意識の中に沈澱した。キリスト教国で反ユダヤ感情のないところはない。政治家はそれを自分の目的のために煽動した。ドレーフュース事件は、第三共和制をくつがえそうとする王党と僧侶側の策動だったし、ヒットラーは反ユダヤ主義をもって権力獲得と維持のための手段とした。ヒットラーの反ユダヤ主義の執念は遺書にいたるまで終始一貫していて、民衆はそれによって頤使された。

こういう伝統的な感情を形成するためにあずかって力があった人の一人に、マルチン・ルッターがいた。この人はアウグスチヌス派であり聖書に忠実だったから、そのはげしいユダヤ人嫌いも当然の帰結だった。その主な反ユダヤ文書は、「ユダヤ人とその虚偽について」と「シェーム・アンフォラス」である。共に一五四三年に書かれたもので、ワイマール版ルッター全集第五十三巻に入っている。大判にぎっしりと、前者は百五十ページ、後者は七十六ページある。後者は補遺のようなものだから、前者の中から紹介する。

ルッターは大改革を敢行して、真に非常な人だった。ただ、われわれはキリスト教とは人類愛を教える高潔なものと思いこんでいるから、ルッターは柔和な人道主義の英雄だったのだろうと想像する。たしかに英雄だったが、その論難文類を読むと、表現が粗野で下劣なのに一驚する。これでもかこれでもかと息をつく暇もないほど悪口雑言をくりかえしていて、読んでいて気持がわるくなる。その偏執はわれわれの神経には堪えかねる。以下にはなるべく実質的なことのみを紹介するから、ただの慢罵に類するものははぶくが、プロテスタントはこういうものによって何百年も教育されてきたのだろうか？

まずその冒頭を――。

――改心せず救いがたい者が、われらキリスト教徒を誘惑することをやめない故に、かかる毒あるユダヤ人に抵抗して身を守るよう、警告のためにこの小著を書く。……悪魔が世界の支配者である。神の言葉がないところでは、悪魔はただ弱い者に対してのみではなく、強い者に対しても自在に横行する。神よたすけたまえ、アーメン。

敵が正しくなければそれを論難するのはあたりまえだが、悪魔を信じていたドクトル・マルチン・ルッターは根拠もあげなければ論理もふまない。この文章では、ただ聖書からおびただしい引用をして、それを繋ぎあわせて絶叫をかさねている。くどくしつこく、いかにユダヤ人が神に背いた悖徳《はいとく》無慚《ざん》なものであるかを、ヒステリックに毒づいている。キリスト教の福音をもう千五百年も聞いているのに、まだ改宗しないから頑迷不霊である、とおこっている。われわれはこのような呪ということを知らないが、「われは妬む神なり」というふしぎなものを信仰すると、こういうことになるのだろうか。

例によって割礼《かつれい》についての議論がながながとつづき、それからユダヤ人が嘘つきであることを、十箇条にわたって説いている。

これはヨハネ伝八章にある「ユダヤ人たちよ、なんじらは悪魔の子である。なんじらの父は人殺しである。嘘つきである。うんぬん」というイエスの説教をうけたものにちがいない。西洋史の中では、これが一すじの赤い糸のようにつづいた。「わが闘争」にもこれがあり、ナチ前にも学生が大学当局に迫って、ユダヤ人の論文は嘘を書いているのだからその筆者の血統を明記しなければならぬ、と主張したというようなこともあった。あのころはドイツ人は、生物学によって科学的に実証されているとおり、自分たちは優秀な支配者民族であって嘘をつかないと思っていた。

ルッターはユダヤ人が嘘つきであることを証明したのち、「さてそれならば、われわれキリスト教徒は、この悪魔であり永遠の死である民をどうすればよいか?」とて、その具体的方策を提案している。前出本の五二二ページ以下にそれが書いてある。

おどろくべきことだが、この提案が四百年後のナチの政策にほとんど直結している。ルッターには現代史のルーツがある。
以下はルッターの提案である。

一、ユダヤ教会堂（シナゴーグ）に放火せよ。燃えないものは土で埋めて、会堂の石が永遠に見えないように覆え。これは、われらキリスト教徒が神の子が汚されるのをゆるさないことを、神が知りたまわんがためである。……モーゼ曰く、ある市で瀆神《とくしん》が行われれば、われらはその市を火をもって全滅させて、一物をも残さない。
二、家屋をも破壊せよ。ユダヤ人は教会堂の中で行うことを家の中でも行うからである。かれらをジプシーのようにテントの下に収容し、かれらはわれらの国では主人ではないことを悟らしめよ。悲惨な捕われの境涯におき、上なる神にむかって嘆き叫ばしめよ。
三、かれらからすべての祈禱書をとりあげよ。そういう本の中で、瀆神や虚偽や呪詛が教えられるのだから。
四、ユダヤ教教師（ラビ）が教えることができないようにする。かれらはその権利をすべて失った。なぜならば……。
五、ユダヤ人の旅行を禁じる。かれらは国内には用はない。かれらは上流人でもなく役人でもなく商人でもない。かれらはおのれの家にとどまれ。
六、ユダヤ人に貨殖《かしょく》を禁じる。かれらが現金や金銀珠宝をもっているのは、貨殖によってわれらから盗むか奪うかしたものである。かれらにはその他に職業はない。その金をとりあげて、かれらが改宗したあかつきに、その女子供や老人のためにすこしずつあたえる。

そもそもユダヤ人に二通りある。その一は、神の命にしたがってモーゼに率いられてエジプトから出てカナンに帰った者たちである。これはモーゼにしたがったのだから、メシアが現われるまでその国にとどまっている。その二は、イエスの裁判のときに「殺せ、殺せ」と叫んだユダヤ人共で、それにむかってローマ人の法官が「おまえたちの王を十字架にかけるのか」と問うた。群集は「われらには王はいない。カエザルがいる」と答えた。これによって、このユダヤ人たちはカエザルの命に従うのが当然であり、以上のような扱いをうけることになる。
七、若くて強いユダヤ人男女の手に、斧《おの》や鋤《すき》や紡車《つむぎぐるま》などをもたせて、額《ぬか》に汗してそのパンをえさしめよ。かれらもパンを正当な手段によってかせぐべし。われらが汗してはたらいているあいだに、かれらが暖炉のうしろに寝ているべきではない。かれらがわれらの体、われらの女や子、僕《しもべ》や家畜に害を及ぼさないように、警戒せよ。云々。
ユダヤ人を永遠に国から放逐せよ。かれらに対する神の怒は大きく、やさしい柔和をもってしては悪くなるばかりであり、きびしい柔和をもってしてもすこし善くなるだけである。だから、かれらを永遠に追うべし。

宗教的妄想はすべてのページに書いてある。たとえば――ユダヤ人を見たら、十字を切れ。悪霊から身を守って唱えよ、ああ悪魔だ、と。

また、ルッターはユダヤ人を、泥棒、強盗、人殺し、瀆神者《とくしんしゃ》などと呼び、さらに井戸に毒を投げ入れる、子供を攫《さら》う、キリスト教徒の血を入れた壺を贈物にする、かれらがブドー酒を飲みほすと樽の底にユダヤ人の死骸がある、などと書いている。こういうことがその当時の常識だったのである。

ユダヤ人は太古から非人間あつかいをされ差別されていたのだから、その性格にも損傷をうけた。それはずいぶんひどいものでもあったろう。しかし、それが「ホロコースト」のすべての原因ではなかった。「ホロコースト」のいちばんの原因は神学的なものだった。他にもさまざまの契機が絡まっていたことではあるが、あれはただドイツ人というある特定の国民の罪というよりも、むしろヨーロッパのキリスト教文明の暗い体質から生まれた。もとよりキリスト教文明には、はなはだかがやかしい面もあるのだが、これまではただそれのみがいわれた。

自己礼讃の中のキリスト教

私はもともとキリスト教徒に対しては敬意をもっていたのだったが、いかにも怪訝《かいが》にたえないナチの現象を解明したく思い、ついに伝統的なキリスト教の正体に接するに及んで、じつにおどろいた。いまでも、ともすると、高慢な自己礼讃と自閉的な自己陶酔から外には出たがらないようだ。あの大事件を意識から排除して考えずひとりよがりをつづけていたことは、怠慢だった。前出のヨハネス二十三世やベア枢機卿たちは、反省してくるしんでいたのだろう。

ルッターは文学的にも音楽的にも人の胸に浸み入るものを作った。だがその狂信は、その深い心情を未開野蛮なものにしてしまった。右の本の終りにちかく、ユダヤ禍をなくするための方策をもう一度確認しているが、ここにはキリスト教文明の一つの暗礁がきみわるく頭を出している。すなわち、ひさしく、キリスト教の信仰をいだいている者のみが魂をもっていると考えられていたので、非信者は人間とは見なされなかった。むしろ異端の徒は根だやしにすべきだった。ルッターも絶滅までほとんどもう一歩のところまできている。

——聖火（これは病名だとする解釈あり）が骨に入ったとき、医者は容赦なく骨を切り肉や血管を焼く。われらもそのようにやるべきである。ユダヤ教会堂を焼き、前にあげたようなものを一切禁止し、強制労働を課すべきである。かれらに対してはいかなる容赦もすべきではない。さながらモーゼが砂漠を行ったとき、全員が亡びないために三千人を殺したように、やるべきである。ユダヤ人に対しては同情が役に立たないのだから、われわれは神の怒りをうけて呪われないために、狂った犬を追うごとくにかれらを追わなくてはならない。

（かく記したことによって）私は自分の義務を果した。何人も同じ義務を果すことができる。いまや私は罪なき清浄の身になった。

これが四百年後に、ナチによる「ユダヤ人問題の最後的解決」となった。アイヒマンをはじめ多くの者が、「自分は理想主義者である」と言った。

（余白がないから、引用は要点をまとめたものが多い）

〈追記〉 キリスト教は自己批判をするか？

私はドイツで起こったユダヤ人絶滅事件をいかにも不可解に思い、どうしてこのような事が起こりえたのか、その謎の正体を知りたかった。私共の年代の者は青年時代にはヨーロッパ文化の圧倒的な影響の下にあった。その高貴な偉大なもののみを教《おそわ》って、それがヨーロッパの全部だと思いこんでいた。漠然と違和感をおぼえたこともあったが、それを批判するなどは思いもよらなかった。そこにあのような奇怪きわまる大事件が発生し、これは何事かと驚愕したが、その真実は知りようもなく、考えたり調べはじめたりしたがひさしく五里霧中をさまよった。

手探りをつづけてついに達したのが、前に記したような結論である。――あの絶滅事件は歴史の中の複雑な要因が絡みあって起こったことに違いないが、そのもっとも根本はキリスト教にあり、その歴史の中の不幸な展開による。

もとよりこれはある一つのこれが本質的だと思われる観点を抽出したものであり、あるいは間違っているかもしれない。もし間違っているならば、それを指摘して教えを乞いたく、謙虚にきいて考えを改めたい。

これまでにこの種のことを書いても、それはただ黙殺されるだけだった。こうした考えのあやまりを正すのがその使命だろうと思われる側からも、何の教えもうけなかった。反論も一つはあったが承服できるものではなかった。それで私はじつは反論ができないから何も言わないのではないかと、ひそかに思っていた。キリスト教が因であの大非人道《ひじんどう》事件が起こったなどということは、誇りの高いキリスト教文明の根幹を揺がすことであり、これまでの栄光を泥土《でいど》に委《い》することである。

あの事件とキリスト教との関係は、私には考えれば考えるほど明らかだと思われてきたが、ちかごろになって彼地でもそれに触れたものがいくつかある。フリードリヒ・ヘールとか、ヨアヒム・カールとか、カルルハインツ・デシュナーなどがそれである。ことに Deschner: *Abermals krähte der Hahn*（鶏はふたたび鳴いた）という本は、これまで私が接したものの中では、歴史を通観してもっとも明晰である。

ふしぎなことには、ユダヤ人は個人的に接すると非常な怨恨を述べるが（イスラエルのベギン首相は両親がガス室で殺されたので、ドイツ製の車には乗らないのだそうである）、それをあまり公けには語らない。ヨーロッパではやはり周囲の大勢の圧迫があるからなのではないだろうか。迫害の事実を集めた大冊はあるが、キリスト教を正面から攻撃したものにはほとんど接しない。おそらくイスラエルでは激しいものが書かれているのだろうと想像する。

キリスト教と反ユダヤ主義との関係を書いたものは、前述のようにいくつかはあるが、これはまだ例外的なむしろ片隅の声で、この両者を結びつけることは一般の意識には上ってはいない。ジャーナリズムでそれをしているものには接したことがなかった。いやな事は意識から排除して考えず、沈黙してふれず、あたかもなかったことのようになっている。

ところが、最近になってはじめてこの傷口に触れた記事を読んだ。これでみると、この問題はやはり反省する人々の胸の底にはふかいところでうずいている（「ツァイト」紙、一九八二年六月十二日）。

それは近世はじめの反ユダヤ思想を研究した本の長い書評である。普通には、ルッターははげしい反ユダヤで、ロイヒリンとエラスムスは寛容だったと思われているが、じつはそうではなくてこの後の二人もやはり反ユダヤだった。それはこの時代の全体の情勢からそうなったので、宗教改革期の思想家たちは大胆に新らしい時代をひらいたが、ユダヤ人にとっては十六世紀は依然として闇黒の中世だったということを論じた本が書かれた。それを書評したものである。

その冒頭を左に訳す。――

――現代史の諸問題の中で、第三帝国のユダヤ人迫害がわれわれにとってのもっとも苦しい難問題である。これが理性と良心をもった人間にとって堪えがたいものである故に、ともすると歴史を曲げて解釈することになりがちである。その一は、間違ったことであるが、犯罪を小さなものだったとするか、はなはだしきにいたってはそんな事件は実際はなかったと主張したりする。その二は、全ドイツ史が、ドイツ史のみが、宗教改革以来あるいは十九世紀以来ただアウシュヴィッツをめざして進んできたとするものである。

反ユダヤ主義はただドイツだけのものではなくヨーロッパ的現象であり、キリスト教ヨーロッパの現象である。いわばキリスト教ヨーロッパの暗い半面である。云々。

この書評された本は Heiko Oberman: *Wurzeln des Antisemitismus* である。これを読んでみたが、たいへん専門的な論考で簡単に紹介はできない。

もしこういうことが正面からとりあげられるようになれば、それはヨーロッパ文明にとっては根幹を撼《ゆる》がすような事件となりうることであるが、あるいはことによったらそういうほうに展開しないでもないかもしれないという予感もする。

というのは、これまではローマ教会は神聖不可謬だった。何があっても正しかった。自分は絶対の神意をうけついでいるのだからとて批判をゆるさなかった。自分の主張のみが「普遍」であるから、世界はそれにしたがうべきだった。法王庁の指令とて、じつはその中の官僚機構がきめているのだから「不可謬」ということはありえないとて、これを疑ったドイツのキュング神父は、罰せられて、チュービンゲン大学で神学を講ずることを禁止された。

ところが、近頃になって、ローマ側の態度に変化が生れてきたことが、ちらほらと報ぜられるようになった。

去年の秋に法王ヨハネス・パウロ二世がスペインを訪れた。そして知識人の会合の席で、かつていかなる法王も口にしなかったことを述べた。それは、十五世紀に数千人の異端とユダヤ人を拷問し焚殺し、二十万のユダヤ人を追放した「スペインの宗教審問」は誤りでありゆき過ぎであった、と公けに認めたのである。ヨーロッパ中世の宗教審問は法王の裁可をもって行われ、その凄惨はわれわれの神経には堪えがたいものだった。法王は聖地アヴィラをも訪れたが、その写真で見ると、アヴィラ市は上に銃眼をつけた堡塁《ほうるい》とえんえんたる高い城壁によって、とり繞《ま》かれている。まさに大城塞である。こういう巌丈な城の中で、偏狭頑迷な狂信が燃え上っていたのだった。ここには大審問官トルケマーダが設計した僧院がある。

またこの法王は、今年（一九八三年）の五月にローマで開催された国際学会の科学者たちを特別謁見して、三百五十年前に行われたガリレイの宗教裁判について、教会のあやまちを自己批判した。——しかし、「教会はその後、この経験によってより成熟し、自分の権威をより正確に把握できるようになった」

いまさら言うまでもないが、一六一六年に、法王庁はコペルニクスの地動説を、「聖書の各所に言葉どおりに記してある説、また初期教会の教父たちの見解にあきらかに背いている故に」、異端と宣言した。そして、ガリレイにそれを祖述することを禁じた。ガリレイはいったんこれに従ったものの、なおつづけていたので、終身禁固刑を宣告された。

ところで、その聖書であるが、創世記をはじめ非合理的なことがいっぱい書いてある。現代の科学者はもとより、物を考える人で、あれをそのまま信じている人がどれほどあるのか、といつもふしぎに思う。すくなくとも学者には、歴史家であれ哲学者であれ心理学者であれ……いないように思われる。俗人にもほとんどいないようだ。ただアメリカでは、創世記信仰復活が大きな運動になっている由である。

昔ある国にああいう信仰が行われていたことは分るし、他人の信仰についてとやかく批判めいたことを言うつもりはない。

ただいかにも解しがたいのは、あの聖書に盛られている猛烈な妬み、憎しみ、呪い、復讐……について、いまだに何の自己批判がされていないことである。イエスは自分がユダヤ人でありながら、「汝らユダヤ人よ、汝らは悪魔の子である。云々」と説教をした。やはりユダヤ人の聖者マタイは、「ユダヤ人は神の子を殺した故に、子々孫々まで罪がある」という邪悪な創作をした。これらの言葉がその後もずっと生きていて、世界史に測るべからざる災厄を生むことになったが、しかもこれらを明記した聖書が神の啓示として、何の改訂もされないままに今でもベストセラーをつづけている。キリスト教国は戦争や侵略をつづけたが、それにはつねに神意がもちだされていた。しかも、キリスト教は愛の教ということになっている。

ヒットラーは「アルメニアの虐殺をいま誰が覚えているか」と言ったそうであるが、社会の記憶は短く、年がたてば忘れられて問題ではなくなるというのも事実である。現に、ドイツ人の多くはあの大事件については考えることをやめてさながらなかったことのようにしているうちに忘れてしまって、自分は依然として昔ながらの深い内面性をもった高貴な個性ある人格だと思いこんでいる。フロイトは、不安や葛藤をよびさますような体験は抑圧され、忘れられる、と説明しているが、まさにそれである。キリスト教会も当時は反抗しなかったし、今もべつに贖罪をしていないようだ。戦後になって日本在住のカトリック神父で、われわれは固い信念をもっているが、日本人の宗教心は折衷主義で倫理性がないなどと説教した人もいた。

バテレンに対する日本側の反駁

マニラのセント・オーガスチン大学を訪れたときに見たが、画廊があってフィリピンの歴史を描いた絵が時代順にかけてあった。このカトリック系の大学ではフィリピンの歴史をキリスト教の伝来からはじまるとしているので、最初の絵は征服者スペイン人が上陸したときの図だった。戦士が剣をもっていかめしく立ってい、それにならんで僧侶が大きな十字架をかかげていた。そして、その下に「……この遠征の主たる目的は、卿も知るごとくに、土民を改宗せしめ、新スペイン（メキシコのこと）への安全な通路を見いだすにある」（フィリップⅡ世からレガスピへ）と古文書を引用して記してあった。

中世から近世初頭のキリスト教は異端を折伏して支配することを宗としていた。非キリスト教徒は悪魔の眷族と信じられていた。私は近頃リスボンの郊外の、かつての新大陸征服者たちが出帆したあとを訪れたが、このあたりには地球の上に十字架をたてた象徴がいたるところにえがいてあった。このあたりのみならず、ポルトガルやスペインの全盛期の遺品には、この象徴があちらにもこちらにも飾ってあり、かつての全世界をキリスト教によって支配するという意気込みが歴々としていた。世界はわれらキリスト教徒のために創られた。かくて異教徒を改宗させるか、もし改宗を肯じなければ亡ぼすかが、その使命であり、法王は世界を二つに分けてこの両国に与え、異教徒を奴隷とすることを許した。

右のことは疑いのない事実であるが、次に権威者の言葉を引用することにする。

「長年にわたってヨーロッパの法律家たちは、キリスト教徒である国王の最高の義務が異教徒を改宗することに向けられており、この目的のためならば、武力行使は必要かつ正当であると論じてきた。もしも外国の中で、すすんでキリスト教を受け入れようとしないと思われるものがある場合、その国に戦争をしかけて、その領土を奪うのは正当であるとされた。こうすれば、その国民は洗礼を受けて偶像崇拝から免がれることができ、また自発的改宗者といえども、キリスト教政府の統治下にいる方が、堕落への誘惑に対して一層安全な場所にいられるからである」(サンソム『西欧世界と日本』)

キリスト教を広めるとともに、利潤の多い貿易に従事し、植民地を獲得するのが自分の使命であるという信念が、この後数世紀にわたってヨーロッパ人の世界進出の原動力となった。インドや中国やフィリピンは侵略され、日本は遠かったから軍事力としては来なかったが、それでも長崎はカトリック領となった。この頃には、宗教的プロパガンダと軍事力とは結びついていた。宗教家は住民を改宗させ、国王はその土地を領有した。他国を天地を創造したゴッドのものにするのだから、良心の疚しさはなかった。これは現代の規準からはかれば不当なことではあるけれども、遠い歴史のなかでおこったことについては、善とか悪とかいうことはない。ただ事実があるだけである。

これに対して、日本側はふさわしい反応をした。すなわち、はじめには多数の熱烈な信者が生れ、また相手の利潤に見合ってこちらの利潤を求める貿易が行われた。しかし、やがて相手の正体が分り自分の弱点を自覚すると共に、鎖国をして安全をはかった。インカを亡ぼしマカオやフィリピンを征服した力が日本だけを例外にするという保証はなかった。むしろ、スペインが日本をも領有したがっている兆がいくつもあった。

当初には、キリスト教はインドのゴアから来て、仏教の一派と思われていた。ゴッドは大日にあたるものと考えられた。そして、宣教師たちの高い人格とかたい信仰は日本人を感動させ、かれらは迎えられた。

しかし、やがてそれが仏教とは違うものであることが判った。それは厳しく不寛容に、排他的に非合理なものだった。現代のようにキリスト教のシンボルをもった人道的な教養宗教といったようなものではなく、アントロポモルフィスムから生れた人格神、その天地創造、天使、悪魔、原罪、復活、審判などを、言葉通りに信仰することを求め、日本人の従来の信仰を悪魔の教えと罵った。

布教者たちは、一方には日本人の美質を認めながら、なお悪魔に憑かれたものとした。この点では布教者のすべてに例外はない。日本人に対して非常な好意をもったサビエルすら、宗論をすれば「余の講述せる耶蘇教は真神独一にして、耶蘇の我輩に教へし教法の外真教なく、他は皆邪教なることを主張する。人の天堂に到らんとするには耶蘇教徒とならざるを得ず、是を以て耶蘇教徒に非ざる者の地獄に落つべきは必然なり」(『日本西教史』)という調子だった。さらにもう一つ例をあげれば、ヴァリニャーノの『日本巡察記』には次のように書いてある。「日本人は非常に優れた風習や天性を具有し、それによって世界でもっとも高尚で思慮があり良く教育された国民に匹敵しながら、一方悪い面を有して、この点ではそれ以下がないほど悪いのである。日本人の中に、この善悪の矛盾があり、同じ人々の間に極端な両面が同居していることは、はなはだ不思議である。だが、それは驚くには当らない。何故なら、偶像やその宗匠達からは、誤った教以外のものを受けることはできないのであって、はなはだしい悪徳や罪悪の中で生きるのは、常に異教徒の慣わしであり、特に日本に於いてそれが顕著である。それは一つには悪魔や仏僧が教える邪悪な宗教によるのであり、また一つには貧困や打ちつづく戦乱によるものである」

「他教を誹謗すべからず」というのは仏僧の心得だが、昔のキリスト教では他教をできるだけ誹謗しなくてはならなかった。悪魔の実在が信じられていて、キリスト教のゴッド以外のものを崇めるのはすべて偶像崇拝だった。現代でも私はヨーロッパ人から、「お前の国は偶像崇拝ではないか。木や金属で作ったものを崇めているのではないか」といわれたことがある。中央ヨーロッパで十二、三世紀に絶頂だった十字軍精神は、ポルトガル・スペインでは十五、六世紀にも生きていた。

やがて日本人のインテリ——仏僧や儒者たちの側から、バテレンの教理に対する反駁がはじまった。それはおどろくほど合理的で論理的なものである。この反論の体系ができあがって、それがほぼ変らない形で明治のはじめの安井息軒までつづいた。そして、キリスト教の方で創造や奇蹟や審判などをあまり表に出さなくなり、むしろすべての根源であるところのゴッドの愛という面を強調するようになってから、それは陳腐になって萎縮した儒教道徳に代るものとして、新しい内的生命をえて、熱心なプロテスタントを生むようになった。

バテレンに対する日本人側の反駁には、現代的な意味があると思う。いまキリスト教は大動揺をつづけて、ヨハネス二十三世の現代化以来、神学的にも難問山積しているようである。さまざまのおどろくべきニュースが次々とつたえられ、バテレンが奉じたような古い観念は大打撃をこうむった。ヨーロッパでは「ゴッドは死んだ」とか「人間は一度しか生きない」とかいうのが、どこでも流行語のようになっている。

これはオランダで聞いた話であるが、青年の間では「ゴッド」などというと、みな笑いだすのだそうである。一年ほど前のタイム誌に「ゴッドは死んだ」という特集があったが、手元の同誌昭和四十二年十二月二十三日号に、「非存在としてのゴッド」という記事がのっている。トロント大学のカトリック哲学者のディウォードという人が『信仰の未来』という本を書き、思考の「非ヘレネ化」を説いている。そのごく大意は、ギリシャ系の中世哲学によってゴッドは存在するということになったが、これをやめなくてはならない。人間の死後に勧善懲悪をするというようなゴッドの観念は、現代人にとっては未熟で考えるに堪えないものである、プラトン的な考え方が、ゴッドを自然の上に自然に反して存在するものとした。未来のキリスト教は、ゴッドを万能の存在としては考えず、むしろ自然の中に自然を通じてある実在、歴史の形成力と考えるようになるだろう。ゴッドという言葉が時代外れの超自然的偶像というようなものになってしまっているから、教会は存在の彼方の実在をあらわすためにこの言葉を使うのをあきらめるべきである。ゴッドから存在という要素を棄てよ。——何だかゴッドが、絶対無としてのカミか仏に近くなってきたようなふうでもある。

バテレンに対して日本人はさまざまの難問を吹きかけ、閉口させた。ついにバテレンは、ヨーロッパ人は子供の頃からキリスト教になれているから、その教義をも素直に受け取るが、日本人ははじめて接するのだから、納得が行くまで承知しない、日本には教養のある説得力をもった布教者を送るべきだ、日本人の質問にはトマス・アクィヌスや、ドゥンス・スコトスのような大神学者でも容易に返事はできまい、というようになった。

そういう日本人の質問がフロイスの『日本史』に要約してある。

「天地の御作者の知識と認識とからおよそ縁遠いと同じく、遠くその国ぐにを隔てて住み、かくも久しい歳月の間、日本人がその中に生活してきた暗い闇と偶像崇拝との『世界』に、我等の御主なるデウスは、その寛仁の輝く光と慈愛の奇しき輝きとを照らすことを望みたもうたので、この御主の救いの大きな恩恵が日本人の心の中に実現されるように、デウスの御摂理によって」、サビエルは天文十八年（一五四九）に鹿児島についた。そこで最初に出会った日本人の宗教は禅宗だった。

「この宗派の人々の信仰では、生れることと死ぬこと以上には何事もなく、来世もなく、悪に罰なく、善に報いなく、また宇宙を支配する創始者もいないという。僧侶たちは静慮に耽る慣習をもっている。彼等はそれを坐禅と称し、無の法則について静慮して巧みに良心の苛責を抑えようとする」また「……数人の貴人がまいりましたが、その人たちを論破することは、我等の御主の特別のお助けがなかったならば、できなかったであろうと思われます。なぜかと申しますと、彼等は禅宗の出であって、たいそう静慮に専心している人たちなので、いろいろな質問を出しますが、学者というものは信仰のない人たちを相手にしておりますから、そういう質問に対しては、彼等に満足が行くように答えられる学者は一人もいないであろうと思われます」

こういう日本人の「いろいろな質問」を、いるまんファン・フェルナンデスはサビエルに宛てた手紙の中に、二十一項目に分けてあげている。そして、「これやあれやの質問をした者はきわめて数多く、彼等は朝から夜中まで家に満ち、ぱあでれコスメ・デ・トルレスは大きな愛と忍耐をもって皆に満足を与えた」

この二十一項目を中心として、他の場合の質問をも加えて、和辻〔哲郎〕先生はバテレンがもっともしばしば出逢った質問を、六つに整理した。(『日本倫理思想史』)

一、悪魔は神の恩寵を失つたものである。しかるにその悪魔が、人よりも大きい自由を持ち、人を欺くことも出来れば、正しい者を滅亡の危険に導くことも出来る。それは何故であるか。

二、神が愛の神であるならば、人が罪を犯さないやうに作つて置く筈である。さうでないのは何故であるか。

三、神が人間に自由を与へたのであるならば、最初に悪魔が蛇の形をして誘惑を試みた時に、天使をしてそれが悪魔であることを告げさせ、自由に選択する機会を与へるべきであつた。何故さうしなかつたのであるか。

四、人の精神的根本が清浄であるならば、何故に肉体にある原罪によつて汚されるのであるか。

五、善行をなすものが現世において報いられず、悪人の繁栄が許されてゐるのは何故であるか。

六、キリスト教の説く如き全能の神があるならば、何故今日までその愛を日本人に隠して知らしめなかつたのであるか。

いまだにカトリック教会では、このようなことを問うこと自体が罪であると子供に教えているし、聖職者の頭脳にはこういう疑いは浮ばないのである。しかし、現代ではこのような合理的な試練に堪えない教理は人をひきつけることができないから、それでヨーロッパでも「キリスト教はもはや社会的な力を失った」といわれるようになったのであろう。

しかし、十六、七世紀に日本に入ってきたキリシタンの広がりようは、燎原の火のごとき勢いだった。それをあらためて記すことはしないが、そのさまはわれわれが経験した大正末から昭和初頭のマルキシズムを連想させる。それへの献身は、既成宗教が内的生命を失っていたので人々に旱天の慈雨と感じられたからだったろう。また知的な仏教とちがって、初めあり終りあるまとまったわかりやすい世界像を示したからでもあったろう。さらにまた、当時のキリスト教も現代のマルキシズムも、自己犠牲のヒロイズムによるユートピアを約束したので、これが大きくアピールしたのでもあったろう。

「はじめ永禄中、此教我西鄙に来ていくばくもなく、其法六十州にみち行はれ、其化のすみやかなる、水の卑きに、火の燥けるに就くよりもなを甚しく候ひしは、其ゆへ一朝一夕にあらずして、由り来る処すでに久しく候故と見え候」

新井白石はその「由り来る処」を仏教に見いだしている。キリシタンも仏教も「ともにみな西胡の俗」であり、同じ宗教感情のあらわれである。そして、宗教は人心を惑乱して社会の秩序を乱すものである。

信長以来、為政者にとっては一向一揆の経験が悪夢のごときものだった。亡ぼされる前の本願寺の評定には次のような言葉もあった。これは和議を唱えた者の言葉だけれども、当時のありさまをよく示している。「信長の矢前には、天魔波旬も敵する事能はず、諸国の名ある武士さへ、悉く討果しけるに、此御堂は塀一重の要害にて、味方のまけたること一度もなし。……仏法の大事と存じて、真実の働き、その志し言語に述がたし。当寺と信長と不和なるによりて、科もなき女童まで、諸国に於て生害に及ぶ事、挙げてかぞへがたし」。しかし、ついに石山の本願寺も落城した。「いよいよ時刻到来して、たい松の火に西風来而吹懸、余多の伽藍、一宇も不残夜日三日、黒雲となつて焼ぬ」。これより後は、仏教が武力を擁して独立した勢力であることはなくなった。

幕府は一元的勢力となって、日本全体を支配した。その対仏教政策ははなはだ巧妙だった。表には立てながら、次第にその内的生命を涸らしてゆき、葬式宗教か戸籍番のようなものにしてしまった。今でもたとえば知恩院を見ると、それが格が高く民衆に人気のある名所ではあるが、宗教的生命は形骸のみであって、むしろ治安の役に立てるための拠点となっていたことを感じる。

武士の実力に対抗した仏教が抑えられたところに、キリシタンがひろまった。信長は仏教の勢力をきらって、キリシタンに味方した。しかし、そのひろがり方、多勢の教徒の殉教、そしてスペイン・ポルトガルの世界的活動の報は、為政者を心痛させるのに十分だった。そして、ついに島原の乱がおこった。これは平定困難な内乱だった。

ひと頃の幕府は、まだ幕府イデオロギーが確立していなかったから、とりあえずその支配下に入った仏教をもってキリスト教に対抗する手段にした。邪をもって邪をふせいだので、より小さき悪をもって大悪に代えたのだった。

「仏教もキリスト教も似たようなものであるが、仏教の方がまだましである。宗教をもって宗教をふせぐことは危険なことである。が、一時の便法としてやむをえない」——こういう気持であったことを知って、はじめて白石の『西洋紀聞』の最後の謎のような文句の意味が分る。

「今、エイズスが法を聞くに、造像あり、受戒あり、灌頂あり、誦経あり、念珠あり、天堂地獄・輪廻、報応の説のあること、仏氏の言に相似ずといふことなく、其浅陋の甚しきに至りては、同日の論とはなすべからず。明季の人、其国の滅びし故を論ぜしに、天主の教法、其一つに居れり。我国厳に其教を禁ぜられし事、過防にはあらず。幾を知るものにあらざむには、誰かはこれをよくすべき。ただ、その夷を以て夷を治む。時の機権に出ぬれども、虎をすすめて狼を駆る。またその畏なきにあらず」

一向宗もキリシタンも、およそ宗教は社会秩序や治安を害するものである。人間の頭を狂わせて天下を乱るものである。虚妄の幻をもって煽動して、健全な人間を毒するものである。王法、仏法、武家と多元的だった社会は、いまは武家の実力によって統一され、朝廷も仏寺も表には立てながらたくみに去勢した。これからは幕府を基礎づけるイデオロギーがなくてはならぬ——。

かくて超感覚的な世界を説く宗教は圧服され、現世的なイデオロギーが求められたが、それに答えたものは儒教のモラルだった。

このイデオロギーを確立したのが、林羅山であったろう。羅山は『排耶蘇』を書いてキリストを攻撃し、『告㆓禅徒㆒』によって禅宗を罵倒し、『釈老』によって現世を無視する老荘思想を否定して、これによって人倫を重んずる儒教を説いている。いずれも短文で、粗雑で、精緻な論理を展開したものではない。

『排耶蘇』は、『妙貞問答』を書いてキリシタンの教義を説いた不干（ハビアン）を、教会に訪ねたとき（慶長十一年）の問答である。はじめに大地が円いか否かという問答があり、その頃には珍しがられた地図やプリズムを、愚民を迷わすものだと非難している。それからいよいよ難問のゴッドの創造の話にうつる。天地や霊魂などは創造されたものだと説かれるが、これは始めはあるが終りがないというのはおかしい。始めがあれば終りがあり、終りがなければ始めがないというなら話は分る。しかし、始めがあって終りがないというのには何か証拠があるか。また、ものの存在にはそれを作ったものがあるはずだから、ゴッドが一切の存在を創造したというが、それならそのゴッドを創造したのは誰か。ゴッドには始めもなく終りもないというような遁辞は通用しない。

『告二禅徒一』は、――大燈国師はもと五条の橋の下の乞食だった。それが禅僧になって浮世の恩愛を断とうと考え、妻を酒を買いにやり、戸を閉して、二歳になる子を殺し火で炙って、それを食いながら酒を飲んだ。妻が帰ってきて大いに泣いた。虎狼といえどもその子を食わないから、禅坊主よりも人情がある。――こういう無茶苦茶な説である。

『釈老』には、道の道とすべきは常の道に非ずとて、虚無主義に堕するのはまちがっているとて儒教のモラルが高唱してある。それは――道は人倫を教ふるのみ、倫理の外に何の別の道あらん……故に堯舜は司徒の官を設け、人倫の教をいふ。父子親あり、君臣義あり、夫婦別あり、兄弟序あり、朋友信あり、これを五典といふ。古今不易の道なり、故に曰く、聖人は他なし、ただ人倫の至なり。思はざるべからず焉。――羅山は一切の超感覚的なものを迷妄として、ひたすら現世の人倫のみを意識している。

前出の羅山が問答したハビアンは、キリシタンになってこの名を名のったが、後に転向して禅僧落ちになり、『破提宇子』（ダイウスすなわちゴッドの教徒を論破するという意）という本を書いた。これは当時の日本人の思想からキリスト教の教義を攻撃したものである。思想的内容が豊富であり、キリシタンに対する日本側の反駁の代表的なものである。当時すでに行われていた批判を集約し、後世に行われた論点をおおむね収めている。

この本の一段では、創造とか絶対者とかはキリスト教の独占ではない、他の教も説いている、といっている。さらに、ゴッドは知と徳の根源であるという主張に対して、絶対者はそのような相対的なものではないということが、ちょっと野狐禅式に語られている。

二段では、神的な不滅な霊魂は死後に天国に行くが、他のもっと低い霊魂は地獄で苦しむという主張に疑念を発している。ゴッドが人間を苦しめるというのはおかしい。人間の主君でも、民に悪人がおり災厄があれば、それは自身の不徳として自分を責める。「然ルニでうすハ誰ガ頼ミ、誰ガ雇フトモナキニ、無量恒沙ノ人ヲ造リ、地獄ニ堕シ、一日一月ノ間ノミカ、不退永劫ノ苦ニ苦ヲ受ケ重ネサスルヲ、大慈大悲ノでうすト云ハンヤ、大慈大悲トハ、抜《キ》レ苦《ヲ》与《フル》レ楽《ヲ》云フゾ」

三段は、ゴッドはなぜ悪魔ルシヘルを生ぜしめたか、ということである。「万事ニ叶フでうすナラバ、安女（エンジェルのこと）、科《トガ》ニ堕《オチ》ザルヤウニハ何トテ作ラザルゾ。科ニ落ルヲ其儘ニ任セ置タルハ、頗ル天魔ヲ作リタル者也」

四段は、アダムとイヴの原罪についてである。「何ゾヤでうす、悪魔〈ルシヘル〉ヲ造リ置サヘアルニ、〈アダン〉〈エワ〉ヲ誑ス時、加護ヲバナサズシテ、科ニ落ヨガシ、見テ笑ハンヤウニシテ、〈アマボシ〉（菓子）ヲ食ヘバ忽チ〈ハライゾテレアル〉ヨリモ追出シ、〈アダン〉〈エワ〉ハ云ニ不レ及、一切ノ人間ヲ地獄ニ入ントハ、でうすニ似合タル存分カ、ハタ理ノ聞エタルコト歟《カ》、畢竟でうすハ〈アダン〉破戒スベキコトヲ知ラザル歟。知ラズンバ三世了達ノ智ニアラズ、知リタラバ慈悲ノ上ヨリ科ニ落ヌ了簡ヲ、〈アダン〉〈エワ〉ニ教ヘラルベキ義ナリ」

以下七段まで、原罪が子孫に伝わることの不合理や、イエスの出生の年数や、モーゼの十戒などについて「破し」てある。最後にはキリシタンは高慢である、名利を求める、邪婬であると、毒々しく悪口している。マルチル（殉教）の際にも奇蹟はあらわれない。長崎でキリシタンが誅せられたとき、代官が夜の空に紙鳶をあげ、それに蠟燭を点しておいた。殉教者たちは、あれ天から光が降りて来たとよろこんだが、やがて欺かれたことを知って泣寝入りをした。

当時バテレンが信じていて、それを言葉通りに説いた神話は、日本人には納得できなかったのである。なぜあのような噺の神話を真先に説いたのか、ふしぎである。

キリシタンの管区長のキリシトワン・ヘレイラが転んだ。遠藤周作氏の小説『沈黙』にでてくる人物である。彼は沢野忠庵と名のり、キリシタンを摘発する目明しとなった。この人がキリスト教のあやまりを指摘する『顕偽録』を書いた。その序に「……吾若年之時ヨリ鬼利志端宗旨ノ教ヲ而已業トシテ竟ニ出家ヲ遂ケ為長此道ヲ日本ニ弘メント思フ志深クシテ数千万里ヲ遠トセス日域ニ至リ此法ヲ万民ニ教ンカタメ多年ノ間不厭飢寒ノ労苦山野ニ隠形不惜身命不怖制法東漂西泊シテ此法ヲ弘ム……」と述懐している。内容は大体『破提宇子』と並行して、やはり創造からはじまって、霊魂不滅、神の不在、モーゼの十戒、洗礼、懺悔などについて、その非合理を説いてある。キリシタン反駁の思想体系はほとんどでき上がっていたように思われる。

モーゼの第七戒の盗について、こんなことが書いてある。

「鬼利志端宗旨ヲ便トシテ国々ヲ切取奪取コト必定也。……五十年以前ニ〈ホルツガル〉ト〈カステラ〉トイヘル両国ノ帝王、黒舟ヲコシラヘ、人数ヲ遣シ、未知レザル国々ヲ尋其路《たずね》ヲアケ、売買サセント企テルヲ、〈パッパ〉（トハキリシタン宗門ノ司〈ゼスキリスト〉ノ名代ナリ――法王のこと）聞及テ、船路ヲ二ニワケ、右二人ノ帝王ニ申遣シケルハ、各ノ企ハ国ノ富貴、外聞、又ハ宗旨ノ弘ルベキ道ナレバ尤也。然ラバ宗旨ヲ弘ル者ヲ方々ニ分《わかち》ツカハスコトハ我等ニ当ル役ナレバ、〈ホルツガル〉ノ帝王ハ東、〈カステラ〉ノ帝王ハ西ノ方ヘ人数ヲ遣シ、宗旨ヲ弘メラルベシ。若其時ニイズク也トモ切取給ハ吾儘ニセラルベシト定ラレケルニ依リ、彼二国ノ者ドモ方々ニ渡リ、アマタ所ヲ無理ニキリトリ、今ニ進退スル也」

このかつては功績の高かった管区長の棄教は、バテレンの間に非常な憤激を呼んだ。パジェス『日本切支丹宗門史』には、踏絵もこのヘレイラが考え出したとある。決死の宣教師が潜入してきた。ルビノは二隊をつくり、その一隊を自分が率いた。寛永十九年（一六四二）に薩摩に九人の宣教師が来たが、ことごとく苛責の後に殺された。宗門改の井上筑後守は、殺すことは不得策である。できるだけ転向させようと考えた。第二隊は、十人で、同年末に筑前の海岸で捕われた。そして、井上はこの十人をことごとくころばせたのみならず、宗門役の事務に使い、外国の事情を知るよすがとした。

井上の計略は面白い。さまざまの手段を考えたが、拷問は「木馬もっともよろしく」候とある。一つの手段としては、茗荷谷のキリシタン屋敷に入れ、楽に生活をさせ、同じ部屋に女を入れておいた。

ポルトガル人の布教者フランシスコはついに誘惑に負け、結婚した。「伴天連の祝言、珍らしく候間、見候へ」とて、人々が覗き見をする中で夫婦の盃をした。また、シシリア人のジョセフも女房をあてえられ、その先夫の名を借りて岡本三右衛門と名のり、八十四歳で死ぬまで四十二年間、宗門改の手伝いをした。この人はキリスト教批判の本を書き、白石がシドッチをしらべたときにはそれを読んでいたと思われるが、本は伝っていない。

井上筑後守は、バテレンと議論をして、その信条の不条理を認めさせようとした（彼はもとはキリスト教徒だった。その当時のモダーンな流行だったのだろう）。その論点を記したのが『筑後守、伴天連え不審を掛け、申詰めころばせ候論議』という文書である。印刷にして（姉崎『切支丹宗門の迫害と潜伏』）五ページのかなり長いものであるが、これも理づめで前述の体系のものである。

——（日本ではもうキリシタンはひろがらないが）「デウス、天地の作者ならば、何故かやうに力及ばざる国を作りをきたるや。（殉教者も奇蹟によって救われるということはないが）——デウス、天地の作者たらば、加様の時、名誉あるべき事に候。（世界には野蛮国が多いが）加様の人間を作り候者は、大悪人、無慈悲の族なるべし。——デウスにも作者ありや、又作者なしや。——（デウスは）我が気に入りたる者をば上天させ、気に入らぬ者をばインヘルノへ落すと云ふ（デウスの恣意不条理ではないか）。——（原罪について）此儀を以て言はば、只今の人間、現在にてくるしみ、未来はインヘルノへをつること、皆デウスのしわざなり。己が作りたる世界の人間を悪道へ落し、又其人間をたすくべきとて法を弘むるといふ儀、首尾不合ならずや」

新井白石はシドッチを尋問して、その人格にはふかく感心した。「其志の堅きありさまを見るに、かれがためにふかく心を動かさざる事あたわず」。また、その科学知識に敬服して、「博聞強記にして、彼方多学の人と聞えて、天文地理のことに至ては、企及ぶべしとも覚えず」と記したが、一たん教義のこととなると、その非合理なのにおどろいた。「その教法を説くに至ては、一言の道に近き所もあらず、智愚、忽ちに地を易へて、二人の言を聞くに似たり。ここに知りぬ、彼方の学の如きは、ただ其形と器とに精しき事を。所謂形而下なるもののみを知りて、形而上なるものはいまだあづかり聞かず。さらば天地の如きも、これを造れるものありといふこと、怪しむにはたらず」

白石もでき上がったバテレン反駁の体系から考えている。たとえば「天地万物自ら成る事なし、必ずこれを造れるものありという説のごとき、もし其説の如くならむには、デウス、また、何ものの造るによりて、天地いまだあらざる時には生れぬらむ」

すなわち、白石ははなはだ合理主義的立場に立っている。自然科学的知識を尊重して、キリスト教の非合理的信仰をうけつけない。こういう気持はこのころのインテリにはすでに確立していて、これが後年になって、骨が原の腑分けをした後のあの四人の医者のいまだにわれわれの心をうごかす感慨になったのだろう。「扨々今日の実験、一々驚き入る。且つこれまで心付かざるは耻づべき事なり。苟くも医の業を以て互ひに主君々々に仕ふる身にして、其術の基本とすべき吾人の形体の真形を知らず、今迄一日々々と此業を勤め来りしは面目もなき次第なり。何とぞ、此実験に本づき、大凡にも身体の真理を弁へて医をなさば、此業を以て天地間に身を立つるの申訳もあるべしと、共々に嘆息せり」。この嘆息が、日本人の近代科学への努力の源となった。

このほか多くの反ヤソ弁難の書が、みな共通の体系によっている。明治八年に安井息軒が書いた『弁妄』は、「キリスト教宣教師たちは、討論に際して相手方の多くが用いる議論の中にこの書物の影響を辿ることができるとの印象をうけた」（サンソム）本であるが、これは以上にあげた論理が一層精緻になっている。いまはそのただ一端を紹介する。

——（キリスト教の）神は霊があって形がない。それだのにおのれの姿に似せて人間をつくったというのは、おかしい。

——イヴはアダムの肋骨から作られた。物を作るには材料が必要である。天地日月万物は何を材料として作られたか。

——何の為に蛇をつくって、イヴを誘って、禁ずるところの果を食わせたのか。

——蛇は悪魔の化身であり、悪魔は天使の堕ちたものというのだが、アダムのときにはまだ天使はいなかったのではないか。

——イヴの罪のために、後世の女を罰して、子を産んで苦しませるとは、何ぞ其の寃なるや。

——すべての生物は雌雄があって、子を生む。他の生物には何の罪があって、子を生む苦しみをあたえたのか。

——もしイヴが禁果を食べなかったなら、終身子を産まなかっただろう。そうならエホバはふたたび土から人間を作らなくてはならない。

——エホバは自分の創造を悔いて、ノアの大洪水をおこした。人間がみな悪人ではないのに、これを導くに道をもってせず、突然みな殺しにするとは、いかに。

——みずから嫉む神と称し、他神を拝しおのれを信じないものを罰するとは、いかに。

現在のヨーロッパの神学者は、キリスト教の非神話化を唱え、一般の人々ももはやあのような神話を信じていない。それはキリスト教伝来のはじめから、日本人のインテリにはなじみ難いものだった。バテレンがあの形で自分が奉ずる「普遍的」信仰をおしつけようとしたのは、むりであった。

一神教だけが高級宗教ではない

ヨーロッパ文明が最高の文明であり、その心棒になっているのがキリスト教である、かくて近代の強国が奉《ほう》ずるキリスト教が最高の宗教であると思われていた。ヨーロッパ人はそれを信じて布教したし、われわれもそのように教わってきた。ひさしくヨーロッパ的なものが価値判断の規準となっていた。

だが、何となく違和感もあった。キリスト教のゴッドは、妬《ねた》み、憎み、呪い、亡ぼす。一神教徒はおれがおれがと我をたてて、絶え間なく戦乱をつづけた。レバノンは宗教の博物館なのだそうであるが、あのあたりの一神教徒たちはいつまでも愚かしい悲惨をくりかえしている。自分が、自分だけが、絶対の神の真理を体しているのだが、他教徒はそれに背くから、異教徒は悪である。

自称隣人の愛の宗教は片頬をうたれれば別の頬をさしだせと命じているが、それを実行している者はいない。心貧しき謙抑《けんよく》を教えて、それを体している人ももちろんいるが、キリスト教国にしては全世界を植民地化し搾取し奴隷化した。それが神意を奉ずる当然の結果であった。救済するとはすなわち改宗させることなのであるから、改宗しない頑迷な者は人間ではなく亡ぼさるべきものだった。聖書にはじつに激しいことが書いてある。

われわれは宗教とは柔和なものであるという先入見をもっているが、一神教はそうではなく、あべこべに猛烈なものである。

ただし、日本のキリスト教徒は別である。西洋では、生れると洗礼をうけて、いわば誰でも自動的にキリスト教共同体の一員となる。しかし日本では、インテリがいかに生くべきかを摸索して、ついに入信する。それで、「あの人はクリスチャンだ」というのは「彼は高潔な人間である」というにひとしく、事実品性のすぐれた人が多い。

さらに次のことがある。――日本人は「救い主」と聞くと、阿弥陀のように生きとし生ける者を救わんとねがう慈悲の化身であると考える。天地の主宰者が、妬んだり、憎んだり、怒ったり、亡ぼしたりするということは、心情にうけつけない。創造者の〔横暴な〕意思に絶対服従しなければ、永遠の業火《ごうか》に焼かれるということなどは、不可解であり、人間はそういう物神のごときものに威嚇されなくては善く正しくなりえないとは考えない。

日本のキリスト教は、いわばキリスト教アミダ派といったようなもので、むかしの正統のキリスト教からみれば異端である。本場では、内村鑑三やその弟子たちは、皇居前広場のようなところに薪をつみその上に縛りつけられて、生きながら焼き殺された。インノケント三世はシモン・ド・モンフォール将軍をつかわしてキリスト教の一派のカタール派を鏖殺《おうさつ》したし、スペインの大審問をはじめ各キリスト教国では迫害追放がつづき、この感情が集合的無意識に沈澱していたのが、ついに現代にいたって理性と良心にとって堪えがたいガス室になって実現した。

あのような信仰がむかし砂漠の中で生れたということは、それなりに理解ができることである。しかし、これが理性と良心の権化《ごんげ》をもって人類を指導すると自任していた文明の中に顕在し潜在しつづけたということは、怪訝《かいが》に堪えない。

「聖書に記してあるような言説や物語りは比喩として解さるべきである」というふうな説明は、くるしい言い逃れのように思われる。どうして比喩が現実化したのであろうか？　イエスは人間の罪を贖《あがな》って十字架にかかったのだそうであるが、イエスはすでにヒットラーやスターリンの罪を贖っていたのだったろうか。罪なくしてガス室で殺された者は、いかなる恩寵にめぐまれていたのだろうか。もしイエスの人格にすがって信仰するというなら、弥陀の本願にすがって一途に信心するというのが、邪教であるとはいえない気がする。

ゴッドはこの世界人生を創造しながら、途中でめんどうくさくなって手を抜いた、それで世界人生はこのように出来がわるいのだという説もきいたが、一神教のように客観世界をただ一つの条理で、単一因果をもって割り切ろうとしても、それはむりなことなのではなかろうか。

キリスト教徒にとっては個人がゴッドに直結しているから、それでつよい倫理が生れている。「われらの唯一の生の形式は、ゴッドの前に責任をもつ、自立した誠実な良心である」と、ある名あるドイツ人が書いていたが、こういう人々はいかなる過去の罪をも荷《にな》ってはいない。自分はつねに正しく、都合のわるいことは存在しなかった事である。

もとより私はキリスト教世界の栄光と偉大を心から感歎するが、これまではそれがあまりにも美化され空想化されてただ一つの規準となっていた。諸宗教の一つではなくて、至高の宗教そのものということになっていた。日本人は一神教を奉じないからダメ人間であるかのようにいわれた。

しかし、もし宗教をもって人間の世界表象の窮極のあり方と解するなら、およそ宗教なくして成立する民族共同体は存在しない。日本には一神教ならざる宗教感情があって、それが共同統一体をささえている。一神教でないからとて何の宗教感情をももっていないというのは、あやまりである。この日本人の宗教感情がどのようなものであるかということは、十分に明らめられなくてはならない。

Ⅲ　剣と十字架

ソ連地区からの難民

素朴な本能から逃亡——〝人民〟ではない人々の批判

夜ボンに着いて、その翌朝宿の女中さんのヨハンナ嬢に市中の道筋をたずねたら、女中さんはよく知らなかった。そしていった。

「私は東独からきたばかりなので……」おや、もうここにそういう人がいるのか、と私はびっくりした。

彼女は戦争でシレジアからチューリンゲンへ逃げ、そこから西独へ入ってきた。ベルリンの騒動以来、ソ連地区から出ることは前より楽になったから、彼女は西独のおばさんをたずねるためにとて、五週間の期限つきの許可を得て、ボンに来てそのまま居残っているのだそうである。

「みんなこちらに来たがっているわ。まあ好奇心ね。〝黄金の西〟ではチョコレートが買えるからって……」

東独がいいことは——？「失業はないし、住居はあるし、学校はただだし……」

悪いところは——？「労働がきついし、毎日買物の行列をしなくてはならないし、私の友だちが学校でうっかりピーク〔東独初代大統領〕の陰口をいったら、先生から目の玉の飛び出るほどしかられました」

私はできるだけ誘導的な質問を避けたのだったが、答はおおよそ想像していたとおりだった。ふしぎに思ったのは次のような話だった。

「東では私のような若い娘も、子供をもった母親も同じ労働で、同じ報酬をもらうから、年とった女たちは不平をいっています」

次のことは意味ふかく思われた。「むこうでは若い人のため、いろいろな組織があって、歌ったり、行進をしたり、教わったりするから面白いわ。こちらではただ働いてダンスをするだけです」

「東に帰りますか？」

「お母さんが私の入国許可証をもらって送ってくれれば、会いに行くけれども、またこちらに来ます。西で働く口があれば、それがいちばんいい」

どうして西を選ぶのかとたずねても、笑って答えなかった。私事をいいたくないようでもあったし、またおそらくはっきり説明できるほど動機を考えたことはないらしく思われた。

ヨハンナ嬢は東をべつにのろってもいず、恐怖もしていなかった。政治的意見や理論的関心はまるでないのだから、そういう気持をもつ理由もない。ただ無邪気に素朴に、自分の生活本能からあちらところを比較して選択しているにすぎない。

こういう人の態度決定はどういうものだろうか？　こういう「意識の低い」人の生活による批判は何を意味するのだろうか？　もし人民という言葉を共産主義者に限定するなら、東はいいのかもしれないが、ヨハンナ嬢はそういう人民の数には入らないのである。

そしてまた西独の国民も「人民」ではない。こちら側のドイツ人は東独の権力者の悪口ばかりいっている。そして東独でも――もし自由選挙が行われれば、いまの政権を支持する者は五パーセントであるそうだ。だから自由選挙は行われない。

東ヨーロッパのことは、日本人にとっては月の世界のようなもので、まことに縁が遠いが、こちらの新聞には当然それが毎日のように報じられ、論じられている。我々の世界認識は東ヨーロッパの事実をぬきにして構成されているのだが、この盲点によって実に大きな判断の誤りが生れている。

難民についても、新聞は一日欠かさず伝えている。私はボンの難民省と全ドイツ問題省に行って教えをねがい、統計や分析の資料をたくさんもらったが、それを読むだけでも一仕事である。そして、どうしてこういう重大なことがさっぱり我々には知らされなかったかと、ただあ然としている。くわしいことは別の機会として難民には二種類ある。「追われた者」（フェアトリーベネ）と「逃げた者」（フリュヒトリンゲ）である。「追われた者」とは、オーデル・ナイセ河以東の昔からのドイツ領の住民が、戦後の支配者によって立退きを命ぜられた者をいい、これは「人間の歴史上に最大の住民追放」である。さらにこれにズデーテンその他の外国に住んでいたドイツ人も加えて、その数は次のようである。

これらの地方のドイツ人口は戦前（一九三九年）の統計では、一八二九万人だった。それが一九五〇年には、そのうち三〇〇万六千人が戦争によって死んだと推定され（軍隊は別である）まだ残っているのが二八七万七八〇〇人（アジアにつれて行かれた人々も入っている）である。そして一一八二万三六〇〇人が追われて現在のドイツに入ってきた。このうちの三八三万四千人がソ連地区ドイツにいる。西独にはほぼ八百万の追われた難民が入ってきた。（一九五三年の統計では八二五万八千人。全人口の一七パーセント）

数が示す冷厳な事実——これが無言の意思表示だ

オーデル・ナイセ以東のドイツ人の故郷からはドイツ人の影はほとんど消え、そのあとをポーランド人そのほかが埋めている。

ポツダム会議でスターリンは、オーデル・ナイセ以東のドイツ人は赤軍をおそれて逃げたのだと主張したが、この説明はポツダム協定以後にも三五〇万のドイツ人が、この地方から追われた事実と矛盾している。

「逃げた者」というのは、主としてソ連地区のドイツから、政治的な圧迫や経済的な苦しさのために、西独に入った人々である。

ボンの宿屋の女中ヨハンナ嬢のように、東西の交通が楽になってから「黄金の西」にあこがれて合法的に入ってきて、そのまま住みつく人がたくさんいるが、この数ははっきりわからない。また危い境界線を踏みこえて逃げこんだ人々もいる。これを別にして、はっきりわかっているのは、ベルリン、ギーセン、ユルツェンの三カ所に設けられた難民収容所に出頭する人々の数である。

ことしの十月にはベルリン──一万八七一七人、ギーセン──五三七一人、ユルツェン──八七八六人、合計三万二八七四人の逃亡者が、これらの収容所に助けを求めた。

右のうち二十五歳以下の青年は一万八二九九人で、全体の五五・七パーセントを占めている。二十五歳から四十五歳までの中年は八六二〇人で、二六・二パーセントの比率である。人民警察の警官が五六三人いる。前に一度逃げだしたが、その後東独に帰って再び逃げだした者が四六四人。このように東独に帰っていく者が約八パーセントいる。

これは今年の十月だけのことであるか、一九四九年以後に、これらの難民収容所に出頭した人々の総計は一三九万七三五八人である。西独地域の総人口は四九三〇万九千人であるが、これは戦前(一九三九年)の三九三三万八千人に対して二五・六パーセントの増加である。

◇

私は二月半ほど前にイタリアに入ってから、ドイツ話の新聞はスイスの新聞もまぜて毎日数種のものをあれこれと読んだ。これらの新聞には、どれを見ても一日欠かさず反共記事がのっている。論説はみな署名してあるが、遠慮気兼ねはまったくなく、論難痛罵まことに徹底したものである。

これを書いている日にも、ソ連地区の食糧不足が報ぜられている。そして、党機関紙「ダス・ノイエ・ドイチュランド」の説明によると東独民は西独民よりも豊かに食べている。一人当りのバターの量はオランダ、フランス、イギリス、デンマーク、アメリカよりも多い。しかもそれが不足なのは需要が急激にふえたからであり、市民が無分別な買いだめをするからである。——西独の各新聞はこれをヒヤかして「過剰による不足」とか「みごとなる弁証法」とかいう見出しをつけている。

これまでに話した人では、床屋の老主人だけが比較的に左派だった。ちょっといまの日本のインテリのようなことをいっていた。

「逃げてくるのは犯罪人でさあね」

東では物が不足でヤミが行われ、統制にひっかかった者が逃げだすのだということだった。これは部分的には大いにありそうなことに思われる。しかしそんなに沢山の犯罪人がでるようでは……。

この床屋さんの言葉のほかには、ソ連地区からの難民という事実を正当化する理屈には、出会わさなかった。

まことに外国のことを正しく認識することはむずかしい。たとえば朝鮮の戦争なども、南から攻めていったように論証されると、おかしいとは思いながらも反証しにくい。しかし東独と西独とがならんでいて、人々がそのどちらかを選択しているということは、もはや疑えないバロメーターであろう。これは自由選挙が行われない国での、国民の意思表示である。

ドイツの新聞や雑誌には、モスクワに招待された先生方が、知りもせず考えもせず、知ろうともせず考えようともしなかったことが、来る日も来る日も報道されている。これでは日独両国民の認識が違うわけである。ここには「かくあるはずだ」故にかくある。もしそうでないなら、それは事実の方が間違っている」という議論の立て方はまったくない。

「東が解放の自由であり、西が植民地のれい属である。東が平和であり、西が戦争である」というような説はなく、むしろその逆である。解放から植民地に人民が逃げだすということは、非科学的であるのかもしれないが事実そうなっているのであった。結局その科学の方がおかしいのである。

右の事実はもちろんドイツのことであって、これをもって事情を異にする他の国まで一律にあてはめるわけにはいくまい。しかしこちらではこのようである。ナチスのことを書いた本を読むと、しきりに「ワイマール時代には、ドイツ人は、ことにインテリは、集団もう想に憑《つ》かれていた」と記してある。第一次大戦後のドイツといまの日本とでは、いろいろと危いところが似ているように思われる。

剣と十字架――ドイツの旅より

力と力の世界

■六月十七日通り■

「じつにヨーロッパは苛烈な力と力の世界である！　それはわれわれには想像がむつかしい」

私は西ベルリンのティアガルテン公園のベンチに坐って、あたりを見廻しながら、よくこう考えた。

目の前に、白いジャスミンの花が垂れている。

「われわれ日本人には、人間性がこのように非情でありうることは考えられない。われわれは人間をもっとおだやかな醇化されたものだと思っている。一つにはこれがあるので、日本で行われる世界理解は見当がちがうのだろう」

ちかごろ人々はナチス映画を見て、その腥惨な歴史におどろいているが、ああいうことはヨーロッパ人にとっても十分不可解ではあるのだが、しかしわれわれにとってほど不可解ではないだろう。私はあの事実を比較的にはやく知ったが、それを人に話しても、日本人は、「そんなことが起りうるものか。それはデマだ。お前の妄想だ」とて、信用する人はいなかった。また、「壁」ができるまでベルリンを通って毎月二万人の人間が逃亡していたのだが、その事実を報告しても、すべてを善意から解したがる人々は、「そういうことを考えるのは後向きである」とて、意識から排除してうけつけない。

ひろい自動車道路。それに沿う遊歩路。すべてコンクリートと鋼鉄でかためて、定規をあてたようなつよい線で区切られて、堅牢で、清潔である。きゃしゃな裸女が首をさしのべているように、ステンレスの電柱の列が並んでいる。左右の森。手入れのとどいた芝生。白いジャスミンの花。人影はすくなく、ときどき閑暇をたのしむ行儀のいい市民が、子供の手をひいて散歩をして、写真をとったりしている。

「あ、リスがいるよ!」

「そこの立札から入ってはいけない。そこに落ちている紙をひろって、あそこの紙屑篭に入れなさい」

こんな話をしている。

このティアガルテンの六月十七日通りは、大規模な都市装飾地域で、いまはすっかり復興してもとより立派になった。片方のはじには、高い円柱がそびえ、その上に金ピカの勝利の女神が翼をひろげている。他方のはじには、ブランデンブルク門が見えていて、その上にも勝利の女神が鬣《たてがみ》を波うたせた四頭の馬を御して戦車を駆っている。門柱のむこうにゆききしている姿は東ベルリン人である。

ここはヨーロッパのどこの首都にもあるような絵葉書風の名所で、野暮くさい擬古典様式でつくっである。いかつく壮大ではあるけれども、退屈でもある。すべて威圧するように威嚇するように、どこからかプロシアの槍騎兵の鉄蹄のひびきがきこえてくるような気がする。

ヨーロッパの中原の地だから、あたりにはさまざまの勢力が覇をあらそったあとが歴々としてのこっている。歩いて十分か二十分くらいのあいだに、むかしからの征服と敗北のあとがかたまっている。権力意志が、何の人間味も善意も慈悲心もなく、血で血をあらっている。意志と智慧のかぎりをつくして、亡ぼしたり亡ぼされたりしている。敵を蹂躙した誇らしい勝利の記念碑で充満しているが、真に露骨に冷酷に荒涼たるものである。

■プロシア人たち■

勝利の柱は、巨大に重くるしく天に沖して、ひたすら力の誇示をしている。

地上からの高さ六十二メートル。四角い台の上に、廻廊があり、それをめぐる円柱の列があり、それらは赤や緑の色のついた大理石である。ところどころにまだ市街戦の弾痕がのこっている。さらにその上に大きな砂岩の柱がそびえていて、その四つに区切った胴をたくさんのマッチの棒のように見えるものがとりまいている。これは一八六四年、六六年、七〇年の戦争で鹵獲《ろかく》した勝利品の大砲で、方々に獅子と鷲の彫刻が見える。

いちばん頂上に勝利の女神がかがやいている。むかしギリシアの軍艦の舳《へさき》にとりつけてあったニケを模したもので、翼をひろげ、衣は海風にひるがえり、おどるように足をふみだしている。右手を高くささげて、勇士に冠をさずけようとしている。左手には軍の指揮杖をもち、その先には橄欖《かんらん》の環と鉄十字がついている。

この女神像は黄銅に鍍金したもので、造形的には無細工で、いったいに体重の重いベルリン女の中で、「もっとも重いベルリン女」である。

この塔は普仏戦争までの三回の戦勝を記念したものだが、内部は一面の壁画で塗ってある。いずれも武威にかがやく軍国ドイツの眩耀趣味を、これでもかこれでもかと満載している。あれにくらべると明治神宮絵画館は、まことに上品な謹厳なもので、いかなる野蛮味もない。

もともとこの塔は国会議事堂の前にあった。それをナチスがここにもってきて、さらに一階高くした。そして、やはりよそにあったビスマルクとモルトケとローンの銅像を、ここの広場に配置した。これによって、この「大きな星」という名の広場は、プロシア建国の栄誉を示す場所となった。

ビスマルクは、上に槍のついた冑《かぶと》と刀をもって、目を鷹のように光らせて、咎めるように脅かすように、傲然と睥睨している。すべて、大きな声で絶叫するほど表現は強いはずだという手法でつくられている。模造バロックの銅の巨塊が、たくさんの弾痕であばたのようになっている。そのまわりには四人の巨人像が体を波うたせている。何か神話的な象徴なのだろう、一つは女神がスフィンクスの上に坐って本を読んでいる。一つは地球をささげるアトラス。一つはローマ風の女神が獅子を踏まえている（これは筋骨隆々として男かと思ったら、片方の乳房があらわれていた）。それから裸の男が刀をきたえていた。これはヴァルカンだろう。いずれも誇張した演技的な表情でつくられた、まずいものである。

プロシアの軍人政治家の像の中では、モルトケがいちばんすぐれていた。むだのない簡潔な手法によって、かなりふかい表現をしていた。やや前かがみに立って、両手を握りあわせて薄い唇をむすんでいるが、いかにも沈毅で腹に一物あり気だった。飾りはなく、ただ胸に鉄十字の勲章が下っているだけだった。どの像にもその功をたたえた文字がほってあるが、これには、「彼の作戦計画によって、一八六四、六六、七〇―七一年の戦争は勝利をもって遂行された」とある。

プロシア式とかチュートン風とかポツダム様式とかいうものは、ひたすら力の誇示であり、いなやをいわせぬ圧倒的な征服欲の権化であり、見ていて息がつまるようである。スリラー映画にでてくる先史時代の怪物のような、とうていかなわぬという気をおこさせる。いまドイツの地方都市で、廃墟の中に、むかしの力の崇拝時代の像が立っているのを見ると、異様な感じがする。

日本では旗艦三笠がダンスホールになったが……。

ドイツばかりではない、ヨーロッパではどこに行っても、一時代前のむきだしの帝国主義のあとがいたるところにある。

ロンドンの方々の広場には、ヴィクトリア王朝風の将軍や植民地総督の像がそびえている。セントポールやカンタベリの寺院はまるで遊就館（戦前、東京九段にあった軍事博物館）のようである。四方の壁に額がはめこんであり、それには軍人が硝煙弾雨の中で英雄的に仆れているさまが浮彫りにしてあって、「一八××年、アラビアの××で、祖国のために命をささげた××大佐、ここに眠る」といったような銘がしてある。パリも愛国者や征服者の像で飾られている。アンヴァリードやヴェルサイユ宮殿は軍事博物館になっていて、祖国の戦勝の光栄をたたえている。モスコーやレニングラードの博物館にもそれが多い。私がこれまでに見たところでは、いまなおショーヴィニズムを国民に教えているのはフランスとソ連――この二つのもっとも進歩的な国だった。

一四八〇年から一九四一年までのあいだに、戦争した回数は、イギリスが七十八回、フランスが七十一回、ドイツが二十三回、日本が九回だそうである。

つまり、イギリスやフランスはははやくからはじめて、莫大な既得権をえて楽になり、その後は現状維持を策とした。べつにもって生れた平和主義者というわけではなかった。ドイツや日本は後からはじめてその中に割りこんでゆき、むりをしたから、歪んだ努力をしてついには気ちがいじみた暴れ方をした。といって、ドイツや日本がしたことが是認できるわけではないが、ただ生れついた戦争屋のようにいわれると（ヨーロッパには、こちらが生得の心理的欠陥をもっているようにいう人が、ちょいちょいいる）、そのお説教をそのままきく気にはならなくなる。

■ソ連兵とナチス■

この「大きい星」広場から十分ほどで、ブランデンブルク門につきあたる。門のむこうは共産地区である。六月十七日通りはここで終る。一九五三年六月十七日の東ドイツ民衆の叛乱を記念して、通りをこう改名した。つまり東への面当てである。

六月十七日通りと一しょになって、おなじく共産地区につきあたる通りが、ジョン・フォスター・ダレス通りである。

六月十七日通りはまだイギリス地区なのだが、その一郭がソ連地区の飛地になっていて、そこにソ連軍のベルリン入城の記念碑がある。

階段の上に、三つのブロックが半円形に並んでいる。中央の台の上に、ソ連兵の巨像がそびえている。

右肩に銃剣をかけ、重い戎衣はまだ硝煙の匂がするようで、いかにもはげしい戦いの後についに敵国の首都に入城した英雄的な戦士の姿である。左手をひらいてさしのべているのは、この都を掌握したことを示しているのだろう。

左右の台には、さまざまの兵種を示す徽章とロシア語の銘文がほりこんであって、それらの兵団の名誉をあらわしている。

この記念碑の左右には、最初に入城したタンクと大砲が二つずつ置いてある。以前見たときには緑だったが、今度は真紅に塗ってあった。

ドイツ人たちが眺めているが、べつに感慨もなさそうだった。私は頭の上の巨像を仰ぎながら、「この兵士があの〈ベルリン女の日記〉に書いてあるようなことをしたのかな」という、失礼な連想がちらと念裏をかすめた。

武装したロシア兵が、二人ずつ組んで警衛している。目が小さく凹んで頬骨がつきでて、血色のいい素朴な顔つきをしている。緑と茶のあいだの色の軍服をきているが、ひろがった裾をバンドでたくして皺をよせてしめている形は、おそらくルバーシュカの名残りなのだろう。この大きな機械のような西ベルリンにいて、かれらはドイツ人とはきわだってちがった雰囲気を発散している。気のせいか、それにある詩情を感じた。ここにきているイワンたちは、あの果しない大平原の子で、森の中で家畜と暮して、胸に浸みるような民謡をうたっていたのだろう。

このあたりを観光バスで見物したことがあったが、ドイツ人のガイドは、「あのソ連警備兵は以前

書名

読者カード

●本書のご感想および今後の出版へのご意見・ご希望など、お書きください。
（小社PR誌『機』に「読者の声」として掲載させて戴く場合もございます。）

■本書をお求めの動機。広告・書評には新聞・雑誌名もお書き添えください。
□店頭でみて　□広告　□書評・紹介記事　□その他
□小社の案内で　（　）　（　）　（　）

■ご購読の新聞・雑誌名

■小社の出版案内を送って欲しい友人・知人のお名前・ご住所

お名前　ご住所　〒

□購入申込書（小社刊行物のご注文にご利用ください。その際書店名を必ずご記入ください。）

書名　冊	書名　冊
書名　冊	書名　冊

ご指定書店名　住所

都道府県　市区郡町

郵便はがき

料金受取人払

牛込局承認

7198

差出有効期間
平成29年6月
21日まで

162-8790

東京都新宿区
早稲田鶴巻町五二三番地

(受取人)

株式会社
藤原書店
行

ご購入ありがとうございました。このカードは小社の今後の刊行計画および新刊等のご案内の資料といたします。ご記入のうえ、ご投函ください。

お名前	年齢
ご住所 〒 TEL　　E-mail	
ご職業（または学校・学年、できるだけくわしくお書き下さい）	
所属グループ・団体名　　連絡先	
本書をお買い求めの書店 市区郡町　　書店	■新刊案内のご希望　□ある　□ない ■図書目録のご希望　□ある　□ない ■小社主催の催し物案内のご希望　□ある　□ない

は一人でした。それが逃げてしまうので、いまは二人となり、相互に監視しているのです」と説明していた。これが事実かどうかは分らないが、そのガイドは東ベルリンに入ってからの説明にもいちいち冷笑罵倒の註をつけていた。

このすぐ先がブランデンブルク門で、ここにはいくつかの立札があって、「注意！　あと何メートルでソ連地区である」と警告してあることは、映画などにしょっちゅうでてくる。門はすっかり修復された。これはアテネのプロピレウスを模したもので、ドイツ人は芸術的名作だと思っている。

多くの古いヨーロッパの記念物、ことにドイツのそれは、ギリシア・ローマの古典芸術からひきだした美学理論にのっとって「これが美である」と豪語してそびえている。われわれの趣味からいうと、まさに美とはあべこべのものである。

門の柱の中の部屋が、東ベルリンの宣伝所になっている。ここにはたらいている人々は、門のむこうから来た人々を前に立たせて、いかにその世界がまちがっているかを、熱心に説教する。そのあとで、さまざまのパンフレットをただでくれる。

この門を入ると東ベルリンである。気配は一変する。つづくウンター・デン・リンデンは人通りもすくなく荒れているが、しかしよほど片づけられて、以前見たときのような幽霊屋敷のようなすさまじいことはなくなった。前には、鶏のガラのような廃墟がえんえんとつづいて、月の世界のようだった。あるところで、高いバルコニーが落ちかかって中空にふらふらと揺れていたのが、いかにも気味がわるかった。

すぐ右がウィルヘルム通りで、むかしの官庁街である。総統官邸跡も、いまは整理されて平地になって草が生えている。ゲッベルスの役所もある。このあたりのまだ残っている建物は、無数の弾痕でおおわれ、総身蜂の巣のようになっている。

■心やわらげる者は幸せなるかな■

わずか十五分ほど歩いただけで、これだけのものが一ところに集っている。王政、帝政、共和制、ナチス、ソ連……。こういうものが来ては去った。あらあらしい食うか食われるかの争いをつづけた。そして、東西両ドイツはいまは一つの国ではなく、おなじ国民が二つに裂かれて、さながら不倶戴天の仇敵のごとく睨みあっている。二百五十万の西ベルリン人は、「この先に出るべからず」と記した有刺鉄線にとりかこまれて、つねにあの手この手でおびやかされながら、精力と実力の塊のようで、はげしい敵愾心に燃えている。

あのようなむきだしの力のあらわれは、われわれには想像がつかない。われわれはあのようなものについてセンスをもっていない。ああいうところでできあがった概念や標準や分析や解釈の方法をそのままわれわれの世界にあてはめたら、まちがってしまうだろう。

ブランデンブルク門からさらに十分ほど東に入ったところに、アカデミー広場がある。ここはかつてはドイツ文化の中心地とされ、模造古典美の粋をつくした建築でとりかこまれていたが、いまはむざんな廃墟のままの無人地帯である。

石の破片がうずたかく散らばった中に、階段や、円柱や、裸体の人像や、馬や獅子の彫刻が、こわれたまま残っている。

ここにシンケルが設計したギリシア神殿風の劇場があって、ゲーテの「イフィゲニエ」でこけら落しをした。私はその崩れた階段に腰をおろして、あたりを眺めた。たいへんドイツ・ロマンティックの書割だけれども、ドイツにくればこういうことになるわけである。

すぐ前には、フリードリヒ大王がつくらせた、やはり擬古典様式の二つのいかめしい教会の残骸が相対している。

教会の丸天井は落ちて、大きな口をあいている。ただ一階の外郭はまだ残っている。雑草の中に、入口の鉄の扉があった。その上の閾《しきい》に、かつては金色に嵌めこんであった銘がいまでもまだ読まれた。

SELIG SIND DIE SANFTMUTIGEN（心やわらげる者は幸せなるかな）

この銘を、私は感慨をもって見つめた。廃墟になかば埋れたこの一句――。

このあたりをこもごも征服した覇者たちは、みな倨傲《きょごう》に胸をたたいて、すべてを力でもって征服した。心やわらげる者――？　ビスマルクやモルトケはそうではなかった。ヒットラーもそうではなかった。スターリンもそうではなかった。

ヨーロッパはキリスト教世界なのだが、このあたりには山上の垂訓のあとかたもない。あのほとんど感情過剰といいたいような柔和な教は、誰の耳にひびいたのだろう？　ヨーロッパの歴史の中には、敵をゆるすとか、力をもつ者の自制自戒とか、異質のものを包容するとかいうようなことは、あまりなかったようだ。権力者たちは人間の前にはけっして謙抑ではなかった。

かれらは人民を将棋の駒のようにあつかって、そのために献身するとか責任をもつとかいうことは、もちろんありはしたが、はなはだ少なかった。かれらには儒教が教えた天子のような心がまえはなく、異教のローマの皇帝と大してちがっていないように思われる。金髪の猛獣が、内にむかっても外にむかっても、強い掌でおどりかかった。

ヨーロッパにきてみると、われわれが考えるキリスト教が何となくこの土地に異質のもののように感ぜられる。ここの人々の自然の本性からは浮きあがって、ただある枠の中で大きな役割を果しているように思われる。すくなくとも慈悲の教えとして人間性を醇化することは、われわれの文化圏で仏教が果したほどのことはしなかった。キリスト教国民は露骨な強食弱肉をつづけた。ヨーロッパ人は、どういう意味で、またどこまで、キリスト教徒なのだろう?

■十字架のしるし■

殺伐な六月十七日通りで、キリスト教のあとを示すものがあった。それは十字架のしるしである。考え沈んでいるモルトケの胸には、鉄十字の勲章がついている。

これはおそらくは、かつてキリスト教が騎士の霊感だったことからきているのだろう。中世の騎士は熱狂的な信者であり、自分たちは神の国をひろめるために、異教徒を折伏《しゃくぶく》する使命をあたえられていると感じていた。敵を征服し、力をもって改宗させるのが、そのなすべきことだった。その名誉は神から召されて神のためにはたらくことにあった。徳川時代の武士のように、現世の教養をもって秩序を維持し行政する官僚ではなく、もししいて日本で似たようなものをさがせば、むしろ僧兵か山伏が（これもずいぶんちがうが）まだしも近いものだろう。

かくて、宗教的な象徴たる十字架が、日本の金鵄《きんし》のように武勲をあらわすものとなった。六月十七日通りには、もう一つの十字架のしるしがある。それは、勝利の女神が手にしている指揮杖についている。

キリスト教は誇らしい勝利の教だった。その神はただ一つの嫉《ねた》む神である。他の神をゆるさない。自分を奉ずる者だけを救い、他を奉ずる者をほろぼす。異教徒は人間ではなくて悪魔の手先であり、それを圧伏することはヒューマニズムに反することではなく、むしろヒューマニズムに仕えることだった。

唯一の神に仕える者のみが選ばれた者であり、これに帰依することはすなわち勝つことを約束されたことである。天地を創造し、ついには一切を審判する超絶者の欲するところにしたがって、それを行うのであるから、勝利以外のものはありえない。

中世のはじめにキリスト教がゲルマンの世界に入ったとき、もともと戦闘的なゲルマン人は、これを奉じて自信をえた。これを奉ずれば、自分はあくまでも正しく、しかもかならず勝つのだった。その受容は主として戦う者を鼓舞する信条という面が強調されたのであって、まだ未開だったゲルマン人は隣人の愛という面はあまりうけとらなかった。キリスト教は征服と勝利の教となり、おのれをむなしくする愛の福音は同じ教を奉ずる者のあいだだけのことであって、仏教のように生きとし生けるものをあわれむということにはならなかった。そこには、同じ人間でも神に従う者と悪魔に仕える者との別があった。

むかし日本にきたサビエルは、日本人が高い道徳的な訓練をえていることを認めた。それは「スペイン人よりも上質」だった。しかし、それにもかかわらず神を知らない故に悪魔の虜であって、地獄に堕ちて罰せられるべき定めをもっている。それを救おうとして、宣教師たちは真に英雄的なたたかいをつづけた。かれらは信仰のための戦士だった。

われわれは私的な会話では、しばしば「西洋人は猛烈だ、我がつよい、執念がはげしい」というようなことをささやく。すさまじい集団殺戮の映画などを見ると、「ああいうことは日本では考えられない、日本人にはとうていできない」と身ぶるいする。しかも、「ヨーロッパにはキリスト教があって絶対の規準があたえられているから、道徳的にしっかりしている」というふうにも考える。このわれわれにとってのふしぎな矛盾した謎は、キリスト教がヨーロッパの歴史の中ではたらいた役割から解けるところが大きいのではなかろうか?

むかし日本人はキリスト教に接した際に、はじめは仏教の一派と思い、それからの類推をして、ひたすら慈悲の教のように思いこんだ。その本体になっている強烈な不寛容な超絶者ということについては、はっきりとは悟らなかった。明治になってふたたび接したときは、合理化されたプロテスタンティズムだったから、多くの青年がその新鮮な倫理感に感激したが、その排他的な権威についてはあまり感じなかった。これは明治時代に国家あるいは天皇の権威をはばかって、こちらの方がぼかされていたからでもあったのだろうと思う。国家と宗教の対立という難問題は、ヨーロッパでもずっとつづいていた。

■布教インペリアリズム■

ビスマルクやモルトケもキリスト教徒だったが、かれらは何といって祈ったのだろう？

いまから九百年のむかし、一〇九五年の秋の寒い日に、法王ウルバン二世が熱烈な演説をした。

「おお、フランク族よ。神に選ばれた民族よ！　エルサレムとコンスタンチノープルの境はふたたび脅かされている。神に棄てられ呪われた民族が、キリスト教徒の土地を犯し、キリスト教徒を鉄槌と火をもって殺している。……この悪に復讐し、この国を解放する任務は、諸君のほかの何人に課せられていよう。神は他の何人にもまして、諸君に剣の栄光と勇気と力をさずけたもうた。諸君の富も家族への配慮も、諸君をひきとめぬ。諸君が住む国は、四方が海と高山によってさえぎられ、いまや多くの人口にはあまりに狭くなった。農民にも十分の食をあたえない。このために、人々はたがいに殺し他を奪う。諸君の不和をやめよ。エルサレムは他のいかなる国よりも天産にめぐまれ、悦楽の天国である。たて、この行を共にして罪をゆるされよ。天の王国の果てることなき光栄を確保せよ！」

これにかきたてられて、歓呼の声が重々しい丸天井に谺《こだま》した。

「神はそれをのぞみたもう！　神はそれをのぞみたもう！」

法王は叫んだ。

「神に召された人々よ！　おのれを棄てて、十字架を負え！」

人々はあらそって肩に十字をつけた。赤い旗を裂いて、それで十字をつくったが、夕方になると赤い布がたりなくなったので、右の肩に入墨をしたり、鉄で焼きつけたりした。かくて、十字によって天のしるしをつけられた人々は、選ばれた者の特権に参与したのであった。

こうして十字軍の遠征がはじまった。それまで七世紀にわたる殺伐と神秘によって蓄積された感情が、ここにはけ口と目標をあたえられた。信仰の炎が潮のように東におしよせた。

このときの歓呼は、きたるべきヨーロッパの運命を叫んでいた。これから布教のインペリアリズムがはじまった。自分がつねに正しいと確信してうたがわない選ばれた者が、使命のために武器をもって征服をはじめた。

これは近代にいたるまで、ヨーロッパ人の対外行動の原型となった。その世界征服はこれによった。日清戦争の後に、カイザーはツァーにむかって、黄色人種を征服することはロシアの使命であると説いた。カイザーは「ヨーロッパ民族よ、なんじの聖き財を守れ」という標語をつくり、ツァーはこれに同意した。極端な権略が宗教文化的粉飾をもって行われた。

「われわれは、ロシアを極東にむかわせて、そのヨーロッパならびに近東についての関心を減ぜしめるべきである。ロシアはその宗教を利用し、キリスト教および十字架の先駆者として、また文明の擁護者として、日本によって動員されるシナの進出という切迫せる危険に対抗させねばならぬ。かかる政策はビスマルクも考えた」(外務次官にあたえた指示)。また、「アジア大陸を開発して、ヨーロッパを黄色人種の侵入から守るのは、あきらかにロシアの未来の大任務である。このためには、余はつねにできるかぎり貴下を援助するであろう。貴下は正しい神の摂理の命を解して、時機をとらえられた」(カイザーからツァーへの手紙)。

ビスマルクやモルトケの祈りも、このような種類のものだったのだろう。むかしドイツの騎士宗教団は、修道僧の精神を奉じて東北を開拓し、ふかくロシアに侵入し、これが後に北ドイツにうつってプロシア国をひらく基となったのであり、かれらはその末裔だった。

布教インペリアリズムは、不幸な異教徒を力をもって改宗させて救おうとする、人道的な使命感にもなった。自分の文明をおしつけることが、義務だった。日本にきて開国を強要したアメリカ人も、そう考えていた。いまのフランス人のアフリカに対する意見をきくと、この考えがいかに根深いかにおどろかされる。

説教する人道的な征服者――われわれは、被占領中に、マッカーサー元帥にその俤《おもかげ》を感じたものだったが……。

スターリンやヒットラーはもとよりキリスト教徒ではなかったが、共に強烈な布教するインペリアリストだった。そして、いまコミュニズムの強力きわまる布教インペリアリズムは、西ベルリンをひしひしととりかこんで、しきりに脅かし揺ぶり滲透している。

■西ベルリン人の神経■

西ベルリンに住んでいると、よく人間がこれほどの神経の緊張に堪えられるものだとおどろく。ここではいまだに不断の冷戦がつづいているのだが、できるだけドイツ人になったつもりになってかれらと生活を共にしてみると、まさに剣の刃渡りである。

しかし、土地の人はもはやあたりまえと思って、それにはあまり神経をたてない。タフなものである。それでも、アイゼンハウアーが「ベルリンの状態はアブノーマルである」と声明して、アメリカの態度が動揺するかにみえたときには、全市が電気にかけられたようで、三日ほどは電話が全部ふさがっていたそうである。

われわれも住み慣れるにしたがって、このアブノーマルな状態を考える度数はすくなくなる。ただ、夜ひとりで部屋に坐っているときなどにたまたまそれに思い及ぶと、ぎょっとする。

人口がもっとも多かったときにくらべて四千人減じたが、それでも退却という気配はまったくない。多額の投資が行われて、大建築がぞくぞくと出現している。東地区にすぐ接したところの、焼けた国会議事堂も修理された。どういうわけか――あるいは政治的理由からか――元のままの帝制時代様式に復元してあり、飾りの多い屋根の下に女神や兵士の像がならんでいる。やがていつかはここで全ドイツの議会をひらく予定である。――ついでながら、あのやかましい問題となった国会放火事件は、ヴァン・デ・ルッペという精神薄弱者のまったくの個人的犯行だったという証拠が、最近あがったそうで、論議の種になっている。もしそうだったとすると、あのナチス成立史の中で大きな役割を演じた事件は偶発的な事故だったことになるのだが、じつに歴史のうごきは測りがたいものである。

「ここは大丈夫なのか?」とたずねると、答えはきまっていた。「一切はベルリン再獲得の前提の上にきずかれているのだから、いまさらこれを変えることも疑うこともできない」

「なーに、ベルリンが落ちるときは、ドイツが落ちるときだ。ドイツが落ちるときは、世界が落ちるときだ」――これはあるタクシーの運転手の表現なのだが、これがほとんど一般的な公式であり、こういう信念はインテリでない人ほどつよい。

あまりはっきりと断言するから、かえって、あれは自分に安心感を説得しているのではないかという気さえする。「そうはいっても、保つべきだということと保ちうるということとはちがうだろう」

とインテリにたずねたら、「ほんとうは底の方には不安がひそんでいるのだ。もしアメリカが不景気になったら……」

一切をアメリカに賭けている。反米感情はまったくない。「アメリカ軍が去ったら、フルシチョフ氏が来る――」

いつまた東からどういう手でゆさぶられるか分らないということは、すべての人が覚悟している。緩和は一時だけのもの、共存の声明は術策にすぎない、その後にはまた形を変えて別の恫喝がくる、一切は国際間の力関係にかかっている……。

ここの人々には、力関係を度外視して「話し合い」ということは考えられない。「話し合い」も格闘の一形式としてのみある。「話し合い」だけで平和を探求することはできない。力の信者だけに、力に関しては十分のセンスをもっている。

中央はモダーンな建築にネオンが眩しく、すこし入るとたくさんの広い荒地があって、その中に大きな石の箱のようなアパートがならんでいる。もし東京が村落なら、ここは機械である。われわれが好むこまやかな人間味はない。ここに住んでいると、まるで唸りをあげて回転しているダイナモのそばにいるようで、くるしくなる。

■鉄のような制限■

西ベルリンの周辺は森と水にかこまれている。塵芥もなければカビ、茸の類もなく、すべて人工で整理しきってある。この遠くまではっきりと見える北国の大きな空間の中に、鉄のカーテンが下っている。

東西ベルリンのあいだの交通は自由だが、西ベルリンと東ドイツのあいだはきびしく隔てられている。

森の道。片側に有刺鉄線と、例によって立札。もし森の中に入ると、かならずどこからか東の兵隊があらわれてきて拉してゆく。

特定の道路があって出入口になっている。まさにむかしの関所である。地面に白い線がひいてあり、柵のあちらとこちらに警官が立っている。鉄橋には袂に警官がいて、まん中が境になっている。西の方では出入する者をまったく調べないが、東の方にはいくつかのバラックがたっていて、人々はその前で身分証明書を両掌の中でひろげて見せて、通りすぎる。東西をゆききする人々に共通の癖になっているその特別な手つきを、私は幾度見ただろう――。

ある農家の屋敷が、中央を壁で仕切られている。家の中も壁で仕切られている。西の方の庭にはフォルクスワーゲンがおいてあるが、東の方の庭はなげやりに荒れて風情がある。

この農家の前が湖水で、それがここでは細長く川のようになっている。水面にブイが点々と頭をだしている。これが鉄のカーテンである。ここを泳いでいるうちに境をこして、東から銃撃された者もあった。

川のすぐ向いに共産地区の村が見える。青い草が水に洗われ、柳が垂れて、おだやかで静かである。

ここに川をへだてて向いあっている二つの部落は、もとは一つの村だった。それで教会は一つしかなかった。人々は日曜日には舟にのって対岸に行った。

ところが二つに分れてからは、西の村人たちは東地区に入った教会に行くことができないので、自分の地区に仮の礼拝堂をつくった。屋根を芦《あし》でふいてあり、「芦屋根の礼拝堂」とよばれている。建物はできたけれども、牧師が一人しかいない。この人が両岸をかけもちする。彼は湖を横切ることができないから、細長い湖の端まで大回りをして、証明書を見せて関所をとおってゆく。

年に一度、この牧師が一つの教会から他の教会に行くまでのあいだ、湖をへだてた教会と礼拝堂で五分おきにかわるがわる鐘をならして問い答える。こうして、双方の村が前にかわらぬ共同体であることをたしかめる。

深い森の中に一つの分れ道がある。ここにいくつもの警告の立札が立っていて、番小屋に武装した兵士がつめている。ここから一キロ先にシュタインシュトゥッケンという村がある。ベルリン占領の後にアメリカ部隊がそこを立退かず、ソ連軍にゆずらなかったので、その村は既成事実として西ベルリンに属することになり、西ベルリンの飛地になっている。赤い海の中の孤島西ベルリンに、さらにこのような衛星が四つか五つある。

もっとも市街の中に、西ベルリンと東ドイツの境があるところもある。関所と警官。人影もまばらに、あたりはこわばって重くるしい。あのような鉄のような制限を、われわれは日本にいて感じることはまったくない。こちらでは雑然たる無形の混沌の中に無数の人間が泳いでいるのだが、あちらでは、たとえ自由世界でも、人間は力と力が攻めあってそこにできたルールの軌道をゆく。

■境界の人々■

この東西のカーテンの裾のあたりに、人がゆききしてさまざまな事件がおこる。この冷酷な体制の歯車に巻きこまれては吐きだされるのである。（それとは別に、意識して自発的に東から西に脱出し、あるいは西から東に入る人々の問題は、あらためてとりあげることにする。）

そういう事件はたえず報ぜられるが、いまはその中の典型的な場合を一つ――。

「シュターケン駅の人間略奪」という事件があった。新聞には犯人の写真がでていたが、制服制帽の少年で、ととのったまじめな顔立だが、どことなく内攻して悩んだような表情をしていた。

ベルリンをめぐる環状線のシュターケン駅は、共産地区と自由地区の境にある。駅は西ベルリンの内だが、すぐ外は東ベルリンである。

ある暁方の三時の初発の列車で、二十一歳と二十歳の二人の青年がこの駅に降りた。この人々は東ドイツから脱出してきたのである。

「ここは西ベルリンですね？　助けてくれませんか」と、かれらは駅員にたのんだ。その駅員はシグナルのランプの係りのロタール・クーベルトという十七歳の少年である。

ロタールはひきうけて、二人を照明室に案内して、外から錠をおろしてしまった。それから線路をこえてすぐそばのソビエット地区に行き、人民警察に訴えでた。

人民警察は駅に入ってきて、二人の脱出者にピストルをつきつけて捕縛し、ソビエット地区に連行した。

ロタールがこういうことをしたのは、東からの賞金がほしかったからだった。彼は五十東マルクをもらって、その翌日の誕生日に豪遊した。

事件を知って、西ベルリンの警察はふたたび駅に出勤してきたロタールを捕縛した。訊問に答えて白状したが、彼は東地区のファルケンゼーに住んでいて、そこからこのシュターケン駅に通っていたのだった。

ここで奇妙な法理論争がはじまった。西では、すでに西に入った二人の脱出者を東の警察が入ってきて捕縛したことを非難した。これは「人間略奪」である。ところが、東は、東の住民を西の警察が捕縛したことを非難した。これも「人間略奪」である。東西両警察の談判がはじまったが、その結末についての報道は見なかった。うたがいもなく、何の結末もつかなかったにちがいない——。


この少年のように、一つの地区に住んで他の地区に働きにゆく者を、グレンツゲンガー（越境者）という。

これには二通りある。一は、ツォーネ（東ベルリン以外の東ドイツ）と西ベルリンのあいだを、公認されて出入する者である。他は、東ベルリンと西ベルリンのあいだを、ここに交通の制限がなかった頃、自由に出入していた者である。

前者は、ベルリンが東西に分離する前から自分の土地に住んでいて、分離と共に他地区の勤め先に通う証明書をもらったのである（これには、まだほかにさまざまのこみ入った場合がある）。東から西に通う者は、月給の十分の六を東マルクで、十分の四を西マルクで払われる。西から東に通う者は、十分の六が西マルク、十分の四が東マルク。

後者にも、やはり分離以前からの居住地と勤め先の関係から通う人々がいた。しかしそれ以外に、東から西にいわば闇ではたらきに通う者がたくさんいたので、これがしきりに問題となっていた。その数は約四万人と推定されている。

西は超完全雇用で人手不足である。給仕や女中などの低い種類の労働はなり手がすくない。しかも西一マルクは東五マルクにあたるのだから、東の人々は西でそういう仕事につとめて、西マルクをもらって東に不足な物資を買って帰った。

西ではたらいていた家政婦や女中には、東ベルリンから通ってくる女が多く、しかも中には、かなりいい家の主婦である人などもいて、いくらでもつかまえて話をきくことができた。東西ベルリン間の交通が封ぜられて、ああいう人たちはさぞ困ったことだろう。

私はその直前にベルリンを去ったが、その頃にはもうやがて東からグレンツゲンガーの取締りがはじまる気配があった。東の新聞に「西ベルリンにおけるナチの軍備生産を助ける労働力をゆるすべきではない」というような記事があらわれ、「かれらの行為は利己的で非道徳的であるばかりではなく、非国民的であり非合法である。ドイツ人民民主主義共和国の人民の利益を裏切るものである」と書いてあった。さらに、「隣組は公開のディスカッションをして、かれらが軽率にも目先の利益のために国家の利益をあやうくする行為から自覚せしめるべきである」。

私が泊っていたパンションには、若い女中がいたが、これは東から逃げてきた人で、私が来てまもなく結婚するとてやめた。

ここにとまりきりの老婦人がいて、朝のコーヒーをもってきてくれた。このあたりではめずらしくおだやかで人なつこい人だった。二度結婚して、最初の死別した夫の家が東ベルリンにあるから、ときどき東ベルリンに行く。

「そういう家を空けたままでおいて大丈夫なのですか?」

「誰でもそういってききますがね、同じアパートの人たちも黙っていてくれます」

二度目の夫は怠け者で酔っぱらいで、彼女はそのためにくるしんだ。西ベルリンに来てからも、移住の届をおこたってそのままにしていた。ようやく離婚して、彼女は一人立ちになって、それからはじめて移住の手続きをした。西に二年以上居住していたのでなければ、養老年金をもらえない。それで、このパンションに泊りこんではたらいている。ここの女主人は人使いが荒くてつらいのだけれども、もうこの年になっては他に働く口もない。東から若い女がたくさんはたらきにくる。若ければ若いほどいい。それであと一年間はこの家に辛抱するつもりだ。

おばさんはこういう身の上の愚痴をしきりに話したがった。私も聞きたかった。教育のない人の話だからとりとめもなく漠然としてはいるが、意味のふかい事実を知ることがしばしばあり、何より私はこういう下層の人の話には信憑性があると思っている。思想的立場やイデオロギーにとらわれず、ひたすら生活の経験に即しているのだし、その意見は一般の通念を代表している。

しかし、話をきく機会はすくなかった。こういう人は自分の労働を時間だけ売っているので、労働時間中は自分の体ではない。雇い主は日本人のように人間味のある使い方はせず、自分が買った労力は一分の無駄もなくこき使う。

この人と話をしていると、すぐに遠くで女主人のトゲトゲしい声があがる。

「ラングベーン夫人よ！」

それはあたかも雇人の動静はどこにいても見透していて、すこしでも楽をさせまいと決心しているかのようだった。

この女主人は痩せて小さく、赤毛で目がつり上って、口が細く尖っていて、もしこれで冬になって狐の毛皮を肩につけたら、どちらがほんとうの顔だか分るまい。その怒号する声は家中にひびいた。それをきくと、雇人たちは縮み上った。つねに自分の断乎たる決意をおしとおす、あるカリスマ的能力を身につけていた。よく昂奮して廊下の床を蹴りながらゆききした。

女主人が外出すると、老婦人は私の部屋にきて話した。こういう人の東の世界についての話は、いつもながら呪詛であり、その内容はおなじように物資不足と強制である。

「東ベルリンの人間があのようなことをいうのは、外国人の気に入るように不平をのべてきかせるのだ」という説もあったが、私は幾度も吟味し反省してみたが、この説が当っているとは思えなかった。

もう一人の老婦人も東からの人で、週に三度、拭き掃除の仕事に通ってきた。

あるとき私は東ベルリンで老人寮を見せてもらい、その行きとどいているのに感心した。あそこの老人たちはもう働かないのだが、じつに高い生活をしていた。しかし、この宿に働きに来ている老人たちはみじめなものである。おなじ東ベルリン人がどうしてこのように不均衡なのだろう？

これがふしぎに思われたので、右の老婦人にそれをたずねた。

「何だって?」とおばさんははげしい調子で噛みつくようにいった。「外国人にはいいところだけを見せるだよ。わしらには何もない。バタもない。レバーも買えぬ。文句をいうと、露助がこれだ」と、手にしていた電気掃除器で銃を身がまえる恰好をした。

このおばさんは体重が三十幾貫あろうか、獰猛な牛のような顔をして、前歯がなく、丸い目がつり上ってらんらんとこちらを睨みつけて、あらあらしく話す。

「わしの息子は酔っぱらって、往来でロズマリーをうたった。ナチスのころにはやった歌さね。ちょっとばかり酔って歌くらいうたって、何がわるいだかよう。それなのに人民警察がとっつかまえて、血をとってしらべて、アルコール分があるといってからに、百時間の賠償労働をさせられた。いや、強制労働とはちがう。その時間だけただで公共事業にはたらくだ」

おばさんは電気掃除器で床をこすりながら、大声でこう話した。そして一たん部屋を出ていったが、また扉を開いて、顔をつきだしていった。

「お前様はそうして本ばかり読んでござって、大学の先生でもありなさるか。国に帰ったら、生徒さんによく話して、わしらの国を助けておくんなさいよ」

そういいすてて、扉をバタンとしめて、床をふみ鳴らして去った。

■老婆の幻覚■

ある夜の十一時すぎころ、私は繁華街のクールフュルステンダムで、バスを待っていた。つめたい雨がふりだしたから、もう戸をとじた店先にたたずんでいた。バスはなかなか来なかった。

すると、目の前にある光景がはじまった。

一人の貧しげな老婆が破れた真赤な着物を着、髪を乱して、錯乱したように叫んでいる。そして、やはり貧しげな若い男が、やはり叫びながら、それをつかまえては引きずり、つかまえては小づきまわしていた。一見して東から来た人ということが分った。（ベルリンのツォー駅のあたりで見ていると、服装や雰囲気から、東の人か西の人かははっきり分る。）

深夜の往来に二人の人影がもつれてははなれるさまは、異様だった。それがいつまでもつづいたので、人々が集った。いくたりかの人が憤慨して、その若い男をおさえ、中には撲《なぐ》りつけようとした者もいた。

しかし、とぎれとぎれの叫び声をきいているうちに、話が変った。若い男は無智だが実直そうな人で、老婆をくるしめているのではなくて、何とかして制しようとしているのだった。

「それなら早くこの地区の警察にゆきなさい」と分別あり気の人がいった。「警察で保護して収容所におくってくれるだろう」

老婆は身をよじり、泣きさけんで、何かの幻覚におびえていた。そういう老婆のもつある凄さがあった。

「おそろしい！　おそろしい！　三十メートル出てもまだ追ってきた！」

はっきりした事情は分らなかったが、側に立っていた人が、この老婆は脱出してその昂奮のあまり気が変になったのだ、と説明してくれた。

夜更けの街のこの光景には、ベルリンの底の方の実相がちらとあらわれているように思われ、見ていて胸につめたい恐怖がながれた。

東から脱出する者は依然あとを絶たず、一九六一年は一九万九〇〇人だった。


「わたしの個人的な身の上話はおことわりします」と、東から逃げてきた彼女は口をまげて皮肉な笑い方をした。

■わたしはスパイだった■

「その代り、わたしの知人の場合をお話ししましょう。その女はロシアの将校と恋仲になりました。ロシア兵は兵営の中に暮していて、ドイツ人との接触を禁ぜられているのですが、このことが知れて、その将校は本国に帰され、女はロシア軍の秘密をさぐるスパイではないかと調べられました。そして、東ドイツ側の諜報機関のためにはたらくようにと強要されました」

ここまで語って、彼女はふと顔をあげて私を見つめていった。

「あなたは平和を愛しますか?」

「もちろんです」と私は答えた。

彼女は語りつづけた。

――そういうふうにスパイになることを強要される者は、いつでもまず「お前は平和を愛するか?」ときかれます。わたしも「もちろんです」と答えました。そうしたら、「平和を愛するなら、平和の社会主義体制のために、西の戦争勢力とたたかえ」といわれました。

ああ、あの四角い部屋で、まわりに制服、私服の人が坐っていて、いままで暗誦してはいたけれどもあまり考えたことのないむつかしい理屈から問いはじめて、方々にはたらいている同志がたくさんいることをきかされて、いうことをきけば先の生活がよくなるが、きかなければ身のためにならないとおどされて、専門家に説教され誘導されたら、それにかなう女はいませんわ。あの手この手と責められて、こわくなって、つい契約書に署名しました。

「署名してももし実行しなかったら、どうなりますか？」

「何かの名目で政治犯ということになって、刑をうけます。それからわたしは西ベルリンのあるバーに入ってはたらきました」

見たところはなはだ平凡なこの人は、バーではたらくスパイだったのである。スパイというと瘠せて目付がするどく、妖艶でニヒルな影の持主だと思っていたが、この人は太ったお人好しだった。どこの町角の飲み屋にもこんな人がいて、前掛で手をふいてビールのコップをはこんでいる。要するに、いかなる警戒心もおこさせないような無記無名の人だった。

――まったくの末端の手先ですから、大したことをするのではありませんでした。お客の話をきいて、弱点をつかまえるのです。たとえば同性愛の癖などを報告するのです。（ドイツでは、この悪習をつかまえて人を陥れることがよく行われる。ナチス時代にはこの罪名をきせられて仆《たお》された人がたくさんいた。）機関の中ではただ上の人だけを知っているので、スパイは三人組になっているのですが、そのほかには誰も仲間を知りません。上等のバーにはみなこうしたシュピッツェル（下級のスパイ）がいます。グレンツゲンガーの四分の一はそれで、他のグレンツゲンガーを看視しています。逆スパイもいます。西ベルリンには、こうした者の集合所が三カ所あります。どこと、どこと、どこです。――

彼女はこうした仕事がいやになって、西に逃げる決心をした。毎日西ベルリンへのパスをもって通っていたのだから、すこしずつ物をはこんだ。冬にはオーバーの下に着ぶくれて、ある家にきて下に着ているものを脱いだ。だから、脱出者にしては、たくさんの物をもちだせた。逃亡した翌日に、西当局に出頭して一切を告白した。

しかし、こういう仕事をしていたのだから、すぐに西側の保護を得ることができない。まず政治犯としての裁判をうけなくてはならず、いまは西ベルリンにひそんでその結果を待っているのだが、まったくの小者なのだから判決も大したことはあるまい。

あるときは一通の無名の手紙がきた。それはラヴレターの形で書いてあり、「おまえを恋しく思っている。いつどこそこで待っている」と書いてあった。彼女は用心して、境界の近くにはけっして行かない。

こうして暮していると、ある日アメリカの機関がやってきて、彼女を飛行機でウィスバーデンにはこび、徹底的にしらべて、二週間後にかえしてくれた。

彼女は夫と別れた。彼女の両親も夫婦別れをした。ドイツでは政治的分割が多くの家族的分裂の因となり、父は自由にあこがれて西にゆき、母は家に執着して東に残っている。彼女の子供二人のうちの一人は母のところにおいてあるが、一人は一緒につれてきた。その女の子はおとなしかったが、貧血症のように見えた。

ふしぎなことには、このように逃げてきた人だから、多くの同じ境涯の人々のように東の生活を呪詛しているのだろうと思ったが、彼女はそうではなかった。しきりに西に対する不満をのべ、東にむかって同情的な口吻をもらした。

どうも複雑だった。

「逃げてきた者はみな幻滅します」と、彼女は話題が東西の比較になると、にわかにいらいらとしてたたきつけるような調子でいった。そして、忿懣を吐きだすように早口につづけた。「東の方がずっといいのです。むかしの貴族の城や金持の別荘が、老人寮や子供の家になっています。病気になれば保険で養生できます。食べ物は十分あります。ただ種類がすくなくて好きなようにえらべないだけです。こちらの新聞には、東では食物がなくて遠くに買い出しに行くなどと書いてあるけれども、このあいだ母が訪ねてきたときにきいたら、そんなことはないといいました。西の新聞が嘘ばかり書くのに呆れます」

西ドイツの新聞にも程度が低いものがあるが、大衆紙にはあけてもくれても東の悪口が書いてあり、それを読んでいるといまにも東の内部が崩壊するかのように思われる。しかも、東ベルリンに入ってそこの住人に話をきくと、「東の新聞には嘘ばかり書いてある」という。

「それでは、なぜあんなに多くの人が東から西に逃げるのですか?」

彼女は黙った。それから、せせら笑うようにいった。

「逃げる者はみな人間の屑です。わたしだってそうです。東の体制にいっしょについていけないのです。東西のマルクが一対五なのを利用して、それで何とかもうけようとして、下水の水がながれるように出てくるのですわ」

「逃げる者は犯罪人だということですか?」

彼女はまた口をまげて皮肉な笑い方をした。

「ええ、犯罪人ですわ。それはみな犯罪人ですわ。東では何でも犯罪になります。西ではほかの男と寝ても平気だけれども、東ではそんなことをすれば吊し上げられます。大勢の中で責めたてられ、さらしものにされます。住んでいる町中が知ってしまいます。どんな内密の個人生活にも干渉するのです」

彼女のいうことは混乱し矛盾していて、よくは納得しかねた。主張がばらばらで、全体を見とおした客観的な判断はなかった。それは期待する方がむりなのだろう。

おそらく、語りたがらない、自分でも説明のできない、複雑な理由がひそんでいるのだろう。流離の人で、西に来てもいつまでもあたらしい環境の中に根を下すことができない。不安定で、希望ももてない。肩身も狭い。出てはきたが、ここも自分の安住の地ではない。いまの身の上には不満である。やはり自分の故郷はなつかしい。その郷愁があるように思われた。

しかも彼女は現実一般を判断する特定の思考法を、すでに子供のときからつぎこまれている。東ベルリンに入って人々と話をすると、すくなからぬ人々が西をただ腐敗と犯罪の巣のように思っている――あるいはそう口にする。そして激越な憤慨の表情を見せる。

彼女はテレビのスイッチを入れて、東からの放送を見た。自分もそれを楽しみにし、私にも見せたがっているようだった。――まず世界各地の暴動のニュースがあった。それから、手をかえ品をかえて、闇黒西ドイツのさまがえがきだされた。ある町で、観客が映画「わが闘争」を見ているところが出、やがて幾人かの人々が街頭で、「こういう犯罪に荷担した者がいまのボン政府の高官である」と論じていた。それから、東ドイツの外務次官のやはり西攻撃の演説があった。最後に、二十五年前のアメリカ映画「檻の中の人間」を上映した。陰惨なもので、「非人道なアメリカには、このような暴動がたえない」と解説していた。

映画を見おわると、彼女は私にむかって腹立たし気にたずねた。

「あのようなことをいいと思いますか?」

このようなものばかりを見たり聞いたりしていれば、ほんとうにその気になる。この部屋の雰囲気にひたって、私にもその気持が分るような気がした。

西に保護を求めながら東にあこがれる――こういうことは人間にはずいぶん普遍的な心理のあらわれなので、自由世界の知的に高いインテリの同調者も所詮はそれである。いま私はその一つの異様な場合を見たのだろう。

この善良な単純な女は、おそるべき東西の関係によってもみくちゃにされた気の毒な人の一例だった。

東西のスパイ合戦ははげしい。西の軍人が機密をもって東に逃亡した事件が、いくつかつづいたことがあった。これは酒飲みで借金に困ったからだと説明されていた。また、西ドイツの代議士のフレンツェルという人が東のためにスパイをしていたことが露顕して、大騒ぎになったこともあった。この事件はいまのドイツの政治的社会的事情をよく断面にして示しているから、別の機会に紹介するかもしれない。

スパイとか密告の事件はつねに新聞を賑わしている。

そういう大きな事件ではなくて、新聞の片隅にのっていた記事を——。

二十二歳の女子医学生のペトラ・Dに対する判決。——彼女は十八カ月の青少年刑に処せられ、東の諜報機関から供与された四〇西マルクと一五〇東マルクは没収された。

彼女は東ベルリンの親の家に育って、教師と党役員から共産主義の教育をうけた。最初の婚約はやぶれ、その三月後に二度目の婚約もやぶれた。「わたしは自信を失い、誰をも信用しなくなりました」。かくて、三番目の若い男が自分はアメリカの諜報機関のためにはたらいているとうちあけたとき、彼女は、「国家の敵を密告することは、愛国的なまた法律的な義務だと思いました」。これによって、青年は五年半の懲役に処せられた。

さらに、もう一人の学生仲間が西ベルリンに脱出するとうちあけたので、彼女はその準備を助けながら、これをも密告した。

東の保安局はペトラに、西ベルリンに逃亡した同輩たちと交際して、スパイして聞きこむ役を命じた。彼女はこれをあまり本気には実行せず、たださしさわりのない報告をしていた。そして、一九五九年十二月はじめに、自発的に西ベルリンの警察に自首した。

「わたしは自分の罪を感じ、あやまちを認め、法治国家に身をゆだねたいと思いましたから、自首の決心をしました」と被告は最後に陳述した。法廷はこれを信用し、彼女が知的ではあるが犯行当時にはまだ未熟の少女であったという医者の判定にしたがって、青少年法によって処分した。

ベルリンはスパイの巣であって、隣に坐っている誰がそれであるか分らないというし、またそれにちがいない。しかし、日常暮していてもそれらしい気配はついに感じたことはなく、カフェであたりを見まわしても怪しげな人などはいなかった。

例をもう一つ。

ロタール・ハイジヒはレストランの給仕だった。一九五〇年に東ベルリンを去って西ベルリンに入った。しかし、香ばしくない前歴から収容所での救助を拒否され、ふたたび東ベルリンに帰った。すると、逃亡の故をもって保安局によばれ、強要されてスパイとなった。これをしばらくつづけていたが、やがて保安局と縁を切りたく思って、ふたたび西に逃げた。ここで働いているうちに、一九五四年に電車にのっていたが、酒を飲んでいたのでつい眠ってしまい、乗りすごして東ドイツに入って、境界の警察に抑留された。処罰をゆるしてもらうために、また保安局で働いた。写真機をあたえられて、ある種のアメリカの武器の所在を発見することを命ぜられた。またしばしば、西ベルリンの特定の人につきまとって情報をとった。ある会社の従業員で西ドイツ軍に志願した者の名をしらべた。

このハイジヒは、西ベルリンの裁判所によって二年と五日の刑に処せられた。

ベルリンに住んで

■パンション暮し■

西ベルリンではいくつかの宿を転々としたが、結局ツォー駅近くに落ちついた。環境はわるいが外出に便だし、何より郊外の森の中の上品なホテルなどよりは人の出入が多く、さまざまの種類の人に接して話をきくことができた。

窓の下は空地で、その隅の方には壊れた壁がまだすっかり片づいてはいないが、しかし見わたすかぎりどこもかしこも堅牢にかためて、すべて人工でつくりあげた頑丈な立方体である。黄いろの壁。褐色の壁。白い壁。そのあいだところどころに、並木の梢が秋の気配に黄ばんでいる。

ベルリンには自然はない。郊外の森や湖もすべて人工によって計画され規制され、ただその材料が有機物であるというだけである。建物にも、フランスで見るような年月がつけた錆がない。あのような中間の陰翳はない。ベルリンで自然を感じさせる唯一のものは、中心地にある戦災にあった大きなウィルヘルム皇帝記念教会である。これは黒く焼けた廃墟で、それが風雨にさらされて、人工が考えだすことができない形と表情をしている。これをそのまま残すべきか否かの議論がしきりだけれども、もしこれが消えたら、この大都会には、人間の計算を越えたものは何もなくなるだろう。

ヨーロッパでは、すべてにつけて人間が主になって自然に形をつけて、環境をつくりあげている。

水は上から下に落ち、さまざまな変化のある姿をとりながら流れる。われわれの先祖は、この水の性質を生かして渓泉の美をつくった。ところがヨーロッパ人は水をただの素材としてあつかい、下から上に噴出する装置をつくり、幾何学的な図案をえがかせ、それに照明をあてて楽しんでいる。噴水はヨーロッパ人の自然のあつかい方を端的に示している。植物に対してもおなじである。日本人のようになるべく草木のあるべき姿を生かすために人工を加えるのではなくて、ただ自分のヴィジョンを形成する材料としてあつかう。一列にならべて、丸くあるいは四角く刈りこんで、左右相称の模様をつくる。このことはもっともヨーロッパらしいフランスでいちじるしい。

日本の古来の活花は、植物の有機的生命を生かすことによって、断片の中に大きな自然を暗示し象徴しようとした。ところが、あたらしく流行している活花は、植物をむしろ無機のオブジェとしてあつかって、それ自体に独立した世界をつくりだそうとするらしい。もしそうだとすると、むかしからの活花とはちがった原理の上にたっているものだから、同じ名でよぶことはできないもののように思われる。

先年マルローが日本に来たときに、「インド人の宇宙、日本人の自然」ということをいった。これはじつに卓見だと思った。この日本人の自然感覚は、文明開化までは過敏で過剰なくらいだったが、それから後ははなはだしい損傷をうけ、年と共に荒廃しつつある。これからどうなることだろう?

こちらでは生きた動物も加工される。貴婦人がつれてあるく犬は、異様な形をしている。前半身は毛が長く後半身は裸に刈りこみ、さながらマント狒々《ひひ》のごとく、奇形な装飾玩弄物になっている。犬がもっているあの素朴な性格は消されて、人間のあそびが生物の遺伝にまで干渉している。

都市計画のようなものはじつに立派にできている。都市という人工的な空間を、すみからすみまで考えぬいて作っている。スケールの大きな空間構成はみごとなものである。往来にガラス箱があって、その中にその地区の未来の姿の模型がおいてある。「都市計画はすべての人にかかわる」と書きだしてあって、人々がのぞきこんで評定をしている。これにくらべると、日本では、明治以来つい先頃まで、都市を人工によって形成するということを考えなかった。それで日本の町は、ごみためのような自然美をもっている。

近代都会が清潔で静粛で合理性をきわめているにもかかわらず、なおそこに生活しているとしだいに肩がこって頭が痛んでくるのは、自然に遠いからではなかろうか。どこに行っても石の街だが、その中の古い地区の狭くて不規則な小路に入ると、ほっとすることがある。こういうところには人工を超えた何物かがある。ベルリンの戦前から残っている家は、壁も厚く階段も幅ひろい。かたい石か鉄をふみつけて登る。大きな扉は渾身の力をこめてあけなくてはならない。うっかり引くと、こちらの体が浮きあがってよろよろと引きよせられてしまう。いくつもの扉を鍵であけてとじて、六階の自分の部屋に入る。（戦後の家はモダーンで、もっと人間の寸法に合せてつくってある。）

私のパンションでは、エレベーターが戸外の壁にそってとりつけてあった。鉄の欄干をつたって鉄の箱に入って、空中を上下した。まるで軍艦の中に住んでいるようだった。

自分の部屋に入るたびに思った。――かつて犬猫病院に行ったことがあるが、たくさんの檻が天井まで積んであって、その一つの中に自分の家の犬が入っていた。あれにそっくりである。

こうした住居に慣れてから日本の自分の家に帰ると、階段のうすい板がぎしぎし鳴って、じきに登りついてしまい、唐紙を指先でおすとすっとひらく。仕切りもなく、抵抗もなく、重心もない。ただ美があたりに空気のようにただよっている。これがしばらくは奇妙でならなかった。

西洋の住宅は清潔だが美への配慮はなく、あるとすれば擬古典的な大理石の柱と彫刻といったような、美と想像されるものである。日本の高級な住宅は現代生活のための住む機械としては機能がわるいが、その純粋な比例と静かな調和はよその世界にまたとない。

市中の中程度のパンションは、八―十二マルクだった。これに朝食が二―二・五〇マルクで、みな一割のチップがつく。よく日本の宿屋は高いというが、夕食がついているのだから、むしろ安いのではなかろうか。外出しているあいだに、女中が部屋の掃除をしベッドを直しておいてくれる。すべて事務的で、あたたかいにもつめたいにも人間的接触はない。帳場でパスポートを示して記入をすますと、「あなたの部屋は何番です」というのをきいて、出された鍵をもらってその部屋に入る。出るときは、帳場で金を払う。それだけのところも多い。日本のように、風呂の中で裸の相客が大声で話すというようなことは、まったく考えられない。サービスはない。感情を面にあらわす雇人はめずらしい。日本でいったら空港の役人みたいなものだが、ふしぎなことには西洋では空港の役人はかえって人間味があってあたたかい。

私はドイツ国内旅行をして三十以上のホテルに泊ったが（ただしすべて中の中から下）、静かで清潔で整頓されて申し分なかった。どこに行っても規格化されていて部屋の構造も家具もおなじだった。ドイツ全体が平均化しつつあるようだ。ベッド、小机、水がでる洗面器、コップ、鏡――まずこのくらいである。電灯は暗くて、読むと目が疲れた。これはホテルが電灯代を倹約するためだからだそうで、日本の宿屋のようにいたるところに無駄な明りをつけるということはしない。古風な額に感傷的なアルプスの牧場や鹿の絵がかかっている。（西ドイツの新聞にでていたが、それによると、――東ドイツではこのような小市民趣味の絵はいけない、もっと建設的なものでなくてはならないとて、工場やダムや曠野開墾の絵のみ売るように奨励している、ということだった。）

地方にゆくと、宿賃はもっと安いが、室内に熱い湯がでるところはすくない。特別に贅沢なホテルでなければ、洗濯物はしてくれない。女中さんにたのんでも断わられる。よごれものは自分で洗濯屋にもってゆかなくてはならないが、それをしても日本のようにすぐにはできない。それで、旅行中は五日に一度くらいは熱い湯のでる高いホテルに泊って、シャツ類の洗濯をした。チューブに入った洗料は白い泡がいっぱいたって、よごれは気持よくおちた。金持の旅行者も洗濯は自分でしている人が多いようだ。

■同宿の人々■

駅に近いパンションにはさまざまの人が出入した。

三日前に東独から脱出してきて、これからスエーデンにゆくという、小学校の先生がいた。誰でも逃げるときにはいちばんいい服をきて出るから、この人もいい身なりをしていた。

こんなことをきいた。

――一九五七年いらい、東では脱出は犯罪ということになって、三年の刑である。本人はもとより、助けた者も、知っていて密告しなかった者も、同罪である。だから、いまでは一家こぞって逃げる。それも一緒では目だつから、家族がばらばらに出て、ベルリンで落ちあう。ベルリン行きの切符は買えないから、ベルリンよりさらに先までの切符を買い、ベルリンで途中下車をする。この切符を買うことができるのも、これまでの行状から信用がある者にかぎっているのだが……。

「スエーデンに行けば――」

この若い金髪の人は、面に希望をうかべて息を吸いこんだ。

一人の司法官試補がいた。ドイツにはときどき、これより信用のできる顔はあるまいと思うような見るからに実直な人がいるが、この人もそうだった。地方から転任してきて、貸間を見つけるまでこの宿にいるのだった。この人にしきりに安保騒動のことを訊ねられて、説明にこまった。

職掌がらか、「何故あれを政府がとりしまれないのか。あれで政府が倒れたのなら、それはほとんど革命だが、何故その後に同じ性格の政府ができたのか。そして、左翼は結局いかなる目的を達したのか？」と追求した。この問題に興味をもっているドイツ人は多かった。騒動はこのころ進行中だったのだが、戦後の日本は他国にくらべてまだしも静穏だったのであり、日本の事件が世界の新聞のトップ記事になったのは十幾年来にこれがはじめてだった。それで、日本は堅実無類であり、ことに左翼の影響はない、と思っていた人が多く、一層驚かしたようだった。市中の映画館では、ずいぶん後までその実写を上映していた。

私は戦後の日本の事情を説明して、すべての規制力が悪として道徳的に無力化されていること、左翼の目的は安保自体もあるが、さらに民衆の動員力とか革命的情勢のもり上げとかにあるのだろうから、未来のための準備という点ではつみ重ねに成功したのだろう、と答えた。

「結局は左翼の累年の努力が実をむすんだのですが、そのまま革命運動というわけではないようです。むしろ非合理な心理的な要素が多いようです。少数派がボイコットすればいかなる決定もできないということになっているのです。むかしから多数決のルールに慣れていないし、これも戦争の惨禍につながるという論理からいかなる制約もない状態をただちに実現せよという感傷的要求なので、それを蔭の勢力が利用してあやつっているのでしょう」

ヨーロッパ人も前大戦の後にこういう非合理なうごきを十分に経験したことがある。それで、大新聞の権威ある論説には、意外に思われるほど、日本の事件を不可解というふうには書いてなくて、むしろ世界を知らない未熟未経験と判断してあった。大衆紙などは「神とあがめられる天皇は退位するか」という調子だったが。

「ツェンガクレン（ドイツ人はこう発言する）は共産党よりもラジカルなのだそうですね？」

「サルトルの影響があるのでしょう」

「フランスはいま戦争中で、あてのない無名の師をやめよという気持がつよいのです。そのためには、共産党の現実主義ではもはや満足はできない、むしろ国が敵として戦っているＦＬＮ（アルジェリア解放戦線）と連携しろ、というのです。まったくの自由主義者があれに共鳴して、軍を中心とするファッショ勢力に抵抗しようというのです」

「日本でも戦争中は、延安に救いを感じた人々がいました。また、日本は関東軍によって占領された、それをアメリカによって救いだしてもらうのだ、というふうに考えた人もありました。サルトルたちがＦＬＮの勝利をねがうのも、われわれには分るような気がします」

「しかし、いま日本は平和で、むしろ非常な繁栄ではありませんか。それがどうしてそうラジカルになるのです？」

「長い戦争で精神のバランスを失った結果です。やはりドイツのワイマール時代に似たところがあるのでしょう。それに遠い島国で世界の実情がよく分らないということもあり、ただ一方的な見方だけを吹きこまれたということもあり、何より多くの人々が前の戦争中に抵抗をしなかったという道徳的負い目を感じていて、こんどこそ抵抗しようというのです」

「そういう遅ればせの抵抗家はヨーロッパにもいますよ。ヒットラーに対してしなかった抵抗を、アデナウアーにむかってして、自分の良心をなぐさめようというのです。しかし、相手は別なものなので、弾圧をしない者にむかってのレジスタンスということは行為として成立しないはずですがね」

「空想された仮想敵へのレジスタンスは、もっとも人々を鼓舞するのでしょう」

「サルトルが青年の激情にうったえて煽動をしているのは、アルジェリア戦争をやめるためだが、日本の青年は何を目的としているのですか？」

「やはり戦争をやめるためです」

「していない戦争をですか？」

「アメリカと結ぶことはすなわち戦争することなのです」

「ドイツでは、アメリカと結ぶことがすなわち戦争をしないことなのですがね」

「でも、東ベルリンに入ったら、することだというビラがたくさんありました」

「そんなことは誰も信じてはいません」

「日本ではたくさんの人が信じています」

相手は苦笑して、口の中で何か呟いた。

七十三歳の老人がいた。血色のいい矍鑠《かくしゃく》たる人だった。名刺には「フライブルクのジャーナリスト」とあった。

ジャーナリストとは書く人というよりもむしろ編集者のことだが、それも日本のそれとは意味がちがう。原稿をあつめて商品をつくる人ではなく、自分の立場と主義をもって言論の場をつくる人である。だから、雑誌はむしろ日本の同人雑誌に通じるような性格をもっている。この老人も識見をもったじつに立派な人だった。

私の住所をきくから答えたが、鎌倉のことをよく知っていた。私がおどろいて問いかえすと、「ながくジャーナリストをしていれば、鎌倉くらいは知りますよ」といって微笑した。

この人は、いまのドイツの風潮を非常に慨歎していた。第一次大戦を境にして世相人心がすっかり変った、といっていた。私も、

「日本でもそうです。その世界的風潮の中にあって、一九二三年の関東震災からあたらしい時代に入ったと思います」と同感した。

この人に教わったが、ドイツの学界ではドイツ現代史を一九一七年からはじまると規定している。これはロシア革命の年でもあり、ドイツの敗色がこくなってあたらしい動きが萌えはじめた年でもある。この規定は正しいのだろう。そして、日本の場合を関東震災からとすることも根拠があるのだろう。それまではまだ潜在的だった動向が、これから抑えがたく顕在化した。

この人にもう一つ教わった。

ヨーロッパに来ての感想を求められて、私はいった。

「どこの国にいっても、繁栄していて、秩序がたっていて、人々は親切です」

「いや、そういうふうに考えてはいけない」と老人はさえぎった。「お客様になってホテル住いをして見物していれば、どこの国もいいにきまっています。それでは分りません。他国のことがほんとうに分るのは、その国の人の中に入って、額に汗して自分のパンをかせぐ――これをしてはじめて分るのです」

この言葉は、平凡だけれども至言だと思った。

他国のことは知れば知るほど分らなくなる――そういう感をいだくことがしばしばだが、むしろこの方が本当なのだろう。自分の基準で安易に理解していたあやまちが、つぎつぎと思い知らされる。日本に来た外国人が日本について記したものを読むと、おどろくことが多い。言葉も歴史も知らない人が、前からもちつづけた固定観念（日本についてのそれができあがっている）をそのまま演繹したり、あるいは自分が滞在したときにうけた印象を全体化したりしている。先入見と一般化――これから逃れている人はじつにすくない。どうしてこういう軽率な判断をするのだろうと、あやしむことがある。招待政策が成功するのも、このためだろう。

私もこれを免れないにちがいない。しかし、私はドイツのことには外国人としてはかなり長く接してきた。言葉も歴史もまったく知らないわけではない。自戒して吟味し反省しながら、できるだけ事実に即して感得してみよう。この国で額に汗して自分のパンをかせぐのではないけれども、観念にあてはめて判断するのではなくて、じかに実体からその語る意味を解読してみよう。

■街で会った人々■

宿から外にでると、いろいろな人に出会った。往来で接する人は、どうしても下層の人が多かった。そして、はじめのあいだは他国人はみな一様に見えるけれども、すこし知ってみるとやはり各人各様である。

旅行記には、よくタキシーの運転手の話がでてくる。その話をきくのが、もっとも手っとりばやい輿論調査である。

私もときどきそれをした。ベルリンに着いて空港から乗った車ではこう答えた。

「ヒットラー？　またあれがくればいいと思っている者がたくさんいらあね。あのころは、人を殺せばすぐ壁の前に立たされた（銃殺された）。ところが今はどうだ。人を殺してもただの二年だ」

この男はすぐに女の話などをはじめたが、遠まわりをしてティアガルテンの中をぐるぐるまわった。私が咎めると、

「おまえさんはベルリンを知っているのかね？」といって、にやりと笑った。

もう一人の運転手も「ヒットラーは労働者のために配慮した」といった。到着の直後につづいてこの二つの意見をきいたので、

「おやおや、ドイツは逆コースか」とおどろいたが、しばらくたって、これは偶然の例外がたまたま重なったことを知った。輿論調査もそうあてにはならないものである。ただ、自由の濫用に対する憤慨は多かった。インテリでない人々にとっては、自由よりも規律の方が魅力があるらしい。

運転手といえば、ドイツの警官のきびしいのにはおどろく（フランスもそうだが）。ハンブルクで乗っていたタキシーが駐車の白線のすこし外にとまった。たちまち警官の車がきて、じつにはげしく怒鳴りつけたが、まさに本で読んだドイツの軍曹だった。若い運転手はただ顔を赤くしてうなずいていた。またおなじハンブルクで、往来の飲み屋の前で、一人の与太者風の男が酒ビンを往来に投げ棄てた。ビンは音をたててこわれた。すると、二人の巡査が左右から走ってきて、一人がゴムの鞭でその男をいくつか撲りつけ、一人が小わきにかかえるようにして引きたてていった。違反者に対しては手心な

く、法は厳格に実行されるように思われる。

いまのドイツの巡査は、むかしよりはずっとスマートな服装をしているが、やはり重厚である。普通の市民に対しては礼儀ただしく親切で、いかにも安心感をあたえる。

交通巡査の挙止は、その国民の気質をよくあらわすものである。ドイツのお巡りさんは、国家によって代表される公共性への敬意と忠誠そのものである。

宿のむかいの小さなレストランの色の白いおかみさんは、人がよかった。

「わたしはもう三十五年このベルリンに住んでいます。何でもみな経験しました」

おかみさんは「みな」に力を入れていい、その「みな」を思いだすように目をあげて上を見ながら、笑いだした。「弾の音が耳に痛いようで、この先のバイエルン広場にヒットラー・ユーゲントが立てこもって全滅して、それからロシア兵が入ってきて……」

ベルリンではどこに行ってもまだ弾痕がのこっている。ことに東ベルリンに入ると、一面に軽石のように穴があいた壁がたくさんある。悲惨なことを思いだして笑うことは、われわれには分るが、ここではめずらしい。ドイツ人は生真面目でいかつく、ときたま哄笑はするが、その中間的段階の笑い方はほとんどしないようだ。

「あなたはいつも前菜のようなものがお好きですね。今日は牡牛の唇のサラダがあります。それに米をあげましょう」

異国人のあいだで一人で食べていると、こういう好意はありがたい。その料理はわれわれの口には慣れないものだが。

ドイツの味は、フランスやイタリアのように芳醇な匂いにむせ、泡のような感触に溶けるというふうではない。あのように感覚的にゆたかに複雑ではない。ああいうものはコケットでいやらしいというふうに感じる傾向があるようだ。もっと大味で単調で、すこし塩気と酸味があり、燻製のようなねっとりとしたしつこいものが好きである。目にうつる色彩の調子にも同じ感じがある。単純だがどこかくすんでねっとりとしている。

食べることはただ食べることであって、これに美的享楽というような他の要素がまじりこんでいることはすくない。

ときには不可解なほど無細工なものもある。ドイツ人自身もそれを認めているのだが、つい近くにはフランス料理のようなものがあるのに、なぜもっと他人の長所をとりいれないのだろう。国民の感覚というものはじつに頑固に変らないものである。「感覚の様式はすでに有史以前に成立した。倫理も美感も」という言葉はほんとうなのだろう。生活の根本体験に属するものは容易にうごかない。うごくのは、制度や戦争の方法や弁証の論理や……そういう伝達のしやすいものである。

西洋の煮た米は日本の御飯とはちがう。ふっくらとして粘らず離れず、嚙んでいるうちに無味の中から味がでる、というものではない。あのように自然と人工とが微妙な加減をはかって協力しているものではない。牛乳でとかして砂糖で甘くした、完全な人工品であり、シンがある。

このレストランの肉づき豊かなおばさんも牛乳と砂糖の加工品のようだったが、気だてがよくて、苦しい日々の「みな」から何の傷痕もうけていないようだった。

ドイツの中年以上の女には二つの型があるようだ。一つは、いかにも母性型らしくあたたかい深味をもっている。ところがもう一つの方は、うらみつらみにこりかたまって赤筋をたて、さながら鬼瓦を冷凍したごとくである。ある雨のふる寒い晩に、コンクリートの街を行くこういう鬼瓦の群にあって、胸の底が冷える思いをしたことがあった。

若いときには同じように新鮮で素朴な娘たちが、どうして年と共にこうもちがってしまうのか——。これはおそらく環境によるのだろう。安全な家庭に入っていれば円満なおばさんになるが、この苛烈な力ずくの社会に女が逆境にいるか独身でいるかすれば、しまいには鬼瓦になるのはさけがたいのだろう。ああいう女たちの内生活が思いやられる気がする。

日本では家屋にも人間の心にも警戒ということはじつにすくないが、こちらではよその家を訪問して呼鈴をならすと、入口をひらく前にまず覗き窓からじっと様子をうかがう。扉にはみじかい鎖がかけてあって、それを外さなければ人が入るだけの隙が開かない。精神的にも不断に警戒をしている。だからだろう、尼さんには険悪な人相を見たことがない。こちらは保障された環境にいて、みなやさしくてきよらかで、終生人相がわるくならない。「四十をすぎた人間は自分の顔に責任がある」のだそうだが、鬼瓦のおばさんたちは、国家による社会保障のほかは頼るものは自力だけで、攻撃や防禦にあけくれたのだろう。

往来で接する人はたいてい律儀《りちぎ》な市民である。そういう人には礼儀の壁があって、行きずりにすぐ口をきくということはすくなく、口をきいても変った面白い話はない。変った話はみな例外のくずれた人である。ドイツにも落伍者や奇人はいるし、それもかなりいるようだ。

一人の髪を長くした中年男がやってきて、くどくどと話しかけてついてきて、いつまでも離れなかった。一言ごとに固い握手をした。すこし頭がおかしいらしかった。

しきりに自分の身の上話をしたがり、ドイツ人が（ヨーロッパではみなそうだが）つねにたずさえている写真入りの身分証明書を見せて、いった。

「わしの女房は敗戦当時にロシア兵にさんざんにやられた。われわれ男がそれを見ながら黙ってひっこんでいたというので、何かというとそれをいいだす。あのとき男がどうすることができたものか。われわれベルリンの男は、みなそれで女には頭が上らないのでさあ」

これは面白い、と私は思った。どこかに誘って一杯飲ませて、ゆっくりききたかった。頭がおかしくて話がくどいくらいは我慢をする。どこの町角にもあるビーヤホールまでと思って歩いていると、こういいだした。

「わしの女房は盲だ。あんたがその気があるなら、わしの女房と寝てもいいよ」

これにはおどろいて、すぐ別れた。

往来で話しかけてきて、

「ヨーロッパは醜悪だ。日本はいい。映画で見ても日本人の顔は美しい」

と力説してやまぬ変った人もいた。

どうもふしぎだったが、これもどこにもある遠い異国へのあこがれなのだろう。

普通のドイツ人は日本のことをまったく知らないし、前世紀の末ごろにできた観念がそのままつたわって支配している。そして近頃は、日本人とは自分自身の考えをもたず、つねに他人の着想を盗用し利用する人間である、しかもそれが抜目なく腹だたしい――これがヨーロッパ中に一般化している。

ことに輸出で追われているイギリスではなはだしく、ひと頃はいやな反日映画がたくさん作られた。ドイツでもイギリスでも日本人には工場を見せないところが多いそうである。

人種的優越感はぬきがたく、ヨーロッパ人の王座がゆらいでゆくのを、多くの人が天理に背いた不可解事としておどろき怪しんでいるように思われる。アメリカの学者が書いた次のような文章を読んだことがあるが、どうもそのように思われてならない。——「ほとんどのヨーロッパ人は、結局ヨーロッパが世界を指導することが、自然の法則であり、それだけがうまくいく方法であると、心から信じこんでいる」

宿はクールフュルステンダムの裏の横丁であり、町の名は大歴史家の名をとってマイネッケ街だが、「外国人が多いから」夜には方々の軒下に売笑婦が立っている。

「町内連署で区役所に歎願書を出したけれども、何もしてくれません。ああいう女が出没しては町の品が落ちます」とパンションの女主人が憤慨していた。あれも東ベルリンからの通勤者が多い、ということだった。

みな年をとって逞しい。きゃしゃな女が一人もいないのはどういうわけだろう。とうてい激務にたえないのだろうか？　見上げるような骨太な体をして、凄味に青く塗った目をすえて、こちらをぐいと睨んで頤をしゃくる。ドイツの秋波は号令のようである。

色気とか媚態とかがまったくないのは、どういうわけだろう？　やはり料理がただ食うためだけにあるように、ただその目的だけのもので、美的趣味のような夾雑物を拒否しているのだろう。

「ああいう女は怠け者で、他人がはたらいているのに自分ははたらかないから、年をとっても年金をもらえません。収容所に保護してもすぐ逃げだします。劣等人間です」

女主人は、劣等人間――ウンターメンシュというナチスの言葉をつかった。

ドイツばかりではなく、ヨーロッパでは、インテリのえらい人はじつにえらいが、下層の人はむしろ低いように思われる。その差がはなはだしい。岩波文化と講談社文化よりももっと距離がある。ただ日本では、インテリとは西洋のことをやるものということになったから、民衆と隔絶して縁がなくなっている。そして、事情がちがう他国の結論だけを頂戴しているのだから、知識はたくさんもっているが判断に乏しい。

日本では、インテリは浅薄な主張をはげしい勢でするが、非インテリになるほど、「自分には分らないことだから自分の主観をさしひかえる」という謙譲な智慧をもっている。あべこべに西洋では、インテリは「複雑な問題について一面的な断定をすべきではない」と慎重だが、非インテリになるほど狭い見解を断々乎として主張する。自分の先入見以外のものは頑固にうけつけない。

よく日本の新聞に大問題についてのアンケートがあり、その答に「分らない」という比率が多いと、「自分の意見をもたない」と叱ってある。しかし、多くの場合に、むしろ「分らない」という方が正しいのだろうと思う。すくなくとも私には答えられない場合が多い。

あのような大問題については、手軽な判断をしない方があたりまえである。そこにでてきたイエス・ノーの答は、じつは分っているか分っていないとかよりも、むしろどの党派的主張を信頼しているかということを示しているものである。西洋の非インテリが大問題についてイエス・ノーをはっきりいうのは、かれらのあいだに党派的所属が行きわたっていることを示すものなのだろう。

■東マルク■

私は東ドイツに入りたいと思い、その許可をもらう手続きをするために、幾度も東ベルリンの外務省に行った。

東ベルリンは四年前よりもずっと気軽に行けるようになった。あのころは雪どけの気運がはじまったばかりで、不確定要素が多かったが、その後さまざまの慣行もでき、ある平常状態が生れた。一度電車の駅で大きな荷物をもった客を降ろしてしらべているのを見ただけだった。といっても、一九六〇年の九月から三月ほどは、ふたたび東西ベルリン間の交通が遮断されたのだったが。（こういうことがあってから、その翌年の一九六一年の夏に東西の間に壁が築かれたのだが、そういうことがおこりうるということをどうして西側が予測しなかったのか、ふしぎに思われる。——後記。）

西ベルリン人は東には入りたがらない。ことに公職についている人は入ることができない。東西のベルリン人は、スパイという問題があるので、おなじドイツ人でありながら親しまない。しかし、われわれは皮膚の色のおかげで警戒警報が解除されている。それどころか、対外宣伝のために優遇される。それで、よく西ドイツ人から「東はどんな様子だ」ときかれた。

東ベルリンに入るためには、まず西マルクで東マルクを買わなくてはならない。そしてこれを使うのだが、これがふしぎな経験だった。もし日本のインフレ時代に、東京の山の手だけでは誰でもドルが自由に使えて……ということだったら、あのようなことになっただろう。

西と東のマルクは、東の公定では一対一ときめられているが、実質的には一対五である。東は一対一を人為的に強行しているが、西にはそんな制限はない。もともと東西ドイツ間の鉄のカーテンは、一九四八年の西の通貨改正によって東から降されたのだが、ベルリンにはこのカーテンがない。世界中でただここだけが東西両体制間の交通が自由だったのである。

西ベルリンの銀行では、どこでも窓にその日の相場の表がでていて、西マルクを東マルクに、あるいは東を西に換えてくれる。小さな両替屋もいたるところにある。

ツォー駅は東西の人が出入するところだが、ここの両替所ではいつも三つの窓口に人が列をつくっている。

そこで立って待ちながら、そばにいた学生にたずねてみた。

「東ベルリンでは一対一の公定相場で換えたという証明書がなければ東マルクは使えないのに、どうしてこんなに大勢の人が証明書なしの両替をするのですか？」

学生は笑っていった。

「東ベルリンにいる親戚か友人にもっていってやるのですよ。西の十マルクをやれば、それが東では五十マルクになる。お土産だね」

これでは東の経済はたまるまい。

「われわれは東マルクは使えませんよ。でも、ここで換えている人々は、やっぱりよろしく使うのだね」

西ベルリンでは、映画館の入場は東マルクでも払うことができる。映画館の前にはよく「本映画は東マルクでもさしつかえありません」と掲示してある。つまり、東の一マルクが西の一マルクと同じに通用する。東の人は東の住民であるという証明書を見せて入場券を買う。

ただしこれは例外で、ほかの買物は五倍払わなくてはならず、多くの店にそのときのレートによってこまかく換算を示した東西マルクの対比表がおいてある。

あるとき西で行きつけの小さなレストランに入った。時間外れだったから他に客はいなかった。イタリア・サラダを注文したら、給仕は「いまそれはできない」と答えた。ちょうどそのときに、一人の女が入ってきて、店の奥に消えた。粗末な服装をして、東から来た人だということがすぐ分った。給仕はその姿を見送って、「ちょっとお待ちなさい」といって、奥に入った。

そしてすぐに出てきた。

「卵がきました。イタリア・サラダはできます」

私はかねて聞いていたことがあったから、「なるほど、あれだな」と思った。西ベルリンは市街地だけの孤島だから、鶏卵の生産がない。西ドイツから汽車ではこんでくる。それで、東ドイツの農民が卵をかくしてもちこむ。こちらの方が安い。

私がたずねたら、給仕はにやりと笑って説明してくれた。

「あのおばさんは肥えた体に卵を三十はかくせます。はやく食べないと雛にかえってしまうね」

そして、口を尖らして雛の鳴き声のまねをした。サラダの中の輪切りにしたゆで卵を食べながら、さらにこんなことをきいた。——

あれはなかなか達者な女で、近所の映画館の切符売りと結託している。切符売りは東ベルリン人に安く売ったことにして、自分がもっている東マルクで帳面を合せて、切符を幾枚もあの女にわたす。あの女はそれを西ベルリン人に割引して売ってやる。——

こういう小さな闇行為は無数にあるようだった。同じものが五倍に売れるのだからむりはない。東の人は、西マルクがほしくてならない。それを手に入れて、東に不足な物資を買って帰る。これがどれほど大きな誘惑であるかは想像できる。

だから、東ベルリンでは貨幣の使用はじつにきびしくわずらわしい。住民は何につけても身分証明書を見せなくてはならない。外国人は、一対一の公定で交換した証明書を示さなくてはならない。しかし、これには例外がある。映画、演劇、レコード、本などの宣伝に関するものは、証明書なしに買える。東はこういうものに力を入れて奨励しているから、いい芝居やバレーを西から行って安く見ることができる。西で東の人に対して映画が安いのは、それへの一つの対抗策なのである。

東ベルリンのマーケットに入った。東京の戦後のそれのようなものだった。アイスクリームの行列でも、ソーセージの行列でも、人々は例の手つきで両掌の中で身分証明書をひらいて示して、売手がうなずくと、それから金を払って買う。

私は証明書はないし、闇金をもっていることが分ってつかまってはたまらないから、それを見て列をはなれた。しかしおいおい慣れてみると、こういう小さなところではそれほどやかましくはなかった。こちらの皮膚の色が物をいったのだろう。アイスクリームや果物は買った。靴屋ではだめだった。とにかく闇行為であることを自覚しているのだから、どこまで試して安全なのか分らず、これについては実験が不十分だったのはやむをえなかった。

ある貧しいレストランの暗い部屋で人々がビールをのんでいるところで、たずねたら、証明書がないなら西マルクで払えといわれた。それでは大損になる。というよりむしろ、五分の四だけの得ができない。ついけちん坊根性をだして躊躇していたら、「カフェ・ブダペストに行きなさい。あそこなら外国人は証明書なしで食える」と教えてくれた。

■カフェ・ブダペスト■

ここは特別なレストランだった。モスコーやレニングラードにも、インツーリストのクーポンをもっている外国人のための贅沢なホテルやレストランがいくつもあるが、ここもおなじシステムなのだろう。招待客などはこういうところで接待される。戦後もまもなくのまだドイツも食糧窮乏がはなはだしかったころ、日本の同調者が東ドイツで、知名の革命家の隣に坐り、山盛りの御馳走をだされて感激した記事を読んだことがあったが……。

堂々たる建物の玄関を入って、外套係りに「証明書なしの東マルクで食えるか」とたずねたら、うなずいた。

中は、西ベルリンの上の下くらいのレストランだった。小市民趣味の装飾に、男女の給仕のサービスぶりも西と変りはなかった。チップもとった。ただメニュにロシア語が入っていて、ハンガリアやチェコその他の衛星国の各種の高価な酒があった。食事は西としても上等の部である。

あたりに坐っている人々は、外国人もいたがドイツ人が多かった。いずれも身なりもきちんとして作法も正しいインテリで、有能な事務家か技師らしく見える人々だった。崩れたような貧しいような人はいなかった。

昼食のせいか、着飾った女もいないし、傲慢な権力者というふうな人もいなかった。雰囲気は堅実だった。私と同じ食卓に質素ななりをした奥さんが二人の子供をつれて坐っていたが、この人も給仕が来るとまず身分証明書を見せ、それから註文をした。

食事がすんで勘定を払うとき、東マルクを出してならべながら、女給仕に「われわれは証明書を見せなくてもいいのか？」ときいてみた。彼女は「おや、見せていただくのを忘れましたかしら」とにっこり笑った。外国人は大目に見よ、ということになっているに相違ないと思われた。

ここにくれば東ベルリン人が十マルク払う御馳走が二マルクで食べられるのだから、私はときどきこの贅沢なレストランまで食べにきた。

もう一つこれと同じ性格のカフェ・ワルシャウがあった。外国人であることがこれほどまでも得《とく》であることは、めずらしい。

このレストランは、スターリン・アレーの目抜きの場所にある。四年前にきたときには、この大通りの建築は目をおどろかしたが、その背後はむざんな廃墟のままだった。いまは、東京が急速に復興したせいか、見てそれほどに立派だとも思わなかったが、背後にはたくさんのアパートができていた。

レストランをでてスターリン・アレーを歩いていると、数人の子供があとを追ってきた。

「シナ人か？　日本人か？」

「日本人だ」

すると子供たちは手をだして、

「ゼーニ、ゼーニ」といった。

はじめは分らなかったが、気がついた。いったい銭という言葉を誰が教えたのだろう。しかもこの東ベルリンの中心で！　この調子では常習らしく思われた。ドイツにいるあいだに子供に金を乞われたことが二度あったが、もう一度はダハウの殺人工場の収容所のあとに住んでいる、東からの難民の子供たちだった。

■若い党員の自伝■

カフェ・ブダペストで食事をしながら、いろいろ思うことがあった。

『革命はその子を棄てる』という本があって、非常に読まれていた。これはレオンハルトという東ドイツの若い党員が背教した自叙伝である。ソ連で養成された中核党員が、戦後の東ドイツに入って工作にしたがった波瀾の多い内幕物で、革命がいかに人間性によって裏切られたかという実録である。こういう本はたくさんでている。

その一節をこの食堂で思いだした。それを訳してみる。

……すでに前に、一九四二年にカラガンダにいたときに、戦時生活の差別がこれほどもきわだっているのを見て、そこに不正を感じてはいた。労働者の大衆は——その中には多数の党員もいたが——言葉どおりに餓えていたのに、少数の党役員にはいささかの物的不足もなかった。しかし、こうした特権も全体としては誇張していわれているのだろう、事実ではあるまい、と思っていた。

あるふとした事が私を考えさせた。一九四五年十月の統一キャンペーン（共産党が中核となって東ドイツに統一社会党をつくる工作）のはじまりのころだった。私は事務室を出て、中央委員会の食堂に行こうとした。階段の上で、感じのいい中年の男がたずねた。

「ちょっとうかがいますが、同志、あなたはここで働いているのですか？」

「そうです。アジプロ班です」

「それはよかった。私はドイツ共産党役員で、西から招待されてきました。食券をもらったのですが、食堂がどこだか分らないのです」

「それはあなたの食券の種類によります」

彼は不審気に私を見て、券を見せた。それは第三級で、「さして重要ならざる」役員の券だった。私は道を指した。

「ですが、この中央委員会で、役員の食事がちがうのですか？」

「そうです。四種類あります。している仕事でちがいます。下の二種類は技術方面の職員や雇人です」

「だが……それはみな同志ではないのですか？」

「もちろんです。掃除女や運転手や夜番にいたるまで、みな信頼できる党員です」

相手は啞然として私を見た。「券がちがい、食物がちがい……しかも、みな党員か！」

彼は挨拶もしないで、背をむけて行ってしまった。まもなく出口の扉がきしむ音がして、この人は中央委員会の建物を出た。

私は考えこみながら、内庭を横ぎって食堂に入った。第三級第四級の下の連中が食べている部屋を通りぬけて、われわれの級のための特別室の扉をひらきながら、はじめて不安な思いがした。ここで高級職員たちは、白く覆われたテーブルで幾コースもからなる上等の食事をとっていた。なぜ、これまでこのことに気がつかなかったのだろう！

それから、ピーク、グローテヴォール、ウルプリヒト、ダーレム、アッカーマンその他の人々が住んでいる、ニーダーシェンハウゼンの贅沢な邸宅のことを思いうかべた。私はほとんど毎週末にそこを訪問していた。全地域に柵がめぐらしてあり、二つの出口にはソ連の衛兵が警戒をしていた。

「それは分りますよ」と、私はそこに住んでいる一人の高級党員にいった。「警備は必要です。だが、それがソ連兵でなくてはならないのですか？　大きな住宅は必要でしょう。しかし、それが贅沢な別荘でなくてはならないのですか？　これはべつに根本的な問題じゃないでしょう。しかし、いまのように何もかも乏しいときに、こういう特権は民衆の反感を呼ぶと思います」

相手は皮肉に笑った。

「それではどうしようというのだね？」

「中央書記局の全員は、どこか労働者地区の三室か四室の住宅に入ったらどうでしょう。そのアパートの下には、腕力のつよい同志で、前の赤色戦線闘士同盟だったような人が泊っていれば、赤軍の兵隊とおなじように警備はできます」

相手はきっとなった。

「そういうおくれた考えを君から聞こうとは思わなかった。それは敵の宣伝におじ気をふるっていることだ。プチブル的悪平等にかえることだ。われらの指導的同志がここの別荘に住んで、なぜいけないか？　それとも君はこれをナチスに返そうというのか？」

「そんなことはいいませんでした」と私は答えた。「私はこの一般民衆の窮乏の時に、またこのベルリンで反対党と政治的対決をしている際に、こんな贅沢な家に住むことに反対なのです。西の社会民主党の役員はもっとずっと質素に暮していて、自由民主党の老キュルツさえどこかの借家で三部屋の家に住んでいます」

「そういう印象をうけることがときどきあるが、君は責任ある地位にいるにもかかわらず、革命的空想に耽溺しているようだな」

彼は中央役員の冷たい優越をもって、「革命的空想」という言葉を口にした。私はもう何もいわなかった。もちろん邸宅もそのままだったし、ソ連兵の警備もそのままだった。この二つは、一九四六年十月のベルリンの選挙の際に、社会党からの攻撃の宣伝材料となった。

この邸宅地に住むことをはじめは拒んだ同志も、幾人かいた。しかし、それが党のためであるといわれると、そこに入るようになった。贅沢な家では居心地が悪く、労働者に忠実な役員として疚《やま》しく感じていた人も、多かった。が、たいていはそのあたらしい生活条件にすぐに順応した。独立して考えることができる役員の中では、こんな警句が囁かれた——ある高い地位の役員が、豪奢な御馳走のあとでソファにひっくりかえって叫んだ。「ああ、じつに快適だ、おれは支配階級に属している！」

邸宅と食事の階層的分配だけが、高級役員の唯一の特権ではなかった。ちょうどヴァル街の中央委員会の建物の整備がすんだときに、中央委員会職員だけのための休息の家がひらかれたことがしらされた。これはベルナウ近くのベルニッケにあり、（当時としては）非常に贅沢な設備で、まわりに大きな庭園があって、外界とはまったく遮断されていた。ここの食事はすばらしいもので、中央委員会の建物でのそれすらこれにくらべれば貧弱だった。われわれはここで休暇をすごした。ある特別な任務の後に、休養を命ぜられて数日ここに送られることもあった。

ただ一つのことを忘れてはならない。特権はたしかに大きかったけれども、党から役員にむかって発せられる要求も大きかった。肉体が完全に消耗するまで党に仕えた者もすくなくはなかった。体も神経もすっかり疲れた者がしばらくのあいだ休養するのはあたりまえである。しかし、健康のためとか老年の故にとか――最高の地位にある役員は別である――で、党の任務や要求に堪えない者は、レモンのしぼり滓のように棄てられた。まったくの利用価値の問題だった。

すべての特権に、それぞれの格差が綿密に考えられた。ベルニッケの休息の家は、はじめは中央委員会のすべての役員が利用した。しかし、まもなくさらに分離がはじまった。中央書記局の最高メンバーのために、もっと排他的な休息の家がゼーホーフにつくられた。

有名な「パヨクス」にもはっきりした順序があった。これは、食料、シガレット、葉巻、酒類、チョコレートなどの大きな包をいうので、われわれは食料配給券や中央委員会割当のほかに、これを定期的にうけとった。この贈与包はただ高級と中級の党役員ばかりではなく、国家機関や経済機関の役員、科学者、専門家、詩人、芸術家などにもあたえられたから、これにはたくさんの段階があった。

その段階はひたすら、その当人の機能――どれだけ「重要」であるか、にしたがっていた。これについて「党の線に忠実な者」と話すと、答はきまっていた。「中核を守るのだ！　あの同志たちは非常に働かなくてはならないのだから、かれらからすべての物質的配慮をなくしてやるのは当然だ」。

これはそうでもあろう。しかし、それだからといって、配給やパヨクスを階層的に差別することの説明にはならない。工場や鉱山の労働者や（パョクスをもらわない）下級の役員もまた、全力をあげて活動しなくてはならないではないか？

ザクセンで私は一人の党役員に会った。この人はＦＤＧＢ（自由ドイツ組合連合）にはたらいていて、現場の事情をよく知っていた。私を信用していて、すっかりさらけだして胸をはらしてしまいたがっていた。

「内緒の話だが」と彼はいった。「あなた方のような上の人よりも、ここのわれわれのような下の者の方が、ずっとつよくロシア人に縛られています。上の方にむかっては、何といってももっと礼儀を守っているでしょうから。パヨクスには鈎がついているのです……」

「そうでしょう。労働者は憤慨しているにちがいありません」

「それもあります。しかし、もっとほかのことがあるのです」。こういって、彼はその市のある「パヨクス役員」の運命を話してくれた。

――それは立派な同志だった。ながいあいだナチスの収容所に入れられていたが、工場にもどってきた。労働者たちによろこんで迎えられ、まもなく役員になり、工場での指導者となった。このときにソ連によるドイツの生産施設の撤去がはじまった。この撤去を労働者にむかって説明し納得させることを、この人はロシア側から命ぜられた。撤去がすめばもうそれで終りで、あとは労働者はさまたげられずに仕事をつづけることができる、という約束だった。この同志はそれを信じ、労働者たちは彼の説明を信じた。撤去は行われた。労働者たちはこれでもうすんだと思い、大きな熱意をもってはたらきはじめ、また方々から機械をあつめてきて工場を再建した。もとより前ほどにはいかなかったけれども、とにかく工場はうごいた。数月たった。すると、同志はふたたびロシア人に呼ばれ、もう一度工場を撤去するといわれた。彼は前の約束を思いださせ、自分の面目もあり、党の名誉も考えてもらいたいとたのんだが、むだだった。ロシア人は再度の撤去を固執した。同志は、自分はもはや労働者の前に出ていうことはできない、とことわった。すると、ロシアの将校はあざけるように笑った。「君がどうしてもいやというなら、私は君がずっとパヨクスと特別配給を貰っていたことを労働者たちに知らせるよ」。そういって、リストを出して見せた。一切がくわしく書きだしてあった。一年半のあいだにはさまざまのものを沢山もらっていた。これでこの同志は、パヨクスの正体をさとった。彼は翌日に労働者にむかって、第二の撤去をも理屈をつけて説明した。しかし、彼はもう前とは別人となった。彼はくずおれた人間となった。

これをきいて、自分も理解した。パヨクスはただ献身的な同志への連契する助力なのではなく、まただ党の中核を守るものでもなかった……。

カフェ・ブダペストに出入した私は、人間の弱点が生みだした特権世界にちらとふれたのだったろう。他のレストランはじつに貧弱で、食料店はいろどりなく、農業の不振がつたえられ、東の新聞にも主婦や学生が農地へ勤労作業に出てゆくことが報ぜられているのだから。東のある家庭で、一般人の食生活のことを聞いたこともあった。

たいていの東欧諸国の見聞記には、支配する側のことだけが書いてあって、支配されている側のことは記してない。それには接しなかったのだろう。前者は外国人を案内し説明する。後者の殻をひらいて内をのぞくことは、みじかい滞在にはむつかしい。

一つのムードができてしまうと、報告もそれに調子を合せる。これによってそのムードはますますたかまり、報告もますます一面的になる。この循環はなかなか破れない。一ころインド崇拝熱がさかんなころだった。バンコック駐在の外交官夫人がこういっていた。「インドをごらんになった方は、ここまでいらっしゃると皆インドの貧しさに驚いた話をなさるのですが、そういう方々が日本へお帰りになると、インドはネールの指導の下に平和の社会主義を実行して……と讃美なさいます」。インドは招待政策をしなかったから、やがてその実体も知れてきて、崇拝熱はおいおいにしずまった。

■東ベルリンの街■

西の煽情的な大衆紙ではなくもっと信頼性のある高級新聞を読んでも、それと東の新聞を読みあわせてみても、東の事情がけっしてあかるくないことを知らされるが、東ベルリンを歩いてみると、それが嘘とはどうしても思えない。あるいはいまは過渡期であって、未来はかならずよくなるものなのかもしれない。しかし、すくなくとも現在の実情は荒涼たるものである。いかにも「天国でもなく地獄でもない」が、荒れてうるおいなく、破れたままで埃っぽい。「共産圏の人間といえども目が三つあるわけではなく」みな普通の人々だが、その普通の人々の生活が乏しく銷沈している。ただ四年前に見たときほど陰鬱ではなく、あれほど色つやが悪いということはなくなっていた。

東ベルリンの街は、もちろん場所によってちがうが、だいたい西ベルリンのスラム街くらいと思われる。といって、西ベルリンのスラムには、われわれがこの言葉で思いうかべるような不潔や頽廃は表には見られないのだが、糸ヘンとか金ヘンとかいわれた頃の東京の感じで、多くの店がしまっている。人影のすくない町に、鎧戸をおろしたのもあれば、飾窓にわずかな残品を出しっぱなしにしているのもあった。店が並んでひらいているのは、ただところどころの盛り場のような区域だけである。これは、ちかごろ社会化が強行されているので、廃業したのである。

ある店のガラスに紙がはってあり、太い黒枠の中に文字が書いてあった。葬式の広告ででもあるのかと思ったが、読むとそうではなかった。

――当店は三代以来ここに花屋を営業してまいりましたが、統制によって、ここに閉店いたします。長年のあいだ御愛顧をうけた町内のみなみな様にあつくお礼を申しあげます。

この黒枠は、花屋のレジスタンスにちがいなかった。家の中は暗かったから、西へ逃げたのかもしれない。

西ベルリンの難民収容所で調査を傍聴したときに、一人の園芸家が一切の資産をすてて脱出した次第をのべていたが、ここの花屋もああいう人なのだろう。

小さな本屋があって、紙質の悪い小型の本ばかり売っていた。みな軍事警察に関する宣伝のパンフレットだった。

メーデーの軍事行進。ワイマール時代の左翼の暴動。ナチスの残虐の場面。征服するソ連軍。そういう種類の写真や絵が刺戟つよく誇示してあった。人民警察募集のための煽情的なビラがたくさんあった。

むかし築地小劇場で左翼劇が上演され、観客席が革命的な叫びにわいたことがあった。あの昂揚した気分と英雄的スタイル――。ふしぎなことだが、東ベルリンの戦闘的な宣伝画を見ると、あれを思いだした。あのころの世界にひろまった風潮が、いまのここの支配者を育てたのだが、ここにはまだ一九二〇年代の様式が残っている。

東ドイツの軍事化については研究書がいくつもあるが、そちらの方に士気を鼓舞していることはうたがえない。国内における平和宣伝と軍備建設、国外における平和攻勢と局地侵略とは、いずれも両立するものであるらしい。

ある店は服地屋だったが、ここはまだ営業していた。その飾窓の片隅には布がおいてあったが、大部分は公けの宣伝物によって占められていた。

大きな世界地図がえがいてあって、アメリカの侵略とそれに対する共産勢力の抵抗を表示していた。さまざまの線がひいてあったが、中にいくつかの赤い矢印があった。

これは、東ドイツの海外ラジオ放送の活動を示したものだった。赤い矢印は日本をはじめいずれも最近あいついでおこった暴動の地を指していて、かたわらにつぎのような韻をふんだ詩が書いてあった。

岸が王座を失うとき、
ソウルでアンカラで
ローマで南アメリカで

冷戦がにわかに凍るとき、
人民がつぎつぎと自由を獲得するとき、
われらの放送はつねにそこにいる。

人民がつぎつぎと自由を獲得するとき……。もしこの行のつぎに、

東ベルリンでポズナニで
ワルシャウでブダペストで
叛乱がにわかに凍るとき、
三百万の東ドイツ人が自由を求めて逃げるとき、

という句でも入っていたら、最後の一行はどういうことになるのだろう。

■広告塔■

街に丸い塔があり、すべての広告はここに貼ってある。ヨーロッパではどこに行っても、日本のようにどぎつく騒がしく人の迷惑を顧みない広告はないが、東ベルリンのそれは、主として官庁や集会の告示、それから劇場や映画のしらせなどだった。

その中で、変ったものがあった。ほぼ一メートル平方くらいの大きな紙一面に人の顔の写真が刷っ

であり、その罪状が告発してある。――「幾百万の生命に責任ある戦争犯罪人。血まみれの殺人者を捜査せよ。髑髏は復讐を呼ぶ……」。これが二種類あった。

この二人は、西ドイツの政府の高官である。一人のオーバーレンダーは難民省大臣であり、他のグロプケは官房長官である。この二人の凶悪なナチスの戦犯がいまのボンの支配者である、西ドイツはファッショである、アデナウアーはヒットラーの道を行くとて、東はひさしい前からはげしい攻撃を執拗につづけている。広告塔にはってあるのは、その宣伝である。この人たちについて資料をあつめた単行本まで、いくつか出ている。

オーバーレンダーは、戦争中に工作隊長として東欧で活動していた。そのとき同じ地方で行われた殺戮に関係があるというのである。その事件をここに紹介する余裕はないが、東の研究書の結論の一節を見本に示す。

「ヒットラー同様、アデナウアーは〈東方国民の解放〉また〈コミュニズムの危険との戦〉をモットーとして、ドイツの東と南の広い地域を征服し、これを西ドイツ独占企業の市場および原料供給地としようとしている。

ヒットラーと同様、アデナウアーは〈ヨーロッパ新秩序〉を求め、ドイツ帝国主義者の全ヨーロッパ支配を再獲得しようとしている。

ヒットラーと同様、アデナウアーは西ドイツ国民をあたらしい戦争へと訓練し、復讐の煽動とショーヴィニズムの毒を系統的にひろめている」

もう一人のグロプケ事件の方は、複雑な内容をもった深刻な場合である。いまはナチスの犯罪責任が西ドイツでもやかましい問題になっているが、その一つの例である。これはあまりにもむつかしい事情であり、もし記すならこの事件だけを単独にとりあげて記さなくてはならない。

オーバーレンダーに対する裁判が、東ドイツで行われた。その欠席裁判の実況が、テレビによって西にむかって放送された。

東ドイツの法務大臣はヒルデ・ベンヤミンという婦人で、峻厳苛酷な法官として泣く子もだまり、「ヒステリー・ヒルデ」のあだ名がある。その臨席のもとに法廷はひらかれた。つよい照明をあてられた被告の空席にむかって、はげしい論告が行われ、これに対する弁論が行われ、有罪が申し渡された。

西では、エッェル蔵相がボン政府の名によってオーバーレンダーの無実を声明し、オーバーレンダー自身も「自分の過去を十分に洗ってもらいたい」と申しでた。それにもかかわらず、この難民省大臣はついに辞職した。ジャーナリズムの論議もはげしかったが、すくなくともこの人が閣員として列していることが政治的にはまずいことである程度に、この人がナチに深入りしていたことはうたがえない。断片的に引用してある記録や証言で察すると、かなり申し開きにむつかしいところがあるように思われる。

いまの東西両ドイツ政府は不倶戴天の敵だが、これもその苛烈きわまる攻防の一齣である。

ただ、私は西ドイツの地方をかなりたんねんに歩いたが、どこに行っても、いまの西ドイツがナチスの後継者であるという痕跡を感じたことは一度もなかった。「アデナウアーはヒットラーの道を行く」――これはいかにもばか気ている。東でも信じている人はあるまい。しかも、権威政府の宣伝というものは、それを個人としては信じる者が誰一人なくても、大勢の人間を統制してひきずる力があるのだから、ふしぎなものである。

■東ベルリン人の陰翳■

「東ベルリンの人々の方が人間的にしたしみがある。柔和で感じがいい」

こういう感想をもらした外国人がいたが、私もそう感じた。おなじベルリンの東と西で人間の感触がちがう。

西の人は素直で楽天的で、強烈で直線的で、すべてわりきっている。つよい自己主張と超完全雇用の無愛想をもっている。そのあふれる実力と精力は圧迫感をあたえる。公共道徳はよく守るが、個人としてはデリカシーに欠けている。当然その資格はあるのだが、満々たる自信をもっている。それがつい過剰にもなる。

東に入ると、何となく人なつこい。粗末な服装の人々が、こまやかなくだけた気持をもっている。こちらの人々は内面に沈潜して、教会は祈りにみたされているが、どことなく弱気なのは政治的体制からくるのだろうか？

東西の人間の気質のちがいは、もはや定着しつつあるように思われる。もう十年もたったら、まったく別の個性をもった国民になってしまうのではなかろうか？　もしこのさき東西の関係に変化がおこるとすれば、それは統合ではなくて、むしろ逆にいよいよ離れてしまうのではなかろうか？

こういう疑問は、もとより印象的なもので、何の実証的根拠があるわけではない。

「それはね」と、私がこのことをたずねたら西ドイツ人は答えた。「われわれにむかっては人なつこいどころではないが、あなた方にはそうなるのです。ドイツ人には気がゆるせないが、いったんこの外国人は大丈夫と分ったら、平素は凍りついた人間味が発散するのです。聞いてもらいたいのです」とはいっても、東ベルリンに入ると、緑色の服を着たお巡りさんも優しかった。子供も生意気でないように思われた。外国人係りの役人も、これは別な理由からだろうが、愛想がよかった。

普通の人と話をすると、いったん氷がとけたあとは、しみじみとして気持のいいことが多かった。そして、西の人のように直線的ではなかった。そこにはカモフラージュ、面従腹背、ふと話を逸らすこと、遠まわしの暗喩……などがあった。陰翳があり含みがあって、むしろわれわれの話しぶりに近かった。

東ベルリンの博物館に入ると、各部屋の番人がむこうから「今日は」と声をかけた。

東ベルリンにはむかしからいくつもの博物館が集っているところがあり、シュプレー川の中の島だから博物館島とよばれている。ここの中央に有名なベルガモン博物館があり、古代ギリシア・ローマの大蒐集があって、壮大な神殿を屋内に再建してある。ここはいつも見物人が多い。（ある番人は、見物人はみな西からの人か外国人かだといっていたが、自分の土地の博物館には、われわれもなかなか行かない。）しかし、その左の外国美術館と右のドイツ美術館はがら空きである。ここの番人たちは退屈なのでもあろう、こちらからも返事をすると、話のいとぐちはすぐについた。

「わしはもう六十九歳になる。生れ故郷のライン地方に帰りたいのだが、帰れない。人間はただ一度しか生きない。生きているうちは平和に暮したい。西では誰も干渉をしないが、こちらは軍隊式だ」。身をかがめて椅子に坐って、低い声でこういった人は、あきらかに不満をいだいていた。しかし、私

が、

「ライン地方に帰る方法はないのですか？」とたずねたら、彼は身をのばしてあたりを見まわして黙って返事をしなかった。この物をいうときにあたりを見まわす癖は「ドイツの身振り」といって、ナチス時代には誰もみなした。

ある大きな部屋で、数人の番人と話をした。この制服をきた人々は面に忿懣の色をうかべて口々に西の悪口をいった。――西ドイツはＮＡＴＯの侵略の手助けをしている、おまえの国を亡ぼした原爆をつくろうとしている。ボンにはヒットラーの幽霊がさまよっている……。

■西は悪魔の都か■

帰ってから宿のおばさんにこの話をしたら、ただちに、

「それは、ほかに人のいるところだったでしょう？　たとえ同僚でも、いや同僚ならなおさら、人の前ではそういうことをいいます。恐怖からです」と断言した。

なるほど、そういえば、一人の番人はすこし後に立って黙っていたが、気のせいか、苦々しいという表情だったが……。

しかし、ほかには誰もいない部屋でありながら、宣伝の線に忠実なことをいった人もいた。

その部屋には、昔からのドイツの貨幣の蒐集が陳列してあった。大インフレ当時の何十億マルクという紙幣を感にたえて眺めていると、番人が話しかけてきた。

「きちがいじみた時代だったよ。あれからヒットラーがでてきた」

それからインフレ時代の話をしてくれたが、この人もこちらがそんなことを求めもしないのに、自分の写真入りの身分証明書を私に見せた。こういう習性が多くの人々に浸みこんでいる。

「いま人々はヒットラーをどう考えていますか？」

「また同じようなことが西ではじまっているよ」

こういってから、突然警告をはじめた。

「あんたは西ベルリンに住んでいるのかね。あぶないよ。夜歩くことは危険だ。気をつけなさい。それに反して、東ベルリンは規律がたっているから、どこを歩いても大丈夫だ」

この人はこれをくどくどとくりかえして、誇らしげだった。

西ベルリンをいまわしい腐敗と犯罪の巣窟のようにいう東ベルリン人には、幾度か会った。もっとインテリで快活な女役人もこれを力説した。婦女暴行、人殺し、同性愛、売淫、幼児暴行……東の新聞には毎日これが書きたててある。これが宣伝教化の重要綱目になっている。私自身は夜歩いても襲われる危険を感じたことは、一度もなかったが。

何かにつけて、西を悖徳の悪魔の国とするのが、東の方針であるようだ。思うに、そうするのでなくては、東ドイツ人に民族自決権をあたえない理由が成立しないからではないだろうか？　それをあたえないままで、西への対抗感をもたせることができないからではないだろうか？

しかし、非行青少年の問題は、ドイツでもやかましい。ベルリンばかりではない、ケルンである喫茶店のおかみさんがいっていた。

「ナチスのころはわたしたちも平気で夜中に一人歩きができたが、いまは十時すぎには出ません」

東ベルリンはきびしくしかも貧しいから、チンピラが蠢動する余地はすくない。かれらはみな西ベルリンにゆく。西で行われる街の犯罪はおおむね東の人間がするのだ、という説もあった。

十七歳の息子をもっているある婦人と話をした。その次第と環境を書くと面白いのだけれども、その人の迷惑になるから記すことができない。品のいい温か味のある人だった。ほかに人がいなかったので、東の人によくある胸のつかえを吐きだしたい衝動にかられていた。はじめのあいだは躊躇していた。

「青年は軍隊に入らなくてはなりませんか?」

「強制はありません」

「目に見えない強制は?」

こういうと、ちょっと躊躇したが、やがて目をつむって口をゆがめて、うなずいた。これからあとは、すっかりうちあけた。

「いつも警戒していなくてはなりません。思っていることが言えません。聞き込みをしている者がいます。しれると、言った者は姿が見えなくなり、もう帰ってこないのです」

多くの視察者たちはこういうことにはまったくふれないでおわるのだろう。しかし、いったん一皮はぐと、ひろく一面にこういう底流がながれているのには、おどろくほかはない。ああいう現地の実情は、日本からは真に想像がむつかしい。

「おなじベルリンの市の、向う側には何でもあります。こちら側には何もありません。朝早く買っておかないと物はなくなります」

こういうことも耳にたこができるほど聞いた。

「ドイツでは戦争と分割のおかげで、家族生活はめちゃめちゃになりました。たくさんの家族が分れて住んでいます。わたしも二度結婚しました。最初の夫はロシア軍が入ってきたときに行方不明になりました。いまの家庭では子供と親の世話をしていますから、せっかくの御招待ですけれども、出かけてお話をすることはできません」

この気立てのうつくしい婦人の話は、何よりその表情が真実を語っていた。

こういってから、涙ぐんだ声でいった。

「自由選挙を！　わたしたちはただそれをねがっているのです」

西ドイツでは、自由がすべてに優先するスローガンになっている。東ベルリンでも、たくさんの人が自由選挙を――とささやく。一九五三年の暴動のときにも、「自由選挙を！」と書いたプラカードがたくさんならんだ。

■自由選挙■

一九六〇年の三月五日に、東南アジア旅行をおえたフルシチョフ首相は、モスコー市民に長い報告演説をした。その一節に、プシトウ民族の問題を論じている。

パキスタンの国境内に数百万のプシトウ人という民族が住んでいる。アフガニスタンは「自由と不干渉の下に自決権をプシトウ民族にあたえるようにと要求し」ているのだが、パキスタンが容れないのだそうで、これが両国間の係争の因となっている。

フルシチョフはのべた。

「この問題にかんするソ連の立場は、レーニン主義民族政策に立脚する。すなわち、どの民族も自決権を有し、民族問題は民族の意思に応じて解決さるべきである。

自由な事態の下で、査問なり住民投票なりを行って、プシトゥ民族に自己の意思を表明する機会をあたえ、パキスタンの国境内にとどまりたいのか、それとも新しい自主的な国家を形成したいのか、あるいはアフガニスタンと合併したいのかを決めるべきだという、アフガニスタンの要求を、わたしたちは正しいと思っている。（拍手）

このような要求は完全に正当であり、国連憲章の原則に合致する。この問題で、ソ連はプシトゥ民族およびアフガニスタンに同情をよせている。わたしたちはおそかれはやかれ、健全な常識が勝利して、いま不安を醸成しているこの紛争が、プシトゥ民族の利益と平和の利益に合致して、平和な話しあいを通じて解決されると確信する。（拍手）」

これはまことに正しい立派な宣言である。ただし、もしこれが東ドイツ人にも適用されるならば。正しい原則も、もしそれが自分勝手なときにのみ利用されるならば、それは原則としての価値をまったく失ってしまう。それはただ権略のための美辞麗句にすぎない。つねにいかなる人物が何のためにいうかということを考えなくてはならないのは、はなはだ煩わしいが、それもやむをえない。平和や中立と同じように。

このレーニン主義民族政策がなぜドイツ人に適用されないのか？　その理由はいわずしてあきらかだけれども、ただこの矛盾を説明すべくいかなる論理が運用されるのか、論理の問題として興味があったから、私はこれを東ベルリンの幾人かの支配層の人に質問した。文芸家協会の書記長にもたずねた。そのインターヴュについては後に記す。この東ベルリンでは、新聞を読んでも宣伝文を見ても支配層の人の説明をきいても、ありとあらゆる考えうるかぎりの詭弁が弄されている。

そういう詭弁を聞くとき、つねに頭にうかぶのは、いまも絶えない東からの大量の脱出者のことである。一口に逃げるというが、その人たちの身になってみればよくよくのことである。これはうたがうことのできない現実の事実である。

アメリカで、フルシチョフ氏はこの脱出者についての説明を求められた。さすがの弁論家もかっとなって怒りだしていった。

「そういうことは、ビールを飲んで考えたら分る」

ダハウのガス室

■復元して見るナチス■

ミュンヘンの市内で、映画「我が闘争」を封切っていた。

これは日本でも公開され、ひろく見られたから、いまその内容について記すには及ぶまい。ただ私にとってとくに感銘が深かったのは、あのヒットラーの演説だった。ヒットラーの弁舌力についてはしばしば聞いた。さながら魔力がこもっているかのごとくに、聴衆を湧かし昂奮させた。かたい反ナチの気持をもっていた人すら、後では自分の掌が拍手のために赤くなっているのにおどろいた。これがあの歴史の一つの大きな契機だったが、いままでそれに接することはできなかった。この映画でそれをはじめて見た。そして、その火のような雄弁と説得力に瞠目した。なるほどこういうふうだったのかと、すこし納得がいった。

八月のめずらしく晴れた暑い日に、映画館の中は蒸すようだった。映画がすすむと、観客席からときどき非難を表示する口笛があがった。一緒に見ていたドイツ人のS氏は、ワルシャウのゲットーの場面で、気分が悪くなったと頭を抑えた。

ミュンヘンから汽車で二十分ほど行ったところに、ダハウがある。

ガス室つきの有名な中央拘禁所のあったところで、ダハウという名をきくだけで、骸骨のように瘠せた死骸が散乱しているさまが思いうかぶ。近頃西ドイツ政府は内外の情勢に迫られて、いままで人人が触れようとしなかったナチスの悪をすっかり暴露して、過去の清算をし、ドイツの道徳的未来のためにたて直しをしようとしている。それで、むかしの拘禁所のあとをところどころ復元して、かつてここで何が行われたかを示している。

ちょうどダハウでも復元され、中央拘禁所についての博物館が開かれたときだった。私はそれを見に行った。真に陰惨な言語道断なものだった。地獄だった。戦争によって情勢が窮するにしたがって、日本人は痴呆となりドイツ人は悪魔となったと思うが、それが跳梁したあとがまざまざと見られた。

じつに人間は深淵を蔵したものである。それにしても、あの気高く華麗なキリスト教世界に、どうしてこういうことが起ったのだろう？

■ダハウ■

ダハウの町は、駅からかなり離れて、小さな丘の上にあった。頂上に教会の塔が聳えていた。丘は目のさめるような緑に厚く覆われていて、そのあいだを石の坂道がめぐり、古い民家が点々としていた。小川に柳が垂れて、澄んだ水が水草をゆらゆら揺りながら流れてゆく。ときどき底がキラキラと光ってシューベルトの「鱒」の歌でも聞えてきそうだった。

並木道を雨に濡れながら歩いていった。この年のヨーロッパの夏は天候異常で、雨の降らない日はほとんどなく、つめたく、毎日の外出でレーンコートも水がとおって気持わるくむれていた。

「快適なヨーロッパはなくなった。これも世界中でむやみにロケットを打ち上げるからだ」。こんなことをいう人もあった。しかし、雨の中の南独の田園はまた変った趣があった。空は暗いが、低い地平線のあたりはまっ青にかがやき、そこから光線の束が四方にひろがって、大気の中に光と影とがまじっていた。

教会の下に広場があり、ここに店もホテルもあった。私が泊った家はまだ昔風の建物で、太い木材に稚拙な浮彫がしてある低い入口を入ると、中庭があり廻廊がめぐっていた。それに面して板の扉の窓がならんで、これが客室だった。いまのドイツはどこに行ってもホテルの部屋は規格がきまっているが、ここはまだそうなる以前だった。二階の廻廊から中庭を見下すと、馬小屋がガレージにつくりかえてあったが、それでもいかにも昔の旅人になって宿についたような気がした。

われわれから見ると、ドイツの木造は無骨で頑丈で野性がある。このホテルの食堂も、まだカンナもかけないうちに白いペンキを塗ったようなふうで、全体がすこし歪んでいた。大きなガラス窓ごしに、丘の下にひろがる平野を眺めていると、私の胸の底からもあのドイツ風のあこがれがうずく抒情的な気持が浸みでてくるようだった。

ダハウという名にはある象徴的なひびきがあり、ナチズムの悪と罪の本拠のような気がする。ところが、来てみるとここはじつに静かな平和なところだった。人々はみな純朴で律気だった。平和に眠っている田園の中の小都市だった。

■柔和な人たち■

食堂にはほかに人はいないし、給仕は暇だった。給仕といっても南ドイツでは女がサービスをするので、私が話をしたおばさんはお人好しのおかみさんだった。こういう暇と親切への衝動と、両方もっている人に会うと、じつに助かる。

「おばさんはダハウの人ですか」

「そうだよ」

「ここは人口はどのくらいですか」

「三千。小さい」

「あたらしい博物館が開かれたそうだけれども、どう行けばいいのですか」

「博物館なら昔からあるだよ。すぐ上の教会のわきの塔のある建物がそれで、歴代のバヴァリアの殿様の肖像が飾ってある」

「いや、それではなくて、近頃になってナチスの中央収容所のあとをもとのとおり復元して博物館ができたと、新聞に書いてあった。それを読んだから、ここまで来たのです」

おばさんは叫び声をあげた。

「中央収容所？　そんなものができてたまるかよ！　ただサダハウというと、よその人間は地獄のように思っているのに。フリッツ！」とおばさんは離れたところにいた若者を呼んだ。「またナチスの収容所ができたのかね？」

「おいらも知らねえね」と若者は答えた。「帳場できいてみよう」

若者はしばらくたってもどってきた。

「それはつい三、四日前から一般の人に見せている。前のあのあとだから、バスで二十分行かなくてはならない。明日あたりから、よそから見物人がたくさんくるそうだ」

おばさんはじつに苦い顔をした。

「何だってそんなことをするだかねえ！」

「このダハウに中央収容所があったことを、あなたはその当時から知っていましたか？」

「それはね――」とおばさんは声をひそめて、いかにもいまわしい記憶におびえたように答えた。「この町を外れた森のむこうで、何かおそろしいことがおこっているということは、ひそひそと話していたよ。ときどきその囚人が外で労働するために、隊をつくってこの町にも入ってきたから、それを見たことはあっただよ。もの凄い様子だった。人間がこういうふうにもなるのかと思った。ある娘が可哀想に思って一人の囚人にパンをやったら、その娘はその場で撃ち殺された。六人の囚人が逃げだして、それがこの町のどこかに隠れているというので、方々の屋根裏や溝の中をさがして、町中が大騒ぎをしたこともあった。けれども、みななるべくかかわりあわないようにと、あの森のむこうのことは誰も知らないふうをしていたね」

「それはみなユダヤ人だったのですか」

「なんの、なんの。ドイツ人もたくさんいた」

「この町にもユダヤ人街がありましたか」

「あったが壊されて失くなった。そこの連中は近頃になって帰ってきて、賠償金をたくさんもらって楽に暮している。わしらはみな前からユダヤ人を嫌いだったね。けれども一ころはそれが奇妙にひどくなってね、わしの知っている女は往来でユダヤ人とすれちがって触ると、大急ぎで家に帰って着物を洗濯しただよ」

これと同じことを、私は別にも聞いたことがある。それはもっと教養のある女子学生だったが、やはり往来でユダヤ人に触ると、着物を洗ったそうである。

「なぜあんな気持になったのか、今になってみると自分でも分らない」といっていたが。

翌朝、私は宿を出てバスに乗ろうとしたが、その乗場が分らなくてまごまごした。すると、ちょうど向うから、凹んだ目が真青に澄んでいかにも柔和な黒衣銀髪の神父が歩いてきて、私に、

「何かお困りですか」とたずねた。

「KZ（中央収容所）博物館に行くバスはどこで乗るのでしょう」と私はたずねた。

老神父はしばらく黙って私の顔を見ていたが、やがて私の肩を抱くようにして案内してくれた。このバスは三日前から通うようになったのだそうだった。

「われわれドイツ人はああいうものを見にゆく気はしませんね」

「東ドイツではアウシュヴィッツをはじめ方々の収容所を復元して、ナチスの残虐を見せているそうですが」

「そうです。そうしてナチスといまの西ドイツとを同じものだと宣伝するから、こちらでもやむをえずああいうものをつくって、過去の清算をしなくてはならなくなりました。あなたは物を書く人ですか？」

「そうです」

「国に帰ったら、ここで見たことを書くのですか？」

「そのつもりです。われわれにはじつに不可解な事件だし、どうしてああいうことがおこりえたかを知りたいのです」

「それはわれわれにも不可解です。あるいは、あなた方異国人の方が分るのかもしれません。われわれドイツ人はあの事件については、まったく考えたくないのですから」

老神父は嘆息と共にこういった。

■収容所あと■

ステンレスとビニールで光ったモダーンなバスは、古い狭い町をうねって坂を下り、やがて平野を走った。

宿のおばさんの話から、私は町を出はずれて深い森の中に入ることを予期していたが、森はいつまでもあらわれなかった。ふと気がつくと、車は長い煉瓦塀のわきを走っていた。あまり高くなく、その上に有刺鉄線が輪になってつづいていた。ところどころ壁の壊れた穴から中が見えたが、たくさんのバラックが規則正しく並んでいて、そこに人が住んでいるらしく洗濯物が乾してあった。

この塀のはずれでバスを降りた。

すると、数人の子供が走りよってきて、手をだして「フェニーゲ、フェニーゲ」といった。金をくれというのだった。

この煉瓦塀でかこまれた広い一郭の中のバラックが、前の中央収容所だった。いまはここに東からの難民が住んでいる。かれらは生活も苦しいのだろう、金を乞うたのはその子供たちだった。

私がめざした博物館はこの煉瓦塀の外にあり、その建物はむかしの火葬場とガス室で、そこに資料が陳列してあるのだった。収容所そのものが復元してあるのではなかった。

バラック集団はいまは人が住んでいるのだから、ただ一まわりしただけだったが、その元のありさまを地図で示すと次頁のようである。

1　点呼場。ここで毎日点呼が行われ、囚人は悪天候の中でも、数時間も立っていなくてはならないことがあった。逃亡者があると、すくなくとも一夜と半日は立たされた。

2　ここが唯一の入口で、「労働は自由にする」と書いてあった。衛兵の詰所と所長の執務室があった。ここで毎日のように、囚人に対する暴行虐待が行われた。

3　作業場。ここに工場があり、囚人の私有物の保管所があった。そのほか炊事場、洗濯場、衣類

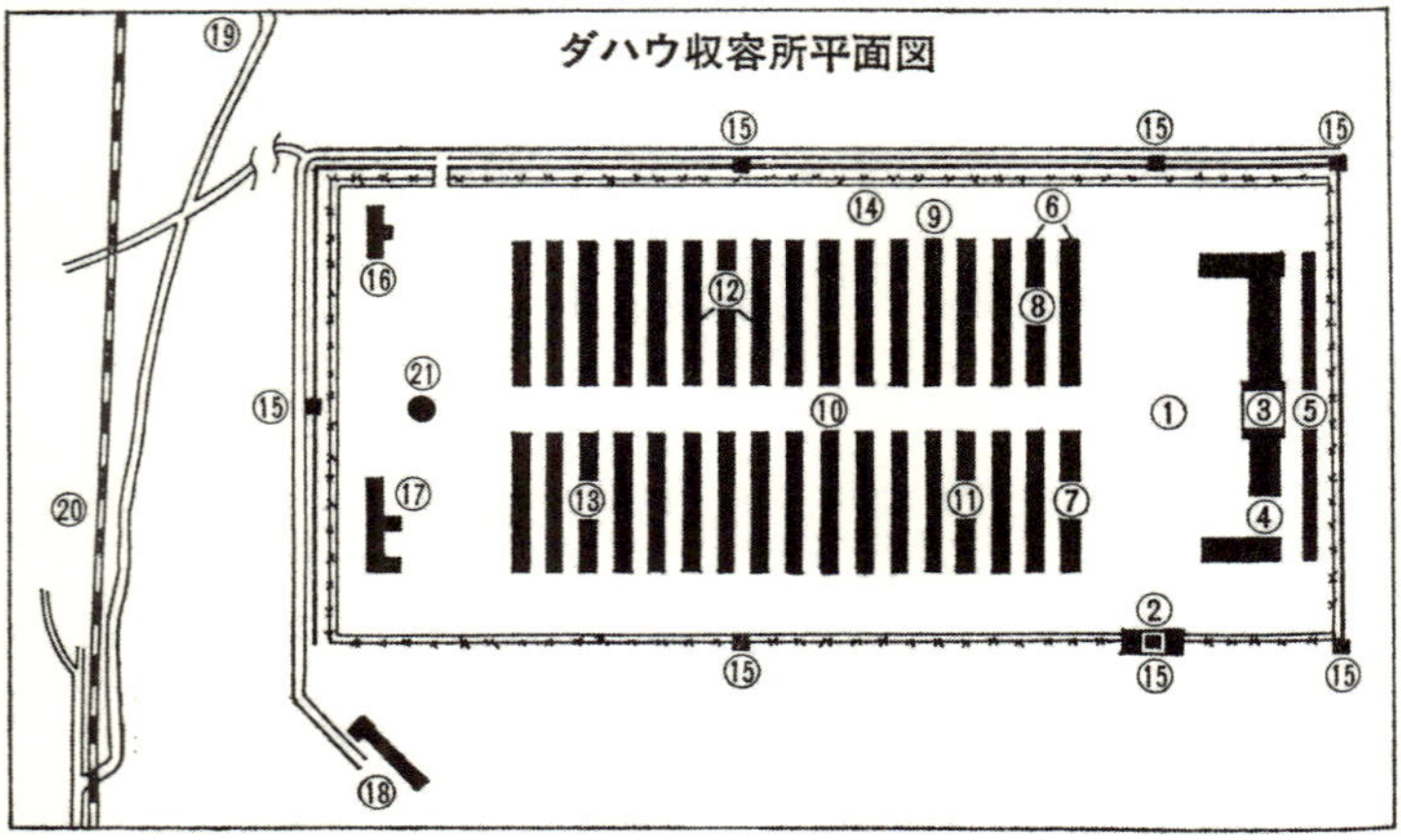

室など。

4　浴場。ここは、例の残酷な輸送に生き残って到着した者を最初に収容するところであり、拷問所でもあった。この建物の前には、輸送中に死んで骸骨のように瘠せた屍体が無数に散乱していた。人肉を食べたあとも確認された。

5　刑場と銃殺場。ここで銃殺された者の数は不明。また、拘禁所の刑たる笞刑と吊し刑が行われた。

6　病室。ここだけではまもなく足らなくなり、十三のバラックが病室となった。毎日この前に囚人の長い列が立ったが、待っているうちに死ぬ者もあった。高圧、冷却、マラリア、生化学等の生体実験も行われた。

7　食堂。戦前には金をもっている者は食物を買うことができたが、後には何も買えなくなった。

8　屍体室。つねに一杯だった。

9　第五ブロックの第四室で、高圧と冷却の実験が行われた。

10　拘禁所通り。ここを囚人が朝夕の点呼のために歩いた。ありとあらゆるヨーロッパ国籍の者がいたので、今日ではここが異国民のあいだの友情のシンボルになっている。

11　居住バラック。五十二人の囚人が居住する部屋が、一棟に四つあった。二部屋ごとに洗濯場と便所があった。戦時中は二百五十人つめこまれたこともしばしばだった。

12　刑務室。ここに入れられた囚人は、他の者よりはるかに苦しかった。二度目に捕縛された者は、みなここに入った。

13　このバラックには、カトリックとプロテスタントの僧たちがいた。ヴァチカンの抗議によって、この第一室に小さな礼拝堂がつくられたが、それまでは僧たちはひそかに礼拝を行っていた。

14　濠と、電線と塀。電線には電流が通じてあり、触れると死んだ。わざと触れて自殺する者もあった。夜はここにつよい照明をあてて、囚人の逃亡をふせいだ。

15　機関銃つきの監視塔。濠の前の芝生に足を踏み入れただけでも、無警告に撃たれた。

16　消毒室。

17　ここには整地係と、刑務本部があった。

18　火葬場。いまはここが博物館になっている。これについては後にのべる。

19　ＳＳの射撃場。ここで集団射殺が行われた。その中には六千人のロシア兵の捕虜もいた。

20　墓地。ここに、ヨーロッパのあらゆる国籍の者が約六千五百人埋められた。火葬場だけではこなしきれなくなったので、屍体をここまで運んだ。

21　あたらしく建てられた、カトリックの追憶礼拝堂「キリストの死の苦」。ヨゼフ・ヴィーデマン教授の設計になり、一九六〇年八月五日のカトリック世界大会に際して開かれた。

以上が、この中央収容所の建物の説明であるが、つぎにこれがここに成立した由来について簡単に記す。――

もともとここには火薬工場があり、石のバラックがあった。それが、一九三三年三月二十一日（すなわちナチスの政権把握の直後である）のヒムラーの命令によって、最初の中央収容所に改造された。収容能力は五千人だった。しかし、政治犯の捕縛がつづき、ユダヤ人と全国民に対する大工作がすでに計画されていたので、まもなくこれでは足りなくなった。一九三七年にあたらしい収容所が設計され、三十の居住バラック、二つの病室バラック、一つの食堂バラック、一つの訓練バラックを作って、六千人を収容できるようにし、翌年に竣工した。だが、その秋にはすでに二千人超過して、この満員の状態は最後までつづいた。

■囚　人■

ここに入っていたのは、はじめは「保護拘禁」という名目で捕えられた政治犯人だけだった。この捕縛はゲシュタポによって行われ、無期限だった。囚人の大部分は数年間、ある者はナチ支配の全十二年間をここで過した。

ここに入れられているのはすべて下等な人間であるという印象をあたえるために、前科のある罪人やいわゆる強制労働囚人をここに送りこんだこともあった。

ユダヤ人迫害の結果、たくさんのユダヤ人が囚人になったが、一九三八年十一月の迫害のときには、数日のあいだに一万一千人が拘禁され、とくに苛酷な虐待をうけた。一九三八年まではただドイツ国籍の者だけだった。しかし、オーストリア合併によってオーストリアの囚人が、ミュンヘン会談の結果としてズデーテンの囚人が、チェコスロヴァキア占領によってチェコの囚人が、加わった。

第二次大戦がはじまると共に、最初のポーランド人が約八十人送られてきた。それには老人、少年、それからカトリックの司祭もいた。かれらは直ちに射殺さるべく、一人々々の前に柩が置かれた。しかし、このときにはＳＳはまだ集団射殺に慣れていなかったので、指揮官は刑の執行をせず、この人人は生きのびた。

一九四〇年には、ポーランドから一回に千人ずつ送られてきた。はじめはインテリであり、その中にはたくさんのカトリックの司祭がいた。やがて労働者、農民、老若の人々、ついには子供までくるようになった。

ドイツ軍がバルカンを占領すると、ユーゴースラヴィア、ブルガリア、アルバニア、ギリシアから送られてきた。

ソ連攻撃の後しばらくは、収容所の一部はロシア兵の捕虜のために空けてあった。しかし、その部屋は数カ月間は空いたままになっていた。というのは、ロシア人の捕虜は到着するとすぐに、ＳＳによって射撃場で射殺されたからである。その数は約六千だった。

戦争経済のために捕虜の労働力が必要となってから、射殺は部分的に中止された。

ドイツによって占領された国々、すなわちフランス、ベルギー、オランダ、ルクセンブルグ、デンマーク、ノールウェーなどの、抵抗運動の男女が捕縛され、ドイツの方々の収容所に送られた。後になっては、イタリア、ハンガリア、ルーマニアなど、ヨーロッパのあらゆる国民を含んだ。

SSはいかなる斟酌もしなかった。ナチスが行った病癡人の安楽死に反対した、たくさんのカトリックやプロテスタントの僧侶たちが、ここに監禁された。

■火葬場■

中央収容所の塀の外に火葬場とガス室があり、この建物が今度博物館になった。しかし、これも目下の臨時の処置なので、やがては火葬場とガス室は独立した記念物とする。そして、たくさんの資料はかつての収容所のバラックに移して、ここを本格の博物館にする予定だそうである。このダハウに拘禁されていたがさいわいにも生きのびることができた人々が国際ダハウ委員会をつくり、これが主唱してこの博物館を設立する主体になった。これにバヴァリア政府と宗教団体が協力した。

その目的は、ナチスとはいかなるものであったかを示して、後世への警告をするのである。すなわち、この博物館には教育的意図があり、ことに青年にむかってドイツの過去の罪と汚辱とを示そうとするのである。あの誇りの高いドイツ人にとっては、よくよくのことであろう。

火葬場に行く道は、もとのとおりに復元してあった。白く清潔だった。幅五メートルくらい、左右はコンクリートの壁で遮られている。かつてここを通った人々のことを思って、すでに鬼気身に迫る感がした。

この道の左側に監視塔が立っている。この上にSSが銃をかまえて見はっていた。この監視塔はいったん壊れてなくなってしまっていたのを、前のとおりに再現したのである。

火葬場は赤煉瓦づくりの平屋で、外観は何の特徴もない物置のようなものだが、ただ四角い煙突が不自然に高く立っている。ここから日夜黒い煙が吹きでていたのである。

いまはまわりをきれいに手入れして、木を植え花が咲いて、小さな公園のようになっていた。その中のところどころに石の盤をおいて、ここに絞首台があった、ここで銃殺が行われた、ここで笞刑が行われた、ここに人骨の灰を棄てた、などと示してあった。

およそどこでも前に刑場だった赤煉瓦の建物は、中から叫び声でもきこえてくるようで、まさに幽霊屋敷の感がある。ベルリンのプレッツェンゼーに、一九四四年夏の叛乱者を大量絞首した家がある。高い天井の鉄の梁に、いくつもの鈎が下っている。荒れて血腥く、供えた花環が枯れていた。

ダハウの火葬場もおなじ様式のものだった。かつての酸鼻の極のありさまが目にうかび、恨をのんだ魂魄があたりにさまよっているかのようで、よくここの博物館につとめて事務をとっている人があるものだと思った。

もともと隣の中央収容所では、みじめな生活の中でしきりに死人がでた。はじめのあいだはそれをミュンヘンの火葬場まで運んで始末をした。しかし、それでは追いつかなくなり、ここに専用の火葬場がつくられた。この最初の火葬場はいまも残っているが、小規模なものである。やがてこれでも間にあわなくなって、もっと大きないまの火葬場を建て、これに接続してガス室とその付属の施設をつくった。

ここで死んだ者の数は、ある本には七万五千人とあり、ある本には記録された者が二万九四三八人で、そのほか記録されない者が多数とある。

■ガス室■

この建物の入口に消毒室があり、第二室が準備室で、いまの展覧は主としてここで行われている。中央に、囚人の縦縞の服と丸い帽子。それから笞刑台がおいてあった。その上にかがむと手足を縛るようになっていて、尻を打ったのだった。そして壁際のガラス箱には、写真や書類や手紙などの記録がたくさん並べてあった。いずれも日本で公開された映画などから想像されるようなものであるが、その徹底した非情味にはほとほと感にたえた。

第三室はガス室だった。ただし、このダハウではこれを使うことをサボタージュしたから、実際には機能しなかったということである。このダハウの所長ですらそうだったのだから、全体をただちに一般化して、すべてのSSがみなアウシュヴィッツのヘスのような人間だったということはできないのだろう。

右のここのガス室は実際には使われなかったということは、この新しい博物館の案内書に記してあるのだが、ナチス時代のことを書いた本には、「誰某はダハウのガス室で殺された」ということがしきりにでてくる。実際に使われたか否かは、私には分らない。

ただ、ガス室というものは何とも名状しがたいものだった。ナチスの強制――これは一滴の血も涙もない非人間的なものだったが、その極致たるガス室ははなはだ合目的的なものだった。これを設計した人はどんな顔をしていたのだろう？　額が禿げ上って、強度の近眼鏡をかけて、憂鬱な笑いをうかべて……。

中はさほど広くはなく、目測では押しつめればおよそ三百人も立っていられるかと思われた。壁も床も大きな煉瓦でかたく敷きつめてあり、天井は白く塗って、それにたくさんの漏斗形の穴があいている。これはシャワーを擬装したものだった。壁にも水道栓のようなものが突き出ていたが、これもここが浴室であると見せかけるためだった。

この部屋の両側に、重い鉄の扉が一つずつついている。

この中に裸の人間をつめこみ、両方の扉を閉じ、ハンドルを廻し、毒ガスを注入し、時がくると片方の扉をひらいて、押しあって立って死んでいる屍体を、生きている囚人が次の部屋に移した。ガス室とはただこれだけのものだった。即物的で、科学的で、能率よく、牢獄よりもむしろ病院に似ていた。

次の部屋は屍体置場で、ここで義歯の金を外す、その他の作業が行われた。

第五室は火葬室で、大きなカマドがいくつも口をひらいていた。どこもかしこもすべて鉄製だった。ここにも天井の梁に、ちょうど市場で屠殺した牛を吊しておくような大きな鈎がいくつも下っていた。絞首用である。

■ある計算表■

昼近くになると、たくさんの見物人が列をなして、陳列品もよく見えないほどになった。アメリカ人が多くて、おどろいたことには子供をつれて喋りあっている人もいた。お婆さんもかなりいた。ミュンヘンの世界大会に集った人々が、幾台もの貸切りのバスで来た。ほとんど興味本位の見世物のようだった。

私は人のいない裏庭に出て、そこのベンチに腰をおろした。わきに二本のきゃしゃな白樺が生えていた。

私はベンチに坐って、頭を垂れたまま、それをもたげる気もしなかった。心は灰のごとくだった。道徳的憤怒もおこらず、不条理を感ずる気もしなかった。

むしろ、たよりのない無力感におそわれた。子供のときの悪夢の中のように心身が萎えてしまったようだった。

あの当時ヒットラーはわれわれにとってもただの政治的な現象であるだけではなく、何か抵抗のできない脅迫力の化身のように思われたが、あのころの気持を思いだした。その恐怖に固唾をのんだが、ただそれがまだ遠いところにいるので助かった。それに多くの人々が感激して、さかんな昂奮に生き甲斐を見いだしていた。反論してもむだだった。ただばかにされるだけだった。ずいぶんばかにされた。人生には幻があって、それがわれわれを支えているのだが、何の幻もありえないガス室のようなものに直面すると、もはやどう考えていいか分らなくなってしまう……。

たくさんの陳列品の中に、次のようなものがあった。

収容所の囚人利用についてのSSの計算書

一人一日の生産　平均六マルク
これよりマイナス食費　〇・六〇マルク
おなじく衣費　〇・一〇マルク
平均の生存期間　九カ月

右を清算すると、一日五・三〇マルクが二七〇日であるから、
計　一、四三一マルクの利得。
さらに屍体からの収入。
一、金歯。二、衣類。三、貴重品。四、銭
これよりマイナス燃料　二マルク
よって屍体一箇につき平均利得　二〇〇マルク
これにより前者と合計して、一人の囚人から、
計　一、六三一マルクの利得
さらに骨と灰を利用することができる。

このような計算までしたところに、あの時期のドイツで勢威をふるった者（ドイツ人一般ではない）の性癖があらわれているのだろう。人間をまったく牛か豚のようにあつかっている。こういうところで働いていた人々は、よくいわれるように機械技術万能の現代の人間性喪失患者だったのだろう。シャイラーの『第三帝国の興亡』の中に引用してある毒ガス製造会社の文書などを読むと、どうし

てこういうことをまったくただ事務的にとりあつかって、市民的有能を発揮したのかと、不審にたえないものがある。ドイツ人には感情過多の半面に、こういうところもあることは否定はできない。何よりも、第一次大戦後は精神のバランスを失っていた。

■汚れたドイツ人の衣■

歴史によって形成された国民性——これによってすべてをわりきって説明することはしばしば行われる。しかし、これは一見して真実であるかに思われる安易な方法であり、せいぜい部分的真理であり、もしこれをもって全体を断定するならそれはあやまちである。

一九二〇年代から三〇年代は世界中の危機で、各国が大きな動揺をした。余裕のある国々は、それを何とか正常な行き方でのりきることができた。しかし、余裕のない国々ははげしい苦悶をした。その際の対処の仕方が、それぞれの歴史によって形成された国民的な型によった。スペインやポルトガルやポーランドはカトリック的な独裁により、ドイツは人種説とニーチェの亜流の力の哲学により、イタリアはエラン・ヴィタールの行動主義により、日本は天皇の性格の解釈により……それぞれのあがきが特殊な形をとった。

このようにうごきのあらわれ方がその国の歴史的な型によったことは、当然だった。そして、そういう形をとってあらわれたのだったから、あたかも歴史的な国民的性格が主役として事をおこしたかのように見えた。

国民性がまったく何の役をも演じないというのではない。ただこれもまた他の多くの動因と共に歴史をうごかす一つの契機であったにすぎない。そして、歴史があたらしくうごくときには過去からの蓄積がそれに形をあたえるのである。

このように考えるのでなくて、もし歴史的個性が事をおこしたとするなら、多くの国々が時をおなじくして変兆を示した事実を説明することができない。

ある国民はこれこれの精神構造をもった人間である。故に彼はつねに不具であり畸型であり、彼が一人前の人間になるためには生れ変ってしかじかの人間にならねばならぬ、ということはない。ドイツ人はかならずナチスであるということはない。

ドイツ人とてナチス時代に露呈した暗い面のほかに、たくさんの美しい人間性をも蔵している。日本ばかりではなくドイツでも、フランスを理想化して、これが進歩の模範であり、われわれはフランス人のようでなかったから悪かった、と主張するのが一つの定型となっていた。これですべてを安易にわりきった。ところが、最近におこった事実は、そのフランスにも独裁とか軍人の跋扈とか拷問とかいうものがおこりうることを示した。いまのフランスは経済も繁栄し失業者もなく、この点はかつての日本やドイツとはまるでちがうから、やがて正常にかえることを期待はするが。

さらにまた、いまのドイツ人はナチの犯罪の道徳的始末に窮している。こういう国民に負わされた責任とはまことにふしぎなものである。すべてのドイツ人が悪いとする全体的問罪はあきらかにあやまりだが、しかもわれわれは同胞のしたことについては、ある連帯責任を免れるわけにはいかない。個人的には何の覚えがなくても、なおある責を負わなくてはならない。

いまのドイツの責任者たち――アデナウアーやブラントのような人々が、外国に行ってした演説を読むと、まず冒頭にかつてのドイツの罪を謝して、これからは二度とくりかえさないことを誓っている。こういう人々はナチスに反抗していたのだったが、自分を迫害した者のしたことを外国人にむかって詫びなくてはならないのだから、気の毒なものである。

ドイツの周囲の国々に行くと、ドイツ人に対する不信の念はまだつよい。オランダは占領されたのだからむりはないとしても、スイスなどでも「ドイツ人はいまは繁栄しているから無事だけれども、また危機にでもなったら何をするか分らぬ」という気持がふかく根ざしている。ドイツが東西に分割されたままでいた方がいいという気持は、英仏にもあるようだ。もし統合されて一国になったら、それこそ手のつけようのない大工業国になるから。

どこの国にも不愉快なタイプの人間がいるが、ドイツにもいて、骨太で倨傲《きょごう》で鷹のような眼付をしている。この有能な力の崇拝者に対する反感と猜疑は、容易に拭いがたいものがあるようだ。ドイツ人もそれを知っている。かれらは右のような不当な一般化と正当な連帯責任感の下に、肩身の狭い思いをしている。インテリの中のある人々はじつに苦しんでいる。ドイツ国民の道徳的未来を再建するためには、前途にはまだまだ多くの困難があるようだ。一九四四年夏の参謀将校のヒットラー暗殺計画は、これこそドイツの正しい伝統精神を発揮したものとして、そのために命をすてた人々は、日本だったら神社に祀られるような扱いをうけている。たしかにこの人々は、自分の血によってドイツの名誉が泥土に委せられるのを救った。

それほどこまかい神経をもっていない人々は、ナチスの犯罪などは意識から排除して、あたかもなかったことのようにしている。そしてこれが大部分である。

さらにある人々は、これまでのドイツ至上主義をすてて、ヨーロッパ主義を唱えている。あれほど好きだった祖国とか民族とかいうことを、もういわない。「これからはドイツ人としてではなく、ヨーロッパ人として生きる」というのである。これは純粋な動機からもいわれるが、また別な底意をもっている人もあるようだ。悪く邪推すれば、汚れたドイツ人の衣を脱ぎすてて、むしろやがてできるヨーロッパ合衆国の中で覇を唱えようというのかと思われる。

■罪の意識■

最近になって収容所の中に、贖罪のしるしとして礼拝堂がつくられ、「キリストの死の苦」の礼拝堂と名づけられた。その開堂の式に参ずるために、ミュンヘンのカトリック世界大会から、三千人の若い教徒が祈り歌いながらダハウに行進した。

たくさんの演説があったが、その中でエッセンの僧正のハングスバハはこうのべた。

「罪があったのは、ただダハウの絞首人だけではありません。はっきりと知っている者もあり、ぼんやりとしか考えない者もあるが、われわれすべてがこの罪に加わっています。ことに他国の人々に対するドイツ人の罪の深さを自覚しています。われわれは神に赦しを乞うだけでは足りません。われわれ罪ある者は犠牲者にむかって、ここで行われたことに対して赦しを乞います。ただ個人としてのみではなく、家族が家族に、国民が国民に乞い、このゆるしの中に愛が暴力に克つことをねがいます」

罪の意識――。ヨーロッパ人はともすると「日本人には罪の意識がない」などといい(『菊と刀』など)、自分たちの宗教的なまた倫理的な高さを誇るけれども、どうしてこのような大きな罪が犯されたのだろう？　帝国主義時代の植民地や奴隷売買などは、もはや歴史の中のことだから別としても、現代のキリスト教国で――？　そして、戦後の日本人は罪の意識の塊りで、髪をむしり胸をたたいてわれとわが身を責めたが、ドイツ人にはむしろ他人事のように思っている気配が多い。つねにおのれが正しいとする癖（レヒッハーベライ）はまだ残っているようだ。

よその土地にいくと、長くいればいるほど不可解なことが殖えるものである。とりわけ宗教に起源をもつ情操はむつかしい。

見物を終えて、帰りのバスを待っているあいだに、二人の十八、九歳の青年と話をした。この人たちは東から逃げてきたので、それぞれこの近くの親戚の家に住んでいるのだそうだった。素直なまじめな感じのいい若者たちだった。

かれらはナチスの話をし、博物館の方を指して、「えらい人たちがわれわれ小さな人民を道具にして、フットボールをしたのです」といった。そうして、情なさそうな恨めしそうな眼差をあげた。こういう表情を、私は二十年前には、日本にいるヨーロッパ人のあいだでときどき見た。

この言葉はよくいいあらわしている、と思った。西洋では人民の権利の主張もつよいが、その代り権力者の力の行使も仮借がない。じつに苛烈な力と力の世界である。

はじめは柔和と平和の化身のようなふれこみだった中共も近頃はそうなったらしいが、あのような権力支配はわれわれには想像がむつかしい。

権力者たちは自分を最後の権威として、自分より以上の何者に対しても負目を感じないように思われる。

人民にとっての東と西

ベルリンにもどった。

■故郷のないインテリ■

この旅をつづけて、私はバイエルンの山で、ある一家に泊めてもらい、いまのドイツの知的な人々の関心となっている問題について教わることが多かった。それからライン地方をまわって、ふたたびベルリンにもどった。

西ドイツ人はほとんど全部がはげしい反共で、人々の東に対する感情は恐怖と憎悪であるといっていいと思う。（むかしは恐怖と軽蔑だった。）低い階層の人ほどそれである。その姿勢はかたい。

一九四七、八年ごろには、例の「オーネ・ミッヒ——おれはごめんだ」とて、非武装中立によって世界の対立からはなれていたいと願うムードがあった。

しかし、何分にも直接に境を接していて、現実が否応なしに迫ってくることだから、しだいにそれはできない相談だということが分ってきて、砂に頭をつっこんだ希望的な思考は消えてしまった。ことに朝鮮戦争がおこって、おなじように国が二つに割れているのだから、「こちらにもいつああいう事がおこるか分らない」とて、警戒心が徹底的にゆきわたるようになった。手段としての政策はともかく、心情の中立ということはない。東のいうことは東のいうことであるが故に疑ってかかり、もはや食いこむ一分の隙もない。

まず先にソ連が東欧諸国を力で蚕食したから、それに反応して力でくいとめようとする立場がはじまった。この最初の原因をたなにあげて、よく評論されているように後の力の立場を非難するわけにはいかない。いまの西ドイツ人も、もはや戦争はこりごりであり（戦争末期にはドイツ全土で戦いが行われた）、むかしながらの征服蹂躪を好む武ばったジークフリード魂は消えさり、ひたすら平和を求めているが、ただそれを実現するための方法を示さない理想は、とりとめのない空想だとしている。感情からは戦争の匂いのする一切のものをきらっているが、理性からはやむをえぬ自衛の必要を認めている。

しかし、中立的気分がまったくないわけではない。インテリとは現体制に不満をもって反抗する知的ボヘミアンであるという昔気質もまだいくらかはのこっていて、少数の人々は、「世にうといインテリ」とか「故郷のないインテリ」とかいわれて、ときどきそういう口吻をもらすが、実際的な影響力はない。

ドイツの社会党の政策が現実的になって、保守党と大差がなくなった。それで、「社会党は原理を裏切った」とて、「ドイツ平和グループ」が結成され、五万人の団員がいる。現在のボン政府に反感をもつ人々があつまり、絶対平和とか核武装反対とか善意による両独統合とかを論じているのであるが、一般にはこれは共産党のカムフラージ機関であり、非現実的な夢想家としていささか冷笑気味のようである。

自由で豊かな西ドイツでも、インテリの不満はすくなくない。ことにいまの西ドイツ人が通俗化して精神的にふるわないのを歎いて、「ああ、もしもっと不自由で貧乏だったら、すぐれた芸術やたかい思想が生れるだろうに！」などという。東から逃れてきた文筆家たちすら、西の現体制をそのまま是認しているとはかぎらないようだ。しかし、全体としてみると、インテリは慎重で責任感があり、大小軽重の別をわきまえ、大きな蓄積をもっていて、その水準ははなはだ高い。

中立ということについては、さまざまの角度から分析がされている。しかし、事情は複雑であり、中立はおのずから東に吸いよせられることだけれども、さりとて反共がかならずしも東をふせぐことにもならない。「自分は反共である。だから反共はいけない」という説をすらきいたことがある。それはこういうことだった——

総選挙があると、その直前に、かならずソ連が西ドイツの社会党を支援する声明をする。これをきいて多くのドイツ人は、「このとおり社会党は東に通じている」とて、アデナウアーに投票する。このようにしてソ連はわざと保守党を勝たせる。アデナウアー一味、ことにその後継者と目される国防大臣のシュトラウスは反動ファッショと宣伝されているから、この人々を勝たせることによって、ポーランド人やチェコ人に「やはりドイツはおそろしい」と考えさせて、ソ連の側につけておくようにする。いまのソ連の目標は共産圏の境をエルベ川のほとりでかためることなのだから、なるべく西ドイツを悪玉にしておかなくてはならぬ。もしブラントの社会党が勝ったら、東欧諸国は西ドイツに気をゆるして軟化して、ソ連の東欧政策はくずれる。西ドイツの総選挙があるたびにソ連が社会党を声援するのは、こうした逆効果をねらっているのであって、つまり社会党を敗北させるためである。西ドイツの反共はソ連の利益なのである。かくて、「自分は反共である。だから反共はいけない」

■東独のインテリ■

ドイツのインテリで、東の立場にたって説明してくれる人に会いたいと思っても、そういう人に行き会うことはむつかしい。ハンブルクの進歩主義者たちにも接触する機会がなかった。そういう傾向の代表者と思われるクービの本を読んだが、その主張は現在の西ドイツの欠陥をはげしく攻撃しているが、さればといって東を擁護しているのでもなく、それでは実際にはどうすればいいのかという点では空白のように思われた。親共の人々はおおむね、西ドイツの現状に対して感情的な憤怒をいだいて、これによって東にむかって希望をえがいている。

ドイツにいるあいだに、私が会った東のために弁ずるにちかい立場の人は——日本人だった。その人々は、貧しい東への同情と、反共は平和攪乱であるという気持をもっていた。

しかし、ついに私は東の立場に立って説明してくれるドイツ人に接することができた。東ベルリンのジャーナリスト協会で、「東のインテリで私にも分るように静かに話してくれる人に物をたずねたい」といったら、すぐに著作家協会の幹事長に電話をかけてくれ、この人に会えばそういう人を紹介してくれるということになった。

この日は老人寮を見て非常に心をうたれた。それからながいあいだ電車に揺られ、しかめ面をしたような灰色の街を通って、アレキサンダー広場まででると、東ベルリンに入ったときにはいかにも殺風景に見えたここが華やかに思われた。電車は旧式でよごれて、乗客はおしだまって東ベルリン式の陰鬱な顔をしていたが、少年の車掌がよくはたらいて親切にしてくれた。

フリードリヒ街に近い著作家協会本部は、まだたくさん残っている廃墟の中の建物だった。廊下には各国のプラカードがはってあったが、中に広島の原爆の写真に「ノーモア・ヒロシマ」と日本字で書いた、原水爆反対運動のビラもあった。

幹事長のシュルツ氏は五十歳くらいの、おちついてまじめな人だった。一見して、かたい信念をもっているがけっして高ぶるようなことのない、鍛えられた人と分った。日焼けをしていて、精悍だが、年にしては皺がよっていた。話してゆくにしたがって、私はこの人に人間的な信頼感と、じつに親しみをすらもつようになった。

私がこれまで接したところでは、何国人を問わず、「自分は共産党員である」と公然名のりをあげる人には、人間的に敬服すべき人が多い。それに伴う危険や不利益をひきうける覚悟をしているからだろう。そして、こういう人々はおおむね地味な下積みの仕事をこつこつとつづけているようだ。

私は前述の希望をのべて、どうかしかるべきインテリを紹介してください、と頼んだ。

「西のシュラムやクービがしているような時代分析を、東の立場からしたらどういうことになるかをききたいのです」

「そうですか」とシュルツ氏は答えた。「私はあなたがこちらの著作家の生活について知りたいのだと思っていました」

「それも知りたいのですが、何よりわれわれが遠い国にいてふしぎに思うこと、よく了解ができないことがたくさんあります。それについて、私は西独で研究してみました。今度はこちらの東側からそれがどう考えられているのかを知りたいのです。両方を対比して判断の材料にしたいのです」

「それに適当な人を紹介することはできますが、まずあなたの疑問は具体的にどういうことなのですか。それを私がきいて、自分の意見をいってみましょう。私も著作家ですから、あなたが求めている対象の一人にはなります」

私はすこし困った。この東ベルリンで、この筋金入りの党役員で組織の中核である人にむかって、あけすけなことをいっていいものだろうか？

しかし、もはや乗りかかった舟で、ひくことはできない。相手は十分の思慮があり、人間的にも深味がある。カサカサの形式主義者ではなく、基礎のある理論を身につけているにちがいない。

シュルツ氏は自己紹介をしていった。

「私はむかしからのコミュニストで、ナチスの収容所に四年間入っていました。戦後になって、西側につくことは人間的にも世界観的にも不可能でした。ドイツ人を悪から救うべく、たたかっているのです」

東の宣伝書などを読むとどうもそういう気配を感ずるが、いま東をひきいている人々は、自分はドイツ人でありながら反独感情をもっているのではあるまいか。こんなふうに考えているのではあるまいか――、ドイツ自体が、その根ぶかい潜在的構造が、また歴史によって形成された国民的性格が、すなわち悪である。ドイツ人であること自体が一種の罪である。ドイツは宿命的にこれこれの国であり、ドイツ人は先天的にしかじかの人間であるから、救いがたい。たたきのめされて、まったく別なものに生れ変らなくてはならぬ。ある天啓的終末がこなくてはならぬ。

日本にもこれに似たような気持がある。ある人々は反日的主張をし、自国を見下し嘲笑し、むしろ自国に損傷が加えられるのをよろこんでいる。「それは日本が悪いからだ」というのが、すべてにつけての安易な因果説明の方式になっている。「そうではない」というと憤慨する。こういう卑下感は（他面の強がりと共に）、日独ともに、強国のあいだに後からわりこんでいったことから生れたのだろう。ドイツではむかしから大思想家がはげしい自国糾弾をつづけていたのだが、いまの東ドイツの支配者は歴史的ドイツを敵としているらしい。

ここの権力者たちは若い頃にソ連に逃れ、そこで青年時代をすごし、ロシア女と結婚している。かれらはむしろスラヴ魂をもっている。かつてある日本の容共シンパが「自分はスラヴ魂を信頼する」と書いているのを読み、どうしてこんなことが根拠になるのかといぶかったことがあったが、これが一ころのヨーロッパの左翼の通り言葉になっていたことを後に知った。それをそのまま拝借したのだろう。東ドイツはもう大分スラヴ化されているそうで、小学校の教科書にロシアの民話が教材になっているのを見たことがある。東ベルリンの街を歩いてみても、たくさんの町名がロシア名になっているし、巡査などの服装もロシアくさい。為政者が反独で、すべてがソ連の範型にのっとっているから、それで人民の国民感情をとらえることができず、そのためにうまくいかないのだという解釈は、一つの見方としては正しいのではなかろうか。

東ドイツの新聞などを読むと、西ドイツを悪魔の巣のように書いてある。シュルツ氏も西のこととなると歯がみをして目を光らす。それがどうも異様に思われた。あの市民的な律気な、ノーマルな西ドイツを、どうしてこのようにすべてにつけて憎むのだろう？

こういうインターヴュをすると知っていたら、前から準備をしておくのだったが、このときには即席に四つの質問をした。相手はさすがによどむことなく答えた。

つぎにその一問一答を整理して、私の質問と相手の答をまとめて記す。

質問一——東からの逃亡者　われわれにとっていかにも不思議なのは、東から西へ脱出するドイツ人が多いことです。東にはもうブルジョアはいないはずです。なぜ働いている人民の国から働いている人民が出てゆくのでしょうか。資本主義・帝国主義の植民地から解放地区へではなくて、あべこべに解放地区から植民地へと逃げてゆくのでしょうか。これはどういうわけですか？

答——脱出する者にはさまざまの動機がある。

宗教的立場から逃げる者はやむをえないし、戦争で別れ別れになった家族が一緒に住むために移住するのは、これはあなたの疑問の圏外のことでしょう。

インテリの中には医者が多い。ヘーメルもそうです（このイエナ大学総長の脱出はさまざまな意味からセンセーションだった。）西ドイツはＮＡＴＯに参加して軍隊を再建しているが、そのために軍医が求められる。東の医者がこれに誘惑されて行くのだが、しかし西ではすでに医者があまっているから、ふたたび帰ってきます。インテリにはエゴイストが多いから、その出入にはこうした個人的な動機がつよくはたらいてます。

農民は性格的に所有に執着します。これが社会化をいやがって、その方が自分のためにも利益であることをさとらない。

青年は性格的に冒険を求める。年齢の問題です。自分も若いころにはロマンティシズムから、方々の外国を流浪しました。いまの東独の青年たちも、西の表面的な華やかさにあこがれてゆくのだが、今日ではそのような軽率な行為がすなわち政治的な態度決定を表明することになります。かれらは思慮が浅くて、それに気がつかないのです。

もともとドイツ人はかつては全部がナチスでした。東独にも旧ナチスないしその連累者がたくさんいる。これらの者が現政権の下では生きてゆきにくく、ナチの後継者である西独に奔ることは、むしろあたりまえです。

このようなさまざまな人間的な弱点が、かれらをして社会主義の国を去らせるのです。さらに、東はごらんのとおりに復興がおそい。西のようにキラキラ光りかがやくネオン文化はない。放縦であることはゆるされない。人間がこれほどにもチョコレートによって左右されるとは！　西にはマーシャル・プランの援助があったが、東ではソ連が賠償をとりたてました。さらに、われわれは未開発のＡＡ諸国をたすけるために犠牲をはらっています。これをわれわれの義務だと考えています。

人間はただちに別人になるものではない。前に軍曹であった者が労働者になると、やはり特権にあこがれて、西に行って軍曹になったりプチブルになったりする。西では労働者の生活はたしかにいいが、それでもちかごろは西の造船所の労働者がわれわれの方にやってきます。かれらは意識に目ざめたのです。

しかし、われわれは西の労働者にむかっては、「君たちは現在の場所にとどまって、西の社会主義建設のためにたたかえ」とよびかけています。こちらではもう革命はすみました。西が生れかわるためには、意識の高い者がとどまっていなくてはなりません。

質問二――ハンガリア事件　その際に、東ドイツの著作家たちはどういう態度をとりましたか？

答――（シュルツ氏はすこしも混乱した様子を見せずに、青い目をじっと見すえてしっかりと断言した。）いかなる動揺を示した者もありませんでした。われわれ東独の著作家の社会主義に対する理解と信頼はまったくかたいので、ゆらぐ余地がありません。

われわれはハンガリア暴動も、ポーランド暴動も、東独暴動も、その本質は旧勢力が旧体制を復活させようとする試みだったと解しています。革命にはつねに反革命が機会をねらっています。アメリカの政策は、朝鮮その他どこでも腐敗した旧政権を支持し使嗾《しそう》するのです。

質問三――自由選挙　私は東ベルリン人と話をしました。教養ある人もない人もさまざまでした。役所につとめているような人はもちろん現体制を肯定する発言をしますが、普通の市民には怨恨をいだいている者が多かった。かれらははじめは用心して何もいわないが、やがてこちらが外国人で大丈夫だと思うからでしょう、声をひそめて「自由選挙を！」とささやきます。レーニンの民族自決権の原則は、当然な理想だと思います。フルシチョフ氏もパキスタンのプシトウ民族にはそれを要求しています。それがどうして東ドイツ人にはゆるされないのですか？

答――いったい自由選挙とは何ですか？　ヒットラーが天下をとる前のワイマール憲法時代には、自由選挙が行われていました。ただし形式的にです。共産党は不利な条件の下で、きわめて不自由な選挙しかできなかった。

いまの西ドイツもおなじことです。自由選挙は行われていません。見せかけだけのことです。選挙は資本家の金でまかなわれ、教会の大きな影響の下に行われます。大新聞もラジオもテレビもみな、これらの勢力の意のままです。労働者は自分の新聞をもたず、自分のラジオ放送ももっていません。そして共産党は非合法化されていて存在しないのです。

一九五二年に、ソ連から全ドイツの総選挙をしようと提案をしたことがありましたが、西ではこれを拒絶しました。

自由選挙とは、ポツダム協定によってさだめられた条件にしたがって、戦争犯罪人を罰し、真の民主主義的管理の下に行われることです。西はこれを実行しません。

西は独占的帝国主義です。東は人道的社会主義です。前提がまるでちがいます。それを一緒にして、いまの段階で全ドイツの自由選挙をすることは不可能です。

質問四——平和宣伝　私も平和をねがいます。しかし、つねに異様な感をいだくのですが、フルシチョフ氏の平和宣伝にはしばしば恫喝が伴っています。あれをきくと胸がひやりとします。「人口過剰の狭い国に原爆がおちれば……」。これでは、ヒットラーの「平和にするからおれのいうことをきけ」というのとおなじではありませんか。

ストックホルム・アピールには多くの人々が署名をしました。しかし、後になってソ連に原爆の貯蔵ができると、そういうアピールはなくなり、むしろ事あるごとにこれをつかってタイミングよく力の誇示が行われます。平和攻勢の平和には何か不純なものがある、平和共存とは手段であって目的ではない、そういう疑念をはらうことができないのです。あれは為にする心理工作ではありませんか？　策略ではありませんか？　ヒロシマで熱烈に平和を祈念している人々や、息子を戦場におくらないことを誓う母親たちや、デモにあけくれる学生たちは、ある上手な計算によってたくみに操られているのではありませんか？

答――その疑問はおかしい。フルシチョフはただ事実をいっているのであって、恫喝をしているのではありません。アメリカの帝国主義がソ連を脅かしている。その結果として戦争がおこった際に日本がさけがたい難をうけないようにと、忠告しているにすぎません。ストックホルムのときにはソ連はまだ原爆をもっていなかったから、原爆を否定した。しかし、アメリカと対抗するためにはもたねばならぬ。もった以上、そこからおこりうる事実をあなたがたに告げたからとて、それを恫喝とうけとる理由はないはずです。

私の質問に対する幹事長の答は、おおよそ右のようなものだった。

私はときどき口をはさんで反問したり念をおしたりしたが、反駁はしなかった。

反駁したいことはたくさんあった。たとえば――、それならば東から脱出する東ドイツ人は、自然な人間的性情をもっている故にすべて愚民であるのか？　ハンガリア事件がきっかけになってカントロヴィッツその他の人々が西に逃げてきたし、ライン川のほとりに東から逃げてきた作家の村があって、その人々の座談会風のものが西の新聞にでていたのを読んだこともあったが……？　いまきいているのは西独に自由選挙があるかないかということではなく、なぜ東独民にレーニンの民族自決権がゆるされないかということである。もし東がすでに人道的社会主義の国になっているなら、まさに人民の自決が行われていいはずではないか？

また、ワイマール憲法時代には共産党党首テールマンその他が非常に多くの投票をえたことがあったではないか？　そして、いまの西の新聞が自由主義ばかりであるのは、読者がそれによって説得されるからではないか？　共産党が非合法化される前にも、極左の新聞は読者がないから売っていなかった。人々が説得さえされれば、左翼新聞もでるだろう。日本では一ころはひどく左に偏向して、それを「マスコミの暴力」といって憤慨している人々もいるくらいである。

シュルツ氏もやはり、事実よりもむしろ体系の方を信用しているのではないだろうか。いまだ証明されていないある先験的な独断から演繹して、それに都合のいい事実だけをとりあげて都合のわるいことはすて、言葉だけの論理によって事実の性格を歪めているのではないだろうか。この人は尊敬すべき強烈な倫理的要求をもっている。しかし、そういう場合をときどき経験したが、人間的に誠実であるということは、かならずしも客観的真実からずれた幻覚をもっていないということにはならない。この両者はむしろしばしば両立する……。

私はさまざまなことをいいたくて、それが咽まででかかったが、やめた。

■判断の手がかり■

シュルツ氏はおなじ建物の中の出版課に電話をかけて、そこに私をつれていってくれた。中年の婦人がいて、たいへんあたたかく迎えてくれた。シュルツ氏に連れられてきたのだから、私を同じ陣営の同志と思ったのだろう。

ここで人々は、私に必要な本をさがして送ってくれると約束をした。

「東では西への脱出者をどう扱っているのでしょうか。その数の統計はないでしょうか。この問題についての研究書がほしいのです」

私がこういってたのむと、女党員は当惑したようだった。

「そういう問題をあつかった本は前に出たけれども、いまは絶版になっています。さがしてみましょう」

私はいった。

「難民の事実はわれわれにとって非常に大切です。遠くにいて事情がよく分らない者にとっては、この人口の移動が東西を比較する上に一つのたしかな根拠と思われるのです。私は西ベルリンのマリエンフェルデ難民収容所にゆき、さまざまの資料をもらいましたが、同じ事実を東の立場から分析したものがほしいのです。両方を対比して検討したいのです」

シュルツ氏と女党員は口を揃えていった。

「西で発表する難民の数字は嘘です。もしあれがほんとうで、あんなに多数の人間が東から出て行くなら、われわれだっていまここにいないはずですよ」

二人はこういって顔を見あわせて笑った。

ああ、確信をもった人々が懐疑する者にむかってこういう笑い方をするのを、私はこれまでに幾度か見た！　そして、いま話にでたこのことこそ、まさに私がたしかめたいところである。

「どうかそれを立証してわれわれを納得させる材料を教えて下さい。日本人は西の発表をきいて考えるのです——東から西に逃げる者の数がそれほどまでも多いのか。それなら——」

ここまでいって、先をいいよどんでいると、シュルツ氏はひきとって、私がうまくいえないでいる言葉をいってくれた。

「それなら、東は人民にとって不幸な国である、と。それはもっともです。もし西が発表するあの数字がほんとうなら、そう判断するのは当然です」

女党員も声をあわせて同意した。

これは重大だった。複雑な社会現象を判断する際には、それぞれの立場によって言葉だけの理屈はどうにでもつくが、これこそはキメ手になるというような一つの事実はめったにない。ところが、いまようやく一枚の試験紙がでた。これを具体的な手がかりとして、シュルツ氏も私も同じ立場にたって、共通の判断をすることができる。論理による相対化からぬけでて、合意した認識に達することができる。

西から発表される数字がうそかほんとうか、これを吟味することによって、このむつかしい東西問題を水かけ論から救いだすことができる。

その吟味をしてみよう。

別れるときに、シュルツ氏は私の手をかたくにぎって、心のこもった別れの言葉をいったが、それはただの外交辞令ではなさそうだった。私のあけすけな質問が気に入ったというふうに思われた。こういうことをたずねにくる人間はいないのだろう。私もこの信念の人には敬意をもって別れた。

しかし、シュルツ氏は私を他のインテリに紹介しようとはしなかった。はじめの私の申込みを忘れたわけではないだろうが、黙ったままそのままになった。おそらく、私がたずねたようなことを他人にたずねさせたくなかったのではなかろうか。

■西の宣伝か?■

私はドイツの東西間の人口の移動を前から関心をもってしらべていた。しかし、これがなかなか分らないのである。いな、分ることは分る。西ドイツ政府からはくわしく発表されている。ただ、これが「西の宣伝的発表である」という主張がある――しばしばある――ときに、それでもなお、「これは信頼できる」とはすぐにはいえない。

西ドイツは自由な開かれた国であり、どこに行って誰と話することもできる。各種のくわしい統計類も公刊されている。外国の新聞記者その他がたくさん入っていて、さまざまの調査をしている。あれこれをつきあわせれば、ボン政府の発表に嘘があれば分ってしまう。私は西の発表に仮作はないと思うが、しかしそれだけではまだ「働く人民が東から脱出するはずはない」と信仰している人に、この異様な現象を承服させることはできない。

ベルリンに滞在しているときに、たまたま日本の新聞を見た。これには東西ドイツの人口移動についての現地報告がのせてあった。

そこにあげられた数字についていては「これは一方的発表である」とあり、標題は「西からの逆移住ふえる」とて、あたかも東西の人口移動が逆流しつつあるかのような印象をあたえてあった。

まったく人生の真実というものはつかめないものである。ドイツにいてもドイツで行われていることがなかなか分らない。

この発表の信憑性をつきとめることは、じつにむつかしかった。西の研究には、いまさらそのような吟味はしてない。私は東ベルリンのあちらこちら、西ベルリンの役所や研究所、ボンの難民省や全ドイツ問題省などに行ったが、このような分りきったことを分らせてくれるような資料はどこにもなかった。

しかし、しらべてゆくうちにすこしずつはっきりした。

■唯一の人口減少国——東ドイツ■

一つの資料が決定的だった。それは意外なことに、東ドイツ政府が発行した統計年鑑である。これならすべての左派の人々が信用するはずのものである。

東ドイツでは一九五六年から統計を示すようになったのだそうであるが、去年には、一九五九年の統計年鑑（*Statistisches Jahrbuch der Deutschen Demokratischen Republik,* 1959）がでた。これは東ドイツ政府の唯一の公式の発表であり、その権威はうたがう余地がない。

大版七百ページあり、東ドイツの国勢についてあらゆる種類の統計が入っているが、一九五八年が最新の数字である。宣伝的意図もうかがわれ、付録には各種目についての西ドイツとの対比がかかげてある。この部分などはさまざまの問題をふくみ、読んで面白いが、いまはそれは別として、ただ人口の部分について記す。

この年鑑によると、東ドイツの人口は年々減少している。

一九五〇年	一八三八万八二〇〇
一九五三年	一八一一万二一〇〇
一九五四年	一八〇〇万一五〇〇
一九五五年	一七八三万二二〇〇
一九五六年	一七六〇万三六〇〇
一九五七年	一七四一万〇七〇〇
一九五八年	一七三一万一七〇〇

すなわち、この八年間に一〇七万六五〇〇人だけ減少している。戦後は世界中の各国で人口が増加したが、減少したのはこの東ドイツだけである。

これは右の八年間のことで、その前にも減少はあった。さらに最近の二年間にも後出のように約二十五万人が西に入っているから、いまも減少はつづいているのである。

これだけ減ったのだから、これだけの人数が国外に出たように思われる。しかし、じつはそうではなく、国外に出た者はもっとはるかに多い。

それはつぎのようなことからである。東ドイツにはこの期間に人口増加があった。それにもかかわらず、全体としては右の一〇七万余だけ減った。つまり、一〇七万余プラス人口増加分だけが国外に出たのである。

その人口増加には三つの原因があった。

A　出生による自然増加。

出生による自然増加が戦後の全体としてどれだけあったかは、発表されないから分らないが、右の統計年鑑によると一九五八年にはつぎのようだった。

死亡　二二万一一一三

出生　二七万五七九三

すなわち、一年間に五万四六八〇人の自然増加があった。それで、八年間には約四三万の増加があったとみてよいだろう。

B　オーデル・ナイセ線以東からの「追われた人」。

戦前にオーデル・ナイセ線以東に住んでいたドイツ人は、戦後に追われて、現在の東西ドイツに入った。終戦時の混乱ははなはだしく、死亡や行方不明も無数だったから、それが何人入ったか正確な数は分らない。ドイツでは戦争による人命喪失は非常なもので、全部で八百万と算定されている。それにもかかわらず「追われた人」が入ってきたので、現在の東西両ドイツ地域では、ともに戦後の人口は戦前よりも多くなった。

C　西ドイツから入ってきた者。

西ドイツから東ドイツに入る人々もいる。その内容については後にふれるが、ただ去年はセンセーショナルな事件があって、幾人かの将校がひきつづいて東に逃げた。西ではこの軍人たちは借金その他の不行跡から逃亡したのだと説明したが、東では大よろこびでしきりに宣伝をした。

右のように、東ドイツではAとBとCの三つの人口増加があった。しかもなお、全体としては一〇七万余人減少した。つまり、一〇七万＋四三万の自然増加＋オーデル・ナイセ以東から追われた人＋西から入った者の総計が、国外に出たことになる。そして、この国外に出た人口は、ほかに行きようはないから、西に入ったのである。（それから後に南米その他に移住した者も多い。）

西ドイツから示される数字が「一方的な宣伝的発表」ではないことを立証するためには、もはやこれで十分だと思う。一九五〇年から五八年までには、東から西に入った者は約二五〇万、西から東に入った者は約五〇万と見積られている。そして、以上に記したのは、比較的に数字が明らかになった一九五〇年以後のものであり、それ以前および五八年から一九六一年まで東から西への流出はつづいていた。（後記――ベルリンの壁ができて以後はとまった。）

■西から東への難民はいない■

「ドイツでは東から西へ住民が逃げている」というと、きまって「あべこべに西から東に入る者もある」と反駁される。

しかし、この両者は一見似ているようには見えるが、じつはまったく性質がちがったものであり、これを対立させて等価値にあつかうことはできないものである。たとえかりに西から東に入る者がいかにふえようとも、東ドイツがそれを材料にして自分の釈明とすることはできない。それをすれば、それは一見の表面の類似によって人をだましているのである。

東ドイツでは、西への人口流出を止めるために一九五七年に法令がでて、「共和国逃亡」は犯罪とされた。本人はもとより、助けた者、および知りながら密告しなかった者も、連累で三年間の実刑を課せられる。だから、出てゆく者は、つかまる危険をおかし、一切をおいて着のみ着のままで出る。まったくの落人である。家も幼年時代からの思い出も一切すてて、異境にあたらしい人生のスタートをはじめるべく故郷をはなれる。これが中年以上の人々にとってどれだけつらいことであるかは想像にあまりあるが、青年は身がかるく、失うものは鉄鎖の他にはない。どうせ東にいても何もないのだからとて、超完全雇用の西にゆく。鉄のカーテンの抜穴のベルリンめざしてゆくのだが、それにもさまざまの制限があって、平素からの信用のある者でなければ汽車の切符が買えない。疑わしい者、親類友人に脱出者のあった者は、身分証明書をとりあげられる、等々。知って密告しなかった者は同罪だから、逃げるときは一家こぞって逃げる。それも一緒では目だつから、ばらばらに出てベルリンで落ちあう……というような難民の苦労談はかぎりがない。

これに反して、西から東に行く者に対しては何の制限もない。西では、ドイツ全体がいまだに一国である、その一部がソ連に占領されているのだという建前であり、しかも憲法によって居住の自由は保証されているのだから、ドイツ国内をどこに行こうと勝手であり、西から東にゆくことは国内旅行にすぎない。

このことは、西ベルリンと東ドイツの境界に行って見ていると、よく分る。鉄のカーテンの東ドイツ側には関所があって、通りぬける者は写真つきの許可証を警官に示しているが、西ベルリン側では何のしらべもしていない。この故に、西から東に入る者の数は、西ではそれをしらべないからこれについての統計はない。

去年は東ドイツで農業の社会化が強行されたために、圧迫に堪えかねた農民が多数脱出した。そのために、東ドイツは西から入ってきた者を集めて演出をして、各国の新聞記者をよんで、「このとおり西からもぞくぞくと入ってくる」と宣伝した。これが他の国々でどのように報道されたかは知らないが、日本では「西からの逆移住ふえる」という記事となった。

■難民収容所の統計■

西の数字は嘘である、あれは一方的な宣伝だ、という根拠はなかった。東ドイツ政府の統計年鑑を信用するなら、西の発表をも信用するほかはない。

シュルツ氏は私がいいかけた言葉をひきとって、「それなら、東は人民にとって不幸な国である」と。「それはもっともです。もし西が発表するあの数字がほんとうなら、そう判断するのは当然です」といった。

女党員も声をあわせて同意した。

それが、いまわれわれの試験紙はこのような結果を示した。ここにシュルツ氏も私も同じ立場にたって、共通の判断ができることになった。さらにシュルツ氏が認めなくてはならない数字は、つぎのようなものである。

西の統計で、ある一つの角度からの詳細な緻密なものがある。それは西ドイツの難民収容所に助けを求めて出頭した者の数であり、普通に東から西への難民の数として報ぜられるのはこれである。

脱出者は着のみ着のままだから、一張羅のいい服装をしているが、そのままではルンペンになってしまう。難民収容所はこれらの人々を調査し、さしつかえない者は収容して西ドイツに送りとどけてやる。主な通路はベルリンであり、ここの収容所では、それらの人々の年齢、性別、身分、職業、前歴、動機、その他ありとあらゆる研究をしている。その出頭者の数はつぎのようである。

一九五〇年	一九万七七八八
一九五一年	一六万五六四八
一九五二年	一八万二三九三
一九五三年	三三万一三九〇
一九五四年	一八万四一九八
一九五五年	二五万二八七〇
一九五六年	二七万九一八九
一九五七年	二六万一六二二
一九五八年	二〇万四〇九二
一九五九年	一四万三九一七
一九六〇年	一九万九一八八
一九六一年（前半期六月迄）	一〇万三一五九（後記）

このように収容所に出頭した者でも、調査の結果、西に送られない者もある。しかし、助けを拒否された者が権利を主張したので裁判が行われ、その結果、犯罪人等の特別な場合でなければドイツ人

としてすべて援助をうける権利があると判決されたので、近来は出頭者のほぼ全部が西に入る。また、収容所の助けをかりないで自力で西に入る者もある。この故に、右の数字は東から西に入った者の正確にそのままの数ではないが、それでもまずこのとおりと考えてさしつかえはない。

脱出者の各年の増減の分析は興味ふかく、そのときそのときの政治事情や経済事情や国際情勢を反映しているのだが、いまはそれにまで立ち入らない。

また、脱出者の動機はもっとも大切な問題である。一昨年はインテリの逃亡が多く、昨年は農民の逃亡が多かったが、これが東ドイツ政府の政策の反映であることはあきらかである。遁れてきた人々にはいくらでも会ってその身の上話をきくことができ、またかれらが、東で生活することができず、欲しなくなった事情についての報告も読むことができるが、この動機の問題についてもいまは立ち入らない。

いまはただ数の吟味をしたのである。そして、この数がすでに十分の判断の根拠をあたえていると思う。

■「DDR」の一節■

東の立場からは難民の問題をどう説明するか——。これについてのシュルツ氏の話は満足させるものではなかったが、資料をあさってゆくうちに、東ドイツから発表された公的な説明を読むことができた。

東ドイツのドイツ統一委員会から一九五九年に、「DDR」と題する本がでている。（DDRはドイツ民主主義共和国——東ドイツのこと。）これは東ドイツの諸般の事情を三百の項目に分けて、説明をしたものである。その中の「ドイツ人民民主主義国における人民の保護」という章に、「なぜ逃亡者があるか？」という項目があって、この東からはほとんどふれられない問題をあつかっていて、まことにめずらしい。以下にその章とそれにつづく章とを訳す。

人々がＤＤＲを去ってゆく動機はさまざまである。

多くの者が政治的理由から去ったのは、主として一九四五年（終戦）から数年のあいだだった。かれらは社会事情の変化、労働者農民による国家指導、社会主義の建設などに、同意しなかったのである。

多くの逃亡者は、西の好景気やしきりに宣伝される「経済奇蹟」によって目が眩んでいる。かれらは表面のかがやかしさ、ショーウィンドを本物だと思いこみ、その背後を見ず、西ドイツの資本主義体制がこのさき好景気を維持することができないことを考えない。しかし、西ドイツの経済の後退はもはやその兆が見えている。

ある者は、自分の決心からではなく、組織的に誘惑されて逃げる。さながらフランスの外人部隊の工作員が西ドイツの若い者を犯罪的な方法によって植民地兵につれてゆくように、西ドイツのコンツェルンや軍の工作員がＤＤＲで悪事をはたらく。たとえば、東では軍器などの戦犯企業は一九四六年に合法的に人民の所有となったが、そこの熟練工が、あたらしく西ドイツに設立されたツァイスやＡＥＧやオリンピア・タイプライターのような大企業の巧言によってつられてゆく。他にも、習熟した若い技師や科学者をねらっているものがある。西ドイツ軍も青年をひっぱってゆくが、この青年たちは「志願者」として、ドイツ帝国主義者の東方征服欲のために行進させられるのである。

ボンの紳士たちにとっては、「共和国逃亡」はありがたい話である。かれらは逃げてきた者のおかげで労働賃金をおさえることができ、熟練工や技師を養成する費用を倹約することができる。これによってDDRを弱め、さらに政治的に利用する。

たとえいかなる動機によるにせよ、共和国逃亡は労農国家に対する反逆であり、DDRのはたらいている人民に対する裏切りである。人民の所有である経済から労働力を減らすばかりではない、依然として労働者を搾取して戦争を用意する者を益するのである。

熟練工や青年の誘惑は所によっては大規模に行われているが、これをDDRはただ手をこまぬいて見ていることはもちろんできない。工場で事務所で住宅地域で、新聞によりラジオにより、東ドイツ国民はこの逃亡という行為が恥辱であり危険であることを教えられる。その例証に役だつのは、一度逃亡してふたたび帰ってきた人々である。

一九五七年十二月十一日の刑法改正によって、逃亡誘惑は処罰されることになった。この法律の二十一節――

一、工作員組織・スパイ、またはこれに類する機関、または工場主の依頼をうけ、

二、兵員募集の目的のために、

他人をドイツ民主主義共和国を去るべく誘惑した者は、懲治檻をもって罰せられる。財産没収もさまたげない。

さらに、一九五七年十二月十一日の旅券法追補によって、許可なくしてＤＤＲを去った者は禁錮刑をもって罰せられる。およそ国境外に出ようとするときに許可が必要であることは、どこの国でも変りがない。これは憲法によって保障された居住の自由と抵触はしない。これに対する罰則も国際的に普通である。西ドイツの旅券法もまた、不当な出国には刑を課している。

共和国逃亡を禁ずることは、ただＤＤＲだけの問題ではなく、また西ドイツの働く人民の利益にもなることである。逃亡者は西ドイツの労働者から家や職場を奪い、賃金を低下させる。かれらはＤＤＲを攻撃し、これによって労働者の敵たるアデナウアー政権をたすけることになる。

これまでが「ＤＤＲ」からの翻訳である。これについてさらに註する必要はないと思う。ただ難民の事実が東ドイツで公的にはこのように説明されているということを紹介すれば足りる。この本の他の部分には、東ドイツを働く人民の天国として説明してある。

終りの方の旅券のところで見るように、東ドイツはことごとに自分を西ドイツと対等の独立政権として認めさせようとしている。そして、東ドイツから旅券の許可なしに西に行くことは、西ドイツから旅券の許可なしにオランダに行くことと同じだ、としている。

しかし、西ドイツからオランダに行くことは、原則としてすべての西ドイツ人にゆるされ、捕縛される危険もなく、帰ってくればまたもとの生活をつづけることができ、まったくのノーマルな外国旅行である。オランダに行く西ドイツ人は自分の政府を認めていて、それが要求する手続をすませるにすぎない。

これに反して、東ドイツから西に行くことは人民が離反した脱出であって、ノーマルな外国旅行とはちがう。両者を対等に比較することはできない。

■東独人民の意思■

東から西へと多量の人民が脱出するということは、東ドイツの政府にとってはいかにも都合がわるいことである。これへの対策としては、一日もはやくその通路たる西ベルリンをおさえたい。鉄のカーテンの穴に栓をして、流れをとめたい。

それによって東ドイツ人民の意思を独占的に支配したい。ウルプリヒトはそれをフルシチョフに要望している。最近にドイツ・ベルリン問題がふたたびはげしく再燃してきたのも、これが有力な原因である。

シュルツ氏は「西は独占的帝国主義の世界であり、東は人道的社会主義の世界である」といった。あのまじめな人は、これをほんとうに信じていたし、またこの信念のために生涯を賭してたたかった。われわれもそういうことを長年のあいだきかされてきた。しかし、そこに生活して身をもって経験している人々にとっては、その「人道的社会主義」とは残酷な支配権力なのである。

こういう異様な現象については解釈はただ一つしかない。つまり、シュルツ氏の陣営の人々にとっては、人民はすべて愚民であり、人民の意思はただ自分たちがあずかっているのであり、人民自身にはゆるされないのである。何が帝国主義であり何が人道主義であるかを判断するのは、自分たちエリートであって、人間としての自然な性情をもった人民ではない。

硬化した正義観が先験的にいだいている世界図式を理解し信頼しない者は、存在をゆるされない。おどろくべき多数の脱出者の、また脱出できない者の、呻吟の声もその耳には入らない。

こういう支配をする権力者の方が正しいのか。それとも逃げる人民の方がまちがっているのか？いまの共産圏の中では、かつての弁証法的発展による歴史の必然とか、プロレタリアの独裁による国家の死滅とかいうようなことは、いまはもはや神話になってしまっているのではないだろうか。ただそれによって人民の忠誠をためす具になっているのではないだろうか。

それに代ってうごかしているのは権力であって、それが国内にむかっては特権的階層支配、国外にむかっては局地侵略と心理的な平和攻勢による滲透となっているのではないだろうか。はじめの人道主義的動機はいつのまにか消えて、複雑な歴史の過程の中で意外な変形をとげてしまっているのではないだろうか？ かつてのスターリンの正体暴露はそれを示したが。

こういうことは、あるいはゆるすべからざる冒瀆的な言葉としてうけとられるだろうが、その憤激される人々は、右に報告したようなことを事実として認めるのだろうか？ もし認めないなら、それがどこがまちがっているか教わりたいし、もし事実として認めるなら、シュルツ氏も同意したように私の判断に同意してもらいたいものである。

いまはベルリンをめぐる東西問題についてしきりに論議されているが、それはおおむね米ソの力関係というような観点から論ぜられ、東ドイツの人民の意思はふしぎに閑却されている。つねづね人民の意思を高唱していた人々こそ、あの気の毒な東ドイツ人に同情して、かれらの反体制の努力を支援すべきである。

壁がきずかれるまで

■事実の認識と道徳的要請■

ポーランドを解放することができないように、東ドイツをも解放することはできない。自由の原理はそこまで手をのばすことができない。もししいてのばすと、大災厄がおこる。

この事実は認められなくてはならない。これを認めた上で、実際に即した方途が求められるのでなくてはならない。東ドイツ政権は人民に背かれた不正の権力であるからとて、それが事実支配していることに目を閉ざして、正義とか法とかの理想に耽っていては、それは空理空論におわり、前向きではない。

それなら前向きとはどういうことなのだろう？　ある人々はいう――

「東ドイツは西ドイツと社会体制の競争をしている。これは人民の国である。だから、いかに人民がそこから脱出しようとも、東ドイツを否定することは人民への裏切りである」。「いまはソ連が欲するままにウルプリヒト政権を認めるか、あるいは世界戦争か、この二者択一しかない。すべては平和のためである」

しかし、このような、人民のための平和とは、東ドイツの人民の意思を無視して、それの犠牲において、かれらを抑圧する権力支配を認めることである。東ドイツの人民はみなプロレタリアだが、それとの連帯を棄ててしまうことである。五十メガトン百メガトンの核爆発の脅迫に屈することである。

この故にとて事実に屈伏するのでは、われわれの良心が痛む。

いったい国の主権とは、どういうときに認められ、どういうときに認められないものなのだろうか？　力をもっていてその支配が厳存している、ということだけがめやすなのだろうか？　われわれの常識では、いかに力があっても、あきらかに国民の多数の同意をえていない主権は、それを道徳的に認めることはできないような気がする。いまの東ドイツのような政府は、政府としての資格がないように思う。

われわれはそういう説教をしきりに聞かされ、革命理論は耳を聾し、人民には抵抗権があるということをも教えられていたが、一たび「自分は人民の為にある」と自称する主権に対しては、人民は抵抗してはいけないのだろうか？　外国はそれを認めなくてはならないのだろうか？

主権はどういう場合に主権としての資格を具えるのか、その実力の性質はどういうものか、道徳的限界はどこにあるのか、われわれにも分るように学者に説明をしてもらいたいものである。

いま私が考えるところでは、われわれは国際関係を判断するにあたっては、事実の認識と道徳的要請とを（すくなからぬ遺憾をもって）分けて、二元的に考えなくてはならないようだ。ある主権が現に支配しているという事実を認めるからとて、それが行っている悪に目をふさぐべきではない。また、ある主権が行っている悪を糾弾するからとて、かならずしもその支配を否定することにはならない。われわれはこの判断の二元性を頭において、それに堪えなくてはならない。世界の動きには道徳以外のさまざまの要素がまざりこんでいるから、ただ道徳感情をもってその全体を律する規準とすることはできない。

東ドイツを擁護する人々がともするというように、「お前は東ドイツの道徳的悪をいう。それは平和を害する」というのは正しくない。悪は悪としてあるがままに認めるべく、それをしても、それはただちに否定の行動にうつるということではない。かくて、あべこべに、レオンハルトやマンが現在の東ドイツの地位を認めようとしているのも、それを道徳的に容認しているからではない。道徳的には否認している。しかもなお現実をふまえて、その上にあたらしい展開を画そうとするのである。けっして東ドイツの人民を見棄てるのではなくて、むしろどうにかして救い出そうとして、そのための迂回作戦を考えているのである。

救う意図をもたずに、いまの東ドイツをただちに国として認めることは、その人民に対してはじつに気の毒なことになる。このことは忘れるべきではない。私は東ベルリンで話した、善良なあの人この人の身の上を思いやって、心が痛む。

それにしても、その東ドイツの実情はいったいどうなのだろう?

東ドイツの国内事情については、これまで日本ではさっぱり知られなかった。しかし、ドイツでは分っている。われわれも読むことができるが、大量の逃亡者の申し立てのさまざまの記録があり、それはそういう人々に会ってみても、事実おこったことと照し合せても、疑う余地のないものである。

その種のものの中から、代表的と思われる申し立てを二、三訳して、読者に判断の資料を提供したい。

■ツェームの手記■

ギュンター・ツェームという若い哲学者の手記は、東ドイツの知識人の消息をはなはだよくつたえている。これまで日本にはまったく知られていない領域のことだから、長いけれども全訳する。（東ドイツの実情についての専門誌 *SBZ Archiv* の一九六一・三の二から。）おそらく読者はその苛烈な事情におどろかれるだろう。

——一九五六年末のハンガリア暴動が鎮圧されると、東ドイツでも、それまでのいわゆる「雪融け」のあいだにスターリニズムを批判していた者に対して、党の迫害がはじまった。

十一月三日にヴォルフガング・ハーリヒが捕縛された。（ハーリヒは東ベルリン大学のマルクス哲学の講師。十年の刑をうけたが、いまは出所している。この事件はさまざまの意味でセンセーションだった。——竹山註・以下同。）まもなく数人のライプチヒの自然科学者が逮捕され、その中にゲルハルト・ハッセもいた。保安警察はその人々や友人の家に隠しマイクをつけて、かれらの反政府態度をさぐった。かくてふたたびはじまったテロは、ほとんどあらゆる領域のインテリに及んだ。ライプチヒのキャバレ「胡椒挽き」までが、その番組に政治批判があるとて、党の手先に邪魔され、座員が拘引された。レギナルト・ルドルフも学術講演の最中に党の手先に撲《なぐ》られ、捕縛された。文学者のエーリヒ・レーストの作品は多くの版を重ねて読まれていたが、この人も、ジャーナリストのヨッヘン・ヴェンツェルも、言語学者のラルフ・シュレーダーも、ウィルフレッド・シュレーダーも、消えて行方は分らなかった。二年後の一九五八年のクリスマスの新聞に、レーストやシュレーダーやその他の者が、「煽動」と「反革命団結」の故に十一年までの重懲役を課せられたと、みじかく出ていた。ヴェンツェルは未決のあいだに死んだが、死因は不明である。学問や芸術の雪融けを歓呼して迎えなかった者はほとんどいなかったので、インテリのあいだに不安恐怖の空気がながれた。

ソ連共産党第二十回党会議の後の比較的に緩和した時期に、哲学と、各大学の哲学研究所は、思想的に特別な役目をはたしていた。哲学と党教条との論争は、一見してはいかにも専門家の純学問的な議論のようにみえた。しかし、共産党政権はその存在もいわゆる必然性もすべてイデオロギーによって裏づけられているのだから、理論闘争の領域においてはアキレスの踵があり、哲学の側からの批判が、スターリニズムに対する当時の唯一の有効な武器だった。哲学が、他のすべての精神科学を代表して、精神生活の自由への要求の声をあげていた。

この故に、スターリニズムが復活すると、ウルプリヒトは哲学をもっとも峻厳に弾圧した。ハーリヒが指導していた「ドイツ哲学雑誌」の編集部が捕縛され、東ドイツの哲学の反イデオロギー化の努力は、その中心となる出版機関を失って、致命的打撃をうけた。さらにエルンスト・ブロッホがライプチヒ大学の教授の地位を逐われて、哲学の運命はきまった。私(ギュンター・ツェーム)にとっても受難期がはじまった。私はブロッホの弟子として知られていたし、さまざまな哲学流派の考え方と縁を切らず、ブロッホから公然と遠ざかるようなことをしなかったからである。(ブロッホは最近西ドイツに逃げた。)

■いつも沈黙はできない■

その頃、私はイエナ大学の哲学の助手をしていた。私は国家試験の論文をライプチヒ大学の哲学科に提出し、一九五六年に優秀と採点されたが、これが党当局の不興を招いていた。私がただブロッホだけでなく、ハイデッガーやサルトルのような「帝国主義的」哲学者をもマルキシズムの中に密輸入しようとしている、という非難をうけた。事実私はこの論文の中で、史的唯物論を、それがスターリン的教条主義によって萎縮させられていた貧弱な図式から解放しよう、と試みた。

私が何より関心をもったのは、マルクス流の史的唯物論の立場から倫理学の理論がひきだせるか否かということであった。研究をすすめるために、マルクス社会学の人間学的核心から——つまりマルクスやエンゲルスの初期の作品にはっきりと認められる立場から、出発した。

もちろんこのためには、厖大な科学的なまた哲学的な人間学を十分に検討しなくてはならなかった。これは最近の数十年間に西欧哲学によって築きあげられていたのだが、教条主義はそれを愚かにも無視できると思い上っていた。私はブロッホ、サルトル、コルクハイマー、アドルノ、フロイト、ユング、ハイデッガー、ヤスパース、クラーゲス、ゲーレン、ロートハッカー、そのほか多くの人々の説をあつかわなくてはならなかったが、これがすでに当局からは臭いと目された。こういう研究はたいてい禁止されていた。研究図書館に置いてあるその作品は秘であり、学生には貸出し禁止になっていて、どうしても借りたいと思うなら教育局の大学宛の証明が要った。まして、レオン・ブルムやパウル・セリングやジェームス・バーナムのような学説は問題外であり、もしそういうものを研究したいなら、ひそかに西ベルリンに旅行して、境界検問や投獄の危険をおかさなくてはならなかった。

私がこのようなものに接しているというだけで、当局に睨まれた。私はこの仕事によって、いかに東ドイツでは精神に枠が嵌められているのかを知った。私はあのころにもう西に逃げるところだったが、たまたまソ連で第二十回党会議があり、教条主義がきびしく批判されたので、前途を見あやまってしまい、やがて東ドイツも民主化し人道化するだろう、自由な学問と研究の園になるだろうと考えていた。ことにブロッホのユートピア思想の影響の下にいたので、この幻影はつよかった。

そのころに、われわれのあいだでは人間的社会主義という言葉がはやった。これは本来なら無意味な重複語である。社会主義という以上は人間的にはたらくべきはずのものである。われわれはこの観念を実現せよと要求し、これがわれわれの救済的信条となったが、このことによっても、あの「社会主義」と自称する国家公認のテロが、いかに反自然非人間的なものとして感ぜられていたかが分ろう。

私はライプチヒにいた時に、「いつも沈黙はできない」と題する論文を発表して、政治的反対者を肉体的に消してしまうことに対する反感を記した。論文は没収され、私ははげしく攻撃された。

たまたまこの時に(一九五六年夏)、ポーランドでは、過去の政治の失敗についてのさかんな論議がまったく公然と行われていた。東ドイツの共産党がこのポーランドにおける事件や討議をできるだけ知らさないようにつとめたので、哲学部の中ではみな憤慨していた。

西のラジオ放送や西ドイツの学友を通じて知ることができたのだったが、ワルシャウで若い哲学者のレゼク・コラコウスキーが意見を公表した。それは、もし党がほんとうにスターリン時代の教条主義を批判しているなら、党機関に対して学問の立場からむけらるべき四つの不可欠の要求がある、というのだった。われわれはこの要求がまたわれわれの要求でもあることを、ただちに認めた。また、ポーランドではすでに許されていることが東ドイツでは許されないでいることを、知った。その四つの要求とはつぎのようなものである。

第一、学問研究は政治的理由によって制限されてはならない。したがって、党の気に入らない分析も公表を禁止されてはならない。

第二、学問研究の領域で、何らかの真理が「政治的に正しい」と告知されることがあってはならない。「このようなことが行われれば」とコラコウスキーは書いている。「精神科学は死んでしまう。そのすることはただ社会主義の外見のために花環を編むだけになってしまう。それを愚かな者たちは本気でやるが、頭のある人々はシニックにやる。学問的思考の原則が力でゆがめられると、生れるのは学問的シニズムである」

第三、精神科学にはいかなる特定の方向も指示されてはならない。

第四、こういうことを言わねばならぬのはじつに恥ずべきことだけれども、いかなる歴史的資料も国家によって改竄されてはならない。すべての学者はその見解を事実に即し根拠をもって基礎づけるべきであり、学問上の敵をきたなく誹謗したり、いわんや政治当局に密告などをしてはならぬ。

コラコウスキーのこれらの言葉ははっきりしているし、コミュニストが大学の上につくった官僚的暴力機関の核心をついたものだった。しかしそれでも、これはまだ組織や行政機構の批判にとどまっている。スターリニズムを学問的に批判しているとはいえず、まだその前段階にすぎない。結果を批判してはいるが、原因をついてはいない。

これに反して、私の人間学的探究はその内的思索によって、ウルプリヒト国家の社会構成のはるかに根本的な批判をなしていた。私はヘーゲルと若いマルクスの上に立って、人間疎外の理論を展開した。ただ疎外の実存的な面ばかりではなく、スターリニズムによって附加された面をもとりあげた。これは克服さるべきものである。すなわち、スターリニズムは現実の歴史の結果としておこったことなのである。ロシアやその後に東ヨーロッパやアジアで、生産手段の私的所有が廃止されたが、これらの国々はまだ経済的に後進的だったから、その結果として、富ではなくてあべこべに窮乏が一般化することになった。これによって広範囲の住民の絶えざる不満が生れ、かくて社会化された生産手段を手中に握った官僚層の無制限な独裁となった。

経済の絆からの人間解放の代りに、経済の下への全体的圧伏が生れ、経済を管理するマネジャーの支配が確立した。かくて、資本主義ではなくて、国家資本主義的コミュニズムが人間疎外のもっとも深刻な形態となったが、これを打破するにはただこれまでの共産主義を改革するよりほかはない。

この論文はわずかな部数が刊行されたが、非常に多くの人々がそれをほしがった。「ゾンターク」紙が書いたが、学生は行列買いをした。党が片はじから没収したので、私は大学教育局に自分所持の分を提出しなければならなかった。

■学者の迫害■

一九五七年二月に、エルンスト・ブロッホが不愉快な事情の下にライプチヒ大学の哲学史の正教授の地位から逐われた。この事件の口火をきったのは「ノイエス・ドイチランド」紙にのった一文だったが、これはもの凄いスターリニストでブロッホのむかしからの勁敵グロップが書いたものである。題は「反教条主義を標榜する観念論的迷誤」といい、内容はブロッホとその弟子を「帝国主義の手先」

「青年の誘惑者」として告発したものだった。党の中央委員会は一九五七年の末に、ブロッホ哲学のボイコットを声明し、ついで哲学研究所の党指導部は反ブロッホの決定をし、党書記は命令系統を無視して大学評議会や総長をとびこして、ブロッホに彼がその所長であった研究所への立入りを禁じた。

この屈辱をうけてブロッホは評議会や総長に抗議したが、これらの人々は同情や支援を約束はしたが、それもただ電話によるプラトニックな言葉にすぎなかった。

ナチス時代のユダヤ人学者に対するによく似たこの処置は、ウルプリヒトによって大いに嘉納された。ライプチヒの哲学者でブロッホと縁を切ることを書いて示さない者は、みな大学から逐われた。その中にはテラーもいて、彼は「思想矯正」のために工場に送られ、事故のために片腕を失った。また、有名な劇作家でその作品が西でも上演されたハンス・プファイファーもその一人だった。

まもなくイエナでも同じようなことになった。まず私ともう一人の哲学研究所の同僚が教壇に立つことを禁ぜられ、一月後に私は大学を去らなければならなかった。新聞は威嚇的な調子で書いた——私のような分子が工業や農業に潜りこんで破壊活動をつづけるのを、妨げるべきである。

ブロッホは私に愛情をもち、ある責任を感じていたが、彼がイエナに来て私の処分について訊ねると、党役員のアイアマンが面とむかっていった——「あの男にとっては、西に逃げるか首をくくるか、選択は一つしかない」。私はそのどちらもしなかった。完全にボイコットされて、やむをえずある有名な作家の「黒ん坊」になって働いた。つまり、私が原稿を書いて、彼がそれを出版所に売るのだった。この方法はナチ時代にはじまった。このおかげで、あのころはたくさんの「非アリア的」な作家やジャーナリストがしばらくは生活ができた。

私は依然としてイエナに住んで、屈しなかった。大学の友人たちはずっと訪ねてきた。これがまさに党の連中にとって「目の中の刺」だったが、それでも保安警察による逮捕という最後の方法はとらなかった。

当時のイエナ大学の総長は、後になって西に逃げたヘーメル博士だった、彼が私に同情をもっていることは知られていた。私の人間学の論文に対して反対がはげしかったとき、総長はいった――党の批評家はそんなことをいう資格はない。かれらは、人間学についても皮膚病学についても何も知っていはしない（ヘーメルは皮膚病学者である）、と。

このように党と総長の関係はすでに相当悪化していたのだったが、それでも党の側からそれをもっと嶮しくしようとはしなかった。かれらは学生が騒ぐのを警戒していた。すでに一九五七年三月には騒ぎがあった。それは反共的言辞を弄した一群の若い自然科学者を処罰せよと、党が否応なしの要求をし、それを大学の評議会が不承々々に「はなはだ不十分に」容れたので、おこったことだった。（原註――一年後になって、東ドイツ共産党はふたたび勢力を確立し、ヘーメル教授は西ドイツに逃げた。そして、これらの自然科学者たちは保安警察によって捕縛され、十四年までの重懲役の宣告をうけた。）

「ノイエス・ドイチランド」紙は長い論説を書いて、私が大学を逐われた後もまだ「思想不健全な」学生に悪影響を及ぼしている、と論じた。六月五日に、私は「手続き上のことで」イエナの党本部への出頭を求められた。

私は規則どおりに身分証明書を受付に出した。すると、受付は私が他人の身分証明書を出した、といいだした。たちどころに党役員が出てきて、私をとらえて、党本部の中で保安警察に引きわたした。

この保安警察は電話で呼ばれたのだということだった。

イエナからゲラの国家保安警察の刑務所に送られ、そこで「反逆罪嫌疑」ということで取調べがはじまった。が七月には、とりあえず「身分証明違反」で裁判が行われた。私が受付に渡したといわれる贋の証明書を、私は一度も見ることができず、その証人であるところの受付子は法廷にあらわれなかった。休暇でオストゼーに行っているということだった。この全体は笑うべき喜劇であり、これをできるだけ早く騒ぎにならぬようにすませて、私が捕縛されたのは政治的動機からではないから騒ぐなと、大学に知らせるためのものだった。判決は懲役三カ月だった。しかし、私は通常刑務所には送られず、ふたたび保安警察刑務所にもどされた。(この両者はまったく別のものであり、後にそれを記す。)ここで数カ月にわたる訊問が行われ、西のスパイ機関との連絡を白状せよと強要された。

私やまた他のすべての政治犯がおかれた状況は、不断の圧迫状態をつづけてこれによって挫折させようというのだった。獄房は頑丈な木の寝台でいっぱいで、戸口のところに二メートルほどの余地があるだけだった。ここで、数週また数カ月と厳重な独房生活をしなくてはならなかった。夜も昼も照明されていて、晩になって寝台に横になることがゆるされても、手と顔を覆うことは禁じられた。これは慣れることがむつかしかった。本も新聞も手紙も入らない。訊問のない日には、二歩すすみ二歩もどって一日を過すのだった。

訊問室の机の上には、まるで第二十回会議などはなかったかのように、例のスターリンの肖像がかかっている。訊問官は被告の供述を数時間にわたって書くが、ただそれを彼流に作りあげて書く。被告は訊問の終りに調書に署名しなくてはならないが、もし個々の点について抗議をしたりすれば、訊問がもっとつづくことは分っている。うっかりするとふたたび数時間もぎゅうぎゅうとやられる。被告は精根つきて、せめて緑のランプで照らされた静かな独房にかえりたいとて、署名する。このしば しば数年にわたるしつこい拷問に堪える英雄はいない。ようやく判決をうけて刑務所につれてゆかれると、それが成功だったような気さえする。

私がこのようにしてゲラの保安警察にとめられているときも、イエナ大学の人々は私がまさか保安警察に行っているのではあるまいと思っていた。そのあいだにも、幾人かの知人、以前のライプチヒの同僚、イエナの学者や学生がしらべられていた。この人々はたいてい一九五六年の民主化に熱心に参加していたから、おなじように捕縛される心配をしていた。すでにハーリヒの裁判のときに、数人の証人が呼びだされてそのまま捕縛され、一九五七年の夏に重懲役に処せられていた。それで、作家のゲルハルト・ツヴェレンツは、私の裁判に証人として呼ばれときには、出頭しないでしばらく潜伏して、ついに家族と共に西ベルリンに逃げた。それに反して、数人の者は心にもない告白を強いられ、その申し立てをもとにして、一九五七年の九月末に政治裁判が行われた。

■裁かれたマルクス■

数カ月かかってようやくかき集められた訴因は、つぎのようなものだった。――

第一に、私はいった――ウルプリヒトは国家権力をもって学問上の討論に介入する権利はない。第二に、私は考えていた――東ドイツにおいてもポーランド同様に、スターリン主義者は行政的地位から去らなくてはならない。第三に、かつて私はラジオでフランスの哲学者サルトルについて講演をしたが、これは「帝国主義的な実存哲学」を宣伝するという陰険なくわだてである。第四に、私はかなり長い論文の中で、イムレ・ナジとハンガリア暴動に対して同情を示した。第五に、私は日記の中にウルプリヒトに反対する意見を書いた。この日記は、私が拘引されるまでには、私のほかは誰も見た者がなかったもので、私の住居が捜索されたときに、たくさんの手紙や原稿や論文と共に没収されたものだった。

これらの訴因によって、私は拘留期間のほかに四年の刑に処せられた。裁判は誰も知らず一人も傍聴しなかった。法定弁護人はただ私の母にだけしらせることができたが、母も法廷には入れず、二日間（裁判はつづいた）裁判所の中庭で待って、私が休憩時間に獄房につれてゆかれる際に、そばを通ってゆく私を見ることができただけだった。母が私の方に歩みよろうとすると、私のまわりの警官に押しのけられた。

裁判は、政治テロ裁判の型どおりに進行した。私は告訴状をただ一度読むことをゆるされただけで、まったく無準備で法廷に出た。しかも絶えず供述を遮られた。ことに私が何か自分に有利なことを言おうとすると、邪魔された。法定弁護人の弁護も、検事の論告と大してちがわなかった。

私の最後の発言は、「検事侮辱」であるとて禁じられた。というのは、検事はその論告のクライマックスとして私の日記の一節を引用した。彼はこれによって私がいかに不逞であるかをもっともよく立証できると信じていた。それはつぎのような個所だった。

「人間疎外が打破されるためには、二つの実際的な前提がなくてはならない。換言すれば、人間疎外がもはや堪えがたいものとなり、それに対して反抗がおこるためには、二つの条件が必要である。

第一に、大衆がまったく無所有のままに、既存の富と教養の社会に対して矛盾して生れていなくてはならない。この富と教養は、生産力の向上、その高い程度の発展があって生れるものなのであるが。――第二に、この生産力の発展は、他面には次の理由によっても絶対不可欠の条件である。すなわち、豊かな生産がないところでは、ただ窮乏だけが一般化し、これによって生活の必要のための争がはじまり、旧態依然たる糞をくらえの状態が再現する」

検事はこの文章が、ことにその最後の品の悪い用語の故に、自分の目的に好都合だと考えたらしい。ただ彼は知らなかったのだが、この文章は一語々々、コンマにいたるまで、マルクスの原文の引用なので、しかもかなり有名なものである。私はこれを何かのわけで書きぬいておいたので、日記だから引用であることを示すカッコはつけておかなかった。いまや私はマルクスのおかげで牢に行かなくてはならぬ。このグロテスクな悲劇に言及しようとしたら、発言を封ぜられた。

さらにもう一つの挿話を思いだすごとに、腹が立つ。ある証人が、私が共産国の政治警察は肉体的圧迫を用いる、容疑者を拷問するといった、とのべた。これはその後つねにとくに重視された。しかも、裁判官も検事もよく承知しているのだが、フルシチョフが秘密演説の中で暴露したような事実は「肉体的圧迫」などという生易しいものではなかった。

だから、二人とも自分の言っていることに信念をもっているわけではないのに、さながら聖なるミサよろしくの荘重さをもって、私の「煽動的性格」について道徳的憤激を示した。ずっと後の一九六〇年の秋に、私はヴァルドハイムの監獄で囚人が規則ただしく血がでるまで撲られるのを見た。この時には、あの裁判官たちの偽善ぶりにのこらず思いあたった次第だった。

私はウルプリヒトの牢獄をその内から知った。政治犯人がいかに苛められるかを経験した。殺人犯人と一緒にとじこめられる。ヴァルドハイムからトルガウに移送されるときには、二人の囚人と繋がれていたが、このときのことは忘れがたい。一人は女房を斧で切りきざんだのだし、もう一人は小児を襲って殺したのだった。まだ若いSという囚人もおぼえているが、この人は自由法曹団（西ベルリンにある法律家の団体で、東ドイツの人権問題をしらべている）の調査に協力した故に、終身刑を課せられていた。彼は人殺しと同室にされ、抗議のハンストを行った。すると暗室に入れられ、水を禁じられた。朝の洗面の水を飲もうとすると、それには塩が入っていて飲めなかった。

政治犯人は、労働中も他の囚人から監視されスパイされた。ときどき政治的学習があるが、そのときにあるスパイが私が笑ったのを見たとて、罰せられたことがあった。政治犯人は幾度かいわゆる洗脳をうけた。その後で保安警察の連絡将校がきて、誰某は「みずからの非行の犯罪性を悟った」か否かをためし、屈服していれば、政治警察のためのスパイとして使えるかどうかをしらべた。こういう際に、上手にひきだされて歯に衣きせないことをいった者は、罰せられた。数学者のHは大赦されることになり、質問をうけた。彼は「修正主義的煽動」の故に刑をうけていたのだったが、つつみかくさずにのべた。

「私は左派社民党として牢に入りましたが、おかげで、右派社民党になって出ます」。Hは再びつれもどされ、大赦はとり消された。

釈放された後、私はザクセンの機械工場に入れられて働かされた。学問的活動は禁じられた。はじめのあいだは、仮身分証明書をあたえられたが、これではベルリンに行くことはできず、二週間ごとに更新してもらう義務があった。後になって、以前の身分証明書をかえしてもらった。（それを私が四年前にイエナの党本部の受付に提出しなかったといわれたものである。）これで西ベルリンに逃げることができた。（正式の身分証明書がなければ、ベルリン行きの切符が買えない。）

以上はインテリの証言であるが、つぎに農民の証言を記す。

■農民の場合■

一九六〇年は、多数の農民が逃亡した。

農地のコルホーズ化が仮借なく強行されて、自作農はその所有地をとりあげられた。その工作は凄じいもので、村は人民警察によってとりまかれ、四五十人くらいの工作員がバスで村にのりこんで、村人の家に入って、吊し上げ的な説得を行った。その言い分は「もしLPG（農業生産組合——東ドイツのコルホーズ）に加入して平和に味方しないなら、お前は戦争に味方するのだ。おそすぎないうちに決めろ。いまこそは平和のために役立つときだ」というのだった。村にはラウドスピーカーが鳴りひびき、屈服しない者の私行などを暴きたてた。たくさんの報告が「村は地獄の中のようだった」と書いている。話にきく苫小牧や三池のはげしかった時のようだったのだろう。

そういう目にあった農民の申立ての一例。これはボンの難民省からでた「中ドイツの自作農民の強制集合化」という白書の中にあるものである。この本はこの問題をさまざまの角度から詳しく検討してあり、各種の資料の中に六十一人の農民の報告をのせている。

――もと私はチルジットの園丁でしたが、逐われて（もともとオーデル・ナイセ線以東の地域に住んでいたドイツ人は戦後に土地を逐われた）一九四五年にノイ・リュテロウに来、ある自作農家に住みこんで農業労働者となりました。

一九四六年に、婿入りをして、二十四ヘクタールの農地の自作農になりました。

一九六〇年三月八日までに、ノイ・リュテロウとアルト・リュテロウの二つの村に、全部で十一人の自作農がいました。その中の誰もLPGに入る気はありませんでした。みな経済的に順調だったのです。

三月七日の晩に、郡長と県会議員が私のところにやって来ました。そしてLPGに入る気はないかと訊ねました。この事件で私の土地に足をふみ入れたのは、この二人が最初でした。三時間たっても話はつかず、私のことを「むずかし屋」だと申しました。次の日にも、また晩に勧誘がはじまりました。

私の家に八人の男があらわれました。私たちはちょうど夕食中でした。かれらは勝手に居間に坐りこみ、一人は夕食を食べている私の横に坐りました。私が食事をおえると、この男はあちらの他の連中のところへ行こうといいました。かれらの中の六人は自由ドイツ組合連盟（党と国家に従属する、労働組合に似た統一団体）の学校から来た者でした。

一人がいきなり私に「おまえは戦争に賛成か、それとも平和に賛成か」と訊ねました。私は「誰でも正気の人間は平和に賛成だ」と答えました。

するとこういいました――今はすこしちがっているよ。もしお前がLPGに入らないなら、お前はボンのアデナウアー国家と協力しているのだ。

私は答えました——わしは「ドイツ民主共和国」にいるよ。そして、作ったものを「ドイツ民主共和国」に納めてはたらいている。

連中はいいました——それだけではだめだ。ＬＰＧに入らなければ、平和に賛成しているという証明にはならない。

われわれは夜の十一時まで議論しましたが、物分れになりました。

工作員たちが非常に傲慢だったので、私は椅子をつかんで、かれらに私の土地から出て行ってくれといいました。もしすぐ出ていかなければ、腕ずくで追いだすぞ、ともいいました。すると、彼らは何も言わずに私の土地をはなれました。

翌朝に、私は木を採りに馬車で森の中に入りました。途中で一台のトラックが私を追いこして行手を塞ぎました。前夜の工作員の一人が降りてきて、いつ私が森から家に帰るかをききました。帰る時は分らないと答えると、暗くなるまでに帰っていろといいました。

十八時ちょっとすぎに、はたしてまた六人が私の家にやってきて、前の晩の芝居がもう一度はじまりましたが、やはり喧嘩分れでした。

私は工作員にはっきり言いました——お前さんたちは骨を折ることはない。ＬＰＧがどんなものかということは、わしはロシアで三年間捕虜になってちゃんと見てきた。コルホーズをやれば農業がどんなことになるものか、知っている。

翌日私はまた森に行きました。帰ると、二台のトラックが私の家の前を通って行ったことをききました。やがてその一台が後しざりをしてきて、門をふさぎ、ラウドスピーカーが大声で叫びました。「かくれるな、農夫ユトケよ。お前も社会主義からは逃れられぬぞ」

家内と舅がこれをやめさせようとすると、十人の工作員がとりまいて、おやじはどこにいるとたずねました。木を運びに森に行っていると答えると、「うそをつけ、隠れているのだろう」といいました。

トラックはまた街道に出てゆき、ラウドスピーカーでマーチを鳴らしました。

このあいだに私は聞きましたが、郡役所には治安警察と人民警察が来ていて、力ずくで反対者を押えつける用意をしていました。

私は森から出たときに、すぐに他の農家に行きました。われわれ数人の農夫は、呼ばれても郡役所には行かない、力ずくで強制はされない、と約束しました。

一日だけ静かでした。その翌晩に、われわれはまた集りました。約束の農家に行ってみると、郡長と県会議員の車がその家の入口の前に停っていました。農地のすぐそばに、さらに二台の自動車が停っていましたが、これは応援だったのでしょう。

郡長とそのお伴たちはわれわれにむかっていいました。「親愛なる農民諸君。諸君が今晩署名しなくても、明日にはすんでしまうよ」

この「すんでしまう」という言葉はソ連占領地域（東ドイツ）では特別な意味をもっているので、それがわれわれ自作農にとってどういうことになるのかは分りました。

郡長はＬＰＧをつくる計画をすでにすっかりつくり上げて持っていたのです。私がいちばん先に立たされて、圧迫によって署名しないわけにはいきませんでした。

もうすぐその場で役づけがきまりました。ＬＰＧの中で長となる者の名が呼ばれましたが、その中には私も入っていました。一切既定の事実だったので、それに対して争えば、誰でも自由を失うほかはありません。

どういう訳で私が屈服したかを簡単に申します。――工作員たちは、私が圧力によってはひるまないのを見てとりました。何といっても加入は「自発的」ということになっているのです。私はところが、役所で私を告発する企てがされている、とききました。私は二ヘクタール登記簿面では二ヘクタールの森を持っているのですが、この地面はもうすでに五十年ほども前から田畑として使っていました。このために罪におとされるかもしれませんでした。それで仕方なくＬＰＧに入ったので、入らなかったら捕縛されたでしょう。

この事情からにちがいありません、署名した後の三月二十一日に郡役所に呼ばれ、犯罪警察と国家保安警察の役人から訊問されました。それは、西ベルリンに逃げそうな農民の名をいえというのでした。二ヘクタールの森のことであやうく罪になりかけたのを知った後では、私が裏切りをするだろう――役人はそう思ったのでした。

これはかれらの思いちがいでした。ＬＰＧの長は共和国逃亡をする者を告げる義務があるといわれても、私は断わりました。

その翌日も、党役員は私にこの任務を果させようとしました。

私は自分の行動の自由をうるために、土地を去る決心をしました。

農民は看視されていますから、はじめは自転車でゆき、ラインベルグから汽車にのりました。

家内と子供はつれてきました。　　　　　　　　署名　フリッツ・ユトケ

■為政者の告白■

これまでには、逃亡者の記録の中からただ二つを紹介して、脱出の動機また東ドイツの内情がいかなるものであるかを、読者が感得される参考に供した。くりかえしていうことになるが、これらの記録は大量の脱出という疑うべからざる事実と照合しているのだから、これがいつわりであるとは思えない。こういうことがあるから、あのような事実がおこるのである。

現地に行ってすこし勉強すれば、こういうことは疑うことができない。それだのに、まことに怪訝《かいが》に堪えないが、どうして人々は、ともするとこちらの方に対しては鈍感なのだろう？　十幾年来つづいていたこの世界の大現象について、目をとじ、耳をふさぎ、口をつぐんでいたのだろう？　あたかもそれが世界には存在しないかのごとくに、意識から排除していたのだろう？　日本の思想雑誌にはこういうことはさっぱりあつかわれなかった。

しかもその人々は、人間による人間の抑圧についてはじつに敏感な人々である。人間疎外についていて憤激する人々である。人民の意思を絶対視する人々である。アメリカのネグロ人についてはあつい同情をする人々である。それがどうして東ドイツ人に対しては同情の声がおこらないのだろう？　人間疎外の恢復は、革命がおこるまでは大切だが、おこった後は忘れられてしまうものなのだろうか？

しかし、東ドイツの為政者たちは、人民が人民の国を出てゆくのは人民に対する裏切りであると叱ってはいるが、また他面には案外素直に実情を認めてもいる。東ドイツの新聞にのる権力者の演説など

には、そういう告白の断片がちょいちょい交っている。何といっても、この脱出という現象に知らぬ顔をしていることはできない。

西の新聞「ヴェルト」に、そういう東の体制側からのこの問題についての証言が集めてあった。それをいくつか紹介する。

ウルプリヒトが一九六一年三月二十日に党中央委員会で。——大切な市民がわれらのドイツ民主共和国を去ってゆくことがしきりにおこるが、それはかれらが国家機関やまたしばしば党機関から官僚的に非情にとりあつかわれるからであり、またかれらの当然な要求が無視されるからである。こういう気分にあれば、かれらはボンから操られる組織的な人間売買の餌食となる。云々。

党中央委員会から出版されている機関誌「統一」の一九六一年七月号に。——党の政策は社会主義と平和のために市民を獲得する方針であるのだが、しかも偏狭な分派的態度と現実ばなれのした教条主義のために、ドイツ民主共和国の人間が疎外されて、敵の腕の中に奔るようになる。現代の複雑な問題に対してはっきりした答をあたえずに、ただマルクシズムの教条を朗唱するから、学生や生徒が教理と現実のあいだの矛盾を感じて、マルクス・レーニン主義の観念とわれらの国民的政治のふかい真理を把握できなくなるのも、むりからぬことである。

党中央委員会の一人ノイゲバウアが、「ドイツ教師新聞」一九六一年三月三日に。——西に逃亡する教師の中に、われわれの研究所を卒業した若い教師がいるということは、問題ではないだろうか？　また、どうして十二年間も教育をうけた上級生徒が、西に行くのか？　どうしてかれらはそんなに悪く教育されたのか？　一九四五年以来あらゆる公共生活の中で、まさに学校こそもっとも根本的にファシズムや反デモクラシーの力から清められた。しかもどうしてこのような状態であるのか？　われわれはこれについて素直に論じなくてはならない。われわれは責任を持っているのだから。

マグデブルク地区党書記長ピスニクが、一九五五年一月の党大会で。——

スターフルト地区のある工場で討論会が行われ、私も臨席したが、一人の討論者がそこの経済的弱点と不況を論じ、それから政治的結論をひきだして、労働者のあいだに非常な喝采を博した。

彼はいった、「もう十年になるのに、いつまでもよくならない。もともと、第一次五カ年計画がすめばこれまでにない高い生活程度に達するという話だったではないか。ところが、一九五三年以来いよいよ悪くなるばかりである。いまはもう五カ年計画の終りであり、われわれは任務を果した、超過して果した。あなた方（同席の党委員たち）は人民の気持を知らない。政府もまた同じである。あなた方は下の方のほんとうの状態を報告されていないのだ」

さらになおこういう調子でつづけた。「資本家がいたときにはもっとうまくいっていた。計画経済はなかったけれども、仕事はもっとうまく組織されていた」

この男は孤立してはいなかった。広い賛同をえた。ことに男女の労働者が賛成した。そこにいあわせた技術方面の知識人の方がひかえ目だった。

オッシャースレーベンのポンプ工場でも大勢が西に逃げたので、私はそこに行って労働者たちと討論をした。ここでも、物資不足がやかましい問題だった。人々は公然といった――西ドイツの方が生活はずっといい。その証拠はたくさんあるとて、西に行った者からの手紙を読みあげたが、その中にはこちらにいたときとあちらに行ってからの暮しが比較して計算してあった。収入の額が少い場合でも、もっと豊かに暮せる、というのだった。

「ラウジッツ・ルンドシャウ」紙、一九五七年十一月一日。「青年が東ドイツを去るのをいかに防ぐか」と題した論説から。これは、メタークという人が、そのためには連帯責任として親を捕縛すべしと主張したのに対する、答えである。――

同志メタークの提案に対しては、まったく不同意である。もしその子の逃亡の故に親の責任を問うことにしたら、親はすぐその子について行ってしまうだろう。

さらにその場合には、小学校から大学までの教師、ピオニール組織、青年団体、そのほかの社会的組織や機関の責任を追究しなくてはなるまい。これらのものもまた青年を悪く育てたからである。

「ベルリーナー・ツァイトゥング」紙（共産党機関誌）、一九五八年六月十二日。「グローテヴォール首相臨席の、ベルリンの科学者と芸術家の討論」から。――

フンボルト大学医学部のフェリックス教授が、医者の西への逃亡について論じた。

フェリックス教授はのべた――多数の医者が逃亡するのは、かれらがさまざまの理由からわが国の現状に不満だからである。医者たちはあまりにも専門外のことで煩わされている。同意することができない思想を強制されている。キリスト教の信仰の故に生活がむつかしい。かれらの子供たちは高等学校へも大学へも入れてもらえない。かれら自身も西ドイツに行くことをゆるされない。

「このようなわけで、医者のあいだには不安と抑鬱があり、ある者は西へ逃げました」と教授は語調をつよめていった――「私は心から同意しますが、今日では医者は民族の死活の問題に対してはっきりした態度を表明しなくてはなりません。そして、その死活の問題とは、平和の確保の責任、および高い文化と道徳的情操への教育であります。とどまっている多くの医者と教授たちはわが民族を愛し、それにしたがって行動しているのであります」

八月十三日にベルリン市内に壁がきずかれるようになったわけも、右に記したことでほぼ察することができよう。

神もいる、悪魔もいる

■直線的な力■

私が見たいまの西ドイツは、何よりもまず富裕に、健全に、合理的に、強烈に、組織的に、人工の力に光りかがやいていた。

計画をたてた建設がスケールの大きな空間を構築して、鉄とコンクリートとガラスの建造物が整然とならび、すみからすみまで塵や芥はない。ルール地方の大工業都市がつづいているところなどは、まるで製図家の絵を見ているようである。田園も管理がゆきとどき、森も注意ぶかく育成されている。どこに行っても実力にみちて、人間の力は自然を征服してしまっている。

その家屋は城塞《じょうさい》のようである。自然と対抗して堅固な空間をつくっている。そして、各部屋はそれぞれ厚い壁にかこまれた独立した単位をなしている。

こういう部屋に坐っていて、よく思った。

日本家屋は、日本人の行き方をよくあらわした日本独特のものである。天変地異のはげしいところで、嵐が吹けば大気と共に揺れ、地震があれば大地と共にうごいて、立っている。夏になればすっかりあけはなって、柱だけになる。いかなる風も吹きとおす。冬はうすい障子をしめ、わずかに手足をあぶって、二三カ月の寒さがすぎるのを待つ。部屋と部屋のしきりは外すことができるし、屋内と戸外のあいだにはっきりとした区別はない。

家屋の構造とそこに住む人間の精神の構造はよく似ていると思うが、われわれの精神もまた、堅固な個我をきずいてそれを主張し守るのではなくて、つねに嵐や大地と共に揺れ、いかなる風をも吹きとおす。

ハーンは日本人の力の使い方を観察して、柔道がその典型だといったが、これは烱眼《けいがん》だった。われわれはボクシングのように力のかぎり撃ちあうのではなく、身をやわらかに心をむなしくして、相手の力にまかせ、そのうちに微妙な機会をとらえて相手を始末する。日本家屋もまた、この変化の多い風土を相手に柔道をしているのだろう。

あるとき自動車にのっていたら、同乗していたドイツ人がいった。この人は日本に来たことがある。「日本に行くと、冬には誰もみな風邪をひいている」。これはなるほどそうだと思った。われわれは冬になれば、風通しのいい家に住んで、風邪をひくくらいはあたりまえだと思って、何とか凌いでゆく。

この自動車にのっていたとき、私には気がつかなかったのだが、人々はしきりに「風が通る」といって、窓をしっかりとしめた。それから「ベンジンの匂いがする」とやかましくいって、それについてさかんな議論がはじまった。

私はすこしくらい風が通ろうとベンジンの匂いがしようと、こんなものだと思って、自分の方をそれに順応して調節していたのだが、ドイツ人たちはちょっとでも気に入らないことがあれば、それを自分の気のすむまで直さなければ気がすまない。「どうしてこのくらいのことを我慢しないのだろう」とふしぎに思うこともあり、またそのまめなのに感心することも多かった。あるがままに甘んずるということは、ないようだ。われわれのことを宿命主義者だといわれても、なるほどこういう点ではそういえるのかもしれない。

（しかし、日本人の自然観や外界に対する態度は、現在非常な変化をしつつあるように思われる。以前は「江の島の桟橋」とて、毎年秋のはじめには流失するのがあたりまえで、そのあとにはまた翌年までの仮橋をかけていたのだったが、コンクリートになってから耐久的になった。機械技術が耐久性に対する感覚を教え、外界の計画的構成という気持がにわかに生れてきた。）

ドイツ人は骨が太く、エネルギーにあふれ、踵を床に一杯つけてふみならして歩く。そっと歩く人はいないようだ。夜には、石の中庭を歩く靴音がさながら金槌で打つ音のようにひびく。几帳面で実直で、これ以上に信頼できる人はないと思わせる人もあり、あらあらしい圧迫感をあたえる人もある。どうもいささか肩がこる。そのぎごちないうごき方をもっとも端的に示すものは、兵隊の礼式行進のあの膝をまげない歩調だろう。

おどおどとおびえる自信のなさ――こういうわれわれに豊富なものにはほとんど接することがない。繊細なニュアンスは乏しい。むしろ、あふれる能力を旺盛に有能に、露骨に直線的に発揮して、あますところがない。

「柳に雪折れなし」「負けるが勝」「いそがばまわれ」といったふうの、柔軟性ということはないようだ。「良賈《りょうこ》は深く蔵して空しきが如し」とはいかず、日本風の奥床しさということは、かえってある陰険不正直な印象をよぶ場合もあるらしい。

「天下の柔弱なるは、水にすぐるなし。しこうして、堅強なる者を攻むるに、よくこれに勝るものなし。これを破るものなきをもってなり。弱の強に勝ち、柔の剛に勝つ、天下これを知らざるなきも、よく行うなし」――あの石と鉄づくりの大都会の中で、体格のいい人たちがひたと目を据えて話しているところでは、こういう古い中国の智慧などは考えることもできない。といって、ドイツ人はふしぎに老子が好きであり、ヒットラーに反抗した白バラのショル兄妹のビラにも老子が引用してあるのだが。「道はつねに無為にして、しこうして為さざることなし。もし侯王よく（無為を）守らば、万物まさにおのずから化せんとす」

「人間万事塞翁が馬」といったような、経験主義から生れた諦観のようなものはなく、すべて人間が主体になって、外界を組織化することによって自分の支配下におき、闘って実現するという心がまえである。じつに闘士である！

■規律と統制■

個我のつよいドイツ人の社会生活は、個我がつよいからこそ、公共の面ではじつによく規制されている。当然の権利を主張することは正しいことなのであり、むしろ主張しない方がまちがっているのだから、自分の権利を侵害された者はつよく抗議するし、相互に権利を尊重してそこに法的秩序が保たれる。行列の順序などはよく守り、それを乱す者があると、並んでいるすべての人が抗議をする。公共性を大切にし、交通信号が青くならないうちは、たとえ通る車がなくても、往来を横切らない。そういう点では、ヨーロッパでも他の国はドイツほどではない。

この公共性ということが、日本から行っていちばんめずらしいものかもしれない。日本では、大多数の人々はひかえ目なのだが、少数の無作法者がいて勝手なことをし、それを遮るものはなく、これが全体の秩序を混乱させてしまう。

官憲の権威がつよいのは、それがこの公共の秩序を代表し、それを維持するための機関だからである。以前は「……法第何条により禁止する。犯す者は罰金幾マルク」という礼がいたるところにあった。ドイツ人が権力に対して屈従的であるとは、よくいわれることだが、それはこういう意味での公共性への服従が、ただの卑屈な追従と混同されている場合が多いように思う。

私はかねてドイツで行われる密告ということについて話をきいても、どうもよく分らなかった。日本で密告というと、個人的動機からする加害で下等なものだが、しかしドイツのはそれとはすこしちがうようだ。むしろ、公共の秩序を乱す者を官憲にしらせて、公共の秩序維持にすすんで協力することであるらしい。

秩序のたった市民生活の公共性も、所詮は力と力の調節のために成りたったものであろうが、政治的に角逐する力が苛烈であることは、この百年の歴史を見れば疑えない。そして、十幾年前まではナチスだったし、今は東からたえず脅かされている。そのはげしいことは、われわれには想像がむつかしい。

（一口にドイツといってもじつは複雑であって、ビスマルクがつくったドイツは本来のドイツのごく一部にすぎない。本来のドイツはそういうものではないという抗議もあり、それもたしかにそうなのだろうけれども、われわれの常識の中に思いうかぶドイツはビスマルク以後のものなのである。）

相手が自分より力があれば、それには当然服するのだから、あべこべに相手が自分より力がなければ、相手が自分に服すべきである。ここには、自己主張と屈服とが共存しているように思われるが、力の世界ではそれが論理的なはずである。

ナチス時代はじつに苛烈をきわめたものだった。従わなければ生存を奪われた。日本の「御協力ねがいます」などとは同日の談ではなかった。

そのナチスに対しても犬死をおそれずに反抗した人が、すくなくなかった。全国の拘禁所はそういう人でみちていた。

しかし、すべての人が英雄ではありえない。普通の人々が、あれに対して反抗しなかったからとて、それを責めるわけにはいかない。市民的勇気は世界中どこの国でも乏しく、全国民から市民的勇気を期待するのは素朴である。ああいう体制の下では、いかなる国民でも、後から――そしてもっと楽な条件の中から見れば、醜体を演ずるにきまっている。

いったんああいう体制が成立した後では、それに対しては軍以外の個人が反抗しても、ただの犬死である。組織をつくることはできない。ああいう体制が成立する前には、歴史の未来を見通すことは、よほどの識見の人でなくてはできないし、政治的に訓練された少数の団結が、デモクラシーの中で暴れれば、それが勝つのはほとんど自然の法則のようなものかもしれない。ナチスの力に対する大部分のドイツ人の反応は、あれが人間的だったのだろう。

■ペツオルト先生の思い出■

私はあの時期に、在日ドイツ人たちがいかに混迷し、右往左往したかを見た。私が知っていたのは、おおむね旧制高校の教師たちだったが、はじめは不平をいっていた人たちもある時期からはぴたりと黙って、反抗どころではなかった。

外国人のあまり名誉でないことをいうのが本旨ではないから、その具体的なことについては記さないし、いままでに記したこともないけれども、ずいぶんオポチュニストもいた。大学に勤めているリベラリストから、幾度かのナチ理論の講演もきかされた、ある人はじつに親切で博学な常識のある人だったけれども、しだいにユダヤ人の悪口をいいはじめた。そして、「ドイツ人は答える」という日本人の学生むきの教科書をつくり、ナチ理論を問答体で書いて、それを教場でつかった。この人が戦後まもなく、「自分は反ナチとして有名だった」というのを聞いて、おやおやと思った。あるとき私がこの人に「それではユダヤ人をどうしようというのか」と尋ねたら、「ausserben lassen——死に絶えさせるのさ」と答えたが、いまから考えると、その時期はまだガス室がはじまる前だった。

ニッポン・タイムズに投書が出たことがあった。それは、ドイツと提携した日本を見限ってアメリカに去った、ドイツ人が書いたものだった。それには、「いまドイツが勝利の栄光の絶頂にあるこのときに、自分は予言する。ナチスはかならず滅亡するであろう」というのだった。このようにして、四人いた反ナチのドイツ人はつぎつぎに日本を去った。

ただ一人最後まで日本にとどまって、露骨なナチ批判を遠慮なく公言して、まったく孤独で屈しなかったのは、ペツォルト先生だった。この人はいかなる妥協をもしなかった。「本国にいれば命はないのだが、外国にいるからまだしも楽だ」といっていたが、私はそばにいて先生の苦悩をつぶさに見た。

われわれは文部省に行き、「ペツォルト先生はもう二十幾年も日本の学生を教育し、仏教の研究家としても業績をあげているのだから、勲章をあたえてもらいたい」とたのんだ。あのころのことだから、日本の天皇が功を嘉《よみ》した者には、ドイツ大使館も手を出すまい、という考えだったのである。この運動は効を奏して、先生は勲四等の勲章をあたえられた。

ところが後になって知ったが、すでにこれより前の前校長のときに、ドイツ大使館から「ペツォルトをやめさせろ」と学校に申し入れてきていたのだった。しかし、前校長は「外国大使館から人事の指図はうけない」と、これを拒否していたのだった。あの時期にはめずらしいことだった。

ペツォルト先生は、終戦後まもなく軽井沢で亡くなった。その仏教研究の厖大な原稿は令息が管理していられるのだが、ついにいまだ印刷されないままである。

■ドイツ的人間■

どこでも左翼インテリは、自国の政府がファッショであるのを証明するのに汲々としているし、また自国民は生れながらに欠陥をもっていて、必然的に罪と悪への道をゆくかのようにいいがちである。いまの西ドイツにも、少数ではあるがそういう人がいる。ドイツ国民はかならず暴力によって支配される、というのである。

そういう人の中での代表者は、おそらくクービであろう。この人の『これがドイツ人の祖国だ』という本には、それがはげしい調子で説いてある。その中の「ドイツ的人間」という章には、冒頭に、『『ドイツ的人間』はドイツ国民と同じではない。しかし、彼は百年以来つねにドイツ国民を抑えてきた」

とあり、ドイツ人の中での権力主義者たちが従順な国民を圧伏して、戦いのための戦いにひき入れる、といっている。

しかも、それが現在ふたたびはじまりかけているのであり、いまは「自由」を旗印にしているのだそうである。

「ドイツ的人間はふたたび歩みをはじめた。一休みして、前よりも強くなっているが、ほかにはすこしも変っていない。彼は一九一四年から一九一八年までと、一九三九年から一九四五年までと、ちょうど同じように、彼を誘惑する戦争をまたはじめるだろう。それも勝利のためではなくて、戦争のためである。戦争のためには自由を棄てることも、じつに戦争の準備のためには理性への自由を犠牲にすることも、意としない。戦争とその準備は、彼に理性よりも貴重な感覚をあたえる。つまり、彼はふたたび自分をえらいと感じることができる」
こういう調子で、クービは自国の宿命的性格を非難して、あきることがない。よくよく自分の国がきらいらしい。――敗戦によって一時はおさまっていたこの悪癖が、ふたたび芽をふいてきた。経済奇蹟がおこり、世界から賤民といやしめられていた者が、一夜にして世界の福祉者となった！

クービは第一次大戦のさ中に書かれた、トマス・マンの『非政治的人間の感想』の一節をながながとひいて、これがドイツ人の本音であるとしている。第一次大戦では、多くのインテリが戦争を肯定し支持した。以下はそのトマス・マンである。

「……ドイツ国民は神の召すままに世界的国民とならんと欲した。そして、もし必要なら（もちろん必要である）力による打開によって。……ドイツ民族は英雄的な気持に徹しているから、罪をあえて自分にひきうけ、道徳的踽踖《きょくせき》には甘んじない。無慈悲な彼の生命の敵が、彼に加えた害に泣寝入りはしない。自分の革命的手段の必要を疑わず、その適用を是認し、ただ是認する以上である。……この戦争の結末がどうなろうとも、〈罪〉のドイツの部分には責任をもつ。すべての一人々々のドイツ人がその心がまえである。一握りほどの平和主義者や文学の聖者はべつとして……」

トマス・マンもずいぶんはげしいことを書いたものである。しかし、第一次大戦と第二次大戦とでは、戦争についての観念も事情も原因もまるでちがうのだから、これでもって、第二次大戦にはまったく別な態度をとってそれを貫いたトマス・マンの本性とすることはできない。またドイツ国民はつねにこれだとすることも間違いだと思う。

第一次大戦後はまだ古いドイツ気質が強力にのこっていた。（もし日本が今度の戦争でガダルカナルくらいなときに急に降伏したとしたら、一般の人々の判断は、第一次大戦後のドイツ人のようだったろうと思われる。戦争には負けていなかった、何者かが裏切ったのだ――と。）あのころに書かれたハインリヒ・マンの『臣下』という長篇小説は、進歩主義の作品の代表的なもので、これには平凡なドイツ人の心の底にひそんでいる力の崇拝と屈従が、戯画的にえがいてある。また、ゲオルグ・グロスの「社会の柱」という大きな絵は、彼の代表作の一つで、一九二六年という両次大戦間のもっとも平穏なときに製作されたものだが、これには将軍や大工業家や僧侶やジャーナリストや学生などの保守的分子が、いかにも憎さげに迫力をもって描かれている。このような気配が後のナチスの成立を助けたにちがいないが、クービはまだあのころの進歩主義者の目で現在を見ているように思われる。

現在はあのころとはずいぶんいろいろ変った。いまそのただ一つの例をあげれば、かつてはあれほどドイツ人をわきたたせたユダヤ人問題も、すっかり別になった。

ユダヤ人に対しては、はれものにさわるがごとくで、できるだけの方法で償い宥めようとしている。ユダヤ教のあたらしい教会がひらかれたときには、アデナウアー御老体がユダヤの服飾をつけて出席したそうである。

チンド事件ということがあった。オッフェンブルクという田舎町の中学校の先生のチンドという人が、酒場で飲みながら反ユダヤの言辞を弄した。これが問題となり、この人は一年後の一九五八年春に一年間刑務所に入れられ、職を失った。いまのドイツでは、民族偏見の行為ばかりではなく、ただ言葉だけでも法によって罰せられる。こういう点ではおそらく唯一の国であろう。しかも、この大してとるにたらない田舎のおろかしい人物の事件に対して、全国的な憤慨がまきおこった。

これがドイツ人の疚《やま》しい良心をつついたので、ちょっとヒステリックな騒ぎとなり、大新聞が事件をこまかく報道し、非難の社説をかかげた。そして、東ベルリンに入ると、私が行ったときは事件からもう三年もたっていたのに、ところどころの西ドイツ攻撃のビラにこの名がでていた。東にとっては、西の反ユダヤ事件は絶好の攻撃の種となる。

ナチス治下の十二年間にドイツ人は「理念」に酔い、妄想に憑かれ、あらぬ振舞いをしたが、そのあとの酔醒めの気持はこの上なく悪かった。ある一つの観点から世界を見れば、どのような「世界観」でも組み立てられるが、これを激情をもって力によって実現しようとすれば、そこに生れるものはかならず不祥である。ドイツ人はこれをさとって、いまは未知の未来を一歩々々確実に踏みしめてさぐってゆこうとしている。あらゆる「理念」に嘔吐を催し、もはやいかなる感情的煽動をもうけつけず、ただ自分の五官のみを信ずるプラグマティックな人間になったように思われる。あつものにこりて、もはや公共のことについては関心を示さないと、しばしば歎いて書いてある。

ナチスの後継者や残党がどれほどいるか、また前ナチ党員でいま公共の職についている者がどのくらいのパーセンテージであるか、というようなことは、いろいろに調査されている。これから後も、もし国際関係に変化があって国民感情が異常に昂まるときでもあればかくべつ、いま考えられるかぎりにおいては至極堅実でノーマルで、百年来のチュートン式ポツダム風の、またナチス的の病がおころうとは思われない。クービがおそれるような「またドイツの地金が出た」ということは、私には感じられなかった。そして、一つの国には先天的な宿命的な国民的性格があって、それがつねに同じことをくりかえすということはなく、その意欲は歴史の段階によってちがうものだと思う。

■解けない謎■

ドイツという国は地理的条件がいかにも悪く、しかも後進国が急な膨脹をしたから、ずいぶんな無理があった。ここの人々は、つねに苛烈な力と力の緊張の中に揉まれている。

ただ私にとっていつまでも不思議でならないのは、いかに不断の無理を重ねた歴史を負っているとはいえ、どうしてあのようなことがおこりえたのだろうか、ということである。あのようなことというのは、戦争の相手でもない他民族の絶滅をはかったことである。

戦争中にゲリラをする敵兵が平服を着ていてまぎらわしいから、一村を全滅させるとか、志気荒廃した兵たちが敵にサディスチックな暴行をはたらくとかいうことは、それがけっして是認されるはずはないけれども、とにかく理解はできることだし、これまでにそういう例はたくさんあった。ところが、ユダヤ人殲滅はそういうものとはちがうし、ヨーロッパではどの国にも反ユダヤ思想があり、何か悪い事がおこると、人々は「これもユダヤ人のせいだ」と考える傾向がある。

ナチスについては、すでにかなり沢山の本が出た。ドイツ語のものは、ただ事実を記載したものが多い。英語のものは、ともするとある反独感情を蔵しているものが多く、「いかにして起りえたか」という説明は、かなり安易に、「ドイツ人は力の崇拝者だから」とか、「殺せといわれれば殺す。働けといわれれば働くから」とか、「一人々々は善良だが全体としては邪悪である」とか、で片づけている。シャイラーなどにはそういう傾向がかなりつよい。

たとえドイツの歴史がいかに権力崇拝を涵養したことを説明したとて、それだけではまだ敵でもない者をある原理から亡ぼそうとしたということの分析にはならないだろう。

　私はこれでは物足りず、もっと心理的動機の分析や精神史的背景からの説明をききたいのだけれども、そういうものはまだないようである。ドイツ人自身がこの問題にふれたがらないのはよく分るし、きわめて難しい問題ではあるのだけれども、まだ本格の反省ははじまっていないように思われる。ヤスパースのものはそういう立場からの分析ではないし、マイネッケのものもまだ何だか隔靴掻痒《かくかそうよう》な気がした。ナチスがドイツの歴史の必然的産物であるか否かを、ホーファーが論じたものが「ナチ・ドキュメント」の付録についていた。しかし要するに、私はまだ十分に納得できるものに行きあたらない。

　ガルジニの『責任』という本は、ミュンヘン大学での講演である。みじかいものだけれども、これは正面から大量殺戮事件を論じていて、この問題についてのほとんど唯一の反省ではないかと思われた。これには、あのようなことがおこったのも近代文明の暗い面のあらわれであり、いまは人間が人間を人格としてあつかわずに、物としてみるようになったからだ、というふうに説明してある。

　ガルジニはつねに現代の機械化と大衆化の害を説き、その説には聞くべきものが多いが、ただ今の場合はどうであろうか？　ガルジニが讃美する中世には、機械化も大衆化もなかった。人間は人間を人格としてあつかい、物としては見なかった。しかも、ユダヤ人迫害はたえず行われ、腥惨たる絶滅事件はつづいた。これによってみると、近代化はユダヤ人迫害には責任がないのだろう。近代的要素は、ただガス室といったような方法だけである。むしろ、近代になるにしたがって、ユダヤ人への寛容の風潮がおこっていた。

　もしナチスがユダヤ人を物として見ていたのなら、何もそれを亡ぼす必要はなかっただろう。むしろ憎悪の激情をもって見ていたからこそ、亡ぼすという気になったのにちがいない。命令をうけて殺人工場で働いていたような人たちならば、ユダヤ人を物として見て、感情をうごかさずに任務を遂行したのだろうし、これについては、近代の機械化と集団化が人間的感覚を麻痺させ、人と人とのつながりを亡ぼしたからだ、というふうにいえるだろう。しかし、肝腎の命令した人々にとっては、相手は物どころか、生きてはたらいて積極的に害をなすものだったにちがいない。ヒットラーやヒムラーの演説を読むと、かれらはユダヤ人を物として見るどころか、むしろはげしい呪詛に燃え上っている。

ユダヤ人は無性格な物ではなくて、あべこべに強烈な性格をおびていた。ナチスにとっては世界は白と黒とにはっきり分れ、ユダヤ人はゆるすべからざる闇黒の力だった。

これを亡ぼせば、正しい世界が実現するはずだった。つまり、ユダヤ人は人間ではなくて、悪の符号をつけた或者だった。ナチスは、かれらが考えたこの悪の原理であるものを一掃しようとしたのである。かれらはそれを亡ぼすべき使命感をいだき、これにほとんど道徳的義務を遂行する誇りをもち、勇気をふるいおこし自分の弱さを克服してこの事業をはたした。そういう事実については、前に報告したことがある（「妄想とその犠牲」）。

この場合に妨げとなったのは、ユダヤ人もまた人間の姿をしているということだった。普通の市民生活の中で接触するユダヤ人は、べつに非人間ではなかった。しかし、かれらの超経験的な独断的な世界観の中では、ユダヤ人は人間の皮を着た悪魔の手先だった。これを亡ぼすことは、白をしてますます白からしめることであり、ヒューマニズムに反することではなく、むしろかえってかれらの考えたヒューマニズムに仕えることだった。（ある歴史的事件が起った所以を説明するためには、つねにそれを起した積極的な原因を示さなくてはならない。何々がなかったから、何々が不足だったから、というのでは説明にならない。故に「現代のヨーロッパでキリスト教が衰えたから、背教徒が殖えたから、それであのようなことが起った」ということは、説明とはいえないと思う。)

ある一つの規準を絶対として、それによって世界を白と黒とに分け、力をもって黒を克服しようとすれば、こういうことになるのは自然の帰結である。コミュニストが、もともとは人道主義的動機から出発しながら、悪であるところのブルジョアに対してはいかなる人間的感情もうごかさず、ひたすら憎悪し苛酷であるのも、やはりこれとおなじわけだろうと思う。

■異端折伏の精神■

ここには、ヨーロッパの精神史から生れたものが、まったく無意識の基盤となっていたのではないだろうか。思考のある習癖をつくっていたのではないだろうか? こういう際に、私はそのヨーロッパ精神について価値判断をしているのではない。それは疑いもなくかがやかしい立派なものだけれども、頽落した面も濫用されたこともありうるだろう。つねに完全不可謬のものではなかったろう。どうも私には、これは政治学や社会学の問題であるよりも先に、むしろ神学の問題であったような気がしてならないのである。

「……さるほどにわれはとある夕母上《ゆふべ》とフラア・マルチノとの話を聞きしが、これを聞きてよりわがかの若き画工(デンマルク人)の上をおもふ心あやしく動かされぬ。かの異国人は地獄に墜ちて永く浮ぶ瀬あらざるべきかと母上問ひ給ひぬ。そはひとりかの男の上のみにはあらじ。異国人のうちにはかの男の如く悪しき事をば一たびもせざるもの多し。かの輩《ともがら》は貧しき人に逢《あ》ふときには物取らせて吝《をし》むことなし。かの輩は債あるときは期を愆《あや》またず額をたがへずして払ふなり。然のみならず。かの輩は吾邦人のうちなる多人数の作る如き罪をば作らざるやうにおもはる。母上の問はおほよそ此の如くなりき。

フラア・マルチノの答へけるやう。さなり。まことにいはるる如き事あり。かの輩のうちには善き人少なからず。されどおん身は何故に然るかを知り給ふか。見給へ。此世をめぐりありく悪魔は、邪宗の人の所詮おのが手に落つべきを知りたるゆゑ、強ひてこれを誘はんとすること無し。このゆゑに彼輩は何の苦も無く善行をなし、罪悪をのがる。善き加特力《カトリック》教徒はこれと殊《こと》にて神の愛子《まなご》なり。これを陥れんには悪魔はさまざまの手立を用ゐざること能はず。悪魔はわれ等を誘《いざな》ふなり。われ等は弱きものなればその手の中に落つること多し。されど邪宗の人は肉体にも悪魔にも誘はるること無しと答へき。

母上はこれを聞きて復言《また》ふべきこともあらねば、便《たより》なき少年の上をおもひて大息つき給ひぬ。かたへ聞きせしわれは泣きだしつ。こはかの人の永の地獄にありて燄《ほのほ》に苦められんつらさをおもひければなり。」

（「即興詩人」）

アンデルセンはプロテスタントだったのだろうから、それでローマ市民をこのように描写したのかもしれない。ヨーロッパの歴史の事実として、ひさしいあいだ異端は悪魔の一味視されていたことは疑えない。『神曲』の中でも、ソクラテスやプラトンやアリストテレス、そのほかのキリスト教以前の哲人たちは地獄に入れられている。

むかしの日本のキリシタンについてもそうである。サヴィエルから「お前たちの先祖は神を知らなかった故に、永遠に地獄の業火《ごうか》に焼かれる」ときかされ、あたらしく信者になった日本人たちは泣いた。「聖師（サヴィエル）答へて曰く、真に然り。然りと雖も、其祖先等の此罰に処せられしは、全く其過失の致す所なり。如何となれば真神の法は天然の法なり、故に道理に因て求むれば自ら明かにして、之に因て行くときは其者等必ず精神安堵の途を得しなればなりと。憐むべきは此新耶蘇教徒等此言を聞き嗚咽号泣せしが、聖師も為めに心神を悩ませり。是正しく聖師の書翰に載する所にして、トレー師も恐らくはこれと同一の答を為せしなるべし。」（『日本西教史』）

つまり、むかしの日本人がキリスト教の神を知らなかったのは、その思考怠慢のせいであって、かれらはこのために永劫に地獄で罰せられる、というのである。

これは歴史の中でおこったことであり、その当時に伝道者がこのように唱えたとしてもふしぎではない。歴史の中のことを現在の価値基準ではかることはできない。「それなら、お前はサヴィエルもヒットラーもスターリンも同列に考えるのか」という非難をうけたけれども、私とてそんなばか気たことを考えているわけではない。

十字軍には異端折伏《しゃくぶく》が動力だったといえるのだろうし、聖バルトロメオの夜をはじめ、邪宗に対する血なまぐさいことは多かった。今でもヨーロッパに住んでいると、カトリック教徒とプロテスタント教徒がたがいに他を非難するのを聞かされて、われわれは当惑することがある。

私はスイスのツーグ湖のほとりのじつに平和な村に、しばらく暮したことがある。そこはカトリック地域だったが、村の中にプロテスタント教会があった。そのそばを村の子供と歩いていたら、その子が指さしながら、

「あれは悪魔の家だよ」といった。

これをきいたとき、私はじつに深刻なものだと思った。

もっと社会の上層では、両派の宥和がはかられ、西ドイツのCDU政党では両派が協力しているということである。宥和がはかられているということは、つまり緊張が現存しているということである。また、東ドイツで活躍しているプロテスタントのデベリウス監督が、ローマに行って法皇に面会した。これは何百年目かの記念すべき出来事である、と報ぜられていた。近代の寛容精神はますます育てられ、半面には宗教的無関心もひろまり、しまいにはこういう対立もなくなるだろう。ただ過去の歴史の中ではこういうところははげしかったし、それが一般人の心の底に、ある沈澱を残していると考えても、それは事実を歪めることにはなるまいと思う。

天国へ通ずる道はただ一つである。他の道はことごとく悪魔への道であるから、折伏さるべきである——こういう気質が一つの背景となって、現代の代用宗教のイデオロギーを生みだしたのではなかろうか？　ダハウを見たときには、これは相手をもはや人間としてではなく、物としてでもなく、むしろ悪魔の手先として見て、それを罰して亡ぼそうとする意図から作られたとしか思えなかった。そして、こういう異端殲滅がコミュニズムの政治形態として中国にも及んで、一千五百万とまで伝えられる犠牲を生むこととなった。（他の心的類型をもった民族にもイデオロギーが及ぶことを前提とするのでなければ

ば、伝道ということも無意味となる。)

われわれは結局はすべての存在は一つだと感じているから、対立ということはあまりなく、ときにはずいぶんだらしなくもある。しかし、創造者と被創造者、天国と地獄、天使と悪魔というように、すべてがはっきりと二元に分れているところでは、一つの絶対を仆すためには他の絶対をもってせねばならぬということになるのではあるまいか。

右に記したのは、ヨーロッパの力と力の緊張の世界に接して瞠目した、私のひそやかな私感である。私は、われわれの祖先からの気持にはキリスト教で育てられた人々とはちがうところがある(あたりまえの話だが)と思い、またキリスト教にはまだ私には分らないものがあるから、それを記した。これによってキリスト教を貶そうという気持などはすこしもないし、この範囲のことを書いても、それが侮辱であるということはないだろう。そして、そのいまはただ潜在的な気質となった異端折伏的精神が、ほかのもろもろの大きな原因(たとえば科学による一元論的説明)と共に、現代のうごきの一つの因をなしているのではないか、という感想を書いた。こういう大問題を軽々にあつかうべきではなく、根本的な研究が必要なことはわきまえているが、まだそれをしたものがないから、一つの仮説をたててみたのである。

キリスト教という大宗教は人間の心に高い倫理を植えつけたから、右のような頽落現象に対する抵抗ももちろんあった。ヒットラーに反抗して処刑された人々の最後の手記などを読むと、襟を正さしめるようなものがたくさんある。「あと一時間後には、自分は神の前に立つ……」とて、神の正義に殉ずる戦士の俤を見せている。

しかし、私がいま知りたいと思っているのは、どうしてあのようなことが起りえたか、ということである。たくさんの人々の尊敬すべき自己犠牲にもかかわらず、どうしてキリスト教世界にあのような悪魔的なことが発生しえたか、ということである。そして私には、右に記したように考えるよりほかには説明がつかなかったのである。

あとがき

一九六〇年に、半年あまりヨーロッパに滞在し、ドイツ国内を思い出の多い楽しい旅をした。しかし、この豊かな堅実な国にもむつかしい問題があり、それがきびしく膚に感じられた。なかんずく大きな問題は、東からのコミュニズムの圧迫と、ナチスの罪をいかに始末するかということだった。いまのドイツ人はこの二つの難問題に直面している。そして、私もこの二つの大事件には関心をもたないわけにはいかなかった。

コミュニズムとナチズムが同じものだとは、私もとうてい考えはしない。しかし、敵同士はしばしば似ているのであり、そこにはふしぎな共通点もあることを感ぜずにはいられない。――原理のための征服、残酷を残酷と感じない使命感。われわれの国の歴史にもたくさんの波瀾があったけれども、それは生存や権力のための争いであり、唯一の原理を力をもって強要するということはなかった。

「西洋の中世では、異教徒は悪魔の手先であり、人間ではなかった。それを亡ぼすことは正しいことだった。それはヒューマニズムに反することではなく、むしろ神の国を実現することだった」――私はこれを歴史的な事実だと思い、これが現代のうごきにも、ある形をあたえているのではなかろうかという気がする。

私はこのことを、十年くらい前から断片的に書いたり言ったりした。ドイツ国内をめぐっているあいだにも、つねにこれが頭にあった。それで、この観点から現代の問題を感じたことを記したので、ドイツやドイツ人の全体についての感想ではない。ドイツのことでまったくふれていないことも、もちろんたくさんある。

三年前に、チェスニ『不信仰の未来』という本が出て、ドイツのインテリのあいだでセンセーションだった。この本の中に、右のような考え方を裏づけた部分があるのを読み、やはりこういう考え方もあるのかと知ったが、私はチェスニの追従をしたのではない。

私は、どうしてキリスト教国にあのような想像に絶することが起ったのか、ふしぎでならないので、貧弱な知識をもとにして考えてみたのだが、これによって、キリスト教に対して不寛容であるという叱責を甘受しようとは思わない。ふしぎだと思う疑問を記し、自分にはこう思われるという批判を書いても、それだけでは不寛容ではない。不寛容は圧迫を伴ったときに成立する。私は何人をも圧迫せず、できもしない。

ドイツにいたときに、「ボンではカトリックでなければいい地位につけないから、プロテスタントはベルリンに行って就職する」ということをきき、ふしぎなこともあるものだと思ったが、ドイツではまだそういうことが行われているのであろうか。

Ⅳ　ソビエト見聞

ソビエト見聞

モスコーの地図

飛行場から深夜の道を自動車で走った。モスコーの市内まで一時間ほどかかった。暗い中をすかして見ると、一面の平らな曠野である。ときどき林がある。北国には大木は育たないのか、夜霧を照らすライトの中に、細い真直な幹がかたまって立っている。白樺や松らしい。行手の空が下からの光を反射して、半円形に青白くすきとおっている。ロシア文字で白く「モスクヴァ」と大書してある鉄橋を過ぎたが、野原はまだつづいていた。

「そうです、モスクヴァです」と運転手が答えた。

残念ながらロシア語を知らないので、もっといろいろと質問したいのだがそれもできない。運転手の席でラジオが鳴っている。音楽は通俗的だったけれども、やはりロシアの曲調だった。日本のスポーツ放送にそっくりの放送をしていて、アナウンサーがせかせかと叫ぶと群集が歓声をあげていた。

もうモスコーのま近に来ているのだが、真暗だから何も分らない。ロシアはどんなふうだろう。小説などで空想していたようだろうか。ウィーニアウスキーの「モスコーの思い出」というヴァイオリン曲があり、学生時代にはエルマンの甘美な調べに陶酔したものだったが、あのような胸に沁み入って揺りうごかすスラヴの情趣にふれることができるだろうか。社会主義建設とはどんなものだろう。ソ連ほど人によって天国ともいわれ地獄ともいわれる国はないと書いてあるが、いったいどんなところなのだろう？

「百聞は一見にしかず」とは、よくいったものである。見ても本当のことは容易に分らないのだが、それでも見る前の不安定な気持はなくなり、人によっては過剰な自信まで生れる。しかも、その見た後の実感を人につたえることはむつかしい。

やがてモスコーの市街がはじまり、広い道路の高い建物がつぎつぎとうしろに流れた。あちらを曲ったり、こちらに入ったりした。灯火がちらちらと過ぎ去る中に、橋があり、銅像が立ってい、夜中だのにまだ停留場で人々がバスを待っていた。……

はじめて知らない大都会に入るときには、ある昂奮を感じるものだが、夜のモスコーに入ったときには、さすがに胸の底がすこし震えた。

ついに自動車はとまった。目の前に、三十三階の大きなウクライナ・ホテルがのしかかるように夜の空にそびえていた。

十九階の部屋は、すべて樫の板と柔かいクッションではりつめ、レースでかざり、古典的だがなかなかしゃれたデザインで、あらゆるコンフォートを具えた豪華なものだった。私は他国ではいつも中以下の安宿に泊っていたから、ちょっと気がひけた。

翌朝目が醒めると、すぐに起きて窓から外を眺めた。

すぐ下に川が流れている。黄いろ味がかったうす緑——つまりサフラン色をして、ゆっくり動いている。冷たい小雨が降っていて、水面に皺がよっている。河岸は工事中で、鉄骨の塔が立って、材木や樽が投げだしてある。その向うにモスコーの市街がひろがっている。大小さまざまの四角な煉瓦の建物がならび、そのあいだに森がある。平凡な西洋風の市街の眺めだが、何となく重々しくあらあらしい。ドイツもそうなのだけれども、やはりドイツとはちがって、スラヴ臭い。つまりあれほど緻密でつめたい計算がない。

窓から眺めたところでは、このホテルは都心の方に向いているのではないらしかった。むしろ新市街という感じで、古い城も寺院も見えなかった。

いったいここはどこなのだろう。昨夜は暗い中をぐるぐるまわって着いたのだが、このホテルはモスコーのどの辺にあるのだろう。この異国で空間の中の座標の位置が分らないのは、いかにも不安定である。自分の現在地点を知らなければ、これからの見物もできない。まずこれをはっきりさせなくてはならない。

もってきた地図を眺めたが、分らなかった。

そのもってきた地図は小さなお粗末なもので、大略の町のブロックをえがいていくつかの固有名詞を入れただけの、小学生用とでもいいたいものである。

四年前の雪融けの頃に、ドイツのナーゲル社から、『モスコーとレーニングラード』というフランス語の案内書がでて、とうとうこういうものが出るようになったと、センセーションだった。これにはロシア語の序文もついているから、ソ連側の官許をえたものなのだろう。これに地図が入っている。ただしそれは、モスコーの中心部のほとんど地図とはいえない略図と、もっと広範囲の地域にわたっているがただ交通機関を線で示しただけのものと、二つである。レーニングラードについても同じものが入っている。

ロシアに出発する前に、ドイツでソ連の案内書をさがした。しかし、どの本についている地図もいずれもおどろくべく粗雑なもので、結局ナーゲル本のそれがまだしもいちばんよかったから、これを買って持ってきた。

私は他国に行ったら、まず地図を見てひとりで歩くことにしている。説明をきく前に、自分の感覚で直接に接したい。既定の案内ルートをついてゆくよりも、心牽かれるものを追ってゆきたい。むこうから提供されるものを受けとるばかりでなく、こちらで見つけてゆきたい。誰も注意しない小さなものに、とるにたらぬ路傍の一情景に、かえってふかい意味を感じることがある。そうしたら、その前にいつまでも気がすむまで佇んで眺める。旅の興味はむしろこちらの方にある。さまようのにある。何より新鮮な第一印象という貴重なものを、汚れのない白紙の上に感光させたい。

モスコー第一日の今日はさまようつもりである。そのためにはもっと正確な地図を手に入れなくてはならない。

私はホテルの一階に降りていった。

この三千人は泊れるような大ホテルはじつに変っていて、それだけで一つの題目になるが、いまそれは別とする。一階には売店があり、本屋には諸共産国の新聞——人民日報などがおいてあった。

ここで地図はないかとたずねた。

「フィニッシュ」という答だった。

ここで売っている地図を後で見たが、これも異様なものだった。われわれは地図というと細い線がくちゃくちゃくちゃと入り組んで、さまざまの記号にみちて、そのあいだに無数の文字が埋っている大きな紙を思いうかべるのだが、これは白紙に明快な線で抽象模様をえがいたようなものだった。これでは頼りにならない。ほかのいくつかの案内書も、地図はついていないか、ついていても役にはたたないものだった。図形だけで地名が一つも記入してないのもあった。

私はあきらめて、自分のナーゲル本にたよることにした。

さて、次にしなくてはならない段取りは、このホテルがこの大まかな地図の上のどの地点にあるかを確かめることだった。

この外遊客専用のホテルの一階は、ひろい空港の待合室のようで、ありとあらゆる国籍の人々がゆききしていて、まわりにさまざまの窓口や机がならんでいる。旅券係、旅行切符係、食糧切符係、両

替係、観光案内係、郵便係、観劇係、土産物係……。

こういうところに坐っている人々の大半は、英語を話すインテリ女性である。そして、音にきくソ連の官僚臭とはこういうものか、よくもこうまで人間味がなくなれるものだと感心するほど、木で鼻をくくったような人たちである。

私はそのうちの手があいていてなるべくとっつきやすそうな人に見当をつけて、地図をさしだして、このホテルの位置に印をつけてくれ、とたのんだ。

その人は地図をのぞきこみ、上を見たり下を見たりして探したが、分らなかった。そして、手にしていた鉛筆で向いの席を指して、

「あちらに行っておききなさい」といった。

私はそちらに行った。この人も分らなかった。隣席の人と頭をよせて相談して、二人で固有名詞を読みながらあちらを指したりこちらをつついたりしていたが、やがてなげだした。

「あちらに行っておききなさい」

その次の人は、地図を見ると、横をむいて聞えないふりをした。

ふと私は、ははあこれは面白い、と気がついた。そして、これから試験をはじめた。一人一人とつぎつぎにたずねた。

地図をひっくりかえして紙の裏を見た人もあったし、「それは私の係ではない」といった人もあったが、大部分は冷然と無感動に、

「あちらに行っておききなさい」

だった。全部で十四五人にあたってみた。

しまいには「正確でなくてもいい。大体どの見当ですか。こちらか、こちらか」と左右を指してたずねたが、人々は黙って頭をふるだけだった。

モスコーの地勢は一目瞭然である。南の方にモスコー川がS字形に流れている。中央にクレムリンとキタイゴロドがある。それでも、その東か西かをすら知ることができなかった。

ここの人々は地図を知らない！　眺めても見当がつかない。地図についてのセンスがない。地図については空白である。

最後に一人の若い女が親切にしてくれた。彼女ははなれたところに坐っている老婦人のところに地図をもって行き、相談した。老婦人は眼鏡をかけ直してしらべた後に、ある一所に丸い印をつけてくれた。

ついにこれで分った。私は感謝して、また部屋にひきこみ、これから行く先を研究した。

ホテルを出て、モスコー川に沿って右にゆき、さらにボロジノ橋から右の大通りをゆけば、アルバート通りに出ることになる。その先がアルバート広場である。この道筋は簡単ではっきりしていた。

こういう固有名詞は、私もかねてから読んで知っていてなつかしかった。案内書に書いてある。——一八二一年にナポレオン軍の先発隊がアルバート門から入って、クレムリンを砲撃した。この門の跡が広場になって、かつては市で有名だった。このあたりは、十九世紀の中頃までは下級貴族の居住地だった。十九世紀の終りにはインテリが集っていた。第一次大戦までは立憲民主主義の小市民インテリの本拠だった。ゴーゴリがここで死に、いまアルバート広場にはその銅像が立っている。プーシュキンも住んでいた。そして、『戦争と平和』にでてくるラストフ伯の邸がのこっていて、いまは文学者のクラブになっている。

『戦争と平和』にはこの界隈がしきりに描写されている。若いニコライ・ラストフが軍務から休暇をとってひさしぶりに自分の家に帰るところも忘れがたいが、何よりピエール・ベズホフが物思いに沈みながら歩いていると、トゥェルスカヤ街で声をかけられる。

「……ピエールは首をあげた。灰色の駿馬をつけた二頭立ての橇に……アナトーリの姿が目に映った。馬は後脚でしきりに雪を蹴上げている。アナトーリは伊達な軍人に特有な古風の姿勢をして、海狸の襟で顔の下半を蔽い、心持首をかしげて、直立している。その顔はいきいきと紅潮して、斜めにかぶった白い羽毛つきの帽子の下から、香油で塗りかためてそれに粉雪がかかった髪が、カールして垂れている。

〈いや、これが真の賢者だ〉とピエールは思った。〈目先の享楽のほかには何も見ない。何事についても不安がない。そのためにつねに満足して落ちついている。この男のようになれるなら、自分は何も惜しまないがなあ！〉ピエールはこう考えて、羨望の念を禁じえなかった」

これからピエールは呼ばれた家にゆき、自分がひそかに愛情をいだいているナターシャが、右の蕩児のアナトーリに誘惑されて、親友のアンドレー公爵を裏切ったことを知る。

このトゥェルスカヤ街もアルバート広場から遠くないし、日本大使館はそのそばにある。

私はそこまで歩いてみることにきめた。ゆっくり歩いて四五十分はかかるだろう——。

ホテルを出て、はじめて見たモスコーの街の印象はつよかったが、それは別に記すこととする。モスコー川にそって右にゆくと、あたりはコンクリートと鉄でかためた壮大な立体的空間だった。橋がいくつも見えたが、それは地図にはのっていなかった。立派なボロジノ鉄橋からさらに右に曲った。この大通りをまっすぐにゆけば、ナポレオンが入城した街道をとおって、アルバート広場からクレムリンに達するはずである。

しかし、奇妙なことに、行けども行けども都心に近づく気配はなかった。かえってますます見窶《みすぼ》らしくなった。家並みが悪くなって、壁が剝げて下の煉瓦が見えて、さながら皮膚病にかかったような家が多くなった。木造がゆがんでつっかい棒がしてある。東京の郊外のように貧しく荒れ、人々の服装がきたなくなって、道がえぐれて、しまいには野原が見えてきた。

だんだん心細くなった。地図を見直してもこれでいいはずだった。まちがえるはずのないコースなのだが、何分にもただ筋をひいただけの図形にたよって歩いたのだから、どこかで迷ってしまったのだろう。

なるべくインテリらしく見える通行人に英語でたずねたが、通じなかった。ひとりの人は優しい親切な人だったが、にこにこ笑ってしきりに助けてくれたがっている様子だった。何とか通じそうな言葉をさがして、「地下鉄のステーションはどこですか」ときいたら、このステーションが通じて、いままで来た道をはるかにもどれ、と指さした。

私はひきかえした。やがて右にクラシック様式の大きな建物があった。中に入るとひろい待合室があり、どうも鉄道の駅らしく思われた。しかし、案内書をしらべてもこのあたりには鉄道はない。

自分の位置を知ることがまったく不可能となった。あの調子では、地図につけてくれた印もあてにならない。どこかとんでもない見当のちがったところにつけたのではあるまいか。地図はますます奇怪な問題となった。いま自分はモスコーのどのへんにいるのだろう？

駅前の荒れた広場をうろついて、ようやくあれがタキシーらしいと見当をつけ、乗って、かねてからロシア語で書いておいてもらった日本大使館のアドレスを示した。

運転手はうなずいて走りだした。私はほっとしてポケットから煙草をだした。すると、運転手は無造作に手をのばして、黙って箱の中から一本頂戴して、耳にはさんだ。火をつけてやろうとしたら、首をふって何やらいった。しきりに話しかけてきた。何となく単語をならべて返事をしたが、通じるはずがないのに通じたようでもあり、自問自答して笑っていた。がさつだが人がよくて、明るく愉快な男だった。

大使館に入り、受付のロシア人の老人の前に例の地図をひろげて、ウクライナ・ホテルの位置を記してくれとたのんだ。

老人はいかにも長年つとめている忠僕といったような、静かな人だった。ゆっくりと眺めた後に、赤い鉛筆で印をつけてくれた。

その位置は、さっきホテルでつけてくれたのとは違っていた。ほぼ同じところではあったけれども、ただ川の筋向いのあべこべの岸だった！

これでは迷ったわけである。逆の方向に行ったわけである。私は都心に入ろうとして、郊外に出てしまったのだった。

ここに勤務している日本の外交官にお話をうかがった。地図のことをうったえたら、これに関して非常に面白いことがあったけれども、それを書くわけにはいくまい。

外交官はときどき机の上の紙に文字を書き、それを指して、説明してくれた。つまりある種の固有名詞を口にしなかった。

「この大使館の中にも盗聴器が具えつけてあると思わなくてはなりません。しかし、わざと大声でいうこともあります。こちらはこういう意見をもっているぞということを聞いてもらうのです。すこしは聞いてもらった方がいいでしょう」

むかしここの大使館にひさしく勤務していた人の話をきいたことがあった。——その当時は監視の目がきびしくて、うっかり外には出られず、この狭い一郭に篭城だった。何の慰安もなく、ことにながい冬にはみないらいらした。ある若い書記官が知りあったロシア女に同情して、二人の女を外交官のクーリエのトランクに入れ、ひそかに密輸出しようとして、国境で露顕した。ああいうことがおこったのも、誰もみな神経衰弱になっていたからだった。じつに陰鬱なものだった。終戦のときに、ここに働いていた二人のロシア人が首を吊った。かれらは日本大使館の中に入って保護されていたのだったが、いよいよ日本が負けたとなって、自分たちの前途を絶望したのだった。——

もとより今はもうそんなことはないのだろう。しかし、灰色の建物にとりかこまれた中庭を窓から見下すと、ここはいかにも外からきり離されて独立した生活圏で、わびしかった。この狭い孤島にもさまざまの人生のドラマがあった。

いまでも大使館の通信は、館員が飛行機でストックホルムまでもって出て、そこから外国に送る。そして、ついでにさまざまの物資を買って帰る。日本の新聞社でも、駐在の特派員のために日常の物資を送ってやる。

地図の話をつづける。

私はインツーリスト（国立旅行公社）の規定にしたがって入国した。ほかにはいれる枠がなかった。これははなはだ贅沢旅行で懐が大いにいたんだが、その代り毎日ガイドがつき、これにまかせていればロシア語もいらず地図もいらない。

私はいまもひらいているギリシア正教の教会を見て、非常に心うたれた。それで、ガイドにたのんで幾度も教会を訪れた。

モスコーでは二人のガイドに接した。一人はドイツ語で、他は英語である。

ドイツ語のガイドは気のつよい女だった。何事につけても満々たる自信をもって、ときどきは案内というよりもむしろ説教した。この人に「いま行った教会はこの地図のどこにあるのか」とたずねると、彼女は分らないとはいわなかった。

「これは外国でできた地図でしょう。フランス語で書いてあるけれども、われわれは〈ミュゼ・ド・ラ・レヴォルシオン（革命博物館）〉などとはいいません」

「私がきいているのは、ロシア語の地名ではありません。あの教会がどの地点にあるのかということです。こちらが東です。こちらが西です。こちらが北です。こちらが南です。その中のどの方角ですか」

「この地図はもう古くて、まちがっています。町の名も変っています。戦争前のものをひきうつしたのでしょう。役にはたちません」

「地図は古くても、モスコー川の流れはうつってはいないでしょう。ここがクレムリンで、ここがキタイゴロド。それはお分りですね」

「こんな外国の古い地図で指すよりも、もっと正確に教えてあげましょう」と彼女は怫然《ふつぜん》として早口にいった。「地下鉄の××駅を降ります。それから左の大通りを行きます。それから三つ目を右に曲った、坂の角です。さあ、こういうふうにはっきりいったら、あなたは満足なさるでしょう」

教会の名を書いてくれとたのんだら、Elochowskaja Kirche と書いてくれた。

つぎの英語のガイドはひかえ目なおとなしいお嬢さんで、こちらから問わなければ説明もせず黙っていた。どこの国に行ってもいろいろな人がいる。この人に連れて行ってもらった教会も、じつに心をうごかされた。

私はまた地図をひらいて、その教会の位置を問うた。彼女は自信なげにあやふやだったが、やがて左によったある一点をさした。そして、教会の名を Elokhovskaya church と書き、その所在地を Spartacus Street、それから地下鉄の駅を Metro Krasnae Valota と記した。

二つの教会は別だったのだが、名は同じである。どうも妙に思われた。しかし、これはロシア語で何という意味かまだ調べていないが、固有名詞ではなく普通名詞なのかもしれない。おそらくそれで同じ名でも差支えないのだろう。そして、お嬢さんたちは教会にははなはだ興味がないようで、ドイツ語ガイドなどは頭から冷笑気味だったから、若い世代はよく知らないのかもしれない。

しかし、さらに発見があった。私が英語ガイドに示した地図には地下鉄が記入してない。別に地下鉄だけの図があった。それで見ると、彼女が書いたクラスニエ・ヴァロタという駅は、彼女が示した地点にはなかった。もっとずっと右の方だった。彼女は地図の上では、簡単な地下鉄駅の所在地すら弁別できなかった。

次の日に会ったときにそれをただすと、彼女はおとなしく黙っていた。

これらの専門のガイドたちは、教会ばかりではなく、美術館その他何をたずねても、それを地図によって示すことはできなかった。


地図がないことが、私のモスコー見物には大障害だった。行きたいところにひとりで行くことはできなかった。

『モスコーゆき旅券』や『ソ連人』などを読むと、その著者たちのようにロシアで生れて言葉もでき案内を知っている人は、かなり方々に行けるらしい。かなりな程度までの自由はあるらしい。しかし、私にはそれができず、たとえどこを歩いてもいいといわれても、実際には塞がれていた。すべてガイドによるほかはなく、頼んでも黙殺されたり、「それは許可をえなくてはなりません」といわれると、滞在日数はすくないのだから、どうにもならなかった。どうもいまいましかった。

その復讐というわけではないが、私はたくさんの人の前に地図をさしだして、相手の反応を測った。その結果は以上のようである。地図を見て、ともかくも見当をつけることができたのは老人だけだった。

さらに、私はこういう印象をうけた。地図を見せられると、人々は何となくはばかるようなふうだった。はっとして目をそむけ、また見直すというふうだった。何かタブーの触れてはならぬもの、近づきたくないもの、という様子に思われた。

はじめはそれを感じなかったが、度重なるにつれて、おかしいなと思った。

こうしたことはまったく主観的な印象で、断定したら独断になることだから、私は判断をひかえていた。

しかし、最後に私はこれが事実であることをたしかめた。

モスコーからレーニングラードに行くあいだ、飛行機は一時間かかった。私はこれから行くレーニングラードの見当をつけておこうと思い、ナーゲルを読んだ。

この案内書はじつによくできているが、何分にも簡略きわまる地図しかついていないのだから、本文と照らしあわせて目的物の所在をさがすのに骨が折れた。

それに没頭していると、うしろから肩をつよく押された。ふりかえると、スチュワーデスが立っていた。そして、地図の方に指をつきだして振りながら、何事かを口やかましくいった。

「ああ、そうか」と私はさとって、地図を本の中に折りこんだ。スチュワーデスはうなずいて行ってしまった。

やはり地図はタブーだったのである！

それとは知らなかったから、私はモスコーの街頭でもしょっちゅう地図をひろげて見たし、ホテルでももちだしてたずねた。しかし誰も小言はいわなかった。

それをこのスチュワーデスだけが禁止したのは、ふしぎだった。その理由はまるで分らないが、おそらくかつては地図はきびしい法度だったのが、近頃になって禁止がゆるくなったというようなことなのではないのだろうか。スチュワーデスは前からの惰性で、タブーが頭にこびりついているのだろう。あるいは、外国人ならあの程度の地図は大目に見るが、自国人はいけない、というようなことであるのかもしれない。東ベルリンでの経験によると、外国人は寛大に優待されるが、自国人にはきびしい制限がある。外国人はそうしたドイツ人の実情をさとることがなかなかできない。

とにかく、ソ連人は地図を知らない。これは私が自分の経験からたしかめたことで、疑うことができない。

私はソ連にあらを探しに行ったのではない。国語も知らないで、何も分るわけがない。ソ連に関する一般的な本はいくつか読みはしたが、専門的な知識は何もない。他国のことは、よほどの用意がなければ判断できない。招待された人々があのように早のみこみするのは、じつに不可解なことだと思っている。即断が危険なことはわきまえていて、十分自戒をしているつもりである。私はドイツのことならある程度までは判断ができるかと思い、それを報告する義務もあるかのように感じているが、しかし新しいソ連のことが分るわけはないから、むしろ古いものを見ておきたい——こんな気持ですらあった。

しかし、到着してはや第一日に、右の地図のことにぶつかった。これを何とか解決しなくてはならなくなって、苦心した。そして、この疑うことのできない事実は、いまのソ連人の環境把握の仕方について、かれらが思いうかべる世界像の成立について、それを規制する外の強制力について、教育について、多くの暗示するものがあると思った。

日本でも戦時中は参謀本部の五万分の一の地図は発行されなかった。ある一時期には、前から持っていた人もそれを公然と携帯するのをはばかったようだ。（登山家などはどうだったのだろう。）それでも東京市の地図をもってあるくことなどは平気だった。いまソ連は戦時ではないが、きびしい警戒体制下にあることはうたがえない。外遊客に対する款待《かんたい》は、これとは別なものなのである。

消えてゆく炎

私はロシアでいくつかの寺院を訪れ、どこに行ってもじつに心をうたれた。

モスコーの市中を歩くと、あちらこちらに古いギリシア正教の寺院が見えた。

かつては七百あまりあったが、その大部分は閉鎖して、いまひらいているのは十五だそうである。（この数は書きとめておかなかったので、記憶が不正確かもしれない。）

方々の町角のお寺が物置になっている。屋根は破損し、塗った壁が落ちて煉瓦がむきだし、窓には蜘蛛の巣がはって、中に空箱や薪のようなものを積みあげてあるのは、見ていたましい。

西ヨーロッパでも、近世のルネサンス様式やバロック式の宮殿風の教会建築は、俗なまがい物でつまらないが、ゴシックまでのものは純粋である。ロシアでもそうで、古いものはめずらしく、うつくしい。眩惑させるような怪奇な野性味におどろかされるものもあり、また白い塔に青い壁、金の円屋根がしずかな諧調をただよわせているものもある。それに変遷する時代の錆がついて、みな荒れている。

そういう寺院の中に、まだ生きているものがある。しかしその息はまさに絶えなんとしている。そこでは古い信仰の最後の炎が燃えているが、それもやがて消える一歩手前である。この後どういう変化がおこるかは分らないが、もしこのままでつづくならばもはや恢復の見込はなさそうに思われる。

ある坂道にさしかかったところに、鉄の柵が三角形にめぐらしてあった。無数の鳩が低く入りみだれて飛んでいる中に、人がこみあっていた。

みな貧しい服装をした人たちだった。女たちが頭を黒いショールでつつみ、口の中で何か唱えていた。老夫婦が腕を組んで、たがいによりかかるようにして歩いていた。羽ばたきの音が大気をこすっていた。鳩は人々の肩にとまったり、足もとをくぐったりしていた。一人の老婆が鳩を手にとまらせて、自分の口からパンを食べさせていたが、鳩はお婆さんの唇の中まで首をつっこんで啄《ついば》んでいる。手をだして喜捨を乞うている人もいた。

こういう人々は、いかにも時代の大きな波に押し流されて、うちあげられおき去られた廃物のようだった。白髯の老人が陽なたぼっこをして、病んだ目を細めて、ガイドをつれて自動車から降りる「視察にきた金持の外国人」をじっと見つめているのだが、その脳裏にはどういう想念がめぐっているのだろう?

その人々をかきわけて、寺院の中に入った。

内部は暗く、方々に蠟燭の炎がゆらいでいた。四囲の壁は、床から天井まで金地が底光りして、それに大小無数の聖像が一面にべったりえがいてある。ゆがんでいびつな平面。きらびやかな色彩に硬い線。マリアや聖者がきびしく古拙でいかめしい。みなかすれてくすんで、数世紀の曇がかかっている。そのほかの祭具類もすべて金銀がいぶって、黒く油ずんでいる。西ヨーロッパではむかしラヴェンナあたりにあったものが、ここでは文芸復興のうごきもなかったから、そのまま残って千数百年を変ることなくつたわっている。

ゆらめく蠟燭の影に、人々がぎっしりとつまっている。ギリシア正教の寺院には椅子がなく、信者たちは立つか跪くかする。

しきりに胸に十字をきっている。その手つきにはいかにも切ない気持があふれ、思いつめたように目を見すえて、一つすむとまた一つとくりかえす。

周囲でみなこうして十字をきっている。このリズミカルなうごきがみなぎっている。その中に立って、自分の知らない神秘的な超絶者への呼びかけを見ていると、自分だけがこの世界にとり残されているよるべなさを感じた。

中には、いちいち身をかがめて手を床にふれて、それから十字をきり、これをくりかえしている人もいた。

床にひれ伏している人もいた。隅の方では、壁にえがいてある金箔にサファイアをちりばめた聖像にキスし、さらに這ってつぎの聖像にキスし、こうして床を這いまわっている人もいた。

どこかから、ミサを唱える力づよいバスがひびいていた。その声をうけて、答えるように追うように重なるように合唱がつづいている。人間の肉声というものはじつに心にうったえるものである。ギリシア正教ではパイプオルガンのような楽器をつかわず、すべて合唱なのだそうである。この合唱が！

それはさながら海鳴りのように堂をみたして谺《こだま》している。

こんなに胸に浸み入る音楽をきいたことがなかった。ロシアの民謡は感傷的だが重みがありはげしさがあり、ふかい歎きとあこがれをうたう。あれがさらに宗教的なのだった。歌声は円天井に谺し、厚い壁にも浸みとおるようにひびいているから、この暗い堂の中のすべての会衆が声を合せているのかと思ったが、そうではなくて、どこか隠れたところに合唱隊がいるらしかった。

正面の明るいところで神父たちが儀式をしていたが、群集の後からではよく見えなかった。一心不乱に礼拝している人々をおしわけて前に出てゆくわけにはいかない。お堂の方々の隅で、それぞれべつの一団が儀式をしていた。

私は蠟燭を献納しようと思った。大小さまざまのものがあったが、それを買おうとして価が高いのにおどろいた。いまは乏しいお寺の維持に必要なのにちがいないが、ここにいる貧しげな人々がよくこれを買えるものだといぶかった。おそらく非常な犠牲をはらって買うのだろう。

ここの礼拝はじつに熱烈だった。しだいにその雰囲気にひきこまれて、胸が一杯になった。ときどきは背から熱い戦慄がはしった。こういう世界に育ったら、私もこういう気持になるだろう。南フランスやイタリアあたりの地方に行くと、そのカトリック的現実の中に生活しているうちに、いつかこれがあたりまえと思うようになり、聖体拝受というようなことも素直にうけとれるような気持がしてくる。しかし、あちらでは人々は静かに厳粛に集中して祈っているのだが、ここの人々は、はげしい集団法悦に陶酔している。むかし禁制の中に生きのびたローマや長崎の信者もこうもあったろう。

人々が胸をうち地に伏して祈っているありさまを見て、ドストエフスキーの小説にでてくるような、罪人の苦難を礼拝して大地に口づけるというようなことも、はじめてすこし分りかけたような気がした。接吻ということは強烈な霊魂の要求の表示であるらしい。以前インドで不可触賤民から礼をされたことがあった。床に伏して指で私の靴をこすり、その指を自分の額にあてて、これをくりかえした。私はただおどろき怪しみ、とほうにくれたのだったが、じつに人間の精神は測りがたい深淵を蔵しているものだ……。

しかし、このときの私ははなはだ妨げられた。女ガイドがむやみにせきたてたからである。この人は赤い髪をし、頬には雀斑《そばかす》があり、丸く凹んだ小さな青い瞳をしていた。私がお寺を見たいというと、はじめから口をまげていたが、ここに来てからもありありと軽蔑を示してあたりを見まわしていた。そして、高いところから愚民たちを見下していた。

「この年をとった母親たちは weiche Seele（弱い魂）をもっているのです。あなたの好きなドストエフスキーもそうでした。彼は病んだ精神の持主で、無抵抗を教えました」

このドイツ語を話す女ガイドのいうことは、まことに教条に忠実だった。「宗教は人間の意識を混濁させ、自然の力に対して受動的ならしめ、人間の創造的活動と創意をとめてしまう」――子供のときからこういうふうに教わっているのだから、彼女のわりきった主張もむりはない。そして、私がかねてから読んで知っていることを、くりかえして説いた。

「宗教はいまでもやはり阿片なのですか?」

「そうです。僧侶は阿片商人です。金もうけにやっているのです。しかし、わが政府は寛容で無慈悲なことはしません。こういう弱い魂の人々にはその欲するものをゆるして、自然に消滅するのを待っているのです。宗教は一時はすっかりなくなりましたが、戦争中からまた息をふきかえしました。戦争は人の心を狂わせます。平和でなくてはなりません」

息を吹きかえしたのはむしろ戦争遂行のための政策からだったのだろうが、彼女はこう信じていた。また事実、戦争中は人々はつねに死に直面して、教会へのあこがれがはげしくおこったそうである。

「キリスト教は平和に害があるのですか?」

「迷妄はみな害があります。あなたは天にいる神などというものを信じますか? あの壁にかいてあるようなものが雲の上にいると思いますか?」

「信じないけれども、他人の信仰は尊重します」

「まちがったものを尊重すべきではありません」

彼女は私がいつまでも寺院を出ようとしないので、いらいらしていった。

「あなたは信じないのでしょう。さあ、出ましょう!」


次の日には、ホテルの案内係から「今日はガイドがたりないから、もう一人のアメリカ人と英語のガイドで行ってくれ」といわれた。

このアメリカ人もあたらしいガイドも、おだやかな人だった。この日は気持よく見物した。

私の提案によって寺院を見に行った。昨日よりもずっと大きなお堂で、あれほど濃厚な雰囲気はなかったが、しかしやはり心をうたれた。

混みあった群集にまじって立っていると、寺院の人がやってきて「こちらにおいでなさい」と案内してくれた。ついてゆくと、会衆とはなれた祭壇のわきの高いところに椅子をあたえられ、坐ってミサを見ることができた。

どういう訳でこういう優待をうけるのだろう、とちょっとふしぎだったが、その不審はすぐ忘れて、こういうことになっているのだからこれでいいのだろう、と思った。後になって思いかえすと、群集のあいだにまじっているとこういう優待的差別待遇をうけたことが、モスコーにいるあいだに数回あった。

会衆にむきあって坐ったから、信者たちがよく見えた。

ざっと勘定したところ、十人に七人は六十歳以上の女である。二人が老いた男で、一人が若い者、という比率だと思われた。もう十年もたったら、信者があらかた死んでしまうだろう。

ただ僧侶の中には壮年の人もいたし、それに仕える少年もいた。ドイツの雑誌で、ソ連の神学校の写真を見たことがあるが、若い学生が黒い服をきて勉強している。ああいう人々が一人前の僧侶になったときには、もはや信者はいないということになるのではなかろうか。

ここに坐らせられる前に、信者たちにまじって遠くから正面の祭壇を眺めていたときには、それがふしぎなものに見えた。

左右から壁がはりだして、幅の狭い舞台をなしていた。その奥がふかくてあかるい。そこに香の煙がたちこめて、さながら紗の幕をはったようである。その中に、金銀や宝石をちりばめた壇がキラキラしていて、十字架や聖像などがかざってあり、蠟燭の炎がかがやいている。それがまるで幻想的な別世界のように見えた。

この舞台の上に、光の塊のような人影があらわれてはしりぞいた。金襴の袈裟をつけ黒い帽子をかむり長い頬髯をたらした僧が、ミサを読み、舞台の前の縁に立って手をひろげて会衆を祝福する。美しい少年僧が緋の衣をつけて、うやうやしく礼をしたり跪いたりする。しきりに香の篭をふる。香の煙ははげしく噴きだし、奥の空間にひろまって光の中にたちこめ、舞台にさらに紗のカーテンをかける。

すべて、まるで曇った鏡にぼんやりと映っているのを眺めているようだった。実在感がうすく、いかにも幻覚の中の映像のようだった。

いま舞台の裾のところに坐って、祭壇をのぞきこんでも、やはりそういうふうに見えた。ふしぎな錯覚におどろいて、私は目をこすった。

すぐ前につめあって立っている信者たちは、頬に涙をながして、ハンケチを口にあてて唇をふるわせている。母と娘が抱きあって、憑かれたように上を見つめている。老人が長い髯の上から胸をうっている。あのパセチックな光景をうまく描写することはできないが、忘れることはないだろう。

この祭壇の舞台的効果に似た感じを、西欧の古いバロックの教会でも味わったことがあったが、それはむしろ建築の遠近法などからきている装飾的なもので、これほど心霊が幻想する世界をまざまざとえがきだしたというふうではなかった。

レーニングラードで大きな僧院を訪れたが、ここの祭壇の光の効果はじつにすばらしく、いかにも前代のロシア人がもっていた宗教的イメージはこういうものであったろうと感じた。

ドストエフスキーの短篇に、貧しい浮浪児がクリスマスの夜に凍死する話がある。小さなスケッチだけれども、美しくて深い。そのあわれな少年のいまわの幻想は、光りかがやく天国のような世界である。

ロシア人の国民的ヴィジョン――これはわれわれには理解しにくいものである。空一杯に傷口から血をふくキリストの姿があらわれる。万有が鉛の屍衣で覆われ、天の一角が裂ける。すぎゆく蒼い馬の影。癲癇に痙攣する聖者の法悦。処女の膚に燦然たる十字架がかがやく……。かつてはこういうようなことがそのままうけとられていたのだったろう。そして、それがまだ潜在的に残っているのか、いまのソ連人にも大都会の屋根のテレビのアンテナが十字架に見えるということを、読んだことがある。

東欧系の絵などには、背景が真赤でそれに原色をべたべたとこすりつけ、ゆがんでひずんで、さながら分裂症患者の熱にほてった意識か、世界終末の叫びでもきくようなものが、よくある。あのような感覚も、現地にきてみると事実この土地にあるものである。

キリスト教では超絶したはげしい絶対者が言葉どおり実在しているのだから、それがむこうから力をもって迫ってくるのだろう。それに対して、人間は歓喜し恐怖し、わななないて身悶えするのだろう。それに反して、仏教ではむしろ人間の方から超絶した境地に入ってゆくのだから、それでひたすら思念を統一するために静かな一点に集中するのだろう。といっても、仏教もさまざまだが。

このレーニングラードの僧院の墓地には、文学者や芸術家の墓があつまっていた。ドストエフスキー、チャイコフスキー、グリンカ、ボロジン……。壁につつまれて木立の多い、狭い荒れた墓地を歩きながら思った。——この人々もまた、幼いころからあのようなものの中で育ったのだろう。この人々が表現した魂をゆするようなひびきも、あれにつながっているのだろう。そして、やはりドストエフスキーは、こういうロシア独特の深いものをもっとも端的にとらえて劇的に表現した人だったのだろう。ここにきてみると、神や摂理を疑ったイワンの「大審問官」がいかに大きな反逆だったかが分る。

ドストエフスキーに関して、面白いことを聞いた。

レーニングラードのガイドは小柄で快活で話しよかった。（私の接したかぎり、レーニングラードの人々はずっと人間的で親切だった。モスコーのように救いがたい官僚気質に毒されてはいなかった。——ただし、これは私の狭い経験で、これを一般化して判断するのではない。）この人からはいろいろな話をきくことができた。インテリ女性で、言語学と英文学をやったといった。自分はシェークスピアとディケンズを勉強した、あなたは何を読んだか、ときく。

「英文学はよく知らないけれども、以前キーツが好きで読み耽ったことがある」と答えたら、

「キーツという詩人は知らない」といった。

しばしば文学談をした。私のロシア文学の知識は、トルストイとドストエフスキーとチェホフを翻訳で読んだ程度で、日本人の文学関係のインテリとしては普通常識の程度である。それでもこのガイドは「いままで会った旅行客の中で、あなたがいちばんロシア文学を知っている」といったから、日本人のロシア文学の知識は高いのだろう。

何分にも私のロシアについての知識はおおむね文学から入っているのだから、つい文学を引用した。あるとき、ドストエフスキーの『悪霊』のことをもちだした。

すると、ガイドは不審そうに首をかしげて、私を見た。

「その *The Possessed* という小説は、わたしは知りません。ロシア語では出版されていません」

私はいった。

「それはおそらく、この小説が当時の社会主義者たちをカリカチュアにえがいていて、いまのソ連の体制の批判になるからでしょう」

「じつは、前に一度スエーデン人を案内したときに、その人がやはりその *The Possessed* のことをいいました。ほんとうにドストエフスキーにそういう小説があるのでしょうか？　いまのソ連体制にどういう批判があるのでしょう？」

いまのソ連はドストエフスキーを重んじない。モスコーのガイドはそれを公式的に教えてくれた。解禁になったのは比較的にあたらしい。『悪霊』はまだなのだろう。

前代のロシア人は、ひたすら宇宙における人間の地位といったようなことに頭を悩まして、現世の体制化というようなことは考えなかった。それがいまはあべこべになったのだろう。われわれが読んだロシア文学には、そのへんのうつりかわりの頃が微妙にあらわれている。いまは神や懐疑はなくなり、コンクリートの巨大な蟻塚が建設されている。*The Possessed* の予見があたった。私はレーニングラードの街を歩きながら思った——強欲な金貸の老婆を殺したラスコリニコフは残り、魂の救いを教えたソーニャは去った。

ある寺院で、はじめて合唱する人々を見た。暗い片隅に屏風のようなものがあり、その蔭でうたっていた。

その人々は男女とも粗末な平服をきて、みな柔和だが、見たところは心身消耗して見えた。中には病弱そうな若い人もいた。ひとりの人が片手をわずかにうごかして指揮をしていた。その和声や旋律はいつもながら形容に絶していた。胸の底に魂というものがあって、それが何物かの手によって触られ撫でられ揺すられている思いがした。

以前ドン・コサックの合唱をきいたことがあったが、つよくあらあらしく、またやさしく沁み入るようだった。合唱はロシア人の国民的特技なのだろうか、いかにもすばらしいものである。

しかし、こんなことを読んだことがあった――。

ピョートル大帝は西欧化の文明開化を国是としたが、宮廷にも西欧なみの楽団がほしいと思い、宮廷附の楽長にそれをつくることを命じた。そのころはまだ文化的なものはすべてフランス人を招いていたのだったから、器楽にも声楽にも人はいず、命ぜられた楽長は苦心をした。

もっとも容易につくれるのは合唱団だが、このころのロシア人は歌をうたえなかった。

楽長は一策を案じた。彼は皇帝から近衛兵を借りた。そして、兵に一人一人別に、ある特定の高さの声をだすようにしこんだ。Aはド、Bはミ、Cはソという具合である。それを強くあるいは弱く発声する。ほかの音はださない。そして、指揮にしたがって、発声しはじめ発声しおわるように訓練した。

つまり、一人一人がオルガンの一つ一つの鍵なのである。楽長はこれらの近衛兵をならべて指揮した。この計画は成功した。「ピョートル大帝のオルガン」は、ヴォリュームのある若々しい音で、めずらしい演奏をした。——

もしこの話のとおりなら、普通のロシア人は百年前にはまだ歌えなかったのだが、しかし教会音楽はうたがいもなくずっと前から高い発達をしていたにちがいない。

ピョートル大帝の音楽的絶対主義は、何となくこの国の近代化の行き方を暗示しているような気がする。その思想的絶対主義は、やはり人間を一つ一つの鍵にして、指揮者の思うとおりの音楽を奏しているようだ。

「共産党は、唯一の正しい科学的世界観たるマルクス・レーニン主義と、その理論的根拠たる弁証法的唯物論の上にたつ。故に、宗教に対して無関心に中立ではありえない。宗教は科学とまったく縁のない一つのイデオロギーである」

唯一の正しい科学的世界観……科学はつねに進歩するから、そういう固定したものはありえないし、それを守るのは保守反動なのだが。

いいふるされたことだけれども、こういう「唯一の正しい科学的世界観」とはやはり一つの信仰であり、いわば代用宗教であり、すくなくともそれが霊感となって人々をうごかしているときには、それは客観的事実とはなれた狂信として作用している。

そのせいだろうか、クレムリンの城塞やその中にむらがっている大寺院と、その前の赤い広場のレーニンやスターリンの墓とのあいだには、ある調和があるようだ。

かつてギリシア正教は一切を固定して、ラヴェンナの遺跡でみるような中世初の形態を現代までもちつづけた。ここにはルネサンスもフマニスムスもなかった。そして、今では十九世紀中葉の一つの科学思想が固定されて、一切を律している。ある固定した教条にしがみつくのが、この広漠たる草原の人々の習性なのかもしれない。人々は非常に大きな絶対へのあこがれをもっている。ここにはただ対立する絶対のみがあって、中間がない。一つの絶対を仆すためには他の絶対によるほかはないのだろう。

ここでは、西欧化の文明開化や自由民権が国民的感激となったことはなく、全体の成熟による有機的成長とか推移とかはなかったようだ。

モスコーの郊外七十一キロのところに、むかしからの巡礼地のザゴルスク僧院がある。この名もききおぼえがあり、そこに行けるということだったから、ガイドにたのんだ。許可はもらえた。

ザゴルスクについて案内書に書いてあることを――。

県（一九二〇年に住民二万一千人）の首府。赤軍の電気機械学校がある。民芸の玩具で有名。民芸博物館がある。

駅から五百メートルのところに、聖セルジュ・トリニテ僧院がある。これはロシア中世建築のもっとも著名な記念物の一であり、一九二〇年に博物館になった。

僧院は一三四〇年に設立され、まもなく北ロシアの宗教生活の中心となり、たくさんの附属施設がつくられた。ここに伝説的な富が集められたので、一五一三年に要塞の城壁がめぐらされ、これによって一六一二年のポーランド人の包囲に抵抗して勝った。

入口の城門の右には、五つの円塔のあるアサンプシオン寺院があるが、これは十六世紀のイワン雷帝の治世につくられ、ここにボリス・ゴドノフの墓がある。うんぬん。――

モスコーから郊外にでたが、田舎の沿道はずいぶん貧しかった。ここ一つを見てそれですべてを律するつもりはないが、とにかくここはひどかった。（レーニングラードの郊外のピョートル大帝の離宮を見に行ったことがあったが、その沿道はもっとずっとよかった。）

村々はよく絵にあるとおりだった。いかにも「ロシアの農村」だった。しかし、あこがれていたような詩趣はなかった。詩趣どころではなかった。いまでも農村はくるしいのだそうだが、ほぼ革命博物館にかけてある帝政時代の写真のままの疲弊した様子に思われた。これは、当局者自身がときどきする暴露的発表からいっても、そういうことになるのではなかろうか。

泥道にふかい轍のあとがついて、どこまでもうねっている。こわれた柵。材木を横にならべた木造の家がはなればなれにある。ペンキが剝げて、窓枠が落ちそうになっている。人気はあまりなく、家畜も見えない。幽霊屋敷のようなのもあり、それが群がっているところは、何となく胸くるしい夢の中の光景のようで、ある凄まじさがあった。

やや豊かな村では、家は欄干つきのヴェランダから出入するようになっている。「これがよく話にでてくるヴェランダで、ここでサモアールのお茶やクワスを飲むのだな」と思った。窓枠には唐草模様を彫って原色に塗ってあり、うすい紗のカーテンや花が見えた。庭には低い白い柵をめぐらし、中に椅子がすえてある。築地小劇場の舞台でよく見た場面で、なつかしかった。ワーニャ伯父さんでも出てきそうだった。

村をすぎると曠野となり、また村がある。

松林の中で、頭をスカーフでつつんだ女たちが地面をあさっていた。茸をとっているのだった。モスコーの市中に屋台店がならんで、それをお婆さんたちが売っていたが、その茸は種類がさまざまだがいずれも日本の松茸ほど大きく、しかもみなこい黄や赤を塗ったようだった。こういうものまでやはりロシアの感じがする。

ロシアの小説の中で「腰まで泥につかって歩いていった」という描写にであった覚えがあり、これは形容の修辞だろうと思っていた。ところが、メーナートの本にもおなじ文句がある。どういうことかとふしぎだったが、それが事実あった。曠野の分れ道では、泥が大波のようにうねっていて、雄大なものだった。日本の泥道のように道の上に泥がのっているのではなくて、道すなわち泥である。何かにつけて、日本のものはきめが細かく、こちらは粗放で大きい。ただし、これも三か所ほどで見たにすぎない。自動車道路は中央が鋪装されていた。

小さな寺が点々とつらなっていた。こういうところを巡礼が歩いて行ったのだったろう。みな空屋のまま打棄ててあり、一切を剝ぎとられた塔や壁だけが立っている。

めざすザゴルスクが見えてきた。民家にかこまれた丘の上に、いかめしい城塞がつらなっている。白樺や松やポプラの柔かい林が銀鼠に煙っている。その中から、たくさんの幻想的な建物がむらがって聳えていた。

赤や青や褐色でどぎつく塗り、つよい線が縦横にはしり、身をもがいているようによじれた塔や金の円屋根の塊が湧き上っている。それがはげしく叫びながら、強烈な調和をなしている。火が燃えているようでもある。坂を登りおえると、この光景が忽然として地平線上に浮び上った。むかし巡礼が遠路をたどってはるばるここまで来たときには、かれらは驚異と歓喜に面をかがやかして礼拝したことだったろう。

この沿道は観光ルートではあるのだけれども、まだ中世とそれほど変っていないのだろうと思われた。村にも古色があふれていた。ルパーシュカ姿は見えなかったが、村人たちはまことに素朴に、この民芸品は面白いにちがいなかった。モスコーの土産物屋にはろくなものはないが。

しかし、そういうものに接したいという願いは、ガイドによって一蹴されてしまった。

髪の赤いドイツ語ガイドは、私が古いロシアに興味をひかれるのを苦々しく思っているようで、僧院案内もたのまれれば職務上仕方がないというふうだった。しかも、今日は風邪をひいたとて機嫌がわるく、何かにつっかかりたい気分にいるらしく、すぐ言葉尻をつかまえて議論をふっかけてきた。家庭で何かあって、それがこちらにはねかえってきていたのだろう。彼女は東ドイツで勉強したこともあり、ドイツ語は達者なものだった。

「へえ？　あなたはゲーテとニーチェを翻訳した？　その二人はまったくあべこべなものじゃありませんか」と攻撃的だった。

彼女は、自分の国の歴史的なないしは土俗的なものは見せたがらなかった。むしろかくしたがっていた。古いロシアに何か肉体的な嫌悪と羞恥をいだいていた。どこの国（後進国とすべきかもしれない）にもいる、自国の過去に反感をいだいているインテリだった。

「こういうものは、いまのロシアではありません。あなたの国のハラキリのようなものです」

しかし彼女は、すべてのガイドとおなじく、熱烈な愛国者だった。そのお国自慢は異常なほどだった。歴史的なものも、それが戦勝そのほかの祖国の光栄に関するものであるかぎりは、別だった。これは大いに誇らしげに説明した。これはこのガイドばかりではなく、ソ連の文化宣伝そのものがもっている矛盾だった。歴史博物館にゆくと、ツァーの内政はできるだけ暗く示してあるが、その対外的勝利はきらびやかに飾りたててある。一切の悪の原因は、歴史のほかにもう一つ外敵なのである。この点は、日本人のインテリの方が論理的により首尾一貫している。

村を一巡りしたかったが、ガイドはそれをきいてくれなかった。「そんなことをしていてはおそくなる」というのだったが、おそらく僧院以外を案内してはいけなかったのだろう。むやみにせきたてられ、早足で、どうも残念だった。

要塞の門を入ると、いくつもの伽藍があった。秋の大気が冷たく、あたりはすみ透った湖の底のようだった。その中に、白樺が膚を洗いながしたように濡れて立っていた。その彼方に濃厚な色調の堂宇が見えた。しかし、ロシアにきてから寺院の鐘の音はきかなかった。

本堂の中はやはり高い天井まで一面に聖画がえがいてあり、暗く底光りがして神秘的だった。方々の聖像が生きた人間のようで、目がすごい。ここに古い名画があって、蠟燭と宝石で飾られていた。やはり海鳴りのような合唱がつづいて、人々が熱心に祈って、涙をながしていた。

「あんなものはみな芝居ですわ」

林の中の小さな堂の中も、やはり金箔の聖像と、蠟燭と、跪拝だった。

この堂の中央に水盤があり、黒大理石かと思われる低い十字架が立っていて、横木の左右から水がほとばしっていた。そのしたたる音が、合唱の声にまじっていた。これは名だかい聖泉だそうで、農民の服装をした人々がその水を壺につめていた。

もともとキリスト教ではすべてが神意によってきまるのだから、病気もただ恩寵の奇蹟によって癒るので、ルルドのお水の治療のようなのがほんとうの治療なのである。人為の医術は正しいことではなかった。しかし、近世になって人間が知的に物を考えるようになるにつれて、この問題がむつかしくなった。ついに啓蒙主義時代にキリスト教側から譲歩し、「精神は神に属するが、肉体は人間にゆだねられる」という妥協的結論に達した。これが、精神も肉体も一切を支配するはずの超絶的人格神の意思とどう関係するのか、またすべての苦悩は浄化と信仰強化のために下されたものであるとする本旨とはたして相容れるかは、なかなか答えられない。ルルドはいまは俗化しているそうだが、ここに詣でている人々はいまだにそれ以前の信仰にしたがって、ひたすら聖なるものをあがめ、その奇蹟を待っている。

僧院の廊下で、一人の黒い丸い帽子をかむった坊さんが、長い髯をしごきながら、女の長話に耳をかたむけていた。身の上相談ででもあるのだろう。

庭に一人の僧が歩いていた。

この人は三十五六歳くらいで、金髪の髯が波うち、凹んだ眼窩は虹いろの貝殻のようで、目つきは誇り高かった。ほとんど妖気をおびたような美男だったが、こういう種類の男の美しさをまだ見たことがない。この人にじっと見入られたら、あたりが暗くなってその意思の中に吸いこまれてしまうだろう。自分の僧侶らしくない魅力に困っているかのように見えた。

この人はどこにいってもつねに第一人者となる能力をもっていて、世にもてはやされ前途を嘱望されていたのだったが、ふと人の知らない事情によって内心に蹉跌があって、この僧院に身を埋めたのではなかろうか。自分の傲慢をうちくだくために、難行苦行をしているのではなかろうか。あのトルストイの神父セルギウスのように……。

この神父セルギウスは私を不審そうに一瞥したが、やがて柔和な微笑をうかべて一揖して、林の中に歩いていった。

「ああいう坊さんのために、まだまだ困難が大きいのです。さあ行きましょう」

城門をでた広場に、共同便所があった。私はそこに入った。

古い煉瓦づくりでかなり広かった。いく人かの男が立って用をたしていた。

そのあいだにまじって、二人の男が石壇の上にしゃがんで大便をしていた。その立派な顔をした人が、青い目でこちらをじっと見ていた。

これにはおどろいた。あの調子では、紙などももっているかどうか。純朴なること太古の民のごとくで、べつに責めるつもりはないが、ただ民度は低く進歩的ではなかった。

帰り道に赤毛女史はこういった。

「わたしは八カ月になる男の子があります。この写真を見てください。可愛いでしょう。セリョージャといいます。これからその世話をしなくてはなりません」

モスコーの郊外にくると、たくさん立っているアパートの一つを指した。

「あのあたらしいアパートに住んでいます。夫は技師です。ではさようなら」

彼女は運転手に渡す書類には、嘘の時間を書きこんでいた。職務をごまかしたのだろう。このときは、ガイドとはこういうものとばかり思っていたが、後になって知ると、ガイドは一日中インツーリストの旅客についている義務があるのだった。他のガイドはもっとよくしてくれた。この人はできるだけ手をぬくことを考えていて有能ではなかったが、しかしお蔭で自分一人で放浪する時間があった。

メーナートの本に、いまのソ連人もむかし寺院だった建物に入るときには、帽子をぬぐ、ということが書いてある。

クレムリン城の中にあるいくつかの寺院は、もちろんもはや寺院ではなく、空家になっていて、中には祭壇も十字架もない。ただ壁の聖画がすばらしいので、いわば一つの絵画館として見物の人々が出入する。

その入口で見ていたら、いかにも列をなして入ってくる市民たちはみな脱帽した。身ぶりにも敬虔な表情があり、襟を正すというふうだった。ひさしい歴史から生れて民衆の意識の底に沈澱しているものは、なかなか払拭できないのだろう。

（もともと革命はロシア人の全精神生活を独占するはずだったのだけれども、あたらしい原理による文化創造がいつまでも実現しないので、その空隙を埋めるために、いまだに古い文学や美術を採用しているのだそうである。この絵画館などはそのもっとも端的な例証だろう。）

フランスの雑誌に「ソ連人は洗礼をうける」とて、寺院の中の僧侶と嬰児を抱いている夫婦たちの写真がでていた。その中で、一人の若い父親が不自然な姿勢をしてうつむいて顔が見えない。説明には「彼は写真をとられるのをおそれて首をたれた」とあった。

熱心な信者はいまなおどのくらいいるのか？　これは専門家にもつかめないのだそうで、メーナートの本には約五千万人と考えられるとある。

廃屋になった寺院に入るときに帽子をとる人々もいるが、あべこべに、いま活動している寺院に入るときに帽子をかぶる人々もいた。

ユダヤ教の寺院（シナゴーグ）の信者たちがそれである。

レーニングラードでシナゴーグを訪れた。

その建物には宗教的な感じはほとんどなかった。他国で見たシナゴーグもそうだが、あのように熱烈な信仰に執着する民族の寺院に、どうして雰囲気が乏しいのだろう？

入口で、顔も上着もズボンもみな皺くちゃにくたびれた小使に咎められた。しきりに額を指すのだったが、ようやく分った。無帽ではいけないというのだった。

カトリック教会では、男は脱帽し、女は着帽する。もっていない女は髪にハンケチをかける。ところが、ここでは反対だった。男は着帽し女は脱帽する。そして、男は一階に女は二階にと、席が分れる。

私が入れないのを残念がって扉の隙から覗いていると、小使が自分の鳥打帽を貸してくれた。やはり皺くちゃできたなかったが、有難かった。それをかぶって中に入った。

内部は宮殿風で、壁の装飾には曲線が謎のように入り組んだアラビア風の模様が交っているように思われたが、あれがユダヤ様式なのかもしれない。二階には六角の柱のあいだに欄干をめぐらし、女たちが坐っていた。正面の壇の上に六つの尖端がある大きな星形が金色にかがやいていたが、そのほかはとくに祈禱のための聖堂というふうではなかった。天井が高く、あかるく広くがらんとして、むしろ停車場の待合室か学校の講堂のようである。

正面に祭壇があって、僧侶が何か唱えていたが、会衆がそれに和するのでもなく、歌うのでもなかった。ただ数人の僧が会衆とは関係なく儀式をつづけていた。

シナゴーグの性格を知らないのだが、おそらくここは黙想あるいは会合の場所なのだろう。帽子をかぶった人々がゆったりと坐りこんで、ある人々は話を——議論らしかったが——していた。ある人々はユダヤ文字の古い本を熱心に読み耽っていた。

ここにいる人々はみなユダヤ人なのだが、べつにユダヤの世界らしい体臭はなかった。顔つきもみながそうとは見分けがつかなかった。

ソ連でもユダヤ人迫害が猛烈であると、西ヨーロッパではしきりにいわれている。それを救済する委員会もできて活動しているが、ここで見てはそういうことはまるで分らなかった。

シナゴーグを出るときに、小使さんに礼をいって帽子をかえした。こういう際にはフランスあたりではチップをやるのが当然だし、やらなければむこうから催促されるくらいだから、一ルーブル渡そうとした。すると、「ニエ、ニエ」とて、だした手をふりはらわれた。

回教徒のモスクははなはださかんだった。東邦風の円味のある顔立ちの人々が熱心に祈っていて、堂の内部もシナゴーグよりずっと豊かだった。これはソ連のいまの対外政策の結果にちがいない。

レーニングラードでも、駿河台のニコライ堂の数倍もあるような大きな伽藍が、軒なみに無住になっていた。

高い階段の上の赤い大理石の円柱の列のむこうに、鉄の扉があり、それに一面の浮彫りがしてある。十字架を負って仆れているキリスト、エルサレム入城、ピエタなどである。じつにスケールの大きな重くるしい建築だが、荒れはてさながら戦後の廃墟のようである。

こういうところの階段の下で、群集が半円形をなして立っているのを、ときどき見た。みなしずかに微笑みながら、だまって何かを眺めている。

その中に入って覗くと、人々が鳩に餌をやっている。

寺院が廃されても、鳩はまだもとのところに集ってくる。町の人々はもう何十年もそれに餌をやって、平和な一時をたのしんでいるのだった。かたくるしいうるおいのない市中で、人々は沈鬱に見えるが、こういうところだけにはなごやかなやさしい空気があった。

レーニングラードの市中には運河が多い。それにそって大寺院がたっている。これはモスコーの赤い広場のワシーリ寺院を模したもので、中世ロシア風の華麗な色と怪奇な形をしているが、いまは中はがらん洞で、さながら有史以前の怪物の骸のようである。

この伽藍のあるところで、一八八一年にアレクサンドル二世が「人民の自由」結社の党員のためにダイナマイトで暗殺された。結社は解散され、数人が死刑となった。そのあとに、この復活寺院がたてられた。

さらにその後になって、右の結社の生みの子ともいうべき革命によって、この寺院は廃された。そして、ついに数億の人間の祖先以来の信仰をほぼ亡ぼしてしまったのだから、少数の前衛がじつに大きな仕事をしたものである。

運河のへりには護岸の壁があり、その窓から見ると、対岸の建物の列が黒い水に映っていた。この壁と寺院のあいだに、幅二メートルほどの暗い小路がうねっていた。外からは見えない一郭をなしていて、いかにも趣があった。

人影はなかった。まわりの壁は鳩の糞で白く斑になっている。敷石には羽毛がちらかっている。秋の風が吹きとおっている。

そこを歩いていって、私はおどろいて足をとめた。寺院の外の壁の凹んだところに、燦然たる等身大のキリスト磔刑の像がたてかけてあった。

全身に傷あとがなまなましく、左の胸には肉がひらいて血がふいている。髯は素朴に刻んであり、古い像に特有の形に口をゆがめてむすんで、ガラスの目をなかば見ひらいて、両腕を左右にひろげている。むかしは寺院の中にあった由緒のある像なのであろう、一面に七宝のモザイクが嵌めこんである。が、それももう大分剝落している。そして、前に一束の花が供えてあった。

私はそれを眺めていた。すると、一人の女がきてこの磔刑像の前に跪き、十字をきり口づけをして、ながいあいだ祈っていた。

キリストよ、おんみは天からおくられて、人間に罪と、罰と、戦争と、平和と、涙と、法悦と……そのほか無数のことを教えたが、奇蹟だけはいつまでも示さない。人々はこれほどにも待っているのに――。

それからなお幾人かの老婦人がどこからか来て、祈り、花をささげて去った。あわれが深かった。

人工の楽園

ソ連に入る日本人は三種類に分けられるそうである。

一は、招待客。この人々はいたれりつくせりの世話をうけて、ある装置された環境の中をゆく。二は、ちかごろ入国がゆるやかになり、日本の見本市なども催されるようになったので、個人的に滞在する者。この人々は手続きその他を自分でして自分で見てあるくから、ある程度のリアリティを経験をする。三は、この国に長く滞在する人。いうまでもなくこの人々がもっとも判断ができるわけである。私はこの中の第二の範疇に属した。

長く滞在する人の判断にもさまざまのちがいがあるであろう。ある人は肯定的だが、ある人は否定的である。戦犯になってながく抑留されていた人の場合などは深刻であり、前野茂氏の『生ける屍』などはその例である。

私は短い滞在のあいだにいくつかの見聞をしたが、それについて価値評価をすることはできるだけ慎重にしようと思った。行きずりの旅行で、ほんとうのことが分るわけはない。ともすると自分が見聞した部分的真理を一般化して、これが全体だと思ってしまう。外国人が日本にきて印象を書いたものを読んでも、その見当ちがいに唖然とすることがしばしばある。

しかも、私はソ連に関してはある先見予断をもっている。私はドイツで東からの難民を見、かれらと語り、そのおどろくべき数を検討し、この事実はどうしても疑うことができない。脱出は、そこに生きている当事者が直接の経験から身をもって示す判断である。難民は、レーニンがいったように「足による投票」である。遠い第三者が、宣伝や公式によって判断したものではない。あれを知ってみると、あれでいいのか、ああなってもかまわないのかという、懸念をすてることができない。この事実を疑うことができない以上、その本家本元のソ連をもすぐそのままに信用することはできない。私がうけた感銘では、ソ連の戦後の対外政策はじつに非道なものだったし、その平和攻勢は平和をねがう人々の気持につけこんであやつる悪魔的なものである。

最近の社会主義インターのローマ宣言の草案に「ソ連は、平和愛好といいながら、世界最強の常備軍を擁している。中立主義を支持しながら、ハンガリーやユーゴーを修正主義と非難する。反植民主義をとなえながら、過去十五年間、二千万の人々を文字どおり奴隷化した。ファシズムの防壁といいながら、一党独裁制によって今日でも最大の専制を行っている」とある。この宣言は西欧に偏してはいないようが、それだからとてソ連に対する評価がまちがっているとはいえない。こういうのが今のヨーロッパでの常識なのであり、私がひとり他人とちがったひとりよがりの偏見をいだいているとは思われない。

それどころか、私はいかに世の中が架空の幻影によって支えられるか、いかに激情的な行動が空想によってうごかされるかに、おどろいている。多くの人々がソ連の宣伝を信じて、その欲するとおりに踊ってきた。

これというのも、たいていの日本人があのような現地の実情を知らず、しかも人間性一般を現実よりももっと高尚なものと買いかぶっているから、それでヨーロッパで実際に起っているような苛烈なことは考えることができず、それを報告しても、「まさかそんなことが起りうるものか」と信用しないのだろうと思う。

自分の先見予断について反省をかさねながら、私はモスコーやレーニングラードの町を歩いた。さまざまの不服はあるものの、できるだけ偏見をもたないようにしたい。そして、自分が経験した狭い範囲のことで、これだけは疑えない判断を記したい。と、そうは思いながらも、以下に記すことはどうしてもやはり否定的な調子が多い。私がソ連で見聞したことは、総じてけっしてバラ色ではなかった。

ソ連を出て十日ほど後に、まだソ連の記憶があたらしいときに、パリで「USSRの二時間」という宣伝映画を見た。

その中ではソ連のすべてが明るく楽しげに、活力と光にみちて、人の心をそそった。自分がつい前にそこに実地にいた場面がいくつもでてきたが、そのときの印象とはちがっていた。実物はもっと貧しく陰気だった。これを見たのはパリの労働者地区で、うっかり保守系の新聞などを手にもっていると白い眼で見られるというところだったが、人々は映画があたえるイメージに魅せられて溜息をついていた。

ドイツのボンで、インツーリストの旅行客として入国の手続きをした。日程もちゃんときめて、どの飛行機でどこのホテルに泊るということが指定された。飛行機代もホテル代も食費もガイド代も自動車代も、そのほかすべてを一括して前払いだった。九日間で二五〇〇マルク（二二万四二五〇円）すこしたらずで、その高いのに一驚したが、せっかくのチャンスを逃すのも惜しかった。これはソ連の外貨獲得の一法だということだったが、おかげで後の旅行の予定をすてなければならなくなった。たいへんな贅沢旅行で、最高級のホテルに泊り、ソ連内の飛行機は特別席で、つねに普通のロシア人とは別の世界にいた。

いまはソ連入国はかなり楽になって、旅行案内所には汽車でゆく団体募集のビラがはってあった。これだともっとずっと安いのだが、私がボンにいたときには生憎と贅沢旅行のほかには入れる枠がなかった。

西ヨーロッパ諸国の旅行なら、どこでも事情はおなじだからべつに困ることはないが、ソ連はさまざまな点で他国とちがっているので、ずいぶん閉口したことがあった。

ヘルシンキで乗換えて、それから先はソ連機となった。旅券も往復の切符もとりあげられた。これはよその国ではしないことである。

飛行機がうごきだした後にも、厚い肩章が左右に反りかえった制服の人が姿を見せていたが、いつか見えなくなった。椅子もカーテンもこれまでよりはいちじるしく粗末である。旅客飛行機に特有の、なめらかな合成物質も間接照明もない。すべてがいかつく、殺風景に、無愛想になった。いよいよソ連である。

窓から外を見ると、鉛色の空の果がうすく赤らんで、地上には荒れた白い地膚に大小さまざまの湖沼がちらばっていて、そのあいだに低い松がおしひしがれたように生えている。この薄明の中を飛んでゆくうちに、時差がずんずんずれてゆく。

一人の若い日本人がいて、ならんで坐った。この人はモスコーの日本大使館につとめていて、いろいろと事情をきかせてくれたのはありがたかった。

「大使館の郵便をだしにストック(ホルムのこと)まで行ってきました。郵便はストックまでもっていってだすのです。ついでに日常物資を買って帰ります。モスコーには何もありゃしません」

この人のおかげで、モスコー飛行場でもまごつかずにすんだ。税関吏はすこし険があったが、それでも簡単に通してくれた。ただ滞在の期間についてきびしく念をおされた。旅券も切符もかえしてくれた。

夜道を一時間ほど走ってウクライナ・ホテルに入ると、その一階はさながら空港の待合室のような大きな広間で、まわりにさまざまの窓口ができていたが、深夜だから、方々の電灯は消えてがらんどうだった。ただ旅券係のところにだけ明りがついていた。そこに、髪をひっつめにゆって唇をかみしめた中年の女が坐っていた。

「あなたのパスポートと飛行機の切符」

私がいわれたとおりに提出すると、女は帳面と照合して、それに記入した。そして、

「十九階の六番」

ときしむような声でいって、その部屋の鍵を机の上においた。それから私のパスポートと切符をしまいこみ、頤をしゃくってエレベーターの方角を示した。

女はこれらの英語の単語以外には一言もいわず、これらの動作以外にはいかなる身うごきもしな

かった。それからはふたたび前の姿勢にかえって、口をむすんで私の背後のどこかを見つめて、人のいない暗い大広間の一隅に坐りつづけた。

後になって知ったが、こういうのがここにはたらいている人々の習性だった。誰もみな一滴のエネルギーをも失うまいとして、いかなる人間的感情をもうごかさなかった。

前から「ソ連に行くと、いたるところで旅券と切符をとりあげられる」ときいていた。これをきいていなかったら大いに周章狼狽するところだった。いったい何のためにとりあげるのだろう？　これは食堂で同席したアメリカ人たちもふしぎがって考えこんでいた。旅客が勝手なときに出てゆかないように統制するのだろうか？

この二つの大切なものを預かりながら、受取りをくれない。まちがって他人がもっていったら、あるいはまぎれこみでもしたら大変である。いつ返すかというようなことについての説明もない。ただ忍従のほかはない。これが無くなったら旅行はできなくなるのだから、ただとりあげられては心細く、心理的には大きな拘束を感じる。はやもうこれで私はこの国の国家権力によって何となく死命を制されたような気さえする。ソ連滞在が気持に負担をあたえるのは、こうしたことがつねにつみ重なるからだろう。

このウクライナ・ホテルはじつに変っていた。金のあるソ連人の社交場であり、外国人が泊められるところであるのに、モスコーのホテルの中でもサービスが悪いので有名なのだそうで、はじめ二三日は途方にくれた。

全食費をすでに前払いしてあるが、その受取りをもっていって食券のクーポンに代えてもらわなければならなかった。

一日分の食券が四片に分れて、点線で切りとれるようになっている。各片がそれぞれある金額をあらわす。朝食が十二ルーブル、昼食が三十ルーブル、夕食が二十ルーブル、お茶が三ルーブルである。このクーポンを滞在日数の枚数だけ綴じてくれる。そうして、このクーポンをもっていれば、市内数か所の特定のレストラン（いずれも贅沢なところ）で食べることができる。

こういうことがはっきり分ったのは、数回の失敗を重ねた後のことだった。クーポンを発行する係の女は、食糧配給権をにぎっている者のもつ冷笑的な優越感をもっていた。綴じたクーポンを投げだして、早口に一通りの説明をすますと、「さあもうすんだ」とばかりに横を向いた。一度きいただけでは分らず、ききかえしても分らないにきまっているし、分るまでききかえすことはできない。ある日本人はここで一枚すくなくわたされ、一日分を誤魔化されたそうだったが、私がもらった綴りもやはり一枚すくなかった。しかし、あとでかけあったら黙って追加してくれた。

「ロシアでは飯を食うのに二時間かかる」ときいていたが、このウクライナ・ホテルでは、それも大した誇張ではなかった。

大きな食堂で、いつ給仕が姿を見せるか分らない。食卓によって係がきまっていて、係以外の給仕は知らん顔をして、眉一つうごかさずに行ってしまう。係が姿を見せたときにつかまえるべく、油断なく見はっていなくてはならない。姿が見えても、むこうの方でながながと駄弁っている。

三十分たって、何かのはずみで気がむいたとみえて、こちらによってくる。それをつかまえてメニューを見せてくれというと、もってきてまた行ってしまう。この国の習慣では、パンもバタも砂糖も塩も蜜もいちいち別に注文するのだそうである。それらの価格を考えて、クーポンの額に合うように工夫して、ふたたびながいあいだ待ってようやく注文する。三十分たってぼつぼつと皿があらわれる。最後に勘定をすまして立ち上るまでには、時間の空費にいらいらして、何か隠れ蓑をきた姿の見えないものとの格闘に疲れてしまう。

まわりの人々は泰然とおちついている。慣れたら私もああなるだろう。ああなるほかはないだろう。クーポンの金額だけはとうてい食べきれなかった。ときにはその半分でたくさんだった。クーポンを出すと、給仕はその残りの金額を返さなかったが、これはそういうことになっているのだろうと思っていた。それで、私ははじめのあいだはずいぶん損をした。給仕はこちらの不案内をいいことにして、みな着服していたのだった。

あるとき同席の国籍不明の紳士がつりは返すのが建前だと教えてくれたので、次のときに返さぬ給仕に催促した。白い膚に一面の雀斑《そばかす》がちって、乱れた赤髪に鈍い表情をした給仕は、のろい口調で何かロシア語で答えた。

それが分らないでいたところに、ちょうど給仕長らしい人が通りかかった。この人はドイツ語ができる。普通の給仕はほとんど外国語を喋れなかったが、戦争中にドイツに捕虜になっていたとかで、ドイツ語を知っている人が幾人かいた。

「この人は何といっているのですか?」

「いま金をもっていません。おつりはありません。シガレットでならお返しします」

それでなければ返さないというなら、それで返さしてやろう。

「ハラショ」

こういうと、係の給仕は奥の扉から出ていった。煙草をとりに行ったのだろう。

私は給仕長にたずねた。

「ここではチップは出すのですか？」

チップをやっていいものやらわるいものやら分らなかった。日本のようにうっかり金などをだすと相手の人格侮辱になるということはあるまいが、何分にもこの人間疎外のなくなった国にきて、チップをやったからとて叱られてもつまらない。

「それは――」と給仕長は、ここではめずらしく小腰をかがめて、うやうやしくささやくようにいった、この人はこういう客商売の物腰を外国でおぼえたのだろう。「チップをおやりになれば、あなたはより早くサービスされるでありましょう――」

おお、それは資本主義ではないか――！

私はいった。

「それなら、シガレットは一箱でいい。あとの残りは君と二人でチップにしたまえ」

給仕長はいそいで同僚を追っていった。めずらしく給仕の動作がはやかった。

やがて、係の給仕が、工場の煙突から煙がでているマークのある一ルーブル八十カペイカの煙草を一箱もってかえってきて、それをさしだした。ピントがぼけた青い目がぼんやりこちらを見ている。悠長のような無感覚のような、われわれとはとうてい歯車がかみ合わないが、しかしいかにも広い大陸の人らしい。このときのおつりは六ルーブルだったから、のこりの四ルーブル二十カペイカが二人のチップになったわけだった。

毎度の食事のクーポンがはなはだ高価だったから、その分だけすっかり食べてしまうべく、しまいには朝からカヴィアを注文した。

このホテルで、チップをことわった人が一人いた。

この宿を出る前の晩に、掃除婦をしているおばさんと話をしたら、むこうからすすんで「あすの朝六時半におこしてあげる」と約束した。（この人も片言のドイツ語だった。）はじめて親切心とサービスに接して感激した。西ヨーロッパだったらこういうときにはチップをやるから、三ルーブル出したら、手をふって笑いながらことわった。この人はいつもにこにこして人懐こかったが、もともとロシア人にはこういう人が多かったのではなかろうか？

この人と、前に記したシナゴーグの番人と、それからレーニングラードのガイドと、私のソ連滞在中にチップをことわったのはこの三人だった。

ようやく朝食をすませて、市内見物にとりかかる。そのためには遊覧係に出頭して、ガイドと自動車をわりあててもらう。

遊覧係の机の前にはたくさんの外国人がむらがって、早い者勝ちに口をだして懇願している。係は背の高い美人で、西欧スタイルの着こなしをして、それを冷静につぎつぎとさばいてゆく。

かたわらには、たくさんのガイドがつめて待機している。みな若いインテリ女性で、ひどく野暮な服装をしている。

ガイドと自動車は一日中つかっていいのだった。

ガイドに旅客を監視する役が課せられているような気配はなかった。個々の外国人についての監視などは不必要なのだろう。どこに行っても、ある限界から先には見えない壁がさえぎっているのだから。

ここでも忍耐して待つという美徳を修業した後、ようやく番がまわってくる。

「あなたにはこのガイドがつきます。自動車は何番です」とて、紙片をわたされる。

こうしてついにホテルの玄関を出る。起床してから三時間はゆうにたっている。パークしている自動車のあいだを、あたえられた番号をさがす。自動車は見つかったが、運転手がいない。クラクソンをしきりに鳴らすと、どこからかのっそりとあらわれる。あらわれないこともある。

このウクライナ・ホテルは三十三階あるマンモスビルだった。おおよそ二千人か三千人は泊れるだろうと思われた。寝室は風呂つきの豪華なものだったが、ホテル全体の機構の不便、非能率、組織のまずさ、官僚風には、腹が立つやらおかしいやらだった。

むやみに厖大なものをつくって、人間にとって適当な空間のスケールを無視したために、ここでは人間的な接触はまったくない。他人のために人間的な配慮をする者は一人もいない。巨大な混沌の中に、人間が埋没してしまっている。分らないことは部屋からオフィスに電話できけ、と指示してある。理論的にはオフィスが中心なのだけれども、やはり人間の生活には、生きた中心がなければ全体が有機的にはうごかないのではなかろうか。

はたらいているのはほとんど大部分が女といっていいくらいに思われたが、その人々は無記の符号になって、ただ自分の受持だけを最小のエネルギーをもって遂行していた。一言でも余計に口をきいたら損といいたげな徹底ぶりには、ほとほと感に堪えた。

後でソ連からストックホルムに出たとき、そこの空港ではたらいている若い女が、あかるく快活にいそいそと立ちまわって親切にしてくれた。おなじ飛行機から降りた三人の日本人は、みな感激していった。「モスコーのいちばん愛嬌のいい女とストックのいちばん無愛想な女と、ちようどおなじくらいだろう」。といっても、スエーデンは完全雇傭であまりサービスはよくない方なのであるが。

ウクライナ・ホテルでおなじように途方にくれているアメリカ人（アメリカ人がたくさん来ているのにおどろいた）と話した。「これではどこがどうなっているのか、何も見当がつかない。せめて一通りの説明を、外国語で印刷するくらいなことをしたらよかろうに」

この外国人の滞在が多いホテルで、すべての掲示がみなロシア語で外国語がまったくないのが、ある意味をもって感ぜられた。これは不精からというよりも、むしろナショナリズムからではないだろうか？

一切を計画で強行すれば、官僚主義がはびこる。ソ連の官僚主義ということはよくいわれるが、まさかこのウクライナ・ホテルの運営ぶりが国全体の象徴であるということはないだろう。しかし、ソ連の諷刺雑誌『クロコジール』の漫画などがドイツ語の本に転載してあるのを見ると、ゴーゴリの『検察官』的なところはロシア人の気質にあるのだろうかという気がする。ちかごろはフルシチョフが地方に行って、さかんに「検察官」を実演したそうだが。

レーニングラードで指定されたオイローパ・ホテルは、帝政時代からの建物で、むかしは華かな社交の中心で、ツルゲネフが泊った部屋もあるそうだった。大きさも手ごろだし、人数もすくなく、食堂でもむやみに待つことはなかった。はたらいている人々も人間味があって、木で鼻をくくるどころか、いちいち「パジャールスタ——どうぞ」と会釈をする。期待していたロシア人の人なつこさにいくらかふれることができた。

ウクライナ・ホテルは大きすぎてホテルとしての機能がわるく、人間性を無視した抽象的な組織化の欠陥を示しているが、この建物の外観はスターリン時代の眩耀趣味の産物である。ひたすら堂々と威圧的に、「社会主義の成果」を印象づけようとしたものである。一ころはこういうものがしきりにつくられた。

モスコーのあちらこちらに、このような三十何階の大建築が聳え立っている。七つか八つあるそうである。

スターリン様式というのだろう、みな同じ形で、一ころはこれが公的な代表的な様式だった。東ベルリンのスターリン・アレーもこれである。諸衛星国の代表的な建物もこれだそうである。

いずれも二十階あたりまでは四角く、それから上は三つに分れて、しだいに細くなって尖端が宝冠のような飾りになっている。後期ゴシックとルネサンスと新古典派と中世ロシアの要素と現代趣味の折衷で、ごてごてと重々しい装飾をつみ重ね、ひたすら記念碑的効果をあげようとしている。

そのうちの一つは住宅アパートで、その天に沖り立つ高層の下を通るごとに、上の方を指して、「あそこにバレリーナのウラソーヴァが住んでいます」と教えられた。

モスコー大学は、遠くの靄の中にぼんやりとシルエットを浮きだしていた。これができたときには、日本では渇仰の気持でとりさたされたことを思い出し、ある感慨をもって望み見た。あのときは、進歩的な人々は「部屋を一まわりするだけでも何年かかる」とて意気あがり、バラックの大学にはたらいていたわれわれはいささか肩身のせまい思いをした。

スターリン時代には国民の生活ははなはだ乏しく、人々は行列をつくって食物を求め服装もわるかったが、それでもこういうものがつくられた。それは誇示する宣伝のためだった。それはわれわれの周囲でも有効にはたらいた。宣伝のグラフィックを見て、多くの人がソ連の建設に感激した。しかし、フルシチョフ時代になって、このような能率の悪い大建築をつくることは禁じられ、建築は五階か六階の簡素な様式ということになった。

「現代の住宅は寺院や博物館のコピーになってはならない。……こういう建築家たちは、無内容な形式を唯美的に讃美している」と、一九五五年にフルシチョフが演説した。

「まさに象と縞馬の家。戯画であって、社会主義的芸術ではない」と、一九五六年にポーランドのコミュニストの詩人が批評した。

百貨店のグムがつくられたのはもっと前だったが、これはソ連の建設のはじめのころで、非常に喧伝され、労働者の天国ができたようにいわれた。あのころ映画で見たときは幻想的な楽園のように思われた。内部が一風変っていて、装飾的にはうまくできている。屋内に橋がいくつもかかっていて、それをロココ風の石膏の花の飾りが覆っていて、派手ににぎやかで、ちょっと空の浮橋を歩くようでもある。しかし、いま行ってみると、グムは幻滅ものだった。もはや古びて、ごたごたと埃っぽく、売っている品物も貧しく、日本のデパートとは比べものにならぬ。

目をそばだてたのは地下鉄だった。これはききしにまさるものだった。プラットフォームは色大理石のモザイクをしき、壁は金属をかがりガラスをちりばめ、キラキラチカチカとして、さながらモンテクリストの洞窟のようだった。太い円柱の蛇腹がうねり、それに銀の刺が密生し、ルビーやサファイアと見える玉がきらめき、一つ一つの柱がみな意匠を異にしている。天井からは金の宝冠のような大シャンデリアが吊下っている。日本で似たものをさがせば、デパートのホールをさらに濃厚に豪華にしたようなものである。平泉の光堂の内陣のような藤原時代のお寺が、できたときにはこんなだったろう。

地上のスターリン様式は俗な成金風だが、地下鉄には一種のうつくしさがあった。暗く野性的に、華麗にはげしく、クレムリン宮殿の奥の古い室内装飾に通じるロシア固有の感覚だった。こういう色調やリズムや線のうねりが、ロシア人の魂のしらべなのだろう。

それにしても、どうして地下鉄にこういうものを作ったのだろう? よその国では、地下鉄はただ実用だけの、殺風景な倉庫のようなものである。ソ連ではここに国家の威力を誇示して、民衆を驚歎させせよろこばせようとしたのだろう。そして、民衆が好むのは依然として旧式の王朝趣味だから、それでこういう様式がえらばれたのだろう。ソ連は、哲学もそうだが、美学も十九世紀である。

しかし、私は「ハッタリにはおどかされないぞ」という気があるものだから、右のような類のものはあまり有難くなかった。しきりに喧伝されていたものを見てゆくうちに、だんだん興ざめてきた。期待が外れて、浅い底が見えるように思われた。こういうものはただ単純な人々をおどろかすだけのものである。といっても、事実としてはこれが多くの人々に印象づける効果をあげているのだから、やはりそういうものとしての役をはたしてはいるのだろうが。

ふと私は疑念にとらえられた。――モスコーのあたらしい建造物の中から、もしこういう宣伝むきの装飾を消してしまったら、あとの実体には何が残るだろう？　人間の生活をより豊かにする、実質的な成果は何だろう……？

広い道路や広場や古典的な宮殿や劇場などは、帝政時代の遺物で、あたらしくつくられたものではない。郊外にちかいところには大アパートがたくさんたっているが、ああいうものは日本でもつくっているし、モスコーの住宅事情の悪いことは有名である。ちょっと表通りから入ると、朽敗になんなんとしたあばら家がたくさんある。地下鉄も装飾的部分をのぞけば、ほかの多くの国にあるものだし、宣伝などをまったくしない国の方がさまざまの点についてもっとずっと充実している。

あたらしくつくられた派手なものは、ほとんどすべて宣伝用のものではないか……。

やかましくいわれるソ連の建設はどこにあるのだろう？　あの世界中をつぎつぎと固唾をのんでおびえさせるエネルギーはどこにあるのだろう？　うたがいもなく非常に強力な軍事力をのぞいて、とくに民生としては何があるのだろう？　大工業はどこで国民をうるおしているのだろう？　そういうものは特別なところに行けば接することができるのだろうが、表からは見ることができない。表から見ることができるのは、粗末な服装をしたプロレタリアの貧しい消費生活である。きっとシベリアの大工場とか、大河のダムとか、沙漠の開発とかいうものは、壮大なものなのだろう。それはそれでいいので、都市の繁栄よりは未開発地の開発の方がもっと大切にちがいない。

ただ私はモスコーやレーニングラードの物資の乏しい市街をあるきながら、ふしぎでならなかった。――ソ連に来たらさぞ若々しい新興の気魄がみちていることと思っていた。健康な男女が未来めざして目標をもってはたらいているのだろうと思っていた。ところが、どうもそういう気配には接しない。予期に反して生活程度もあきらかに日本より低く、人々は何となくいじけて索漠と暮している。おさえがたい勢で向上する、新鮮なダイナミックなものはなかった。西欧の都市のような底のふかい迫力はなかった。

西欧からきたせいだろうか、人々は個性とか性格とかいうものを感じさせなかった。むしろやはり柵に入れられたおとなしい家畜の群という感じだった。なるべく集団の中にかくれてめだたないように振舞う、無記の存在になる、無数の同じ形の針の一本になる――われわれも戦時中にはこのようにして自分を守ったが、それがここではまだ行われているような気がした。

東京の混雑の中のわきたつような若々しいエネルギー――ああいうものはなかった。じつにホテルの中では、男はアパシーで女はヒステリー、という感想さえあった。全体がむしろ無気力に受動的に思われた。スターリンがこういう類型をつくってしまったのだろう。それだからこそ、権力者の演説はつねに「しばし鳴りもやまぬ熱烈な拍手」によって、感激をもって幾度も中絶されるのだろう。

現実は、宣伝によってかきたてられたわれわれの空想の中のソ連とは、だいぶちがっていた。

往来のところどころに彫刻が立っている。群像である。

若い男が髪を風になびかせ、逞しい腕をさしのべて、行手をのぞみ見ている。若い女が幼児をかかえて、それによりそっている。明るく健康に、胸を希望にふくらませている。

こういう姿は——あたりまえの話だが——ただ街頭の石像で見ただけだった。宣伝によってかきたてられたわれわれの空想の中のソ連は、この石像によってあらわされているようなものだった。

われわれはそれについてずいぶん聞かされた。人々はそれがはたして現実であるか否かはあまり問わなかった。この神聖な映像を信じて、それに疑をさしはさむと怒った。現在への不満とそれがえがきだした幻影は、はげしく人々の情熱を煽った。

戦後に日本人がまねかれるようになった初めのころ、一人の婦人社会運動家がモスコーの飛行場に降り立って、涙をながしてこう叫んだという記事を読んだことがある。

「ああ、いまわたしは労働者の祖国にまいりました！」

この人はかねてからソ連についてあるイメージをもっていたのであり、その自分がえがいたイメージに感激したのだった。足下にふんだ飛行場の土の感触は、このイメージを確証した。おそらくこの人は、そのまま変らぬイメージをいだいて帰国したのだったろう。

人間は事実とは別に、事実について彼がえがくイメージをもっている。世界についての特定の表象の仕方が教えられ、それにしたがって事実を把握し、そのイメージにしたがって行動をおこす。だから、彼の行動となまの世界とはしばしばずれることがあり、また彼の行動がなまの世界と合致している場合にも、なお彼は自分が思いうかべたイメージにしたがって行動したのである。

世界についての特定の表象の仕方——これがゆるがないあいだは、彼のイメージは変らない。たとえそれが事実とくいちがっていることが分って一時は混乱しても、しばらくたつとふたたびもとどおなじ性格のイメージが成立する。これを具体的にいえば、たとえスターリン追放やハンガリー事件によってショックをうけて困惑しても、それは時がたつと共に忘れられ、ふたたびもとの考え方にもどる。しらずしらずの選択によって、具合のわるいことは意識から排除し、都合のいいことだけをとりあげて、彼の意識の内容がつくられる。

この表象の仕方は、理論の形をとって裏づけされる。人間は事実に即して事実を見ることはすくなく、むしろ「かくあるはずである。故にかくある」という経路を通じて事実を評価する。この経路において、事実はその体系に適合するように解釈される。このような構想力によってつくられたイメージははげしい勢で伝播して、集団の共有財となり、聖なるものとしてあがめられる。かくて一たん成立した集合的意識は容易にくずれることはない。(かってわれわれはそれが一挙に全面的に崩壊したのを、八月十五日に経験した。)

人間はさながらシャボン玉の中にいるように、彼がいだくイメージ――世界像の中にいる。ある気質の人々は、いったん成立したシャボン玉の中にとじこもって、それを外の世界とつきあわせて検討しようとしない。その人々は現実からは遮断されて、かれらのそれ自体で独立した世界像の中で、それがもつ言葉と論理によって、主観的にはつねに合理的である。

こういう人々をピックアップして招待して、世界をその人々が見たいとねがっているように見せる装置をして、その中を案内する。ここに、その人々のシャボン玉には楽園がうつる。

他国の輿論形成者に対する招待政策は、冷戦時代のもっとも効果のある戦術だった。すでに一通りの成果を収めたとみえて、いまは行われなくなったが。

一九五五年に、日本の大学総長級の人々が招待された。ソ連には七万八千のコルホーズがあり、そのうち十九が外客観覧用であるということである。そういう模範農園のみを見せられ訓練された人々とのみ会話をさせられれば、もともと人間の認識力は自分が接した部分的真理を一般化しようとするものだから、これが全体の姿であると思ってしまう。かくて、その先生方は「ソ連の人民は希望をもって生きている。ソ連ほど異民族の統治に成功した国はない」と確信し、報告した。ところが、その翌年にスターリン追放が行われて、ソ連の人民がいかに恐怖の中に生きていたかが暴露され、また東欧諸国であいついで暴動がおこった。その先生方はリアリティに対して何の能力ももっていなかった。

この先生方のような喜悲劇は無数にあった。現代の政治は人間の心理を操作する。ことにソ連の権力者はこれに長じていて、前記の世界についての特定の表象の仕方、これから生れるイメージ、これによっておこる行動ということを、はっきりと理解しているにちがいない。


人間の世界についての表象の仕方が、ソ連でどのように統制され、どのような枠がはめられるかを知りたかったが、何分にも言葉ができないのだからよくは分らなかった。それでもいくつか感じたことはあった。

ちかごろになって、ソ連が外国の通信員の記事に対する検閲を廃止した、と発表された。もともと検閲はない建前だときかされていたし、多くの人々がそれを断言していたのだったが……。事実としては、これまでもさまざまの形で検閲はあったたし、ある形ではこれからもあるのであろう。

これまでひさしく、日本の新聞にのるソ連駐在の通信員の記事は、ソ連当局の宣伝にほかならない、という気がしたことがしばしばあった。

一方に招待客を案内してくわしく見せながら、他方に新聞記者の通信を制限する——？ これは矛盾してみえるが、じつは矛盾ではあるまい。案内して見せるということは、ある特定の面を示すということである。つまりは検閲とおなじ目的のためのものである。

（日本の国内にも、ソ連のことに関しては一種の検閲がある。人々は遠慮気兼から、つい筆を走らせたりひかえたりする。）

前にも記したが、教会で市民のあいだにまじって立っていると、「どうぞこちらにおいでください」とて、はなれた特別席にみちびかれた。

このような外国人をロシア人から隔離するのではないかと思うことが、数回あった。

これは私の経験ではないが、ある日本人がクレムリン宮見物のために、門の前の市民の列に加わって立っていた。すると警官がきて、その人を列のいちばん前につれてゆき、優先的に入れてくれた。その日本人は厚遇に感謝していた。

モスコーをたつとき空港に行くと、遠くから自動車を認めて建物の中から人がでてきた。これは英語を話す世話係で、私の名をよんだ。そして、すぐに案内してツーリスト専用の特別室に入れてくれた。わきの大きな待合室にロシア人がたくさんいるのをガラス越しに見て、長い廊下を通って行った。特別室には私とアメリカ人だけだった。やがて時刻がくると、ふたたび世話係がきてドアをひらいたが、すぐ前に飛行機がいて、タラップの下にはすでにたくさんのロシア人が列をつくって待っていた。

かねてからソ連では飛行機交通がすすんでいると聞いていたが、それはほんとうだと思われた。そこで列をつくっている人々の服装はみすぼらしく、こういう人々までが飛行機を利用するのか、と異様だった。

われわれ二人の外国人は導かれてその前を通り、最初に搭乗して（こういうときのロシア人たちの目附にはべつに何の動揺もなく、あたりまえというふうだった）、特別席をあたえられた。

ほかの席は左右に三人ずつ前にむいて坐っているのだが、この特別席は中央に机があり、その前後にむきあって、左右に二人ずつ坐るのだった。つまり、普通のロシア人が十二人坐る場所を、八人が占めるようになっていた。

やがて二人の軍人が入ってきた。一人は海軍の少将くらいに見え、一人は陸軍の中佐くらいかと思われた。いずれも恰幅のいい、落ちついて作法も正しい人で、襟や袖口には厚い金モールを巻いていた。少将はアメリカ人の前に、中佐は私の前に坐った。こうして二人の軍人と一人のアメリカ人と一人の日本人――この四人のえらい人は、うしろにいっぱい坐っている服装のわるいロシア人たちとはちがって、広い席でゆうゆうとレーニングラードまで飛んだ。

ホテルの食堂などのサービスはルーズでだらしがなく、そのほかの係でも催促しても埒があかないことが多かったが、出発のときはじつに正確に気をつけてくれた。六時半におこし、きっちり七時三十分にポーターが部屋まで来、自動車もちゃんと待っていて、すべて手廻しがよかった。例によって遅れはしないかと心配していたのだったが、あまりにきちんと進行したので意外だった。あるいは疑いすぎかもしれないけれども、こういうことも出入国や国内往来に当局が神経質であることのあらわれではないかと思った。

外国人が優待されることがあるのは、外国人とロシア人をなるべく分けるためではないだろうか。すくなくとも結果としてはつねにそうなった。何か目に見えない手がはたらいて、ちまたのロシア人とはなるべく接触しないようにできていた。それも目だたないように、しらずしらずのうちにしむけるので、はっきり断るということはなかった。

富はどこに消えるのだろう?

このソ連見聞記の第一回（「モスコーの地図」）に、モスコーでははなはだ疎略な地図しかなかった、ということを記した。私がドイツで買った略図の方がまだしもましだった。しかも、それをソ連人に見せても、かれらには見当がつかず、東も西も分らなかった。私が質問したのは、ホテルのオフィスに働いている外国語を話すインテリ女性たちだったが、彼女たちはモスコー河のほとりに立っている自分のホテルの位置すら、それが川にそって左の方か右の方かも、探せなかった。専門のガイドにいま行った寺院の位置をたずねても、それを地図の上で示すことはできなかった。ソ連人は地図を読むことができない、地図について観念をもっていない。かれらの念裏に、地形は地図という抽象化した形では思いうかべられず、ただ「左へ曲って、それからいくつ目を右へ――」というような具体的な順序によってしかあらわれない。――私はこう推断して、おどろきあやしんだ。しかも、私がレーニングラードへゆく飛行機の中でその略図をひろげていたら、スチュワーデスが来て、目の前に指をつきだして振りながら咎めた。私がその意味を悟って地図をたたんだら、彼女はうなずいて行ってしまった。これによって私は、この国では地図がタブーである——あるいはあったことを、疑うことができなくなった。

これは何のためだろう。どうして地図をゆるさないのだろう？　フルシチョフやミコヤンの邸宅は、市の南の一郭にあることは分っているが、その中のどれが誰の家だかは分らないということをきいた。もしこれがほんとうなら、こういうこととも関係があるのではなかろうか？

これに対して反駁があった。最近ソ連を旅行した人は、地図をすぐ入手することができた。この点はどうなのであろう。地図の禁止といういかにも非常識なことが行われているとは、報告しても容易には信ぜられないことだが、これは私の思いあやまりだったのだろうか？

この紀行文を書きはじめてから、私はソ連紀行の類をいくつか読んだが、地図がないということを記したものはたくさんあった。ソ連には地図がないということは、残念ながら私が最初のまた唯一の発見者ではなかった。

『心』十月号に、「ごく近ごろ」ソ連を見てきたポール・ランガー氏をかこむ座談会がでている。ランガー氏はロシア語もできるし、日本語もできる。その話の速記には、外国人の日本語らしいところが残っているが、その一節を左にうつす。

「例えば普通の町の地図はないんです。ですから見物が非常に難かしいんです。……到頭タクシーを見つけてそのタクシーに乗って、女の運転手で、そこの所在地を教えた訳ですけれども、今度女の人は、私はそこを知りません。私も知らないんでしょう、地図もない。あなた地図を持っていないんですか、その人はまた怒って――私に対してではなく、一般にただ怒って、これも実に面倒ですが、地図はどうしてもとれないんです、どういう訳か私にも分らないといいました」

「地図は売っていないんですね」

「運転手にもくれないんですね。運転手は憤慨して、地図があればいい。今度大体方向が分ったから そこへ行って、一時間位乗って警察の人に聞きましたら、警察の人も新しい人で、やはり地図を持っていない。それで僕も知らないと言う。殆ど誰も地図を持っていないから行先が分りません。たいてい方向が分っているから、その辺で聞く訳です。それで方々で聞いて到頭着きました」

右の座談会のランガー氏の話は、ガイドなしで、自分のロシア語でいろいろと実地に味わった経験が具体的に報告してあって、たいへん面白い。

メーナートの本にこういうところがある。

雪どけのころにマリエッタ・シャギニアンという女詩人がロンドンに行き、イギリス人の自由を羨んで、つぎのような大胆なことを書いた。

――わが国でモスコー市の地図を買うことができたのはいつのことだったか、もう思いだすこともできない。ソ連のほかの都市についてはいうまでもない……。ロンドンでは、どこの店にも、ただ一種ばかりではない、ありとあらゆる種類のこの市の地図が一ダースもある。本になっているものすらあり、その中にはロンドン全市をいくつもの区に分けて、どんな町どんな小路でも示してある。――

メーナートはこのような自由への要求が底流としてあることを、たくさんの例をあげて記している。地図のことで閉口しているときに、ふと思いあたったことがあった。フルシチョフの暴露演説に、スターリンは地図を読むことができなかった、地球儀を見て戦争を指導した、ということがあった。聞いていた人々はおどろいて、憤懣のうめき声をあげた。

これはじつにふしぎに思われる。われわれからみれば嘘にきまっていることが、どうして表面だけにもせよほんとうとして通用したのだろう？　同意の反響をよびおこす説得力をもつことができたのだろう？　スターリンの無能を立証するためには、それがとにかくもありうることとして通用するのでなくてはならない。日本で東条大将を格下げしようとして、「彼は地図も分らなかった」といっても、誰も信用しないし、そんなことをいったらかえって逆効果である。ソ連ではこれが信用された……。

これは、ソ連で地図というものが何か特別なものであるからではないだろうか。地図を読むということが、われわれの場合とは別の意味をもっているからではないだろうか？　そういう前提がなければ、ああいうことがおこるはずはあるまい。地図を読むことができるということが、一つの技術であり、ある特別な知性の資格となっているからだろう。そして地図を読めない人がたくさんいるからだろう。スターリンはその低い種属に編入されたのだろう。

（しかし、スターリンの姿はまだいくつかは残っていた。急激な非スターリン化がおそるべき反作用を生んで、諸衛星国の暴動などがおこったので、そののち手をゆるめた。歴史博物館ではまったく消えていたが、ホテル・ベルリンでは、階段の上に大きな額がかかっていて、スターリンが軍艦の甲板で英姿颯爽と観艦式をしていた。

パリでは、戦時中の空襲時の心得を記した掲示が、まだ不精をしてところどころの古壁に貼ったままのこっている。あれにくらべればスターリンははやく消えたほうだろう。）

ソ連について誰でも読むゴルデーの『モスコーゆき旅券』にも書いてある。

「僕は国際観光局の事務所にモスクワの地図をたのんだ。

〈そんなものはございません。お探しになっても駄目です。モスクワの地図というものはないのですから〉。事務所の若い女書記が答えた。（尤も彼女は僕にそういいながら笑いを隠すことができなかった。というのは、彼女は厚かましくも嘘をいっていたからである。その数日後、僕は一人の民警に道を訊ねたとき、彼がポケットから美しいモスクワの地図を出すのを見た。そこで僕は一つはあるのを知った。だが売ってはいなかった）」

桑原武夫氏の『ソ連・中国の印象』には、つぎのようにある。

「ソ連には全国ないし地方別の地図はあるが、都会の地図はない。防諜のためなら意味をなさない。外国人はたくさんおり、写真撮影は自由なのだから、恐らく西欧諸国はモスコーやレーニングラードの地図はとっくに作成しているだろう。ソ連について私の諒解に苦しむことの一つである」

右のいくつかの報告は、ランガー氏をのぞいては、みな数年前のものである。ソ連も日進月歩で変ってゆくのだから、これらの証言が現在にあてはまらなくてもふしぎではない。岡野喜一郎氏『1960年夏ソビエト』には、この時期には地図があったとある。

「地図も、われわれの訪れた都市では、その町の地図を売っていた。しかし、タシュケントだけはなかった。モスクヴァなどは、市内の交通系統図まで売っていた。これらのことなども、スターリン時代には想像もできなかったことだろう」

（ただ、このあたらしい地図の精度はどのようなものだろう？　私はけっして番地入りのくわしい地図などはいらなかった。ただそれをたよりに、自分の行きたい名所への道筋が分ればよかった。

私はソ連を出てからストックホルムに行ったが、スエーデン語を知らなくても、地図を見て電車に乗って、方々に行った。これが普通の国の常態なのである。）

ランガー氏は一九六〇年五月前後、岡野氏は八月、私は九月にソ連に入ったのだが、どの報告もそれぞれ嘘ではないのだから、あるいはこのころに地図に関しても自由化が行われて、その後はすぐに入手できるようになったのかもしれない。一昨年の夏あたりはうつりかわりの時で、場合によってあたりなかったりしたのかもしれない。あるいは特別に大切な外国人客でしっかりしたガイドを連れた人には、そういう便宜が供せられるのかもしれない。

「おそらくかつては地図はきびしい法度だったのが、近頃になって禁止がゆるくなったというようなことなのではないのだろうか。スチュワーデスは前からの惰性で、タブーが頭にこびりついているのだろう。あるいは、外国人ならあの程度の地図は大目に見るが、自国人はいけない、というようなことであるのかもしれない」

私は第一回にこのように書いたが、これを次の結論と共に、いまでも信じている。

「とにかく、ソ連人は地図を知らない。これは私が自分の経験からたしかめたことで、疑うことができない」

ごく最近に野々村一雄氏『ソヴェト旅行記』という本が出、それに右の私の地図談義のことが非難してある。

「……竹山氏がモスクワでやったと同じように、東京のまちで一枚の東京の地図を手にもって、道行く人に英語で話しかけ、たとえば第一ホテルの位置をこの地図の上で示せといって、何人がそれを正確に答えてくれるであろうか。正確を期するために書きそえておくと、竹山氏は路上の通行人よりはむしろイントゥリストの職員にこの種のトライアルをされたのであるが、何の目的でこういうたぐいのトライアルをしつこくくりかえされたのか、僕には何ともなっとくが行かない。高い外貨をつかって、こういうトライアルをして、それを日本に帰ってから一流文芸誌に書くということは、ずいぶんむだな、むだなだけでなく有害なやり方だと思う。……モスクワにおける英語の普及度についてはよくは知らない。しかし、少くとも植民地都市東京よりはるかに低いものと想像される。そういうところへ行くのであれば、せめて道をきき、日常の用を足しうる程度のロシア語を学んでモスクワに旅立たるべきであったと思う」

私にはこの非難は承服できない。私は路上の通行人にたずねたのではない。そういう人々に英語でたずねて、ある地点を正確に示してくれと求めても、無理なことは分っている。だからそんなことはしなかった。私はウクライナ・ホテルにはたらいている職員にこのホテルの位置をたずねたり、専門のガイドにいま行った寺院がこの略図の大体どの見当にあるかということをたずねたのである。私はこのトライアルをしつこくくりかえしたが、それはこのことには象徴的な意味がある——つまりソ連の普通人にどこまで自由が与えられているかということの一つの指標であると思ったから、それを確かめたのである。一人や二人では偶然の例外もあろうから、野々村氏がいましめられる「過度の一般化」をしないために、なるべく多くの人に当ってみたのである。これは私にとっては、むだでもなく有害でもなかった。旅行した未知の国の実情を知るためだった。客観的な事実について正確な認識をうるためだった。そして私がたずねた相手は、みな外国人相手の職業の人で英語は自由だったから、この地図の話に関するかぎり、私がロシア語を知らないということは問題にはならない。

野々村氏は、私が路上の通行人に英語で地図の説明を求めたという、まちがった独断を前提にしているが、しかも「正確を期するために」、そうではなかったことも書きそえてある。どうしてこのようなあやふやな談義がされるのだろう?

その野々村氏自身が同書で書いている。

「……ここ当分、現地に来てから地図を容易に入手する可能性が少ないとみた方がいい。だから日本を出発する前に、レーニングラードの案内書と地図とをナウカ書店なり極東書店なりから入手しておかれることが、絶対に必要であると思う。……この地図がないということは、ソ連政府の今日までの、余りにも強い秘密主義と対外警戒心を示すものと考えてもいいと思う」（一五五頁）

つまり、私が達した認識と同じことである。こういう「むだなだけでなく、有害なやり方」は野々村氏の場合にはどういう根拠をもっているのだろう?

今回は、ソ連での街頭の所見を書いてみる。

モスコーに夜中に着いて、豪奢な寝室で一夜あかして、翌朝ホテルを出たときには、緊張してあたりを見まわした。ソ連とは、モスコーとは、どんなところだろう?

秋のはじめだけれども、大気は身がひきしまるように冷たかった。

ホテルを出たところは、幅ひろい道路をコンクリートでかため、モスコー川の河岸は石でしきつめ、鉄のガードや橋が交錯していて、スケールの大きな立体的空間だった。人影はすくなく、埃も紙屑もなかった。さりとて、目をなぐさめる彩りもなかった。ただ堅牢で殺風景にゴツく、感覚的に媚びて楽しませるようなものは一切拒否してあった。

大きな灰色の家が重々しく連なっていて、そのあいだに黒い川の漣がひるがえっているのが見えるところは、いかにもモスコーらしかった。

ヨーロッパの家屋はみな岩乗で量感にみちているが、気がつくと、ほとんどすべての家がじつは煉瓦造りなので、その上に壁が塗ってある。パリあたりでも、大きな石塊をつみあげたのは宮殿のような特別の建物で、市民の石造家屋はよほど後になってからはじまり、その数も多くはない。あたらしいコンクリートの建物も比較的にすくない。地震がないから、煉瓦造りはらくにつくれる。郊外の独立家屋がならんでいるところを歩くと、よく素人が休みの日に上衣をぬいで積みあげている。これが一つの道楽のレクリエーションでもあるらしい。半年くらいたってそこを通ると、小さな部屋ができている。この煉瓦の上にモルタルを塗って、さらにペンキを塗る。それが年と共に剝落すると、さらにその上に塗る。かくして、あのユトリオの絵にあるような、錆びた詩的な壁面ができあがる。われわれは西洋の建物はみな石造かコンクリートだと思いこむけれども、じつはそれほど費用を投じたものではないようだ。日本の木造の町並はいかにもきたなく見すぼらしく、ことに大正ごろから簇生した薄手のバラックの街は見るにたえないものだが、おなじ貧しい町並でも西洋の方が堂々としているのは、一つには材料のちがいからである。

はじめてモスコーの町を歩いて、私はしだいに胸をつかれる思いをした。前に記したように郊外にむかって歩いていったせいもあったろうが、行きあう人々はみな貧しい服装をし、生気がなかった。

これは意外だった。私はソ連では、さだめし新興の活力にあふれた人々を見るのだろうと予期していた。そういう雰囲気は特別な所に行けば接することができるのだろうが、すくなくとも街頭の第一印象にはなかった。

これはけっして私が反共の気構えから、ただ自分の見たいと思ったものだけを見た結果ではなかった。それをすることがまちがいであることは、十分に心得ている。私の真に意外だった正直な印象は——大衆の生活の貧しさだった。

そして、建物は大きく岩乗に、街路は広く堅牢に、橋は立派なこのモスコーの美観区域で、人間だけが見すぼらしいのを訝った。

男はたいてい無帽か鳥打帽にノーネクタイで、くちゃくちゃにくたびれた色あせた服をきている。靴もみな古い。たまには綿入れ服をきた人もいる。ルパーシカ姿は一人も見なかった。

女は頭をショールで丸くつつみ、それを肩までたらしている。そのショールがロシア風の赤と黒の配色のもあって、これがただ一つの彩りである。大抵は男とおなじような上衣か長いオーバーをきている。黒いスカートに、スリッパーのような靴。

いずれもその服装が粗末なのに目をみはった。

ある建物の入口に、こういう人々が列をつくって立っていた。見ると、一人の農婦らしい女がキャベツを秤にかけて売っている。話に聞く、農民が自分の私有地で作ったものを自由販売しているのだと思われた。私はしばらく立ちどまってそれを眺めた。

買物の行列が立っているのを見つけると、あちらこちらから女たちが急ぎ足で近よってくる。覗いて、「こんなものでは仕方がない」というふうに手をふって去った老婆もいたし、お互に買ったものをくらべて評定している女たちもあった。あきらかにわれわれも経験したことがある「出たときに、見つけたときに、買っておかないと――」という段階にあると思われた。後で聞いたが、女たちのもっている買物袋はアヴォーシュカといって、これは「運よく」という意味なのだそうだった。そして、野菜や果物店の前にはかならず行列がならんでいた。

あるモスコーにながく住んでいる人の話では、「行列せずに買えるものは一つもない」ということだが、これはどうだろうか。

西ヨーロッパ、ことにドイツその他の北の国々には、もうプロレタリアはいない。前世紀からしきりに文学や絵の主題になった、圧しひしがれたような貧しい人々はいなくなった。みな中産階級化した。ムンクや若いゴッホが描いたような、いじけて忍従して無気力な、皺だたんだ顔に特別な陰翳をたたえた人々は見ることができない。働いている人々は健康な体に清潔な服をきて、合理的な生活をしている。ところが、私がモスコーの街頭ではじめて行きあった人々には、むかしの絵にあるようなプロレタリアの表情の蓄積があった。

私は古典的な意味でのプロレタリアの大群を、この国に来てはじめて見た。

「なるほどプロレタリアの国だなあ!」

私はつくづくそう思ったが、この「プロレタリア」という言葉には、われわれが聞きなれていたような若々しい誇らしい前衛の闘士という語感はなかったのである。モスコーやレーニングラードの中心の繁華街を歩いても、たいていの人々の服装はまだ東ベルリンにも及ばず、何よりもつねに人間が疎外されているある空白の感をうけた。

中にごくたまに、西欧流の上等な服装をしている人もいたし、ゴルキー街あたりには贅沢品を売っている店もあった。しかしこれは全体の中での例外中の例外だった。バレーを見にいったときには、劇場のボックスにはいい服装をした上流の人々がたくさんいた。

モスコーでもレーニングラードでも、十九世紀の文学で親しんで想像していたような情趣は、残念ながらあまり味わえなかった。時勢が大変化してしまったのだから、それもあたりまえだろう。古いロシアはほとんど一掃された。

寺院のほかはどこを歩いても、あの惻々として胸にしみこむスラヴの感情や感覚に接することはなかった。ウィニアウスキーの曲「モスコーの思い出」に盛られているような、華麗でパセチックな趣には出会わなかった。『戦争と平和』の中で、ピエール・ベズホフが政治的なペテルスブルグから古都モスコーに帰ると、「さながら古い夜着のガウンを着たような、落着いた、暖かい、なれなれしい、物臭な心持になった」とあるが、いまはむしろあべこべで、モスコーは、政治的で官僚的でカサカサしているが、レーニングラードの方が十九世紀を残しているように思われた。もちろんこれは短い滞在のあいだの個人的な感触にすぎないけれども。

モスコーにはかつてはパリや北京のような旧都の詩趣があったのだろう。しかし、むかしの貴族が住んでいた地域で、よく小説にでてくる「犬の広場」（十七世紀にツァーの猟犬の小屋があったのでこの名が生れたのだそうである）にも行って見たが、ここは小さな空地で何もなかった。この近くの「戦争と平和」のラストフ伯爵の邸は感慨をもって眺めたけれども、建物そのものは平凡な擬古典主義の貴族の館だった。

ただむかしながらのモスコーを見た気がしたのは、トルストイの家の附近だった。自動車でつれてゆかれ、ガイド嬢に地図をさしだしてその位置を示してくれといったけれども、ガイド嬢には地図が分らないので、いまだにどのあたりだったかはっきりと見当がつかないでいる。

道は丸石を敷いて凸凹して、ところどころに水がたまって青い空が映っていた。白樺が洗いながしたように真白く、しめった地面に落葉が散らばっていた。一階か二階の旧式の木造の家がとびとびに立っていて、重い屋根が傾いでいた。近所まで電車が通っていたのが廃線になったのだそうで、線路が錆びて、あたりはさびれていた。道や家並などは、おそらくトルストイの生時のままだろうと思われた。

トルストイの家は木造で、板を横に張って、樺色のペンキで塗ってあった。どんな堂々とした貴族の館かと思っていたのに、あまり大きくないむしろ質素なものだった。

大勢の客と食事をした食堂には、往時のままに皿がならべてあった。寝室はその隣の部屋で、片隅に寝台が屏風でかこってあった。いくつもの家族の部屋があり、それにつづいた『復活』や『ハジ・ムラート』を書いた書斎は、天井が低くて暗かったが、ほとんど敬虔な気持で眺めた。

この家の二階は、二間だけがたいへん豪奢に飾ってあった。絨毯、長椅子、クッション、シャンデリア、金縁の額……と、まさに典型的なブルジョア趣味で飾りたててあった。ところが、そのつづきの他の部屋には何の飾りもなく、まるで様子がちがっていた。

このブルジョア趣味の部屋は、夫人の部屋だった。トルストイ自身は板がむきだした質素な部屋に住んでいた。ガラスのケースの中には、自作の靴などの遺品が陳列してあった。

この対照は意味ふかく思われた。はやこれがトルストイ夫妻の悲劇を雄弁に説明していた。夫人はトルストイ主義にとうていついてゆけず、ついてゆく気もなく、同じ屋根の下で別な城郭をかまえていた。

ヤスナヤ・ポリアナには行くことができなかったけれども、すくなくともこのモスコーの邸宅では、あの大文学は、意外なほど平凡卑近な日常生活にとりまかれて生れたものだ、と感じた。あのまさに神工に迫った創作と、これらの実用的な住居とは、どうもつりあわなかった。トルストイは自分の周囲に、芸術家らしい特別な雰囲気をつくる興味はなかったらしい。あの壮大で華麗でまた繊細な、わきたつようなヴィジョンは、ただ作者の胸の中からだけ生れでたものらしい。

プーシュキンの家も見たが、一つは中世風の穹窿のあるうす暗い地下室風の住居で、いかにも詩人の霊感がまだそのあたりにただよっているかと思われた。一つはブルジョア風の家だったが、決闘に使ったピストルがおいてあり、ショパンの音楽でも聞えたらふさわしそうだった。

プーシュキンはいまだにもっとも人気のある詩人だそうで、いたるところにプーシュキンの記念物がある。街の銅像には花束がささげてあったが、中学生がここにきて、明日の試験の作文の題を教えてくださいと、お祈りをするのだそうである。

レーニングラードは、スケールの大きな、広い空間をもった都会だった。ヨーロッパのこういう都市計画によってつくられた都市は、みな絶対制君主の権力によって改造されたものである。（日本ではこれがなかったから、それが都市が体をなしていない一つの原因なのだろう。ただし日本人も、権力をもって自由に建設ができた外地――台湾や満州では、スケールの大きな計画的な都市をつくった。外地の総督は王様のようなものだった。同じ後藤新平が、台湾では近代都市をつくったが、東京ではそれができなかった。）そして、ピョートル大帝は西欧崇拝だったから、レーニングラードの大建築はおおむねイタリア人の建築家によってつくられ、ネヴァ河に影をうつしている帝政時代の宮殿の景観は、定規にあてたような遠近法をもっていて、ちょっとチエポロの風景画を見るようである。

レーニングラードはひどい戦災をうけた後に復興した。濠や河岸はきびしい美しさをもっていて、重厚な景観がつぎつぎとひらけてゆく。しかし繁華なプロスペクト通りでも、商店などはようやく修復して一通り品物をならべたといったふうで、それも普通の店では粗悪なものばかりだった。

ただ本屋に入るとめずらしいものがあった。中国の絵である。院体画風の花鳥や墨絵の山水の軸が吊下っている。金があったら、荷にならなかったら、税関で高い税をかけられるおそれがなかったら、欲しいものがいくつもあった。ラスコリニコフの後姿が見えるような石畳の河岸を歩いて、ふと入った本屋に、程板橋の竹の墨絵を見たときは、びっくりした。どういう訳で中国の絵が方々にあるのだろう？　ソ中親善の結果なのだろうが、こんなに売りに出ているところを見ると、よほどの交易があるのだろうと思われた。

貧しい人々がごったかえしている裏通りの、暗いアーチがつらなった前で、頭をつつんだ女たちが森からとってきた茸を地面にならべて売っていた。茸はいずれも大きく、あざやかな赤や黄の色をしていた。

その前の家の壁の高いところに、四角い額の中にドストエフスキーの横顔の浮彫りがしてあった。ここが、『カラマゾフの兄弟』が書かれたところだった。

ここからもっと入ったあたりはまだペテルブルグの昔のままで、いかにもロシアに来たという気がした。裏町というものは、貧しさによって限界状況の性格を示すからだろう、それぞれその国の性格をよく示すものである。（しかし、こういうところを写真にとると、たちまち巡査があらわれて叱るし、普通の人もみな熱烈な愛国者だから、さながら自分が侮辱をうけているかのように叫ぶ。）丸石で凸凹した狭い路地に入ると、壁は落ちて下の煉瓦が露れ、家全体がさながら皮膚病にかかっているようである。異様な雰囲気のある町並だった。中庭を覗くと、歪んだ壁が入り組んで、奥は迷路のようになっている。そこに小屋があり、窓ガラスが破れ煤けたカーテンが下っている。

西洋には壁が多いが、この壁というものはふしぎに表情をもっているものである。そして、その表情が国によってちがう。フランスの壁の表情はユトリオの絵によって再現されたが、その渋い陰翳はあのチーズや葡萄酒とおなじ味をもっている。パリでもコンコルドやシャンゼリゼやマドレーヌなどの近代出来の名所は見てべつに有難くもないけれども、モンマルトルの小路の壁にはいいがたい詩趣がある。ドイツの壁は無骨に律儀に、剝げたところもなく陰翳もなく、のこらず修理がすんでいる。そして、ただところどころに、修理どころか、いまだに無数の弾痕をのこしたままでいるのもある。そして、ロシアの壁は――。レーニングラードの裏町あたりでは、真に気味のわるいのがあった。中庭の暗い洞穴の中は何となく秘密をたたえて、いかにもその壁の向うでカラマゾフ老人が咽をしめられてでもいそうな気がするところがあった。

どの中庭にも、木がたくさん積んであった。板切れ、棒、壊れた家具、古い桶などが山のようだった。これはおそらく冬の燃料を貯えているのだろう。

知らない町のこういうところをひとりでふらりふらりと行くのは何より楽しいことだが、歩く以外には地下鉄もバスもうまく利用できなかったから、まだるこかった。ずいぶん足まめに歩きまわったが、大体の土地勘ができて案内が分りかけたころには、もうこの国を出て行かなくてはならなかった。

地下鉄の図を見ると、停車場の数がたいへん少い。あるいはこれも略図であって、主な駅だけが書いてあって、中間の駅は省いてあるのかもしれず、幾番目の駅で降りていいか不安心だった。電車がとまっているあいだに駅名を判読することはむずかしかった。しかし、おいおい分ったが、駅はみな記してあった。

バスも両都でそれぞれただ一つの線に乗ることをおぼえただけだった。車は十年前の日本を思いだしたが、ただ車掌がいなかった。乗客はガラスの箱の中に銭を入れて、自分で切符をとるのだった。私は最初にまちがえて二回分の切符をとったが、何ともいわれなかった。

かねてから私は、ソ連の方が日本よりは生活程度が高いのだろうと思っていた。宣伝がしらずしらずにそういう観念を植えつけていた。しかし、ドイツから入ったせいか、その貧しいのに一驚した。

日本もアンバランスの国で、虎の門から丸の内から神田橋にかけてほど大きな近代建築がならんだ所はヨーロッパにはないが、また羽田口のような郊外はヨーロッパではとうてい考えられないほど貧しく醜く乱雑である。しかし、そのきたない建物のあいだに、かなり豊かな消費生活が行われている。

ソ連もずいぶんアンバランスだが、こちらはあべこべに大きな建物のあいだに、はなはだ貧しい消費生活が行われている。住宅事情もまだよくはないそうだけれども、あたらしいアパートがぞくぞくと建てられている。およそ日本ほど都会の表を飾らない国はないが、ソ連の大都会では表通りに倒れかけたトタン屋根のバラックがならんでいるということはないようだ。

岡野喜一郎氏の『１９６０年夏』に、つぎのような結論が書いてある。

「日本と大ざっぱな比較をすると、衣は昭和二十五・六年頃、食は二十七・八年頃、住の点は逆に四十年頃に日本がそこに到達できるかどうか」

ソ連産業視察団で行かれた実業家の観察だし、このあたりが公正な評価かと思われる。私の印象もこのくらいに思われた。

それにしても、ふしぎでならないのは、あれほど広い豊かな土地で、四十幾年のきびしい努力の結果、どうして衣や食がまだ日本の十年前の程度なのだろう？　誇示される統計はまちがっているのだろうか？

『心』六月号に、大内兵衛先生が語っていられる。

「貧乏な点になると日本より貧乏にちがいない。生活程度も低い。日本の方が高い。あるいは日本の貧乏なところでも、ソ連の貧乏なところと比べて、日本の方が高い」

ソ連に関しては一切を是認される経済学者の大内先生がこういわれるのだから、私がえた印象も偏見ではないのだろう。

この大内先生の感想には次のような結論がついている。

「普通のところでは日本の方がよほど高い。しかしそれは今の話で、将来に対する希望と人生の喜びとの点で見ると、そういうことは正確にはわからぬが、日本の方が貧しいのではないか」また「僕の印象では、五年も六年も前の話だけれども、彼らは元気よく楽しく、まあ日本よりは元気がよくて楽しく暮していると、そういう印象ですね」

ソ連では最近に生活程度がいちじるしく向上した、前には服装なども難民のようだったけれども、この二年ほどのあいだに非常によくなったのだそうである。それで国民はここに希望をもって政府を信頼している、といろいろな本に書いてある。(世界中で生活が向上し、日本でもおどろくほどしたのだけれども、よそではそれが政府への信頼とはなかなか結びつかない。)しきりに「前よりもよくなった」といわれるのだけれども、その前はどれほど悪かったのか、ほとんど見当もつきかねる。われわれの戦争直後のようなものだったのかもしれない。

この「前よりもよくなった」ということは、いまから二十五年前に書かれたジードの『ソヴェト旅行記』にもある。

「群衆をかきわけ、群衆に押し流されながら、私は商店の中を上にあがったり下に降りたりして、あちこちと見て廻った。品物は殆どがっかりさせるような粗悪なものである。考えようによれば、人々の欲望を抑えるために、織物にしてもその他の商品にしても、できるだけ見ばえのしないものに作られてあるようだ。……私も故国の友人たちに、何か土産をと思ってさがしもとめたのであるが、どれもこれもあまりひどいもので手が出なかった。が人の話によると、数カ月この方、商品の品質向上のためにすくなからぬ努力が払われているとのことである。そういわれてみて、すこし時間をかけて、あちこちと注意して見廻っていると、成程、近頃できたものの中には将来を約束するような上等な品物もみうけられた。

いうまでもなく、品質のことを考えるためには、まず第一に量が足りることを考えねばならぬ。しかも随分長い間、その量はきわめて不十分であったのだ。今やっと足りてきたようである。それもまだこれからだといった程度のものであるが」

すでにジードが見た一九三六年ごろからも、ソ連人はつねに「前よりもよくなった」という希望で生きてきたらしい。ただそのあいだに大戦があったので、せっかくの進歩が中絶して、また悪いところからやり直したのである。

ジードの紀行は、それがそのまま今日に的確にあてはまる叙述が多く、驚歎する。そして、大内先生が「将来に対する希望と人生の喜びの点で見ると、日本の方が貧しいのではないか」と観察されたソ連人の幸福については、次のように解釈してある。

「他に比較するものをもたない彼らは、与えられたものに悦んで満足しなくてはならない。要は、人々に少くともよりよい生活を待っている間、彼らはみな可能な範囲において幸福であると信じこませることである。よそのいずこの国の人間も、彼らより幸福でないということを信じこませることである。そして、こうしたことは細心に外部とのあらゆる接触を妨げることによってはじめてできるのである。そのお蔭で、ロシアの労働者は自分を幸福と信じているし、また実際、フランスの労働者などよりは一層、いや比較にならぬほどずっと幸福である。いわば、彼らの幸福は、希望と信頼と無智によってつくられているのである」

幸福であるか否かは主観的な感情である。南国の路傍の椰子の木蔭で裸で昼寝をしている人は、その極貧にもかかわらず不満はないのだろう。「前よりもよくなった」という実感があり、しかも他国との比較を知らなければ、国民は幸福でありうる。ソ連が生産に関して前年度との増加の比率のみを示して、絶対量を発表しないのは、おそらくこのことと関連しているのだろう。

それにしてもふしぎなのは、あのしきりにいわれる大生産は、社会に出まわらないでどこに消えてしまうのだろう？

東ドイツ政府発表の統計年鑑には、附録がついていて、東ドイツと西ドイツの生産量を対比して、比較がしてある。そして、東ドイツの方がかくも多いと誇示してある。その一九五八年の軽工業の一人当りの表を示す（上表）。

品　名	単　位	東ドイツ	西ドイツ
オートバイ 自転車 ミシン	千人につき	5.9 34 12.9	1.7 17 10.1
人絹 スフ 撚糸	キログラム	1.4 6.9 14.5	1.3 2.7 12.8
靴	1対	2.6	2.3
バタ 砂糖	キログラム	9.1 45.8	7.0 37.1

東ドイツに入ったすべての人が感ずることは物資の欠乏である。西ドイツの豊かさに比べて、これはあまりにもひどいと思う。東ドイツ人もそれにくるしんで、しきりに脱出した。ところが、東ドイツ政府の発表によると、右のように一人当りの生産は東ドイツが西ドイツをはるかに凌いでいるのである。

もしこの統計が正しいなら、右のような生産された物資は外国に出て行ったのだと考えるほかはない。しかもあれほど貧しいのだから、その外国からはよほど搾取をされているのだろう。もしこの統計がまちがっているなら、東ドイツ政府はじつにしらじらしい嘘をついていることになる。共産国の統計はあてにならないとはよくいうが、ここまではったりをかけられるものなのだろうか——？

モスコーやレーニングラードを歩きながら、街行く人々の貧しさとあの大生産との関係が、どうも私には分らなかった。私は経済などにはまったく無智なのだが、どうしてあのようなことになるのか知りたいものである。私が推論できたことはただ、あの発表にもおそらく水増しがあるのだろう。将来のための蓄積ももちろんしているのだろうが、すくなくも今はあまり民生の方にはむいていないのだろう。そして、富は軍備や特権階層に吸いあげられてしまって、一般の庶民には及ばないのだろう、ということである。庶民を直接に幸福にする代りに、まず何十メガトンの核兵器にして、そこに生れる偉大なる祖国の光栄によって人民を幸福にしているのだろう、ということである。

私は思った。——進歩は、この国では軍事力という形で実現しているのだろう。しかし、もっと普通いう意味での進歩——一般人の生活の向上とか、自由とか平等とかいうものは、まだない。

他国のイメージ

私はソ連に入り、わずか九日の間モスコーとレーニングラードを見た。そこで私の関心をよびおこしたことを、これまでに記した。

ごく普通の観光ルートの名所旧蹟に行っただけで、もとより多くが分ったわけではない。ソ連はこういう国である、などといえるはずはない。ただ自分が経験したことで疑えないものはこのようであった、というにすぎない。それを通じてソ連についての私の判断のいくぶんかは形成されたが、しかし私が接触しなかった広大な部分があることはいうまでもない。

およそ他国について判断をするには、よほどの用意がなくてはできることではない。一つの国には、ありとあらゆる要素なり状態なりが混在している。そのうちのどれを本質的なものとして考えるかは、所詮はその人々の直覚的判断による。これにその人の知識なり立場なり経験なり天分なりが参加するのだが、なるべく夾雑物をすて先入見を去って、純粋に客観的真実をとらえるのが、われわれのなすべきことであろう。

この短文の中で、私にそれができたわけではない。しかし書いたことは、私には疑えないことだけである。

私が感慨に堪えないのは、数年前まではわれわれの周囲に、あれを絶対化していかなる欠点もないものと崇めねばやまない、つよい信仰があったことである。ここに絶対のイメージが求められていたことである。擁護の弁明は立ちどころに反射的に行われ、批判はゆるされなかった。すこしでも疑いをはさむと、人々はあたかも自分の心の秘奥を穢されたがごとくに、憤怒した。これはまだ人々の記憶にあたらしいことだろう。

いかなる異国よりも、このような人の心の方が謎を蔵している。

ちかごろになってだんだん、スターリン時代にはソ連の普通の市民ですら悪夢のような恐怖の中におののいていたことが、しらされてきた。第二十二回ソ連共産党大会のフルシチョフ最終演説にはながながと暴露してある。「スターリンはもはや生存していない。だが、われわれは彼個人を崇拝する空気のもとで栄えた不名誉な指導体制を、公然と非難する必要があると考える」「この種の事件やその他の類似の事につき、多くの、非常に多くの事情がまだ明らかになっていない。同志諸君、権力の濫用に関係するこの種の事件を徹底的に、そしてあらゆる方法をもって調査することは、われわれの義務である」「彼らは〈説得〉――ある種の方法で、自分たちがドイツあるいはイギリス、あるいはどこかの国のスパイであることを説得された。また、彼らの一部は〈自白した〉。彼らはスパイの嫌疑が晴れたとの通告を受けたときでさえ、初めの供述書が正しいと主張した。というのは、彼らは自分の虚偽の供述に従って早く死んだ方がましだ、と思ったからである」。そのほか。

党員たちもこれをきいて、ときどき「長い嵐のような喝采」をおくった。

これとて政治的な底意のある演説だから、そのままのみこむわけにはいかないが、しかしあれは暗黒な時代だった。それを、人々は光明にかがやく社会として、熱烈に信じ、叫び、行動していた。あの時期にソ連を訪れて実地を見た人々は、ほとんどみな讃美の言葉をつらね、いまになって暴露されたようなことを感得した人はいなかった。しかも、その認識の誤謬についての反省はされない。

ソ連は近年になってだいぶ鉄のカーテンを引上げ、以前のように招待戦術によって旅行者の心理を操作することもなくなり、私とてもっと嚢中が豊かでさえあればもっと長く滞在することはできた。ただし、いまでも旅行はすべてインツーリストの指示にしたがわなくてはならない。ホテルも指定されるし、ソ連に入る前に作った日程と道順を守らなくてはならない。そのコースも、リストにのっている土地にかぎっている。だから、他の国々を旅行するように、好きなところへ行って好きなだけ滞在するわけにはいかない。

私はみじかいあいだ二つの大都会を表から見物しただけなのだから、これでソ連がどうだなどとはいえないが、私の接したかぎり、ここは天国でも地獄でもなく、人々は自分のおかれた条件の中で、それに順応して普通に平凡に暮していた。しばしば読んでいた讃美的描写のような現実には接しなかった。第二十回党大会の秘密演説を読まなかったら、かってここでそんなに恐ろしいことが行われたとも思わなかっただろう。どこに行っても、人間は戦時とか革命中とかでもなければとくに変った生活はしない。

ただ全体が意外に貧しく、不自然な宣伝的作為があまりに多く、奇妙な制限がたくさんあり、手続きがわずらわしく、人々もべつに楽しそうではなく、これまであれを渇仰する人々からきかされていた様子とはたいへんちがっていた。

われわれはずいぶん長いあいだ、ソ連や中共のように鎖された国については、現実とはひどくはなれたイメージをつたえられてきた。ことにそれを語る人々がおおむね高度の知識人であり、中には大学総長級の人々もいたのだから、何とも奇妙なことだった。われわれは戦中から戦後に精神的均衡を失って、あまりにも客観的真実をなおざりにしていた。ナマの現実とはちがって、空想の中に思いうかべられた第二現実とでもいいたいものに耽った。

もうそろそろ冷静になって、あるがままを判断するようになりたいものである。もはやイドラはとりのけたい。

南カリフォルニア大学教授のポール・ランガー氏は、ほぼ私と同じころにソ連に数カ月もいて、ずいぶん方々を歩き、ロシア語もできる。その紀行文が十二月号の『自由』にでている。私はこれを読んで、自分がみじかい滞在のあいだに断片的に感じたことが、あながちに根拠のないことでなかったのを知った。

「私がソ連から持ち帰ったもっともっとつよい印象のひとつは、ソビエトの社会的秩序の底辺にある者と頂上に近い者との所得水準のはなはだしい懸隔が、この社会の特徴をなしているということであった。頂上に近い人たちの身なりのよさ、高価な飲食に消費する金の使いぶり、そのほか目にたつ消費生活にふけっている様子から判断すると、ソ連には今日、よその国ならば〈上流階級〉と呼ぶようなエリートが厳存している。あきらかにかれらは、ソビエトの農民、あるいは筋肉労働者や、朝早い時間に道路を掃除している婦人とは、はっきりと区別される世界に生活している」

「外国人旅行者、とくに日本から来る場合には、呆れてしまうほどである。彼は直ちに商店、レストラン、ホテルの不足、……ソビエトの商店で売っているものや、アパートやホテルの室内装具に用いられているものに多い見せかけの細工（新しいのにヒビが入っていたり錆ついている湯槽、仕上っていない家具、つかないスイッチなど）、そして最後にもっとも重大なことであるが、サービス部門の腹立たしい低劣さと、ソビエトの生活の単調さに、気づくであろう」

「ソ連を偏見をもたないで訪れる人は、たいていの点で、あきらかに日本より劣っている物質的水準に民衆がある国という、印象をもって帰国するであろう」

しかし、ランガー氏の意見によると、「最近数年間に日本におこった爆発的変化に比ぶべくもないが、ソビエトの生活水準はゆるやかな上向きの傾向にある」

そして、ソ連にも不安定と緊張があるけれども、人々の不満は、ソビエト体制そのものの原理にむかってよりは、ある特定の局面にかぎられ、破局的な契機を蔵しているとは思われない。指導者も柔軟性をもって、徐々に体制を変容してゆくであろう、というのである。

私はドイツで東ドイツ人の不幸なさまを見、もし日本がこうなったら大変だと思った。ドイツの東西関係のことは、こちらは私は言葉も分り、滞在期間も長く、自分がしらべた結果の判断はどうしても疑うことができない。一九六一年八月十三日前後におこったことは、その実相を世界中に示した。

ソ連人が（ことに主観的に）幸福であるかどうかは、私にはいえない。あるいは、外界との遮断という前提のもとに幸福であるのかもしれない。ただ、戦後おこったさまざまなことから、私はソ連の対外政策に対して不信の念をはらうことができず、これは悪魔的な操作にたけたじつにおそるべきものだと思っているが、これもまた内政と共に緩和する日がくることを願っている。

これまでは、人々は鎖された国に対して、さながらむかしマルコ・ポーロが日本についてもっていたような幻をいだいていた。人間の想像力、部分的真理の一般化、要求によって思いうかべそれを理論によって裏づける性癖、またいまだ証明されていない独断から演繹をして、事実よりも演繹と幻覚の方を信頼する安易性などが、非現実的なイメージを生みだして、それが人々をうごかした。ソ連や中共はそれを存分に利用した。

しかし、しだいに様子も分ってきたし、われわれもようやく経験をつみ、生活も落ちついて冷静に考えられるようになったのだから、ふたたびひところのような白昼夢に耽るようなことはないだろうと思うのである。

〈解説〉

見て、感じて、考えた人

佐瀬昌盛

外国旅行好きの竹山

この巻には収録されていないが、竹山道雄には『見て、感じて、考える』と題された著作がある（昭和二十八年四月刊、創文社）。表紙には「VOIR, SENTIR, PENSER」とフランス語で同じ意味のことが書かれている。「直視して、それを自分の胸で感じて（！）、それから考える」（文中カッコ書きは原文）ことだ、と竹山は「あとがき」でこのフランス語を解釈している。なぜ「感じて」だけ（！）が付けられているのかについての説明は施されていない。

ただ、三つの思考順序の中で「感じる」ことを竹山が最も重視していたことは、間違いないと思われる。この著作の第一編は「學生事件の見聞と感想」と題されていて、そこでは昭和二十五年九月の東京大学教養学部の学生が試験ボイコットに出たことについての竹山の感想が綴られている。それは文字どおり「感じて想う」過程を述べた文章となっている。

当時の東大教養学部長は矢内原忠雄であった。矢内原は試験ボイコットに出た学生たちに試験を受けるよう根気よく説得に当った。ところが、当時、哲学を講じた教授・出隆は日本共産党員であったせいか、試験ボイコットに向けて学生をアジる行為に出ていた。そこで竹山はこう書いている。「矢内原學部長が學生を相手に困難な談判をつづけているあいだにも、出教授のメッセージはしきりに放送されていたが、私はこれをきいて感慨があった。『人が世に迎えられるか迎えられないかということは、じつに分らないものだ』と思った」（前掲書、二二頁、傍点引用者）。つまり、竹山は、もともとはギリシア哲学に打ち込んだ出隆の思想的大変貌に「感じる」ところ大なのであった。

さて、「見て、感じて、考える」という竹山道雄の姿勢が最もよく現れているのは旅行記、わけても外国旅行記においてである。とくに冷戦期には西ドイツ、フランス、イタリア、スイス、オランダなどが竹山の関心を惹いた旅先であった。東側世界では東ドイツ（もっとも、当時は滞在は許されなかった）、ユーゴスラビアに足を運んだが、最大の関心地域は東側世界の元締めとでも言うべきソ連であった。

ソ連旅行の産物としては、新潮社から一九六二年四月に出版された『まぼろしと眞實——私のソビエト見聞記』がある。この著書がソ連体制批判の文章であることは、すでにその題名が教えていると言えるだろう。なかでもその特徴が最も強く出ていたのは、一九六〇年秋に発表された「モスコーの地圖」であろう。「モスクワには地図がない‼」いや、より正確に言うと「モスクワにはまともな地図がない‼」という紛れもない事実を発見し、竹山は驚いた。

ソ連はフルシチョフ共産党第一書記時代の一九六二年秋、ケネディ米政権との間にミサイル危機を経験していた。つまり、紛うかたなき一方の核超大国なのであった。そのソ連に地図といえるほどの地図がないという事実は、竹山にとり驚き以外のなにものでもなかったのだろう。モスクワを代表する三十三階建てのウクライナ・ホテルに宿泊した竹山——西ヨーロッパではパンション級の安宿にばかり泊っていた——にとって、それは信じ難いことだったようである。「モスコーの地圖」にはこうある。

〈ここで地図はないかとたずねた。

「フィニッシュ」という答えだった〉

これがまず、ソ連の現状を「見る」作業だったのであろう。まともな地図ひとつもなくて、普通のモスクワ市民は一体、どうして暮しているというのか。旅行者にまともな地図ひとつ提供できない核超大国。この矛盾は、竹山にとり信じ難いと「感じ」られて当然であっただろう。そこで竹山はどう「考え」たか。

〈とにかく、ソ連人は地圖を知らない。これは私が自分の経験からたしかめたことで、疑うことができない〉

しかし、竹山は当時のモスクワに、それとは違う別の一面があることにも気付くことになる。それはロシア人民衆の信仰心、宗教観という問題であった。モスクワ市内にはいくつものギリシア正教の寺院がある。それらを扱った「消えてゆく炎」の章には、こう書かれている。

〈そういう寺院の中に、まだ生きているものがある。しかしその息はまさに絶えなんとしている。そこでは古い信仰の最後の炎が燃えているが、それもやがて消える一歩手前である。この後どういう變化がおこるかは分らないが、もしこのままでつづくならばもはや恢復の見込はなさそうに思われる〉（傍点引用者）

竹山がソ連という国家の運命を予見していたわけではあるまい。しかし、モスクワの寺院の運命について右のように書かれているところは、そっくりそのまま往時の超大国・ソ連に当てはまっている。ソ連の社会には、西側からでは窺い知れない暗黒、かつ不可解な側面があった。一例を挙げれば、初代のソ連共産党書記長・ヨシフ・スターリンを別にすれば最長政権記録をもつレオニード・ブレジネフは晩年、無神論の教えに反してロシア正教を信仰していたとか、いなかったとかの噂が絶えなかったという。

竹山はソ連を旅しながら、もう一つの共産主義国・東ドイツとの比較をいくども試みている。それらについては後に述べる。

一九六〇年代初期に日本の知識人でソ連を訪問した例は多くはなかった。評論家・小林秀雄がその一人だと伝えられているが、見るべきものを書き残してはいない。京都大学の桑原武夫には雑誌『平和』一九五五年九月号掲載の「訪ソみやげばなし」がある。しかし、桑原は保守派の言論人ではなかった。開高健も大江健三郎とともに一九六一年九月に訪ソしている。これまた保守派ではない。そのうえ、この二人は「ソヴィエト作家同盟」の招待を受けてモスクワを訪れたのである。いわば「アゴアシ付き」だったわけであり、モスクワに地図があろうがなかろうがどうでもよかった。

竹山道雄の場合はそうではなかった。すべて身ゼニをきり、宿といえばパンションではなく一流のウクライナ・ホテルであった。それでも竹山はモスクワまで出向いたのであった。それは『まぼろしと眞實』の「あとがき」にあるように、「自分がじかに接して、これは疑えないと思うことを書」かんがためであった。しかも竹山は謙虚であり、かつ経験主義的であった。「私は外国を見聞する際には、できるだけ事実とその中にひそむ意味とを知りたいと思うけれども、外国の理解はむつかしく、この三篇(『まぼろしと眞實』には「苦悩するフランス」「臺灣から見た中共」がふくまれている。本巻には収録していないが後者は第Ⅰ巻所収)もその断片的な試みである」(カッコ内は引用者)と「あとがき」は結ばれていた。

余談になるが、東ドイツでは一九六二年に『ドイツ民主共和国・旅行案内』と題する便利な案内書が出版されていた（VEB EDITION LEIPZIG刊）。全三五〇ページ。西ベルリン留学時代に購入して、これを私は保存している。そのほかに東ベルリンの詳しい地図もあった。ソ連には、竹山道雄が指摘したように両方ともなかった。つまり、ソ連政府は国民の便宜を考えなかったのである。

そういう国が、より民度の高い東ヨーロッパ諸国を支配することには致命的な無理があった。ソ連ではボリス・エリツィン時代にレーニン以来の「ソ同盟」が消滅したが、そのとき民衆が蜂起したわけではなかった。他方、東ヨーロッパではブルガリアを除いて、ポーランド、東ドイツ、チェコスロヴァキア、ハンガリー、ルーマニアのいずれにおいても立ちあがった国民が自国の共産政権を倒した。直接に倒されたのは東欧各国の政権だったが、それによって各国はソ連とは絶縁したのである。

東ドイツについての「細部描写」

モスクワでは物の役に立つ地図を入手できないという奇妙な体験をした竹山道雄だが、ある意味ではそれに似た事件に出会ったのはベルリンにおいてである。もっともソ連体験とベルリン体験とでは回数という点で大差があった。竹山はソ連を一九六〇年九月に一回しか訪れていない。しかも、その滞在はわずか九日間、訪問地は主として首都モスクワとその郊外の巡礼地ザゴルスク、それに旧都レニングラード程度だったといってよい。

他方、竹山は第一高等学校、新制の東大でドイツ語の教鞭をとったから、ドイツは馴染みの国であり、特に一九六〇年前後からは足しげくドイツを訪れた。その見聞記のひとつが『剣と十字架』である。不慣れなソ連とは違って、ドイツでの竹山は文字どおり「水を得た魚」であり、東西南北を駆け巡った。もっとも、その関心はときすでに分断状況を呈しつつあったベルリンに向けられていた。

さらに竹山のロシア旅行とドイツ滞在には、もうひとつ大差の見られる点がある。それは宿泊の問題だった。既に述べたように、モスクワでは——ソ連の事情に照らしていえば——最高級、かつ豪華な「三十三階の大きなウクライナ・ホテル」がソ連側により一方的に指定された。けれども、西側ではすべてが旅行者の自弁なので、竹山の場合、宿賃のやすいパンションを選ぶのが常だったといってよい。従って同じ旅行記とはいっても、旅先での体験の違いには歴然たるものがあった。

『剣と十字架』で扱われているのは、まずベルリン、ついで西ドイツのゴスラー、中世の面影をいまなお宿すフルダ、宝石のようなローテンブルク・オプ・デア・タウバー、大伽藍で有名なケルン、ニュルンベルク、レーゲンスブルク、そしてバイエルンの州都ミュンヘンと数多い。言うまでもなく、これらは当時の西ドイツの都会である。では東ドイツについてはどうか。そう訊ねるのは酷である。

というのも、当時の東ドイツ（正式にはドイツ民主共和国）は、東ベルリンを除いて自国を外国人旅行者には閉ざしていたからである。だから、竹山が『剣と十字架』では東ドイツについて、東ベルリンでの経験しか書き残していないのは当然なのであった。

ベルリンは明らかに竹山の好みに合わなかった。冒頭の章「力と力の世界」がそのことを物語っている。「じつにヨーロッパは苛烈な力と力の世界である！　それはわれわれには想像がむつかしい」——これが書き出し、最初の一行なのである。では、次の文章はどうか。「むかしからの蓄積がそのまま残っている。生活はしっかりとした基盤の上にたっていて、人々は何百年来の軌道を毎日くりかえしているらしい。国中が軽井沢をもっと手入れしたようなところで、まことに衣食足りて礼節を知った楽土楽園とはこういうところをいうのであろう」。これは竹山が『新潮』(昭和三十二年一月号)に書いた「スイスにて」に出てくるチューリヒ近郊の一小村についての描写である。

ベルリンは竹山がもっとも足しげく訪れた都会だった。それはこの大都会を愛したからとか、好きだったからと言うのではなかった。鉄血宰相ビスマルクが自己の権力の根城としたこの武の都ベルリンは、明らかに竹山の好みに合わない都会であった。しかし、そのベルリンを竹山が足しげく訊ねたのは、「嫌いだから好き」とでもいった不思議な感情が働いたからであろう。

ベルリンの西から東へと出入を繰り返す竹山の強い関心を惹いたもののひとつに、両独マルクの交換比率いかんという当時の珍題があった。公式には西独マルクと東独マルクの交換比率は一対一であった。しかし、竹山は「実質的には一対五である」と書いている。私の留学時代(一九六一年秋〜一九六四年秋)にも、ほぼそうであった。東ドイツの物価は西ベルリンのそれよりかなり低かった。ひとつには東独が社会主義国(本当にそうだったか?)だったからだろうが、裏を返すと民衆が貧しかったからである。

その恩恵を享受してか、竹山は東ベルリンの市役所通り《ラートハウス・シュトラーセ》にあった「カフェ・ブダペスト」での飲食を楽しんでいる。このレストランは、私が当時やはり「闇金」、つまり一対五で交換した東独マルクで購入した『ドイツ民主共和国・旅行案内』(一九六二年版)によれば、最上位に置かれている。ところが竹山はそれを、西ベルリンでいえば「上の下くらいのレストランだった」と書いている。繰り返すが、東ベルリンの生活水準は西に較べると、かなり割引きしなければならなかったのである。

ただ、それは人間についてのことではなかった。「東ベルリンの人々の方が人間にしたしみがある。柔和で感じがいい」というのが竹山の実感だった。この点でも私は竹山に同意する。西ベルリン留学中、やはり西ベルリンに学んだ東京芸大出身の神西敦子の紹介で私は東ベルリンのイマヌエルキルヒ街に住んでいたイレーネ・ブルダイェーヴィッチをしばしば訪ねることになったが、毎回のお土産はバナナだった。西ではどこの八百屋でも買えるこの果物が、東では見当たらなかったのである。

ブルダイェーヴィッチはカソリックのカリタス協会の職員だった。東ドイツはソ連同様、表向き無神論の国家である。だから、このカソリック組織は建前としては存在できないはずであった。しかし、病院や老人施設を経営するカリタス協会には国家権力も手の出しようがなかった。一事が万事で、東ドイツという共産国家には建前と実情の間に大きな開きがあった。竹山はこの点でも東ドイツという国家の真実を見抜いていたと言える。

『剣と十字架』での竹山は西ドイツよりも東ドイツ、いや東ベルリンの問題に主たる照明を当てている。しかし、ことナチスとなるとはなしは違ってくる。それを物語るのが「六　ダハウのガス室」である。ダハウ（Dachau）は上バイエルン地方にある小都市で、そこにヒトラー・ドイツは主としてユダヤ人を焚殺するための強制収容所をつくった。

竹山道雄がこの忌まわしい地を訪れたとき、住民は例によって例のごとく強制収容所の存在なぞ知らぬといいたがった。ただ、そんなことを言い通せるものではない。だから、問いつめられると渋々、過去の事実を認めるのであった。これはなにもダハウの住民に限られたはなしではなく、戦後の西ドイツに広く見られたドイツ人の反応である。

そんなことより重要なのは、このダハウ収容所の過去のデータに対する竹山の執念にも似た記録欲である。まず「ダハウ収容所平面図」があり、そこに掲げられている①から㉑までの施設（?）についての説明文がある。私は当初、その出典はなにかと探してみた。しかし、それは私の早トチリであった。竹山は収容所の平面図も説明文も現地の資料を筆写したらしいのである。そのうえで「火葬場」から「監視塔」を順次、説明している。

かつての「火葬場」と「ガス室」は、竹山がダハウを訪れたときには「博物館」になっていた。そこでの陳列品の中に、「収容所の囚人利用についてのSSの計算書」なるものがあったらしい。これも竹山は筆写している。それによると、ナチスは囚人一人当りの収支計算をやっていた。驚くのは、「屍体からの収入」計算がなされていたことである。いわく、

〈一、金歯。二、衣類。三、貴重品。四、銭。

これよりマイナス燃料　二マルク〉

私はこれほど細部描写に執念を燃やす竹山道雄に空恐ろしさを感じずにはおれない。「見て、感じて、考える」の「見る」とは、これほどの執念を伴わなければならないのか。

そして、「考え」たあとで竹山が引き出す結論は、ことドイツ人に関するかぎり、すこぶる断定的である。なぜなら、普通のドイツ人は、「ナチスの犯罪などは意識から排除して、あたかもなかったことのようにしている。そしてこれが大部分である」からだ。こういう言葉を読むと、竹山はドイツ

嫌いだったのではないかという気がする。

しかし、そう読むのは誤りであろう。なぜなら、戦前に書かれた「独逸的人間」、「ゲーテに於ける自然と倫理」、『ファウスト』の夜の場とニーチェ」、「老いたるロッテの悩み」、「ベッチーネ・フォン・アルニムのこと」、「ワグナーの弟子」（いずれも『北方の心情』、竹山道雄著作集第六巻、昭和五十八年、福武書店、に収録）などを読むと、まったく違う竹山道雄像が浮かび上がるからである。要するに、そこにあるのはドイツ文化に対する共感者・竹山道雄である。

さて、竹山は『剣と十字架』の発表よりも八年も前、『毎日新聞』に二回にわたって「ソ連地区からの難民」を寄稿していた（一九五五年十二月十五・十六日付）。それは当時の西ドイツの「首都」ボンから書き送られた記事である。肩書きは「東大講師」であった。というのも、竹山は一九五一年に東大教授の職を辞していたからである。だから竹山の筆はのびのびしていた。

ボンの難民省——そういう役所が当時にはあった——や全ドイツ問題省を訪ねては資料を集め、熱心に読み耽った竹山はこの連載文で、難民とはいっても三種類があることを説き、自分の関心が「追われた者」（戦後にオーデル・ナイセ川以東の地からポーランドによってドイツの地へと追われた旧ドイツ第三帝国の住民）よりも「逃げた者」（東ドイツから西ドイツへ逃れたドイツ人）にあることを隠さなかった。

この短い新聞記事で竹山は「追われた者」、「逃れた者」それぞれについて詳細な数字を挙げている。数字が「冷厳な事実」を語るとの信念からだろう。そのうえで「ドイツの新聞や雑誌には、モスクワに招待された（日本の）先生方が、知りもせず考えもせず、知ろうとも考えようともしなかったことが、来る日も来る日も報道されている」（挿入引用者）と皮肉を言っている。これは完全に竹山の方が正しい。しかし、より重要な問題は別のところにある。念を押すが、竹山がこの文章を書いたのは一九五五年十二月だった。それは西ドイツが北大西洋条約機構（NATO）に加盟し、後を追うように東ドイツがワルシャワ条約機構（WTO）に加わった年である。その頃、日本の誰が東ドイツから西ドイツに逃れる難民の群に関心をもっていたというのか。わが国の新聞もヨーロッパにおける「二つの軍事ブロック」の動向を追うことで精一杯ではなかったのか。

集団責罪論の是非

「妄想とその犠牲」は『文藝春秋』の一九五七年十一月号、翌五八年一〜四月号に分載のかたちで発表された。言うまでもなく「妄想」とはナチス・ドイツの独裁者ヒトラーの頭に宿ったユダヤ人悪魔説を指し、「犠牲」とはアウシュヴィッツをはじめとする強制収容所で殺害されたユダヤ人の運命を指している。

これは、歴史上前例を見ないナチスの犯罪の意味を竹山道雄が自問自答する文章である。そのため多くの哲学者（たとえばカール・ヤスパース、ジャン゠ポール・サルトル、エーミル・ブルンナー、ヨハン・イグナツ・フォン・デリンガー）、心理学者（ヴィクトーア・フランクル）らの諸説が紹介され、その意味が考察されている。無論、ナチス側の主張も無視できないので、アウシュヴィッツ収容所司令官ルドルフ・ヘスのニュルンベルク国際軍事法廷での陳述も詳しく紹介されている。

しかし、私には竹山の言う「妄想」の意味がもうひとつ十分には理解できない。無論、その妄想はヒトラーの頭を占めたものであろうが、その点についての説明が分かりにくいからである。

たとえば竹山は、「第一次大戦の初めかその最中になら、千二百万か千五百万人のユダヤ犯罪民族を、毒ガスの下におくことができたかもしれなかった」との『我が闘争』からの引用を示したうえで、この言葉が「もとよりいかなる政策を示したものでもなく、何人も後になってここから何が生れてくるかを感づいた者はなかった」と書いている。なぜなら当時、ドイツ人はそれを「ただ誇張した激語」として気にもとめなかったからだ、というのである。

では、いったいいつ、何が原因でユダヤ人をガス室で殲滅するという歴史上前例のない悪魔の思想がヒトラーの頭を占めるようになったのか。その点の説明が十分になされているとは思えない。戦後のドイツに「アウシュヴィッツも、トレブリンカも、ダッハウも自分は知らなかった」と嘯く手合いが多かったことはよく知られている。このことは、ヒトラーのユダヤ殲滅方針が単なる妄想ではなく政策化したのがいつかと関係している。なぜなら、ヒトラーはこの転換の時点を語りはしなかったし、語るはずもないからである。

けれども竹山は推定でいいから、その時点につき自説を述べるべきではなかっただろうか。なぜなら、かりにそれが一九三九年九月の第二次大戦勃発に先立っていたならば、ナチス・ドイツ軍の志気、あるいは国民の厭戦気分の如何に少なからぬ影響を及ぼしたと考えられ、戦後の米国による「非ナチ化」政策のあり方も現実のそれとは違ったかもしれないからである。

言うまでもなく、竹山の仮説が戦前、戦後のドイツ史の現実を動かすはずはない。ただ、それは思考ゲームとして重要なのである。その意味で隔靴掻痒の感が残る。

他面、竹山は第二次大戦の二つの敗戦国、日本とドイツの反省心、罪悪感について興味ぶかい比較を示している。「戦後日本人は両手をついておわびをして、心から悔悟した。自分は悪い人間である、いやしい人間である、と胸をかきむしった。罪責感の塊となって自虐自嘲した」と言うのがひとつ。もうひとつは、「ところが、ドイツ人はそうではない。彼はむかしと同じことであり、相変らず自信満々である。昂然としている」。

そこには竹山の面白い好みが反映しているように思われる。右の言葉は竹山が日本人を好きだったことを必ずしも示してはいまい。ただ、ドイツ人については、「これはかなわんな」と考えていたことは疑いない。特に二十世紀のドイツについては間違いない。裏を返すと、十九世紀のドイツは高く評価されていた。その両方を私は六〇年前の駒場で、直接に竹山の講義から学んだ。それは貴重な体験であった。

最後に、「妄想とその犠牲」は、人間についての不可知論に立った竹山のつぎの言葉で結ばれている。いわく、「あのユダヤ人大量焚殺事件については、今なお『やはり本当には分らない』という気持が残っていることを、白状せざるをえないのである」。当時、執念をもってナチスの犯罪と取り組んだ竹山にして、あるいは竹山でこそ、語り得た言葉である。

ユダヤ人にとっての殺人鬼アドルフ・アイヒマンについても、竹山道雄は多くのことを述べている。因みにアイヒマンについて最もよく読まれているのは、哲学者ハンナ・アーレントによる『イェルサレムのアイヒマン——悪の陳腐さについて』だろう。その原著は一九六三年刊、邦訳は一九九四年に出版されている。

アーレント自身がユダヤ系であった。彼女が、一九六一年四月から八月まで続いたイェルサレムでの「アイヒマン裁判」の取材に執念を燃やしたのは、おそらくはこの出自のゆえであっただろう。ところが竹山は、アイヒマン自身がユダヤ人だったという噂が流布されていたと書いている。無論、ウソである。

このアイヒマンはマダガスカル・プランなるものを考案した。インド洋の西南マダガスカルについては、ヨーロッパのユダヤ人の脱出先とする考えがかねてからあったので、ヒトラーは一九三八年にそれを計画化、二年後には当時ナチスのSS（親衛隊）の指導者ハインリッヒ・ヒムラーが、全てのユダヤ人をその地に移住させ、ヨーロッパからユダヤ民族の存在を消し去る旨を言明していた。アイヒマンはこの考えを継承したのである。

竹山はアイヒマンのマダガスカル・プランを詳しく紹介している。アイヒマンのこの計画にやがてヘルマン・ゲーリング国家元帥《ライヒスマルシャル》が承認を与え、最終的解決《エンドレーズンク》なる構想が固まったと言うのである。ところが、それを実行に移すと、一九四一年の独ソ戦争勃発の影響もあって、ユダヤ人移送計画は頓挫してしまったと言う。

そこでヒトラーはユダヤ人のマダガスカル移住計画を断念、ドイツ内外の強制収容所でのユダヤ殲滅作戦へと舵を切り換える。そこで竹山は当時の駐独大使・大島浩が果たした役割に疑問符を付けている。大島はナチスの領袖と親密であったので、同じ軍人出身としてヘルマン・ゲーリンクとは特別の関係をもつことができたのではないかとは、私も思う。いずれにせよ、マダガスカル計画は日の目を見ることなく終ったのであった。

竹山には「分らないことは分らない」という謙虚さがあった。だから、「妄想とその犠牲」は、「あのユダヤ人大量焚殺事件については、今なお『やはり本当には分らない』という気持が残っていることを、白状せざるをえないのである」と結ばれていた。竹山一流の不可知論、あるいは懐疑論であった。

上杉重二郎と山田宗睦

最後にふたりの人物に触れておきたい。

そのひとりは北海道大学教育学部教授を務めた上杉重二郎である。上杉は一九五七年四月から一九六一年八月一日まで東ベルリンのフンボルト大学哲学学部客員教授として教鞭をとった人物である。彼が東ベルリンを発ったのは八月十三日の「ベルリンの壁」構築直前のことであった。だからその著『ベルリン東と西』（一九六二年二月刊）はさながら前線記者の帰朝報告といった観を呈した。上杉にはもう一冊、『東ドイツの建設——人民民主主義革命の思想と社会主義』（一九七八年五月二十五日刊、北海道大学図書刊行会）なる著作もある。

前者の表題は竹山道雄が自著に借用してもおかしくはない。他方、後者はまかりまちがっても竹山が使わない表題の書である。ところが両著の内容はウリふたつと言えるほど似ている。それは両ドイツの統一の可能性についての上杉の説明が、両著であまりにもよく似ているからである。前者では、「両ドイツの統一は可能か」との問いを立て、西ドイツが主張したような「ドイツ民主共和国（東独）を解消し、……全ドイツを統一しようという案」（挿入は引用者）は「まったくの幻想」だとして切って棄てられているのに対して、後者では社会主義の東ドイツと「帝国主義」の西ドイツを「機械的に、ことに一方をワルシャワ条約機構に、他方をＮＡＴＯに結合したまま統一することは不可能である」とされている。

現実の歴史は上杉の主張とは正反対の道を歩んだ。西が東を併呑したのである。ただ、現実に歩んだ歴史の道程を読み切った人間はいなかった。竹山も同じことだった。両ドイツの共存を追究してノーベル平和賞に輝いたウィリー・ブラントも、その著『共存の試練』を訳出した私にしても、そういう道筋は読めなかった。両ドイツの統一を達成したヘルムート・コールにしてからが、確信というよりむしろ執念によって世紀の大業を成し遂げたのである。歴史は、先に竹山について指摘したように「不可知論」によって動くのである。

もう一点だけ、上杉重二郎の主張を取り上げる。上杉は「東への移住者」と「西への逃亡者」を区別し、前者は「一般的に……むろん物質的生活ということを考えはするけれども、しかし人間の価値が真にみとめられる社会に住みたい、そうした社会を作りあげたいという、いわば一つの理想をもっている」と書いている（傍点引用者）。これは完全に倒錯した考えで、現実に西から東に移る人びとは「変り者」であり、逆に「西への逃亡者」はなによりも自由を求める決死の覚悟で「壁」を乗り越えたり、地下道を掘ったりしたのである。よもや上杉重二郎は、十八歳で東ドイツの警備兵によってチェックポイント・チャーリー（アメリカ占領地区から東ベルリンへ入る関門）付近で銃撃されて死亡したペーター・

フェヒターの悲劇を知らないはずはないであろう。

しかし、それを指摘しても詮ないことではある。上杉の著作を見ると、そのほとんどが東ドイツ、あるいはソ連の文献に依拠していることが分かる。自分で自分に目隠しを付けたのが判る。これもまた竹山とは対照的であった。竹山は東ドイツの党機関紙や統計数を手掛りに、「見て、感じて、考える」ことに徹したのであった。

もうひとり取り上げたいのは、『危険な思想家――戦後民主主義を否定する人びと』（光文社カッパブックス、一九八五年刊）を書いた山田宗睦である。山田は京都大学文学部哲学科で学んだが、その著書の背表紙に短文を寄せた同じく京都学派である哲学者・久野収は、「山田君は、京都大学哲学科を出た。彼は、三木清《みききよし》・戸坂潤《とさかじゅん》・加藤正《かとうただし》といった、京都哲学の民間的伝統をつぐひとりだ。筆一本で生き自分の思想信条に従って、だれにも気がねせずに、いうべきことをいう」と書いた。つまりは京都学派内部の身内贔屓なのである。

それにしても、『危険な思想家』はよく売れた。二〇版までは確認されているし、明治大学で政治学を講じた評論家・橋川文三は一九六七年、『朝日ジャーナル』に「山田宗睦『危険な思想家』・論壇にまき起した旋風――戦後ベストセラー物語」を書いたほどである。このベストセラーは第一章で竹山道雄を挙げ、「美的教養人の危険」なる副題をつけている。また、二五頁に載せられた竹山の写真には「戦後〈危険な思想家〉の先駆者」なるキャプションがついている。

ところが不思議なことに、山田は竹山道雄と仏文学者・渡辺一夫の共著『業について・デダルスの翼』や竹山の『昭和の精神史』からの数行の引用を除けば、全一七ページの論考中で引用らしい引用をやっていない。あるのは、竹山本人、あるいは竹山と親しかった文筆家たちについての情況ないし情景描写だけである。

ある人物の「思想」が「危険」であるかどうかは、その人の「言葉」、つまりは文章を吟味して判断できる。山田はそれを怠った。だから竹山をイの一番に取り上げた『危険な思想家』は完全な空回り作品に終ってしまった。

山田宗睦の『危険な思想家』については哀れな後日譚がある。『朝日新聞』一九八九年十月二十七日付夕刊に「余白を語る」山田の姿があった。「今から思えば『危険な思想家』など先が見えぬまま書いた恥ずかしい本でしてね。年とるにつれ、評論家としてろくなことを論じてこなかった」と。

対して竹山はヒトラーの『我が闘争』にしても、ナチスの強制収容所についても、はたまた「ベルリンの壁」構築前の東ドイツの人口流入についても徹底した原資料主義を貫いたのであった。そのあとになってはじめて、自分の見解なり評価なりが述べられるのであった。

あとがきに代えて

竹山道雄先生との出会い

あとがきの場を借りて、個人的感慨から筆を進めたい。私は昭和三十一年に東京大学教養学部教養学科に進学した。他の諸学部と違って、この学科は本郷ではなく、駒場にある。渋谷から井の頭線に乗って二駅目の「東大前」駅で降りると、右側が教養学部（旧制一高）で、左側は下り坂になっていた。その右手に当時は成美堂という書店があった。私はそこで、乏しい財布をはたいて雑誌『心』を買った。

この雑誌は、渋谷あたりの大型書店ではかえって置いていなかった。と言うのも、『心』は一種の同人誌で、旧制一高校長だった安倍能成氏を中心にオールド・リベラリストの論稿を主として掲載するやや古風な雑誌だったからである。東大生がいちばんよく読んでいた(?)のは岩波書店の『世界』だった時代である。高校時代に河合栄治郎一門による学生叢書に親しんだ私は、『世界』に親しみを感じなかった。逆に『心』には強く惹かれた。この雑誌で「竹山道雄」という名に出会った。

六法全書に親しみを感じなかった私は、昭和二十九年入学文科一類2Bの級友の多くが進学する法学部を避け、先述の教養学科ドイツ分科を選んだ。その頃、竹山道雄先生は停年前であったが、非常勤講師として「ドイツの思想」を担当しておられた。当初は十数人の学生がそれを選択していたものの、やがて一人欠け、二人欠けていった状態になり、結局、辻村誠三(筑波大学教授、故人)と私だけが残った。こうして、われわれ二人にとり、至福の年が始まったのである。使用されたのは、フランツ・シュナーベル(Franz Schnabel)の『十九世紀ドイツ史』(*Deutsche Geschichte im neunzehnten Jahrhundert*)だった。

竹山先生は講義の間、みずからが教鞭をとられた旧制第一高等学校の思い出を語られることが少なくなかった。今でも覚えている先生の言葉がある。それはこんな調子であった。

「一高の学生はよく外国書を読んだと言いますなあ。ドイツのレクラム文庫を一日で読みおえたという伝説がありますが、そんなことはない。かりにそうだったとしたら、彼らはもっと立派な人間になっただろう。戦前の日本はもっとまともな国になっていたのは間違いありません。君たちはそう思いませんか」。辻村と私は二の句がつげなかった。

西ベルリン留学時代

一九六一年秋、ドイツ学術交換奉仕会（DAAD）の奨学金を得て、西ベルリンの自由大学（Freie Universität Berlin）に留学することになった。全体としてのベルリンは不自然な都会であった。東ベルリンが東独（DDR＝ドイツ民主共和国）の首都であるのに対し、西ドイツの首都はライン河畔の小都市ボンであり。口さがない連中はこれを「連邦首村」（Bundeshauptdorf）と呼んでいた。他方、西ベルリンは――形式的には――米・英・仏三国の「共同占領」下に置かれ、ために西ドイツの基本法（＝憲法）も全面的には適用されなかった。たとえば義務兵役制は西ベルリンには適用されず、徴兵逃れのため自由大学を選んだ学生も少なくはなかった。

当時、国際政治を学ぶ者の留学先は殆んどが米国であった。けれども、東大教養学科でドイツ分科に学んだ者として、私は敢えてドイツ、なかんずく西ベルリンを選んだ。そのとき、頭の片隅に竹山先生の書かれたドイツ問題や東西関係についてのエッセーがあったことは間違いない。

先生は『文藝春秋』誌の一九五七年二月号から四月号にかけて感想文「ベルリンにて」を三回連載されていた。それはまだ「ベルリンの壁」出現以前のことではあったが、東ドイツ、東ベルリンが如何に「社会主義的不平等」に満ちた社会であるかを、自らの体験をもとに詳述されたエッセーであった。まだ学部学生だった私はそれを熟読した。そして西ベルリンを留学先とする決意を固めた。

竹山・猪木先生に負う学恩

一九七四年春、私は防衛大学校長・猪木正道先生による誘いを受けて、防衛大学校の教壇に立つこととなった。人間の運命とは不思議なものである。猪木先生との縁を結んでくれたのもまた西ベルリンだった。先生は一九六三年に西ドイツ政府の招待を受け、法曹界の数人の人たちとこの「分裂都市」にも足を伸ばされたのである。当時、西ベルリンに日本大使館はなく総領事館があり、そこからの推薦で私は一行の世話係を受けもつこととなった。猪木先生とは俗に言う「馬」があったのか、二人きりで夕食をご一緒する機会に恵まれた。それが機縁で私の防衛大学校への道が開かれたのである。

当時、防衛庁（現・防衛省）に対しても自衛隊に対しても世間は冷たかった。無論、憲法違反だと言うのである。私はそれまで杉並区東田町に住んでいたが、通勤時間が長過ぎるので鎌倉に引っ越すことにした。すると、時折り駅頭で鎌倉・材木座に住んでおられた竹山先生とばったり出くわす機会が増えた。先生はいつも和服姿で、胸には書物が入っていた。竹山先生のお誘いで、私たちは駅前の小町通りにあった喫茶店「門」を訪ね、四方山話に耽ったものだった。

東西関係やドイツ問題の細部については私の知識の方が豊かだったせいか、竹山先生はかっての門下生の熱弁によく耳を傾けてくださった。そして自衛隊と防衛大学校につれない世間をやんわりと批判して下さった。

そして一九八一年、『諸君！』の二月号に竹山先生の「防衛についての感情」が掲載された。そこには、次のような先生の言葉が綴られている。

「もとより平和はいかにしても保ちたい。そして、平和も人権も国の安全保障があればこそである。もし自分を守るためには非武装中立が最上の法であるものなら、それでゆくべきであり、もし重武装をしなければ国防ができないものなら、それもやむを得ない。客観的な条件を冷静に検討して、それにもっとも適切な選択をしたい。専門的なことは分からないが一市民として接したところでは、猪木正道氏によってもっとも説得される」。

竹山道雄、猪木正道両先生は思想的に同じ立場をもっておられた。だから、論文を発表される場合にも、『自由』や『諸君！』といった同じ舞台を使われることが多かった。『自由』の場合、石原萠記編集長を表に立て、竹山先生はその思想的指南役を果たしておられた。私はこの二人の先生の学恩に負うところが大きい。

先掲の論文「防衛についての感情」で、竹山先生はこう書いておられる。

人間は他の生物とはちがって、現実にはないものを思い浮べる想像力をもっている。それによって絶対ということを表象し、一切が完成してすべてのユートピアを空想する。それを規準としてその尺度によって現実をはかる。しかるに、人間はもともと不安定な存在だから、現実にはアラはいくらでもある。そのアラさえ破壊すればただちに絶対のユートピアが生まれると考える。この感情は人間の本性に属することだから、今後もさまざまな形であらわれるにちがいない。

竹山先生はユートピアンではなくて、現実直視主義者であった。それは先生の「見て、感じて、考える」という姿勢に通じていた。

竹山道雄先生から受けた学恩の大きさに深く感謝する。

二〇一六年十月　鎌倉にて

させ・まさもり　一九三四年生。東京大学教養学部教養学科卒業。国際政治。防衛大学校名誉教授。主著に『集団的自衛権——論争のために』（ＰＨＰ研究所）『摩擦と革命——東欧、脱ソ連化の軌跡』（文藝春秋）他。

〈竹山道雄を読む〉

自由の脊骨《せっこつ》

――竹山道雄・和辻哲郎・ニーチェ

苅部　直

竹山道雄とフリードリヒ・ニーチェ

ヨハン・ヴォルフガンク・ゲーテとフリードリヒ・ヴィルヘルム・ニーチェ。竹山道雄はこの両者について訳業をのこしている。一見すると、両者の作品をともに享受し、こなれた日本語に表現し直すのは、矛盾を含んだ仕事と思われるかもしれない。ゲーテは理性と感情との調和を志向し、ドイツの国民的作家として讃えられる文学者。これに対してニーチェは、たとえば粟田賢三・古在由重編『岩波哲学小辞典』（岩波書店、一九七九年）ではこんな風に解説される哲学者であった。

その思想的使命は、キリスト教との対決による全価値の価値転換、これまでの価値規準であった神の死を宣告、世界を没意味とみなしてニヒリズムを徹底、それを等しきものの永遠回帰ととらえかえし、善悪の彼岸に立つ現実肯定的な強さを説く。他方すべての生の根底に権力への意志をおき、その体現者として超人を立てる。しかし、超人の育成と産出が人類の目標、民衆はその手段とされ、ファシズムの思想的支えともなった。

この項目では「主著」の一つに『力への意志』を挙げ、竹山道雄と原佑《たすく》――東京大学教養学部における哲学担当の教授として、竹山と同僚であった――による翻訳（『ニーチェ全集』第十一巻・第十二巻、新潮社、一九五一、五三年。竹山が第十一巻、原が第十二巻を分担）を紹介しているから、辞典の執筆者の一人である原が書いたものかもしれない。だが、「力への意志」(Wille zur Macht)を「権力への意志」と表現し、ファシズムとの関連に言及するところは、世に流布した「危険な思想家」としてのニーチェの像をはっきりと反映している。

そうすると、ゲーテとニーチェをともに翻訳するという竹山の仕事ぶりは、いったいどういう意図に基づくのか。理性と調和の文学者と、ニヒリズムと「権力への意志」の哲学者とでは、まるで水と油である。竹山の訳による『ゲーテ詩集』第二冊・第四冊(一九五三、五七年)は岩波文庫から出ているのに、ニーチェの翻訳は新潮文庫に入っているのも(『ツァラトストラかく語りき』一九五三年、『善悪の彼岸』一九五四年。『偶像の黄昏』一九五八年にも竹山訳の「詩集」が収録されている)、何だか意味のある使い分けのように思えてくる。

実際、平川祐弘による浩瀚な評伝『竹山道雄と昭和の時代』(藤原書店、二〇一三年)によれば、竹山は「ナチスが猛威をふるったとき、その精神的背景を探るべくニーチェを読んで『ツァラトストラ』を訳した」という(同書八四、三四〇頁)。竹山が最初にドイツへ留学に行ったのは、一九二七(昭和二)年から一九三〇(昭和五)年にかけてである。その間にアドルフ・ヒトラーが率いる民族社会主義ドイツ労働者党(ナチ党)は巧みな宣伝によって大衆の心理をつかみ、ドイツ国会に議席を獲得していた。また一九三一年には、ニーチェをドイツ国粋主義、戦争賛美の英雄主義の思想家とみなし、民族社会主義の政治思想に近い形で理解した、アルフレート・ボイムラー『生成の無垢』も刊行を見ている。ナチズムの先駆者としてニーチェを賞賛する空気は、竹山の留学時代にもすでに強まっていたことだろう。

『ツァラトストラ』に秘められたもの

竹山が最初に手がけたニーチェの翻訳書は、平川も言及しているように、弘文堂の世界文庫から刊行された『ツァラトストラかく語りき』上中下巻（上巻一九四一年、中巻・下巻一九四三年）である。ちなみに一九五三（昭和二十八）年に新潮文庫に収められ、現在まで版を重ねている。竹山訳ののちに出た翻訳のほとんどが「ツァラトゥストラ」（一点だけ「ツァラツストラ」とした訳がある）と表記しているのに対し、新潮文庫だけが頑として「ツァラトストラ」をいまでも維持している。

弘文堂・世界文庫の『ツァラトストラかく語りき』中巻は、大東亜戦争の最中、一九四三（昭和十八）年二月に刊行されている。当時竹山は、旧制第一高等学校（一高）の校長に就任していた哲学者の安倍能成、また教頭であった教育学者、日高第四郎のもとで、ドイツ語担当の教授として、軍国主義の抑圧に対し自由な校風を守ろうと奮闘している最中であった。中巻の刊行の月には満三十九歳で、長男、護夫の誕生を迎えてもいた。その「あとがき」（本巻所収）には、当時のヨーロッパ情勢とニーチェの思想との関連について、踏みこんで語った記述がある。

ニーチェの現代的意義については、ますますその感を深くする。現代を目して「ニーチェの勝利」という言葉には、ある意味に於て同じなくてはならない。現代のヨーロッパの風潮は――グレコ・ラテン文明の基礎の上に立ち・キリスト教によって醇化された・従来のヨーロッパ文化の全面否定である――ということはもはや疑うことができない。そうして、ニーチェはこの意味における価値の変革の最大の予言者であった。

竹山はこの三年前、雑誌『思想』の一九四〇（昭和十五）年四月号に、「独逸・新しき中世？」（本セレクション第I巻に収録）を発表し、ナチス政権下における「政治の優位、個人の否定、知性の否定、自由の制限」の高唱をきびしく批判していた。この動向に呼応して、「思考の自由」を旨とする「近世思想」に対する攻撃が、思想でも文藝でも跋扈する状況に、「新しき中世」を見たのである。

この論文は『思想』の「欧洲文明の将来」と題する特集に寄せたものであった。同じ特集では、その前年にドイツでの留学から帰国した宗教哲学者、西谷啓治――京都大学文学部助教授で、いわゆる「京都哲学」の気鋭の担い手として活躍中であった――が、論文「ヨーロッパ文明の将来と日本」の前半を寄稿している。それは、ナチズムの理性無視に対する批判にも説き及ぶものの、近代の物質文明・機械文明・個人主義がすでに破綻を迎えたと断じ、ヒトラーの『わが闘争』がそれを克復する「新しいエトス」を提唱していると高く評価するものであった。同時に、理性以前の「生命」を礼賛し、現代における「エトス」の変化を導いた先駆者の一人として、ニーチェの名前も挙げられている。

戦時下の竹山が、『ツァラトストラかく語りき』中巻の「あとがき」で「現代のヨーロッパの風潮」に対する批判を述べ、その淵源をニーチェによる「価値の変革」に求めたとき、それは同時代の日本の風潮にむけた辛辣な視線を含んでいたことだろう。きびしい言論統制のもとにあって、勘のいい読者は、これを日本の軍部や官憲やアカデミズム、ジャーナリズムに対する批判として読んだはずである。

そう考えると、この「あとがき」が以下のように結ばれているのも、意味ぶかいことと思われる。

もしニーチェが古代ギリシヤのアカイエル族やチェザーレ・ボルジアの代りに、――イプセンのように――いにしえのヴィーキング族を理想の人間像としたら、その系譜はもっと理解しやすかったであろう。――昏い霧の中から現れて冒険的な征服に身をゆだね、勝利の後には一夜の宴に生命の陶酔に耽ったという、むかしの北海の住民――。夜と歓喜を愛して異教の神々を崇めた金髪碧眼のヴィーキング族――この祖先の呼声をニーチェはしきりに懐かしんでいる。そして、現代は、このヴィーキングの子孫が瞠目すべき活躍をしている時代である。

ヘンリック・イプセンへの言及は、戯曲『ヘルゲランの勇士たち』(一八五八年)のことであろう。チェザーレ・ボルジアと、ヴァイキングに対するニーチェの高い評価は、『善悪の彼岸』第百九十七節と第二百六十節にそれぞれ見える。後者は、臆病な被支配者が生み出した「同情」の道徳を批判し、「自己に対する信仰・自己についての矜持」を旨とする「高貴かつ勇敢な人間」として、ヴァイキングの伝説のなかの英雄を讃えるものであった(引用は新潮文庫、一九五四年初版による)。

北欧神話はリヒャルト・ワーグナーの『ニーベルンクの指輪』を介してナチズムのイデオロギーに用いられたから、ドイツ軍の進撃を現代における「ヴィーキングの子孫」と呼んでいるようにも見える。だが、ここに描かれた「北海の住民」の姿は「征服」と言いながら牧歌的であるし、海賊のイメージもドイツ人にはそぐわない。反対に、ヴァイキングすなわちノルマン人の子孫としての海軍国である英国、さらにアメリカへの期待を暗に示しているのではないだろうか。

もしこの推測が正しいなら、連合国の勝利への期待をニーチェの訳書に潜ませるという試みを、戦時中の竹山は敢行していた。当時、文庫本については出征する兵隊が荷物に入れて携行するための需要も多かったから、戦地でこの本を開き、ドイツ語教授の深意に気づいて、愕然とした出陣学徒もいたかもしれない。

「ドイツ精神」の両義性

もともとニーチェの思想それ自体は、ナチズムのイデオロギーとぴったり重なるものではない。『善悪の彼岸』の訳者でもある竹山は、そのことに早くから気づいていたと思われる。この著書のなかでニーチェは十九世紀ドイツの粗野な「祖国主義や土着心」を批判し、「よきヨーロッパ人主義」を理想として掲げる（第二百四十一節）。また、ユダヤ人の「永もちのする青銅」のような性格に警戒を示しつつも、ドイツに根づよい「反セミチズム」をきびしく批判している（第二百五十一節）。そして、「私が畏敬を抱く最後のドイツ人である」（『偶像の黄昏』より「時知らず者の徘徊」第五十一節。前掲の新潮文庫版の阿部六郎訳による）とニーチェが最高度の賞賛を与えた思想家は、ゲーテにほかならない。

先に引いた『ツァラトストラかく語りき』中巻「あとがき」の二つの引用のあいだにある段落では、「われわれはニーチェをヒューマニストとして解釈したい好みをもつてゐる。しかし、これは根本においては不可能なのではなかろうか」と書き出し、ニーチェの思想における「本来反キリスト教的なゲルマン精神の自己発見」を指摘して結んでいる。キリスト教と理性中心主義に対するニーチェの批判に着目して、それを憂うべき「現代ヨーロッパの風潮」の起源にあるものと位置づけるのである。

だが、竹山がそうした否定の評価だけをニーチェに加えていたのなら、戦後にも盛んに翻訳に努めることはなかっただろう。戦後に『ツァラトストラかく語りき』の翻訳を収めた『ニーチェ全集』第七巻（新潮社、一九五〇年）と新潮文庫版は、訳者の「あとがき」を欠いている。それはニーチェにおける反ヒューマニズムを強調した戦時中の問題関心を離れ、その思想がもつ多様な側面、むしろ「ヒューマニスト」としての顔にも目をむけてほしいという願望の表われではないだろうか。

この翻訳の仕事と並行して戦時下に発表した論文「『ファウスト』の夜の場とニーチェ」（『独逸文学』一九四二年一月号。『竹山道雄著作集』第六巻、福武書店、一九八三年に再録）の冒頭では、ニーチェについて「当時の文化に対して否定的反抗的な態度をとったが、その根本に於てはドイツ精神のもっとも正統を体現した人であった」と述べている。そして、ニーチェのゲーテ崇拝の根柢に、両者に共通する「ドイツ精神」の存在を指摘するのである。ゲーテには一方では、自然と世界の調和ある秩序を、客観的に認識しようとする志向がある。しかし他方でまた、理性による認識よりも「生命」を重んじ、「自己拡充を要求する非合理の力」を崇拝する心性も、ゲーテの詩や戯曲には息づいていると竹山は指摘し、その側面がニーチェの「ディオニゾス精神・超人主義」と共通すると説く。

ここで力、意志、主観性、生命、非合理性といった要素を指摘するだけなら、言っていることはナチズムのイデオローグと大して変わらない。だが、先にふれた論文「独逸・新しき中世？」と同じく、現代においてナチズムの起源となった要素を「ドイツ精神」のなかからとりだし、批判的に分析しようとする姿勢が、ニーチェにおける「ディオニゾス精神・超人主義」に議論を集中させたのだろう。合理的思考にたけ、体系的な哲学や精密な自然科学を発達させたドイツの文化には、同時にそうした理知に反抗し、「動的な力」の奔流に身を委ねようとする意欲が渦まいている。この両義性を竹山は「ドイツ精神」にみて、ニーチェこそその体現者にほかならないと説いた。

本巻には、スキャンダラスな文章「聖書とガス室」(初出は『自由』一九六三年七月号〜十月号)も収められている。ナチス政権によるユダヤ人の大量殺害(竹山の表現では「焚殺」。ホロコーストの訳語であろう)について「あえて言えば、ガス室は聖書に起因した」と説き、キリスト教に最初から内在した「反ユダヤ感情」にその原因を求めたため、カトリックの立場をとる論者から批判を浴びることになった。竹山自身は、一九六〇(昭和三十五)年の夏に、ダッハウ強制収容所の跡地でガス室を見たときから、キリスト教に疑問を抱くようになったと語っている。だが、その所見を深いところで支えていたものは、実は「ドイツ精神」における冷徹な技術と非合理な激情との共存をめぐる、竹山の長年の思索だったのではないだろうか。

竹山道雄と和辻哲郎

「聖書とガス室」には、和辻哲郎の著書『鎖国――日本の悲劇』(一九五〇年)前篇第二章からの引用がある。一五二六年、スペイン人のフランシスコ・ピサロが、インカ帝国への征服事業にさいして、それは「真実の唯一の神」への信仰を広めるためであると宣言した言葉を、竹山は『鎖国』から引いて、異教徒への攻撃を聖戦として正当化する独善性の例に挙げている。和辻の本はインカの王が「天より降臨した日の子」「日の神の子孫」と考えられていたことにもふれており、日本と占領軍、昭和天皇とダクラス・マッカーサーとの関係も連想させるようなくだりであった。

竹山は『ニイチェ研究』（一九一三年）に始まる和辻の著作に、早くから親しんでいたと思われ、留学中、一九二七（昭和二）年の秋にベルリンで在外研究中の和辻と会っている。『和辻哲郎全集』の内容見本に寄稿した「和辻先生」（和辻照編『和辻哲郎の思ひ出』岩波書店、一九六三年に再録）によれば、接触をもったのは主に戦後、雑誌『心』（一九四八年七月創刊）の同人として編集会議で同席するようになってからのことである。だが同じく『心』の同人であった安倍能成に対する態度に比べて、和辻を語るさいの竹山の姿勢には距離感がある。

おそらくそれは、支那事変の勃発直後に和辻が発表した文章「文化的創造に携はる者の立場」（『思想』一九三七年九月号）に対する、竹山の反発に根をもっている。和辻はこの文章で、「白人」とりわけ「英人」「米人」による世界支配を批判し、英米が操る「抗日」運動に対抗しようとする日本の戦いは、究極的に「十億の東洋人の自由」を守るための事業だと正当化している。これに対して竹山は和辻の没後に発表した「鶴林寺をたずねて」（『心』一九六三年十一月号、『竹山道雄著作集』第四巻に再録）で、「先生のような純粋な動機からの考えも阿世便乗と区別がなくなってしまった」ときびしく批判した。和辻は「アングロ・サクソン」諸国への批判を一九二〇年代初頭から公言しているから、これも時局に便乗したというだけの発言ではない。だがナチス政権による全体主義の登場に衝撃をうけ、むしろ英米に期待をよせていた竹山には、許しがたい暴言と感じられたのであろう。

ただ、発言の理解についてくいちがいがあったにせよ、竹山が和辻その人を見る視線はたしかなものであった。「一つの秘話」(東京大学『教養学部報』一九八〇年二月十八日。前掲著作集第四巻に再録)ではこう語っている。「この先生は人間を見る目に神通力があって、たいへん静かにおだやかなのだが、その前に坐ると自分の腹の底まで見透かされるような気がして、こわかった」。和辻の人格とその醸し出す空気が実感できるような文章である。

和辻の側も、竹山の連載随筆をまとめた『手帖』(新潮社、一九五〇年)に序文を寄せ、『思想』誌上で読んだ「独逸・新しき中世?」は、「竹山君の脊骨《せっこつ》の硬さを知るに十分であつた」と回想して、自分の目でものを見て判断する「自由人」と評している。世間におもねらず、自分自身の判断をはっきり口にする姿勢を支える、精神の「脊骨」。それがまっすぐに通っていることを、和辻の側もまた透察していたのである。

かるべ・ただし　一九六五年生。東京大学大学院法学政治学研究科博士課程修了。博士(法学)。東京大学法学部教授。日本政治思想史。主著に『光の領国　和辻哲郎』(岩波現代文庫)『秩序の夢——政治思想論集』(筑摩書房)他。

初出一覧

＊『竹山道雄著作集』（全八巻、福武書店、一九八三年）は『著作集』とした。
＊本セレクションの底本が初出と異なる場合［　］内に示す。

Ⅰ　妄想とその犠牲

妄想とその犠牲　『文藝春秋』文藝春秋新社、一九五七年十一月号・一九五八年一―四月号　［『著作集1』］
『ツァラトストラかく語りき』（全三巻）訳者あとがき　フリードリッヒ・ニーチェ『ツァラトストラかく語りき』弘文堂書房（世界文庫）、上・一九四一年、中・下・一九四三年

Ⅱ　聖書とガス室

聖書とガス室　『自由』自由社、一九六三年七―十月号　［『著作集5』］
ユダヤ人焚殺とキリスト教　『言論人』言論人懇話会、一九七九年二月号　［『歴史的意識について』講談社学術文庫、一九八三年］
バテレンに対する日本側の反駁　『自由』自由社、一九六七年三月号　［『著作集6』］
一神教だけが高級宗教ではない　『文藝春秋』文藝春秋、一九八四年六月号　［『主役としての近代』講談社学術文庫、一九八四年］

Ⅲ　剣と十字架

ソ連地区からの難民　『毎日新聞』一九五五年十二月十五日（上）・十二月十六日（下）

剣と十字架――ドイツの旅より　『文藝春秋』文藝春秋新社、一九六一年四・五・九・十二月号、一九六二年四・六月号　〔『剣と十字架――ドイツの旅より』文藝春秋新社、一九六三年。「古都めぐり」「中世のおもかげ」「カトリック地方」「東の人々」「ドイツ問題解決への提案」の項は削除〕

Ⅳ　ソビエト見聞

ソビエト見聞　『新潮』新潮社、一九六一年四・九・十・十一月号、一九六二年一・二・四月号　〔『まぼろしと眞實――私のソビエト見聞記』新潮社、一九六二年。「人工の楽園」2・3節、「クレムリン宮など」の項は削除〕

著者紹介

竹山道雄（たけやま・みちお）

1903 ～ 1984 年。1920 年旧制第一高等学校入学、1923 年東京帝国大学文学部入学、1926 年東京帝国大学卒業後、一高の講師となる。20 代でベルリン、パリに計 3 年間留学、帰国後、一高の教授となる。1948 年『ビルマの竪琴』（中央公論社）を刊行、毎日出版文化賞を受賞（以後、二度に渡り映画化される）。1950 年一高廃止と共にその後身の東京大学教養学部の教授となるが、翌年には辞し、文筆に専念する。『新潮』『芸術新潮』『心』『文藝春秋』『自由』などを舞台に、「見て・感じて・考える」を根本姿勢とし、時代の風潮に流されない執筆活動を続ける。著書は『古都遍歴』『昭和の精神史』『まぼろしと真実』『剣と十字架』など、芸術論から時論、紀行文など幅広く、ニーチェ『ツァラトストラかく語りき』『善悪の彼岸』イプセン『人形の家』ゲーテ『若きエルテルの悩み』など優れた翻訳も残す。1983 年『竹山道雄著作集』全 8 巻刊行。

編者紹介

平川祐弘（ひらかわ・すけひろ）

1931 年東京生。比較文学比較文化。東京大学名誉教授。竹山道雄の女婿にあたる。著書に『和魂洋才の系譜』『西欧の衝撃と日本』『マッテオ・リッチ伝』『小泉八雲』（サントリー学芸賞）『ラフカディオ・ハーン——植民地化・キリスト教化・文明開化』（和辻哲郎文化賞）『天ハ自ラ助クルモノヲ助ク——中村正直と〈西国立志編〉』『アーサー・ウェイリー『源氏物語』の翻訳者』（エッセイスト・クラブ賞）『ダンテ『神曲』講義』『内と外からの夏目漱石』『竹山道雄と昭和の時代』など、訳書にダンテ『神曲』、ボッカッチョ『デカメロン』、マンゾーニ『いいなづけ』（読売文学賞）他多数。
2016 年より『平川祐弘決定版著作集』全 34 巻（勉誠出版）刊行中。

竹山道雄《たけやまみちお》セレクション　（全 4 巻）
II　西洋一神教《せいよういっしんきょう》の世界《せかい》

2017年 1 月10日　初版第 1 刷発行©

著　者　竹山道雄
編　者　平川祐弘
発行者　藤原良雄
発行所　株式会社 藤原書店

〒 162-0041　東京都新宿区早稲田鶴巻町 523
電　話　03（5272）0301
ＦＡＸ　03（5272）0450
振　替　00160 - 4 - 17013
info@fujiwara-shoten.co.jp

印刷・製本　中央精版印刷

落丁本・乱丁本はお取替えいたします
定価はカバーに表示してあります

Printed in Japan
ISBN978-4-86578-106-9

2 **1947年** 解説・富岡幸一郎

「占領下の日本文学のアンソロジーは、狭義の『戦後派』の文学をこえて、文学のエネルギイの再発見をもたらすだろう。」(富岡幸一郎氏)

中野重治「五勺の酒」／**丹羽文雄**「厭がらせの年齢」／**壺井榮**「浜辺の四季」／**野間宏**「第三十六号」／**島尾敏雄**「石像歩き出す」／**浅見淵**「夏日抄」／**梅崎春生**「日の果て」／**田中英光**「少女」

296頁 **2500円** ◇978-4-89434-573-7 (2007年6月刊)

3 **1948年** 解説・川崎賢子

「本書にとりあげた1948年の作品群は、戦争とＧＨＱ占領の意味を問いつつも、いずれもどこかに時代に押し流されずに自立したところがある。」(川崎賢子氏)

尾崎一雄「美しい墓地からの眺め」／**網野菊**「ひとり」／**武田泰淳**「非革命者」／**佐多稲子**「虚 偽」／**太宰治**「家庭の幸福」／**中山義秀**「テニヤンの末日」／**内田百閒**「サラサーテの盤」／**林芙美子**「晩菊」／**石坂洋次郎**「石中先生行状記――人民裁判の巻」

312頁 **2500円** ◇978-4-89434-587-4 (2007年8月刊)

4 **1949年** 解説・黒井千次

「1949年とは、人々の意識のうちに『戦争』と『平和』の共存した年であった。」(黒井千次氏)

原民喜「壊滅の序曲」／**藤枝静男**「イペリット眼」／**太田良博**「黒ダイヤ」／**中村真一郎**「雪」／**上林暁**「禁酒宣言」／**中里恒子**「蝶蝶」／**竹之内静雄**「ロッダム号の船長」／**三島由紀夫**「親切な機械」

296頁 **2500円** ◇978-4-89434-574-4 (2007年6月刊)

5 **1950年** 解説・辻井喬

「わが国の文学状況はすぐには活力を示せないほど長い間抑圧されていた。この集の短篇は復活の最初の徴候を揃えたという点で貴重な作品集になっている。」(辻井喬氏)

吉行淳之介「薔薇販売人」／**大岡昇平**「八月十日」／**金達寿**「矢の津峠」／**今日出海**「天皇の帽子」／**埴谷雄高**「虚空」／**椎名麟三**「小市民」／**庄野潤三**「メリイ・ゴオ・ラウンド」／**久坂葉子**「落ちてゆく世界」

296頁 **2500円** ◇978-4-89434-579-9 (2007年7月刊)

6 **1951年** 解説・井口時男

「1951年は、重く苦しい戦後、そして、重さ苦しさと取り組んできた戦後文学の歩みにおいて、軽さというものがにわかにきらめきはじめた最初の年ではなかったか。」(井口時男氏)

吉屋信子「鬼火」／**由起しげ子**「告別」／**長谷川四郎**「馬の微笑」／**高見順**「インテリゲンチア」／**安岡章太郎**「ガラスの靴」／**円地文子**「光明皇后の絵」／**安部公房**「闖入者」／**柴田錬三郎**「イエスの裔」

320頁 **2500円** ◇978-4-89434-596-6 (2007年10月刊)

7 **1952年** 解説・髙村薫

「戦争や飢餓や国家の崩壊といった劇的な経験に満ちた時代は、それだけで強力な磁場をもつ。そうした磁場は作家を駆り立て、意思を越えた力が作家に何事かを書かせるということが起こる。そのとき、奇跡のように表現や行間から滲みだして登場人物や物語の空間を浸すものがあり、それをわたくしたちは小説の空間と呼び、力と呼ぶ。」(髙村薫氏)

富士正晴「童貞」／**田宮虎彦**「銀心中」／**堀田善衞**「断層」／**井上光晴**「一九四五年三月」／**西野辰吉**「米系日人」／**小島信夫**「燕京大学部隊」

304頁 **2500円** ◇978-4-89434-602-4 (2007年11月刊)

真の自由主義者、初の評伝

竹山道雄と昭和の時代

平川祐弘

『ビルマの竪琴』の著者として知られる竹山道雄は、旧制一高、および東大教養学科におけるドイツ語教授として数多くの知識人を世に送り出した、根源からの自由主義者であった。西洋社会の根幹を見通していた竹山が模索し続けた、非西洋の国・日本の近代のとるべき道とは何だったのか。

A5上製　五三六頁　口絵一頁　五六〇〇円
（二〇一三年三月刊）
◇978-4-89434-906-3

「文学」とは何か？

〈座談〉書物への愛

粕谷一希

高橋英夫／宮一穂／新保祐司／平川祐弘／清水徹／森まゆみ／塩野七生／W・ショーン

「人間には、最大多数の幸福を追求すべき九十九匹の世界がある。それは政治の世界の問題。その九十九匹からはずれた一匹を問題にするのが文学である」（福田恆存）。元『中央公論』『東京人』の名編集長が〝知〟の第一線の人々を招き、文学・歴史・思想など、書物を媒介とした知の世界を縦横に語り尽す。

四六上製　三二〇頁　二八〇〇円
（二〇一一年一一月刊）
◇978-4-89434-831-8

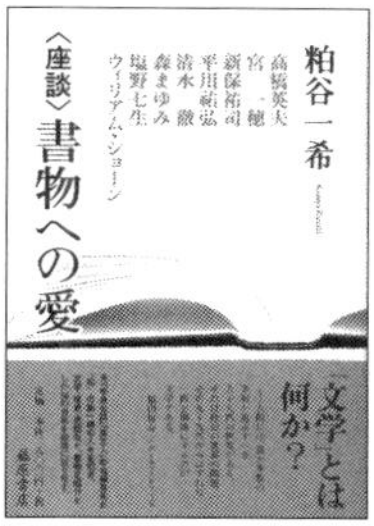

歴史（ヒストリー）は物語（ストーリー）である

歴史をどう見るか

〈名編集者が語る日本近現代史〉

粕谷一希

明治維新とはいかなる革命だったのか？「東京裁判」を、「戦争責任」を、どう考えるのか？ 昭和〜平成のジャーナリズムにおいて、一貫してリベラルな論陣を仕掛けてきた著者が、戦後六十余年の「今」を考えるために、独自の視点から日本近現代史を平明に語り下ろす。

四六上製　二五六頁　二〇〇〇円
（二〇一二年一〇月刊）
◇978-4-89434-879-0

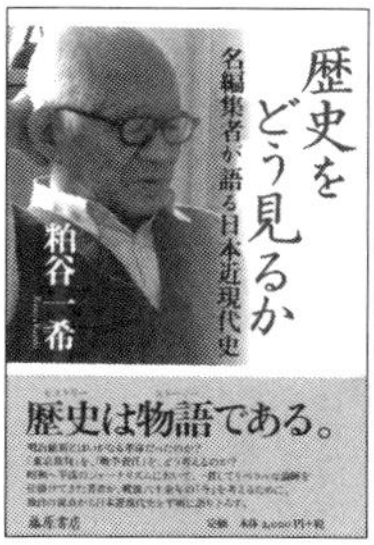

時代と人間の本質を映すことばたち

生きる言葉

〈名編集者の書棚から〉

粕谷一希

「文章とは、その総体が人間の精神であり、思想なのである」——古今東西の書物の世界を自在に逍遙し、同時代だけでなく通時的な論壇・文壇の見取り図を描いてきた名編集者が、折に触れて書き留めてきた、書物の中の珠玉のことばたち。時代と人間の本質を映すことばを通じて読者を導く、最高の読書案内。

四六変上製　一八四頁　一六〇〇円
（二〇一四年三月刊）
◇978-4-89434-961-2

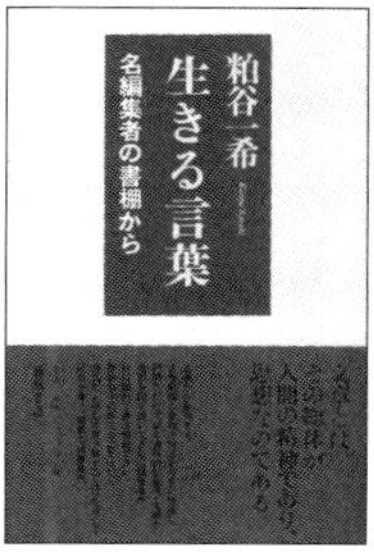

竹山道雄セレクション（全4巻）

平川祐弘編

四六上製　予各巻600頁平均／口絵2～4頁
予各本体4800円　隔月刊

Ⅰ 昭和の精神史

（2016年10月刊）

●自分の眼で見、自分の頭で判断した、「昭和の戦争」への切実な探索

Ⅰ 昭和の精神史／将軍達と「理性の詭計」／ハイド氏の裁判／天皇制について／国体とは／昭和史と東京裁判　Ⅱ 昭和十九年の一高／若い世代／春望　Ⅲ 独逸・新しき中世？／失われた青春／幻影／国籍　Ⅳ 台湾から見た中共（抄）／ペンクラブの問題／時流のファナチズム

◉解説　**秦郁彦**　◉竹山道雄を読む　**牛村圭**

ISBN978-4-86578-094-9　576頁　本体4800円＋税

Ⅱ 西洋一神教の世界

（2016年12月刊）

●ナチズム・全体主義社会を招来した「力の世界」を根底から批判

Ⅰ 妄想とその犠牲／『ツァラトストラかく語りき』訳者あとがき　Ⅱ 聖書とガス室／ユダヤ人焚殺とキリスト教／バテレンに対する日本側の反駁／一神教だけが高級宗教ではない　Ⅲ ソ連地区からの難民／剣と十字架――ドイツの旅より（抄）　Ⅳ ソビエト見聞（抄）

◉解説　**佐瀬昌盛**　◉竹山道雄を読む　**苅部直**

ISBN978-4-86578-106-9　592頁　本体4800円＋税

Ⅲ 美の旅人

（2017年2月刊予定）

●美しいものを見わける術を心得た、旅の達人の足跡

Ⅰ スペインの贋金／希臘にて／北京日記　Ⅱ 蓮池のほとりにて／フランス滞在（抄）／たそがれのパリ女たち／若いゲーテの転向／ソウルを訪れて／高野山にて／西の果ての島／タイレのこと　Ⅲ 暗示芸術／構成芸術／六波羅蜜寺／海北友松／賀茂神社の方へ／神魂神社　Ⅳ 日本文化の位置　他

◉解説　**芳賀徹**　◉竹山道雄を読む　**稲賀繁美**

Ⅳ 主役としての近代

（2017年4月刊予定）

●教養人・竹山の心の軌跡と、著作集・単行本未収録コラム

Ⅰ 知られざるひとへの手紙／思い出／あしおと／磯／砧／亡き母を憶う／きずあと／樅の木と薔薇／主役としての近代／焼跡の審問官　Ⅱ 死について／ものの考え方について　Ⅲ 自分の亡魂／むかしの合理主義／ビルマから東パキスタンへ／キリスト教への提言／人権のため人権侵害／片山敏彦さんのこと／亡き三谷先生のこと／私の八月十五日／明治百年と戦後二十年／突然の死／オランダ通信／鎌倉・人工の浸食／めぐりあい／死ぬ前の支度／新聞コラム（東京・読売・サンケイ他）他

〔附〕索引・年譜・著作一覧　◉解説　**平川祐弘**　◉竹山道雄を読む　**大石和欣**